高等职业教育规划教材配套教材

高职高专院校道路桥梁工程技术专业教学用书

道路材料技术

Daolu　Cailiao　Jishu

夏连学　张艳华　编著

人民交通出版社

内 容 提 要

本教材共分为五章。第一章为总论，全面介绍道路桥梁工程结构中常用原材料（包括石料、集料、土、石灰、水泥、沥青、高聚物材料、钢材和木材等）的种类与用途，使学生对常用原材料获得初步的认识。其他四章依次为：矿质混合料、水泥混凝土与建筑砂浆、无机结合料稳定材料和沥青混合料，主要介绍各种原材料及其混合料的基本技术性能、影响因素及其试验检测方法和组成设计方法等。书后附有道路材料的其他常规试验项目和《道路材料技术》课程教学大纲。

本书为高职高专道路桥梁工程技术专业规划教材的配套教材，亦可供交通中等职业教育土建专业师生及各类干部培训学习，以及供从事桥梁施工、工程监理工作的工程技术人员参考。

图书在版编目（CIP）数据

道路材料技术／夏连学，张艳华编著．—北京：人民交通出版社，2008.1
高等职业教育规划教材配套教材
ISBN 978－7－114－06869－0

Ⅰ．道… Ⅱ．①夏…②张… Ⅲ．道路工程－建筑材料－高等学校：技术学校－教材 Ⅳ．U414

中国版本图书馆 CIP 数据核字（2008）第 005532 号

书　　名：道路材料技术
著 作 者：夏连学　张艳华
责任编辑：彭　敏
出版发行：人民交通出版社
地　　址：（100011）北京市朝阳区安定门外外馆斜街 3 号
网　　址：http://www.ccpress.com.cn
销售电话：（010）59757973
总 经 销：人民交通出版社发行部
经　　销：各地新华书店
印　　刷：北京市密东印刷有限公司
开　　本：787×1092　1/16
印　　张：20.5
字　　数：494 千
版　　次：2008 年 1 月第 1 版
印　　次：2013 年 7 月第 4 次印刷
书　　号：ISBN 978－7－114－06869－0
印　　数：8001－11000 册
定　　价：38.00 元

前言

QIANYAN

《道路材料技术》是道路桥梁工程技术专业及相关专业的一门基础课程，也是道路桥梁工程技术专业学生岗位能力培养的课程之一。根据对公路交通行业高技能人才职业能力培训需求调查分析得出，在生产一线应用《道路材料技术》的最终目的是：根据实际工程需要，能够检验各种原材料常规的技术性质，能够从事公路与桥梁工程所需的矿质混合料、水泥混凝土与建筑砂浆、无机结合料稳定材料、沥青混合料等的组成设计（配合比设计），能够检验各种混合料常规的技术性能。基于此，本课程应着重训练学生进行常规试验检测的技能和混合料组成设计的能力。

传统的教材往往先介绍各类原材料的来源、分类及其技术性质评价方法等内容，然后介绍各种混合料的路用性质、技术性能评价方法和组成设计方法等。鉴于各类混合料对同一原材料的技术性质要求具有差异性，有些技术性质的评价指标也不尽相同，传统的教材缺乏针对性和系统性。本教材打破了传统教材的结构体系，把道路桥梁工程中常用的混合料划分为相对独立的模块，对于某种路用混合料，将原材料技术性质评价、混合料技术性能评价和混合料组成设计方法融为一体，同时将教材中涉及的常规必做试验安排在每一节的后面，利于随讲随做，既是为了让学生加深理解和巩固所学的理论知识，更主要的是强调试验检测技能的训练。课程体系注重工程上的应用，具有较强的针对性和系统性，同时强调理论教学和实训教学一体化。

由于受总学时的限制，一些高等级公路施工中常用的试验项目不能一一进行教学，附录部分列出了这些试验项目的试验方法，可供学生自行学习。

本教材共分为五章。第一章为总论，全面介绍道路桥梁工程结构中常用原材料（包括石料、集料、土、石灰、水泥、沥青、高聚物材料、钢材和木材等）的种类与用途，使学生对常用原材料获得初步的认识。其他四章依次为矿质混合料、水泥混凝土与建筑砂浆、无机结合料稳定材料和沥青混合料，主要介绍各种原材料及其混合料的基本技术性能、影响因素及其试验检测方法和组成设计方法等。

本教材是河南省高等教育教学改革研究项目——《道路桥梁专业"道路材料"实践教学改革与实践》的一部分。课题组以发展为主题，以提高质量为核心，本着巩固成果、深化改革的原则，结合了最新的技术标准、规范以及公路科技进步等情况，在传统教材的内容、结构的基础上进行了调整、更新和充实，在阐述道路建筑材料基础理论知识的同时，力求融入近年来国内外在道路建筑材料性能研究与实践方面的最新成果。

本教材由河南交通职业技术学院编著,其中第一章由夏连学编写;第二章由袁超编写;第三章由沙炳乾编写;第四章由宁金成编写;第五章由张艳华编写;试验部分由吴跟上编写,附录部分由曹学禹编写。全书由夏连学、张艳华统稿。

在教材的编写过程中,参考了有关院校和科研单位相关的科研和教学资料,郭朋朋、李旭丹、刘伟、周卫红老师协助校核书稿,在此一并表示衷心的谢意!

限于编著者的学识水平和实践经验,书中难免有疏漏和错误之处,恳请读者批评指正。

编　者

2007.4

目 录
MULU

第一章 总 论

教学要点

1. 常用道路建筑材料的类型与应具备的技术性质；
2. 岩石制品与集料的种类、来源及用途；
3. 工程用土的组成、分类及用途；
4. 石灰和水泥的生产、化学成分、品种、特性及用途；
5. 道路沥青的生产、化学成分、品种、特性及用途；
6. 工程聚合物材料的品种、特性及用途；
7. 建筑钢材和木材的特性、品种及用途。

•第一节 概 述•

一、道路建筑材料的重要性

道路建筑材料是指道路与桥梁建筑所用的各种材料，它是道路与桥梁工程的物质基础。一切物质产品都是生产者对材料进行劳动加工的成果，工程师和建筑工人所建筑的道路、桥梁、房屋及其附属构筑物也不例外。

道路与桥梁工程结构物裸露于大自然中，承受瞬时、反复的汽车动荷载作用，材料的性能和质量对结构物的使用性能影响极大。近年来由于交通量的迅速增长和渠化交通的形成，一些高等级公路的路面出现较严重的波浪、车辙等病害现象，这些现象均与材料的性质有密切的关系。材料质量的优劣、配制是否合理及选用是否适当等，均直接影响结构物的质量。

在道路与桥梁结构物的修筑费用中，用于材料的费用约占30%～50%，某些重要工程甚至可达60%～70%。所以，合理地选择和使用材料，对节约工程投资、降低工程造价十分重要。

工程建筑设计、工艺的更新换代，往往要依赖于新材料的发展；同时，新材料的出现和使用，必然导致工程建筑设计、工艺的新突破。对道路建筑材料的研究是道路与桥梁技术发展的重要基础。

《道路材料技术》是研究道路与桥梁所用材料组成、性能和应用的一门课程。

二、道路与桥梁工程常用的原材料

1. 砂石材料

砂石材料是指经人工开采的岩石或轧制得到的颗粒状碎石，以及地壳表层岩石经天然风化呈松散颗粒状的材料。

这类材料是道路与桥梁工程结构中使用量最大的一种材料。其中尺寸较大的块状石料经加工后，可以直接用于砌筑道路、桥梁工程结构及附属构造物；性能稳定的轧制碎石等可制成沥青混合料或水泥混凝土。

2. 工业废渣

工业废渣是用作筑路材料的铁渣、钢渣和炉渣的总称。它主要包括火力发电厂排放的废渣——粉煤灰，冶金生产过程中由矿石、燃料和助溶剂中易熔硅酸盐化合而成的副产品——冶金矿渣和煤炭工业精选煤后剩余的废渣——煤矸石等。粉煤灰和冶金矿渣经加工后，既可作为水泥原料，又可以直接作为路面基层材料，也可作为水泥混凝土和沥青混合料中的掺和料。

3. 无机结合料

道路与桥梁工程中最常用到的无机结合料主要是石灰和水泥。水泥是桥梁建筑中水泥混凝土、预应力混凝土结构和水泥混凝土路面的主要材料。无机结合料稳定材料（包括稳定碎石、砂砾、土等）广泛用于道路路面基层结构，水泥（或水泥、石灰）砂浆是各种桥梁圬工结构物砌筑的重要结合料。

4. 有机结合料

有机结合料主要是指沥青类材料，如石油沥青、煤沥青等。这类材料与不同颗粒粒径（大小）的碎石、石屑、砂等组成沥青混合料，可以修筑成各种类型的沥青路面。沥青混合料是现代路面建筑中极为重要的一种材料。

5. 土

土是地壳表层的物质，是在长期风化、搬运、磨蚀、沉积作用的过程中形成的颗粒大小不等、未经胶结的一切松散物质。土既可作为路基材料，又可作为无机结合料稳定类基层的主要材料。

6. 高分子聚合物

高分子聚合物是指由一种或几种低分子化合物（单体）聚合而成的高分子有机物质。道路和桥梁工程中常用的高分子聚合物包括塑料、橡胶和纤维三类。随着我国化学工业和高等级公路的发展，越来越多的高分子聚合物用于道路和桥梁工程中。工程高分子聚合物在道路和桥梁工程中主要用来改善沥青混合料或水泥混凝土的性能、路基或路面的结构性能等。

7. 钢材和木材

钢材是桥梁钢结构及钢筋混凝土或预应力钢筋混凝土结构的重要材料。本课程着重介绍线形钢材的技术性能和应用。由于木材资源短缺，除了抢修工程和林区临时性工程外，木材较少用于修筑桥涵，主要用作水泥混凝土工程的模板和支架等。

本课程主要介绍道路与桥梁工程常用材料的产源（天然材料）或生产方法（人造材料）、内部组成结构、原材料的技术性质及评价方法、混合料的技术性质及评价方法、混合料的组成设计方法等内容。

本课程与物理、化学等学科以及材料力学、工程地质等技术基础课程有着密切的联系，是学习公路工程、桥涵工程等专业课程的基础。

三、建筑材料应具备的工程性质

道路与桥梁建筑物，不仅要受到车辆荷载复杂力系的作用，而且要受到各种复杂的自然因素的恶劣影响。用于道路与桥梁建筑的材料，既要具备一定的力学性能，又要保证在各种自然因素影响下，综合力学性能不会明显地下降。

为了保证道路与桥梁用建筑材料的综合力学性能和稳定性，要求建筑材料应具备下列性质。

1. 力学性质

力学性质是材料抵抗车辆荷载复杂力系综合作用的性能。目前对建筑材料力学性质的测定，主要是测定各种材料静态的强度，如用抗压、抗拉、抗弯、抗剪等强度来反映材料的力学性质。某些特殊需要还采用磨耗、冲击等经验指标来反映其力学性质。

2. 物理性质

材料的物理常数（如密度、实积率、孔隙率等）是材料内部组成结构的反映，与力学性质之间有一定的相关性，可以用来推断材料的力学性质。

材料在使用过程中，其力学强度随温度和湿度等环境因素影响而改变。一般情况下，材料的强度随温度的升高或含水率的增加而降低。通常用材料的温度稳定性、水稳定性来表示其强度变化的程度。

3. 化学性质

化学性质主要是指材料抵抗周围各种环境因素对其化学作用的性能。道路与桥梁建筑材料除了受到周围介质（如桥墩在工业污水中）侵蚀外，还受到大气因素（如气温的交替变化、日光中紫外线、空气中的氧等）的综合作用，引起材料力学性质的衰变。材料自身的化学成分将影响材料及混合材料的性质，也影响结构物的使用性能。

4. 工艺性质

工艺性质是指材料适合于一定工艺要求加工的性能。例如水泥混凝土在成型之前需要一定的流动性，以便浇筑成一定形状的构件。

四、道路材料的一般检验方法和技术标准

1. 道路材料的一般检验方法

道路建筑材料应具有的技术性能，通过适当的测试手段来进行。检验测定道路与桥梁用材料在实际结构物中的性质，通常采用试验室内原材料性能测定、试验室内模拟结构物检验测定，以及现场修筑试验性足尺结构物检验测定等方法。本课程着重于试验室内原材料性能检验测定。室内材料试验包括下列内容。

1）物理性质试验

测定道路与桥梁常用材料的物理常数，除了为混合料组成设计提供原始资料外，通过物理常数测定可以间接推断材料的力学性能。

2）力学性质试验

目前建筑材料的力学性质试验主要采用各种试验机测定其静态的抗压、拉、弯、剪等强度。随着科学技术的发展，建筑材料的力学性质试验方法不断完善，对道路建筑材料在不同温度与不同荷载作用时间条件下动态的弹—黏—塑性性能试验已成为可能。例如，沥青混合料在不同温度与不同荷载作用时间条件下的动态劲度，以及采用特殊设备或动态三轴仪来测定在复杂应力作用下，不同频率和间歇时间的沥青混合料的疲劳强度等，使材料的力学性质与其在公路上的实际受力状态较为接近，也对现代考虑黏—塑性的路面设计方法提供一定的参数。

3）化学性质试验

对于材料化学性质的试验，通常只作材料简单化合物（如 CaO、MgO）含量或有害物质含量的分析。也可作某些材料（如沥青）的“组分”分析，初步地了解材料的组成与性能的关系。随着近代测试技术的发展，核磁共振波谱、红外光谱、X 射线衍射和扫描电子显微镜等在沥青材料分析中得到应用，促进了对沥青化学结构与路用性能相依性的研究，有可能从化学结构上来设计要求沥青材料的性能。

4）工艺性质试验

现代工艺试验主要是将一些经验的指标与工艺要求联系起来，尚缺乏科学理论的分析。随着流变力学、断裂力学等的发展，许多材料工艺性质的试验按照流变—断裂学理论来进行分析，并提出不同的试验方法。例如，沥青混合料的摊铺性质采用流动性系数等指标来控制。

2. 道路材料的技术标准

为了保证建筑材料的质量，我国对各种建筑材料制定了专门的技术标准。目前，我国建筑材料的标准分为国家标准、行业标准、地方标准和企业标准四个等级。

对需要在全国范围内统一的技术要求，制定“国家标准”。国家标准由国务院标准化行政主管部门制定、发布。我国的国家标准由代号、编号、制定或修订年份、标准名称等四部分组成。“GB”为强制性国家标准的代号，推荐性国家标准在 GB 后加“T”。

对没有国家标准而又需要在全国某行业范围内统一的技术要求，制定行业标准。行业标准由国务院有关行政主管部门制定、发布，并报国务院标准化行政主管部门备案。行业标准由行业标准代号、一级类目代号、二级类目代号、二级类目序号、制定或修订年份、标准名称等部分组成。

对没有国家标准和行业标准又需要在省、自治区、直辖市范围内统一的技术要求，可以制定地方标准。企业生产的产品没有国家标准和行业标准的，应当制定企业标准，作为组织生产的依据。

与道路材料有关的国家标准和行业标准代号示例见表 1-1。

国家标准和行业标准代号 表 1-1

标准名称	代号（汉语拼音）	示例
国家标准	国标 GB（Guo Biao）	GB / T 14658—2001 建筑用卵石、碎石
交通行业标准	交通 JT（Jiao Tong）	JTG B01—2003 公路工程技术标准
建筑工程行业标准	建工 JG（Jian Gong）	JGJ 55—2000 普通混凝土配合比设计规程
建材行业标准	建材 JC（Jian Cai）	JC/T 479—92 建筑生石灰
石油化工行业标准	石化 SH（Shi Hua）	SH 0522—92 道路石油沥青
黑色冶金行业标准	冶标 YB（Ye Biao）	YB/T 030—92 煤沥青筑路油

为学习和应用国外有关道路建筑材料的科学技术，将国际及国外几个主要国家的标准代号列于表1-2中。

国际标准和国外国家标准代号 表1-2

标准名称	缩写（全名）
国际标准	ISO（International Standard Organization）
美国国家标准	ANS（American National Standard）
美国材料与试验学会标准	ASTM（American Society for Testing and Materials）
英国标准	BS（British Standard）
德国工业标准	DIN（Deutsche Industric Norman）
日本工业标准	JIS（Japanese Industrial Standard）
法国标准	NF（Normes Francaises）

●第二节 岩石制品与粒料●

岩石是组成地壳的主要物质成分，是地壳发展过程中各种地质作用的自然产物。呈颗粒状松散的材料统称为粒料，它包括集料（骨料）和工业废渣等材料。

一、岩石制品

1. 岩石的分类

自然界岩石的种类很多，按形成原因可分为岩浆岩、沉积岩和变质岩三大类。

岩浆岩中的各种氧化物之间有明显的变化规律，岩石内 SiO_2、Al_2O_3、CaO 等化学成分对其路用性能有一定的影响。根据岩石中 SiO_2 的含量一般将岩浆岩分为酸性岩石、中性岩石和碱性岩石三类，如表1-3所列。道路工程常用的酸性岩石有花岗岩、石英岩等，碱性岩石有石灰岩、玄武岩等，中性岩石有闪长岩、辉绿岩等。

岩浆岩的分类 表1-3

类别	酸性岩石	中性岩石	碱性岩石
SiO_2 含量（%）	65～75	55～65	<55

2. 道路和桥涵用岩石制品

1）道路路面铺筑用岩石制品

道路路面建筑用岩石制品包括直接铺砌路面面层用的整齐块石、半整齐块石和不整齐块石三类；作路面基层用的锥形块石、片石等。各种岩石制品的规格和技术要求简要分述如下：

（1）高级铺砌用整齐块石。由高强、硬质、耐磨的岩石经精凿加工而成。用整齐块石铺筑路面时，需以水泥混凝土为底层，并且用水泥砂浆灌缝找平，所以这种路面造价很高，在有特殊要求的道路上才考虑使用，如水泥混凝土路面与沥青混凝土路面的过渡路段或供履带车等行驶的路段可铺筑整齐块石路面。整齐块石的尺寸一般可按设计要求确定。大方块石的尺寸为300mm×300mm×（120～150）mm，小方块石的尺寸为120mm×120mm×250mm。石料的抗压强度不低于100MPa,洛杉矶磨耗率不大于5%。

(2)路面铺砌用半整齐块石。经粗凿而成立方体的方块石或长方体的条石。顶面与底面平行,顶面积与底面积之比不小于40% ~75%。半整齐块石用硬质岩石制成,为修凿方便,常采用花岗岩。顶面不进行加工,因此顶面平整性较差,一般只在特殊路段使用,如路基尚未沉降稳定的桥头引道及铁轮履带车经常通过的路段。

(3)铺砌用不整齐块石。又称拳石,它是由粗打加工而得到的块石,要求顶面为一平面,底面与顶面基本平行,顶面积与底面积之比大于40% ~60%。其优点是造价不高,经久耐用,其缺点是不平整,行车振动大,故目前应用较少。

(4)锥形块石。又称大块石(或手摆块石),用于路面底基层。锥形块石是由片石进一步加工而得的粗打集料,要求上小下大,接近截锥形。其底面积不宜小于100cm^2,以便砌摆稳定。高度一般分为160±20mm、200±20mm、250±20mm等,通常底基层厚度应为石块高的1.1~1.4倍。除特殊情况外,一般不采用大块石基层。

2)桥涵及路基砌筑用主要岩石制品

桥涵及路基砌筑使用的主要岩石制品有:片石、块石、料石、镶面石等。

(1)片石。片石是由打眼放炮后经选择所得的形状不规则的、最小边长一般不小于15cm的石块。每块片石的体积一般不小于0.01m^3,质量在30kg以上。用于圬工工程主体的片石,其极限抗压强度应不小于30MPa;用于附属圬工工程的片石,其极限抗压强度不小于20 MPa。

(2)块石。块石是由成层岩石中打眼放炮或用锲子打入成层岩石的明缝(或暗缝)中劈出后进行加工而成的形状大致方正的石块。块石无尖角,有两个较大的平行面,边角可不加工。其厚度应不小于20cm,宽度为厚度的1.5~2.0倍,长度为厚度的1.5~3倍。砌缝宽度一般不大于20mm,个别边角砌缝宽度可达30~35 mm。石料极限抗压强度应符合相关设计文件的规定。

(3)料石。料石是按规定要求经凿琢加工而成的形状规则的石块。根据料石加工的程度不同将其分为粗料石和细料石。料石的形状、尺寸和极限抗压强度应符合设计文件规定。粗料石表面凹凸不大于10mm,砌缝宽度小于20mm;细料石表面凹凸不大于5 mm,砌缝宽度小于15mm。

(4)镶面石。镶面石是有美化要求的桥梁结构物的装饰材料。岩石的外露面可沿四周琢成2cm宽的边,中间部分仍保持原来的天然石面。岩石上、下和两侧均加工粗琢成剁口,剁口宽度不得小于10cm,琢面应垂直于外露面。镶面石受气候因素——晴、雨、冻融的影响损坏较快,一般应选用较好的、较坚硬的岩石。

二、集料(骨料)

集料(骨料)是指在混合料中起骨架或填充作用的颗粒材料,包括岩石经天然风化而成的砾石和砂等,以及由岩石经轧制而成的各种尺寸的碎石、机制砂、石屑等。

1. 集料的分类

在公路工程中,集料颗粒尺寸的大小通过筛分方法确定,目前使用的标准筛为方孔筛,筛孔尺寸用来表示集料颗粒尺寸的大小,通常称为粒径。不同粒径的集料在沥青混合料和水泥混凝土中所起的作用不同,一般将集料分为粗集料和细集料两种。

在沥青混合料中，粗集料是指粒径大于2.36mm的碎石、破碎砾石、筛选砾石和矿渣等，细集料是指粒径小于2.36mm的天然砂、人工砂、机制砂及石屑；在水泥混凝土中，粗集料是指粒径大于4.75mm的碎石、砾石和破碎砾石，细集料是指粒径小于4.75mm的天然砂、人工砂。

2. 粗集料

碎石是指符合工程要求的岩石，经开采并按一定尺寸加工而成的有棱角的粒料。

3. 细集料

天然砂是由自然风化、水流冲刷、堆积形成的粒径小于4.75mm的岩石颗粒。根据产源的不同可分为河砂、山砂和海砂。河砂颗粒表面光滑，比较洁净，质地较好，产源广；山砂颗粒表面粗糙有棱角，含泥量和含有机杂质较多；海砂具有河砂的特点，但常混有贝壳碎片和盐分等有害杂质。工程上多使用河砂。在缺乏河砂的地区，也可使用山砂或海砂，在使用时应按规定作技术检验。

人工砂通常是指石料加工过程中采取真空抽吸等方法除去大部分土和细粉，或将石屑水洗得到的洁净的细集料。从广义上分类，机制砂、矿渣砂、煅烧砂都属于人工砂。

机制砂是由碎石及砾石经制砂机反复破碎加工至粒径小于2.36mm的细集料。亦称破碎砂。石屑由是采石场加工碎石时通过最小筛孔(通常为2.36mm或4.75mm)的筛下部分。机制砂和石屑表面多棱角，较洁净。机制砂造价较高，如无特殊情况，一般不使用机制砂。

三、填 料

在沥青混合料中起填充作用的粒径小于0.075mm的矿物质粉末统称为填料。通常是指石灰岩等碱性石料加工磨细得到的矿粉，水泥、消石灰粉、粉煤灰等矿物质有时也可作为填料使用。

由石灰岩等碱性石料经磨细加工得到的，在沥青混合料中起填充作用的以碳酸钙为主要成分的矿物质粉末称为矿粉。

四、工业废渣

1. 粉煤灰

粉煤灰是火力发电厂由煤粉经高温煅烧后排放的火山灰质废渣。通过对粉煤灰的化学分析，其中除含有少量的未燃尽的煤粉外，主要化学成分为氧化硅(SiO_2)、氧化铝(Al_2O_3)和少量的氧化铁(Fe_2O_3)、氧化钙(CaO)、氧化镁(MgO)与氧化硫(SO_3)等氧化物。

粉煤灰系球形熔粉，颗粒呈玻璃状，在光学显微镜下观察，其颗粒主要由两类矿物组成，一类是玻璃体，约占70%～80%，另一类是结晶体，约占15%～20%。

道路与桥梁工程利用粉煤灰，既能变废为宝、减少污染，又能就地取材，解决路用材料缺乏问题，还能提高公路工程的质量。粉煤灰在公路工程中主要用途有：

(1)粉煤灰与水泥或石灰稳定土、稳定集料作为路面基层材料。

(2)作沥青混合料或水泥混凝土的掺和料，改善其路用性能或工艺性能。

(3)作路基填料或与水泥、石灰一起处理湿软地基。

在硅酸盐水泥中掺入适量的粉煤灰可以制成粉煤灰质硅酸盐水泥。

2. 冶金矿渣

冶金矿渣分为黑色金属冶金矿渣与有色金属冶金矿渣两大类。黑色金属冶金矿渣又分为高炉重矿渣和钢渣两类。冶金矿渣从熔炉排出后，在空气中自然冷却，形成坚硬的材料，是一种很好的路用材料。

矿渣的化学成分随着冶炼的矿物成分、燃料、助溶剂及熔化金属的化学成分的不同而变化。其主要的化学成分为氧化硅（SiO_2）、氧化铝（Al_2O_3）、氧化钙（CaO）和少量的氧化铁（Fe_2O_3）、氧化镁（MgO）、氧化锰（MnO）等氧化物。一般根据化学成分采用碱度（或酸度）作为矿渣的分类基础。

碱性氧化物包括 CaO、MgO、FeO、MnO 等；酸性氧化物包括 SiO_2、P_2O_3 等；中性氧化物包括 FeS、MnS 等；两面性氧化物为 Al_2O_3，遇碱时起弱酸作用，而遇酸则起弱碱作用。

矿渣的酸性和碱性可用下列模数表示：

碱性矿渣：
$$M_{bc}=\frac{CaO+MgO}{SiO_2+Al_2O_3}>1$$

酸性矿渣：
$$M_{ac}=\frac{CaO+MgO+Al_2O_3}{SiO_2}<1$$

中性矿渣：
$$M_{bc}<1 \text{ 且 } M_{ac}>1$$

矿渣的密度与矿物成分有关，大约在 2.97 ~ 3.32g/cm^3 之间。矿渣的堆积密度约在 1900kg/m^3 以上，空隙率大多在 35% 以下，耐冻性（或坚固性）一般均能符合路用要求。

矿渣的力学强度一般均较高，其强度与空隙率有关。通常极限抗压强度在 50MPa 以上，高者可达 150MPa，相当于石灰岩至花岗岩的强度。其他性能如压碎值、冲击值、磨光值等均能符合路用石料的要求。稳定的冶金矿渣集料可作为路面基层材料，也可作为修筑水泥混凝土路面或沥青混凝土路面用的集料。

●第三节　工 程 用 土●

土是一种天然的地质材料，广泛分布于地壳表面。在自然界中，土的物理风化和化学风化时刻都在进行，由于土的形成过程和自然环境的不同，其成分、结构和性质千变万化，工程性质也千差万别。同一场地，不同深度处土的性质也不相同，甚至同一位置的土，其性质往往随方向而有差异。因此，土是自然界漫长的地质年代内所形成的性质复杂、不均匀、各向异性，且随时间不断变化的材料。

一、土的三相组成

土体是由固体土粒、液体水和气体三部分组成。土中的固体矿物颗粒构成土的主体部分，它是土的“骨架”，也称为“土粒”。骨架之间贯穿着大量孔隙，孔隙中充填着液体水和气体。随着环境的变化，土的三相比例也发生相应的变化，土体三相比例不同，土的状态和工程性质

也随之各异。

当土体骨架之间的孔隙全部被气体所充斥(土体由固相和气相组成,液相为0)称为干土,此时黏土呈干硬状态,砂土呈松散状态。当土体骨架之间的孔隙全部被水体所充满(即土体由固相和液相组成,气相为0)称为饱和土,此时黏土多为流塑状态,砂土仍呈松散状态,但遇强烈地震时可能产生液化,使工程结构物遭到破坏。当土体骨架之间的孔隙中既有液态相的水,又有气态相的空气(即土体由固相、液相、气相组成)称为湿土,此时黏土多为可塑状态,砂土具有一定的黏结性。

由此可见,分析土的各项工程性质,首先需从组成土的三相(固相、液相、气相)开始分析。

1. 土中固体颗粒

1)土的矿物类型

土是地壳母岩经强烈风化作用的产物,因此土是由矿物组成的。土中矿物的特性不同,土的物理力学性质也不同。组成土的矿物质主要有原生矿物和次生矿物。

(1)原生矿物。原生矿物是指直接由岩石经物理风化作用而来的、性质未发生改变的矿物。最主要的是石英,其次是长石、云母等。这类矿物的化学性质稳定,具有较强的抗水性和抗风化能力,亲水性差。由这类矿物组成的土粒一般较粗大。

(2)次生矿物。次生矿物主要是在通常温度和压力条件下,矿物经受风化变异,或被分解而形成的新矿物。这类矿物比较复杂,对土的物理力学性质影响较大。次生矿物可分为可溶性次生矿物和不溶性次生矿物。可溶性次生矿物是由原生矿物遭受化学风化,可溶性物质被水溶走,在别的地方又重新沉淀而成的。根据其溶解的难易程度又可分为易溶的、中溶的和难溶的三类。不溶性次生矿物多系风化残余物及新生成的黏土矿物质,一般颗粒非常细小,成为黏性土的主要组成部分。

除上述矿物质外,土中还常含有生物形成的腐殖质、泥炭和生物残骸,统称为有机质。其颗粒很细小,具有很大的比表面积,对土的工程性质影响也很大。

2)土颗粒的形状与粒径

土颗粒的形状对土体的密度和稳定性有着显著的影响。岩石遭到风化剥蚀可裂成碎屑,有些矿物无论粗细,都仍然保持各自晶体形状,有块状、球状、片状、柱状等形状。大部分粉砂粒及砂粒是浑圆的或棱角状的;云母颗粒往往是片状的;黏土颗粒则往往是薄片状的。土颗粒的形状取决于土的矿物成分,它反映土的来源和地质历史。

土的颗粒有粗有细,尽管土颗粒粗细悬殊,却都属于土质学研究的范围。为了便于分析土的粗细程度,通常把土颗粒视为球体,以其直径尺寸表示土颗粒的大小,通常称为粒径。工程上以 mm 作为土颗粒粒径的计量单位。

自然界中的土是由大小不同的颗粒组成,土粒的大小称为粒度。土颗粒大小相差很大,为便于分析,工程上把大小相近的土粒合并为组,称为粒组。粒组间的分界线是人为划定的,主要考虑粒组界线应与粒组性质的变化相适应,并按一定的比例递减关系划分粒组的界限值。每个粒组的区间内,常以其粒径的上、下限给粒组命名,如砾粒、砂粒、粉粒、黏粒等。各粒组内还可以细分为若干亚组。我国《土的工程分类标准》(GBJ 145—90)和《公路土工试验规程》(JTG E40—2007)中的粒组划分类型见表1-4所列。

粒组划分表　　表1-4

<table>
<tr><th rowspan="2">粒组统称</th><th colspan="3">《公路土工试验规程》(JTG E40—2007)</th><th colspan="3">《土的工程分类标准》(GBJ 145—90)</th></tr>
<tr><th colspan="2">粒组名称</th><th>粒组粒径范围(mm)</th><th colspan="2">粒组名称</th><th>粒组粒径范围(mm)</th></tr>
<tr><td rowspan="2">巨粒</td><td colspan="2">漂石(块石)</td><td>>200</td><td colspan="2">漂石(块石)</td><td>>200</td></tr>
<tr><td colspan="2">卵石(小块石)</td><td>200~60</td><td colspan="2">卵石(碎石)</td><td>200~60</td></tr>
<tr><td rowspan="6">粗粒</td><td rowspan="3">砾(角砾)</td><td>粗砾</td><td>60~20</td><td rowspan="3">砾粒</td><td>粗砾</td><td>60~20</td></tr>
<tr><td>中砾</td><td>20~5</td><td>细砾</td><td>20~2</td></tr>
<tr><td>细砾</td><td>5~2</td><td></td><td></td></tr>
<tr><td rowspan="3">砂</td><td>粗砂</td><td>2~0.5</td><td rowspan="3">砂粒</td><td rowspan="3">砂砾</td><td rowspan="3">2~0.075</td></tr>
<tr><td>中砂</td><td>0.5~0.25</td></tr>
<tr><td>细砂</td><td>0.25~0.075</td></tr>
<tr><td rowspan="2">细粒</td><td colspan="2">粉粒</td><td>0.075~0.002</td><td colspan="2">粉粒</td><td>0.075~0.005</td></tr>
<tr><td colspan="2">黏粒</td><td><0.002</td><td colspan="2">黏粒</td><td><0.005</td></tr>
</table>

在土质学中,对于细粒土,也常以比表面积来表示土的粗细程度。比表面积可以用两种方法表征:其一是单位质量的土体中土颗粒的总表面积;其二是单位体积的土体中土颗粒的总表面积。比表面积越大表明土中颗粒越细。

2. 土中的水

土颗粒孔隙中的水以不同的形式和不同的状态存在,它们对土的工程性质起着不同的作用和影响。土中的水按其工程地质性质可分为结构水、自由水、气态水和固态水四种形式。

1)结构水

土颗粒的表面通常是带负电荷的,在土粒周围产生一个电场,它吸附水溶液中的水化阳离子和一些水分子,吸附力极强。土粒表面吸附的水化阳离子和水分子构成了吸附水层,也称强结合水或吸附水。

在土粒表面,阳离子浓度最大,随着距土粒表面距离的增大,阳离子浓度逐渐降低,直至达到孔隙中水溶液的正常浓度为止。从土粒表面至阳离子浓度正常为止,这个范围称为扩散层。阴离子由于与土粒表面负电荷相排斥,土粒表面阴离子的浓度较低,随着距土粒表面距离的增大,阴离子浓度逐渐增大,最后也达到水溶液中的正常浓度。土粒表面的负电荷和扩散层合称为双电层。土粒表面的负电荷为双电层的内层,扩散层为双电层的外层。扩散层是由水分子、水化阳离子和阴离子所组成,形成土粒表面的弱结合水或称薄膜水。

强结合水紧靠土粒表面,厚度小于0.03μm(1μm=0.001mm),只有几个水分子厚,受到约1000MPa(1万个大气压)的静电引力,使水分子紧密而整齐地排列在土粒表面不能自由移动。强结合水的性质与普通水不同,其性质接近于固体,不传递静水压力,100℃不蒸发,-78℃低温才冻结成冰,具有很大的黏滞性、弹性和抗剪强度。当黏土只含强结合水时呈固体坚硬状态;砂土只含强结合水时呈散粒状态。

弱结合水在强结合水外侧,呈薄膜状,也是由黏土表面的电分子力吸引的水分子,水分子排列也较紧密,密度大于普通水。弱结合水也不传递静水压力,呈黏滞体状态,也具有较高的黏滞性和抗剪强度,冰点在-30~-20℃。其厚度变化较大,水分子有从厚膜处向较薄处缓慢移动的能力，在其最外围有成为普通液态水的趋势。此部分水对黏性土的影响最大。

2)自由水

自由水离土粒较远，在土粒表面的电场作用以外，水分子自由散乱地排列，主要受重力作用的控制。自由水包括下列两种：

(1)毛细水。这种水位于地下水位以上土粒细小孔隙中，是介于结合水与重力水之间的一种过渡型水，受毛细作用而上升。粉土中孔隙小，毛细水上升高，在寒冷地区要注意由于毛细水而引起的路基冻胀问题，尤其要注意毛细水源源不断地将地下水上升产生的严重冻胀。毛细水水分子排列的紧密程度介于结合水和普通液态水之间，其冰点也在普通液态水之下。毛细水还具有极微弱的抗剪强度，在剪应力较小的情况下会立刻发生流动。

(2)重力水。这种水位于地下水位以下较粗颗粒的孔隙中，只受重力控制，是水分子不受土粒表面吸引力影响的普通液态水。受重力作用由高处向低处流动，具有浮力的作用。在重力水中能传递静水压力，并具有溶解土中可溶盐的能力。

3)气态水

气态水是以水气状态存在于土孔隙中。它能从气压高的空间向气压低的空间移动，并可在土粒表面凝聚转化为其他各种类型的水。气态水的迁移和聚集使土中水和气体的分布状态发生变化，可使土的性质改变。

4)固态水

固态水是当气温降至0℃以下时，由液态的自由水冻结而成。由于水的密度在4℃时为最大，低于0℃的冰，不是冷缩，反而膨胀，使基础发生冻胀。寒冷地区基础的埋置深度要考虑冻胀问题。土质学与土力学中将含有固态水的土列为四相体系的特殊土——冻土。

3. 土中气体

土中气体指土的固体矿物之间的孔隙中，没有被水充填的部分。土的含气量与含水率有密切关系。

土中气体的成分与大气成分比较，主要区别在于 CO_2、O_2 及 N_2 的含量不同。一般土中气体含有更多的 CO_2，较少的 O_2，较多的 N_2。土中气体与大气的交换愈困难，两者的差别就愈大。

土中气体可分为自由气体和封闭气泡两类。自由气体与大气相连通，通常在土层受力压缩时即逸出，对土的工程性质影响不大；封闭气泡与大气隔绝，对土的工程性质影响较大，在受外力作用时，随着压力的增大，这种气泡可被压缩或溶解于水中，压力减小时，气泡会恢复原状或重新游离出来。若土中封闭气泡很多时，将使土的压缩性增大，渗透性降低。土质学与土力学中将这种含气体的土称为非饱和土。

土的总体特征是颗粒与颗粒之间的连接强度较土粒本身强度低，甚至没有连接性。根据土粒之间有无连接性，大致可将土分为砂类土(砾石、砂)和黏性土两大类。土从外观颜色看较为复杂，但以黑、红、白为基本色调。颜色是土颗粒成分的直接反映，黑色是由所含的有机物的腐化(腐殖质)染色而成的；白色常来自石英和高岭石的本色；红色主要是由高价氧化铁染色而成。土的颜色随土的成因环境不同，呈现出多种多样的颜色。

二、土的工程分类

为了能大致地判断土的基本性质，合理地选择研究的内容及方法，以及便于科学交流，有必要对土进行科学的分类。

工程上需要的是适合于工程用途的土的分类,即按土的主要工程特性进行分类。由于工程用途不同,目前已经提出了许多土的工程分类体系。

1. 土的分类原则和分类方法

1)分类原则

关于土质的分类,世界各国、每个国家的各地区和各部门,大都是根据自己的传统与经验具有自己的分类标准。但总体上来看,国内外在分类的依据、分类的总体系逐渐趋近于一致,各分类法的标准也都大同小异。分类的一般原则是:粗粒土按粒度成分及级配特征;细粒土按塑性指数和液限,即塑性图法;有机土和特殊土则分别单独各列为一类;对定出的土名给以明确含义的文字符号,既可一目了然,又可便于查找,还可为计算机检索土质试验资料提供条件。

国内外通用的表示土类名称的文字代号见表1-5。

工程土的分类符号表

表1-5

特征 \ 土类及符号	巨粒土(石)	粗粒土	细粒土	特殊土
	符号			
成分	B——漂石	G——砾石	F——细粒土	黄土——Y 膨胀土——E 红黏土——R 盐渍土——S_t 冻土——F_t
	C_b——卵石	S——砂	C——黏土	
			M——粉土	
			O——有机质土	
级配或土性		W——良好级配		
		P——级配不良	H——高液限	
			L——低液限	

(1)土类名称可用一个基本符号表示。

(2)当由两个基本符号组合表示土类时,第一个符号表示土的主成分,第二个符号表示土的副成分(土的液限或土的级配)。例如:GM——粉土质砾石,GP——不良级配砾石,ML——低液限粉土。

(3)当由3个基本符号组合表示土类时,第一个符号表示土的主成分,第二个符号表示液限的高低或级配的好坏,第三个符号表示土中所含次要成分。例如:MHG——含砾高液限粉土,CLG——含砾低液限黏土。

2)分类方法

道路与桥梁工程中,工程土的分类方法有《公路桥涵地基与基础设计规范》(JTJ 024—85)法和《公路土工试验规程》(JTG E40—2007)法两种。本节仅介绍《公路土工试验规程》(JTG E40—2007)中土的分类。

2.《公路土工试验规程》(JTG E40—2007)中土的分类

根据土类、土组和土名的次序区分,首先按相应的粒级含量超过50%来划分土类。对于混合土类,其中粒级含量小于5%为不含,5%~15%为微含,15%~50%为含量界限。对于细粒土类,按液限划分为低、中、高、很高4级。对已知土样应在试验室进行分类试验。

用土的颗粒大小分析试验,确定各粒组的含量;用液、塑限测定仪测定土的液限、塑限,并计算出塑性指数。

对土的野外鉴别，可用眼看、手摸、嗅觉对土进行概略区分，最后将土分类、命名。公路工程土分类的总体系见表1-6。

公路工程土分类体系汇总表　　表1-6

总体分类	二级分类	土名及颗粒含量
巨粒土	漂石土	漂(卵)石:巨粒含量75%~100%;漂(卵)石夹土:巨粒含量50%~75%;漂(卵)石质土:巨粒含量15%~50%
	卵石土	
粗粒土	砾类土	砾:$F<5\%$;含细粒土砾 $F=5\%\sim15\%$;细粒土质砾 $50\%\geq F>15\%$
	砂类土	砂:$F<5\%$;含细粒土砂 $F=5\%\sim15\%$;细粒土质砂 $50\%\geq F>15\%$
细粒土	粉质土	高(低)液限粉土:粗粒组≤25%;含砾(砂)高(低)液限粉土:25%<粗粒组≤50%
	黏质土	高(低)液限黏土:粗粒组≤25%;含砾(砂)高(低)液限黏土:25%<粗粒组≤50%
	有机质土	A线以上有机质高(低)液限黏土;A线以下有机质高(低)液限黏土
特殊土	黄土	低液限黏土(CLY)分布范围大部分在A线以上,$w_L<40\%$
	膨胀土	高液限黏土(CHE)分布范围大部分在A线以上,$w_L>50\%$
	红黏土	高液限粉土(MHR)分布范围大部分在A线以下,$w_L>55\%$
	盐渍土	弱盐渍土、中盐渍土、强盐渍土、过盐渍土:以氯盐和硫酸盐的含量划分

注:在以塑性指数为纵坐标、以液限为横坐标的塑性图上,A线的方程为 $I_p=0.73(w_L-20)$,B线的方程为 $w_L=50\%$。

●第四节 石灰与水泥●

一、概　述

在建筑工程中，能以自身的物理化学作用将松散材料(如砂、碎石)胶结成为具有一定强度的整体结构的材料，统称为胶凝材料。胶凝材料按其化学成分不同分为有机胶凝材料(如各种沥青和树脂)和无机胶凝材料(如石灰、水泥)两大类。无机胶凝材料根据其硬化条件的不同，又分为既能在水中硬化又能在空气中硬化的水硬性胶凝材料(如水泥)和只能在空气中硬化的气硬性胶凝材料(如石灰、石膏、水玻璃)。

气硬性胶凝材料，只能在空气中硬化、保持或继续提高强度，水硬性胶凝材料不仅能在空气中硬化，而且能更好地在水中硬化，且可在水中或适宜的环境中保持并继续提高强度，各种水泥都属于水硬性胶凝材料。

二、石　灰

石灰俗称白灰，根据其化学成分的不同分为生石灰和熟石灰。生石灰的主要化学成分是 CaO，熟石灰的主要化学成分是 $Ca(OH)_2$。

1. 生石灰的生产工艺概况

生石灰是由富含碳酸钙的岩石(如石灰岩、白垩、白云岩等)为原料，经高温煅烧(加热至900℃以上)，逸出 CO_2 气体后得到白色或灰白色的块状材料。其主要化学成分为氧化钙

(CaO)和氧化镁(MgO)。化学反应可表示如下:

$$CaCO_3 \xrightarrow{>900℃} CaO + CO_2$$

天然的石灰岩常含有碳酸镁、黏土及其他杂质,因此生石灰中还含有氧化镁。生石灰的品质不仅与原料的纯度有关,生产石灰的窑型、煅烧工艺及煅烧水平等也直接影响其质量。为了使石灰岩能得到完全分解,通常煅烧温度为1 000～1 100℃。

优质的生石灰,色质洁白或带灰色,质量较轻,块状石灰的堆积密度为800～1 000kg/m^3。石灰在烧制过程中,往往由于石灰石原料尺寸过大或窑中温度不匀等原因,使得石灰中含有未烧透的内核,这种石灰称为"欠火石灰"。欠火石灰的颜色发青且未消化残渣含量高,有效氧化钙和氧化镁含量低,使用时缺乏黏结力。另一种情况是由于煅烧温度过高、时间过长而使石灰表面出现裂缝或玻璃状的外壳,体积收缩明显,颜色呈灰黑色,块体密度大,消化缓慢,这种石灰称为"过火石灰"。过火石灰加水后消解缓慢,用于建筑结构物中仍能继续消化,以致引起成型的结构物体积膨胀,导致结构物表面鼓包、隆起、剥落或产生裂缝等破损现象,故危害很大。

2. 石灰的消化和硬化

1)石灰的消化

块状生石灰在使用前一般都需加水消解,这一过程称为"消化"或"熟化"。消化后的石灰称为"消石灰"或"熟石灰"。其化学反应式如下:

$$CaO + H_2O \longrightarrow Ca(OH)_2 + 64.9kJ/mol$$

生石灰消解时放出大量的热量,消解后体积增大1～2.5倍。消解石灰的理论加水量为石灰质量的32%,由于消化过程中放热反应导致水分的损失,实际加水量需达70%以上。在石灰的消解期间应严格控制加水量和加水速度。对消解速度快、活性大的石灰,消解时加水要快,水量要足,并加速搅拌,避免已消解的石灰颗粒包围于未消化颗粒周围,使内部石灰不易消解。对消解速度慢的石灰,则应采用相反措施,使生石灰充分消解,尽量减少未消化颗粒含量。

石灰在消化时,为了消除"过火石灰"的危害,可在消化后"陈伏"半月左右再使用。石灰浆在陈伏期间,在其表面应有一层水分,使之与空气隔绝,以防止碳化。

2)石灰的硬化

石灰的硬化过程包括干燥硬化和碳酸化两部分。

(1)石灰浆的干燥硬化(结晶作用)

石灰浆在干燥过程中游离水逐渐蒸发,或被周围砌体吸收,形成氢氧化钙饱和溶液,氢氧化钙逐渐从饱和溶液中结晶析出,产生网状孔隙。这时滞留在孔隙中的自由水由于表面张力的作用而产生毛细管压力,使石灰颗粒互相靠拢粘紧,强度也随之提高。其反应式如下:

$$Ca(OH)_2 + nH_2O \longrightarrow Ca(OH)_2 . nH_2O$$

(2)硬化石灰浆的碳化(碳化作用)

氢氧化钙与空气中的二氧化碳作用生成碳酸钙晶体,称为熟石灰的碳化作用。石灰浆体经碳化后获得最终强度称为碳化强度。熟石灰的碳化作用在有水条件下才能进行,其反应式如下:

$$Ca(OH)_2 + CO_2 + nH_2O \longrightarrow CaCO_3 + (n+1)H_2O$$

该反应主要发生在与空气接触的表面，当浆体表面生成一层 $CaCO_3$ 薄膜后，碳化进程减慢，同时内部的水分不易蒸发，石灰的硬化速度随时间增长逐渐减慢。

石灰浆体的硬化包括上面两个同时进行的过程，即表层以碳化为主，内部则以干燥硬化为主。纯石灰浆硬化时发生收缩开裂，所以工程上常配制成石灰砂浆使用。

3. 生石灰的加工品种

煅烧制成的生石灰一般为块状，块状生石灰可加工成为生石灰粉、消石灰粉、石灰膏、石灰乳。

(1)生石灰粉。由块状生石灰磨细而得到的细粉，其主要成分亦为 CaO。

(2)消石灰粉。生石灰消解过程的加水量恰好能完成消化反应所需的水量，可得到粉末状的熟石灰，其主要成分为 $Ca(OH)_2$。

(3)石灰膏。生石灰消解过程加多量的水(约为石灰体积的 3～4 倍)消化得到的可塑性浆体称为石灰膏，主要成分为 $Ca(OH)_2$ 和水。

(4)石灰乳。在石灰膏中加更多水制成的白色悬浮液称为石灰乳。

4. 石灰的应用和储存

1)石灰在公路工程中的应用

(1)消石灰粉在路面工程中用作石灰稳定土、石灰粉煤灰稳定土、石灰水泥稳定土等结构层的主要材料。

(2)利用生石灰(粉)的吸水膨胀作用及与土的物理化学作用加固软土地基、处理湿软路基。

(3)石灰膏调制成石灰砂浆、石灰水泥砂浆、石灰粉煤灰砂浆广泛用于圬工砌体的砌筑，并可用于抹面等装饰工程。但石灰砂浆主要用于地面以上部分圬工砌体的砌筑。

2)石灰的储存

(1)磨细的生石灰粉应储存于干燥仓库内，采取严格防水措施。

(2)需较长时间储存生石灰时，最好将其消解成石灰浆，并使表面隔绝空气，以防碳化。

(3)石灰能侵蚀呼吸器官和皮肤，在装卸和放置石灰时，应披戴必要的防护用品。

三、水　泥

水泥是建筑工程中用量最大的建筑材料之一。按水泥的化学成分可分为硅酸盐类水泥、铝酸盐类水泥、硫铝酸盐类水泥、铁铝酸盐类水泥、氟铝酸盐类水泥等。按水泥的用途和性能又可分为通用水泥、专用水泥、特性水泥等。通用水泥是指土木建筑工程中大量使用的具有一般用途的水泥，即硅酸盐水泥、普通硅酸盐水泥、矿渣硅酸盐水泥、火山灰硅酸盐水泥和粉煤灰硅酸盐水泥和复合硅酸盐水泥等六大品种水泥；专用水泥则是指具有专门用途的水泥，如道路硅酸盐水泥、油井水泥、大坝水泥等；特性水泥是某种性能比较突出的水泥，如快硬硅酸盐水泥、膨胀水泥、抗硫酸盐硅酸盐水泥等。

水泥品种比较多，在公路工程中使用的水泥以硅酸盐类通用水泥为主。

1. 硅酸盐水泥

由硅酸盐水泥熟料、0～5% 石灰石或粒化高炉矿渣、适量石膏磨细制成的水硬性胶凝材料，称为硅酸盐水泥。国际上统称硅酸盐水泥为波特兰水泥。19世纪初，英国人阿斯普丁首先取得专利并建厂生产水泥，当时，因其凝结后的外观颜色与英国波特兰（Portland）所产的一种常用于建筑的石灰石的颜色相似而命名。硅酸盐水泥分两种类型，不掺加混合材料的称Ⅰ型硅酸盐水泥，代号P·Ⅰ。在硅酸盐水泥熟料粉磨时掺加不超过水泥质量5%的石灰石或粒化高炉矿渣混合材料的称Ⅱ型硅酸盐水泥，代号P·Ⅱ。

1）硅酸盐水泥生产工艺概述

（1）生料制备与磨细。生产硅酸盐水泥的原料主要有石灰质原料、黏土质原料和铁质材料等。石灰质原料（如石灰石、白垩、石灰质凝灰岩等）主要提供CaO，黏土质原料（如黏土、黏土质页岩、黄土等）主要提供SiO_2、Al_2O_3，铁质材料主要提供Fe_2O_3。各种原材料按适当比例配合，经磨细后混合均匀，制成生料。

（2）生料煅烧。将制备好的生料装入立窑或回转窑内，经1 450℃高温煅烧至部分熔融，生成以硅酸钙为主要成分的硅酸盐水泥熟料。

（3）熟料磨细。熟料的细度直接影响水泥的水化反应速度。为调节水泥的凝结速度，避免发生急凝现象，在熟料中加入适量的石膏（3%左右）和0～5%石灰石或粒化高炉矿渣共同磨细，即得到硅酸盐水泥。

硅酸盐水泥生产工艺概括起来为“两磨一烧”。

2）硅酸盐水泥的矿物组成和特性

（1）硅酸盐水泥的矿物组成

生产硅酸盐水泥所用原料的主要化学成分是氧化钙（CaO）、氧化硅（SiO_2）、氧化铝（Al_2O_3）和氧化铁（Fe_2O_3）。

经过高温煅烧后，CaO、SiO_2、Al_2O_3、Fe_2O_3四种成分化合为熟料中的主要矿物组成：硅酸三钙（$3CaO \cdot SiO_2$），简写式或缩写为C_3S；硅酸二钙（$2CaO \cdot SiO_2$），简写式或缩写为C_2S；铝酸三钙（$3CaO \cdot Al_2O_3$），简写式或缩写为C_3A；铁铝酸四钙（$4CaO \cdot Al_2O_3 \cdot Fe_2O_3$），简写式或缩写为$C_4AF$。

（2）水泥熟料主要矿物组成的特性

硅酸盐水泥熟料四种主要矿物的含量和特性列于表1-7。

硅酸盐水泥熟料矿物的含量和特性　　表1-7

矿物组成	硅酸三钙	硅酸二钙	铝酸三钙	铁铝酸四钙
化学组成	$3CaO \cdot SiO_2$	$2CaO \cdot SiO_2$	$3CaO \cdot Al_2O_3$	$4CaO \cdot Al_2O_3 \cdot Fe_2O_3$
简写式	C_3S	C_2S	C_3A	C_4AF
大致含量（%）	35～65	10～40	0～15	5～15
与水反应速度	中	慢	快	中
水化放热量	中	低	高	中
对早期强度的影响	良	差	良	良
对后期强度的影响	良	优	中	中
耐化学腐蚀	中	良	差	优
干缩性	中	小	大	小

水泥是由多种矿物组分组成的，改变各矿物组分的含量比例，水泥的性能就会发生相应的变化。例如，提高 C_3S 的相对含量可获得高强度水泥和早强水泥；适当降低 C_3S、C_3A 含量，提高 C_2S 的含量则可获得低热大坝水泥；提高 C_4AF 和 C_3S 的含量，则可获得具有较高抗弯拉强度的道路硅酸盐水泥。

3）硅酸盐水泥的凝结和硬化

水泥加水拌和后，水泥颗粒立即分散在水中并与水发生化学反应，生成各种水化生成物。水泥与水的拌和物在初始时间为具有流动性和可塑性的水泥浆。水泥浆逐渐变稠失去流动性和可塑性而未具有强度的过程，称为水泥的“凝结”；水泥浆产生强度并逐渐发展成为坚硬的人造石的过程，称为水泥的“硬化”。凝结和硬化是人为划分的两个阶段，实际上是一个连续而复杂的物理化学变化过程。

（1）硅酸盐水泥的水化作用

水泥遇水后，各种矿物成分与水发生下列水化反应：

硅酸三钙：$3CaO \cdot SiO_2 + nH_2O \longrightarrow xCaO \cdot SiO_2 \cdot yH_2O + (3-x)Ca(OH)_2$

（水化硅酸钙）　（氢氧化钙）

硅酸二钙：$2CaO \cdot SiO_2 + mH_2O \longrightarrow xCaO \cdot SiO_2 \cdot yH_2O + (2-x)Ca(OH)_2$

（水化硅酸钙）　（氢氧化钙）

铝酸三钙：$3CaO \cdot Al_2O_3 + 6H_2O \longrightarrow 3CaO \cdot Al_2O_3 \cdot 6H_2O$

（水化铝酸钙）

$3CaO \cdot Al_2O_3$ 在纯水中才能发生上述水化反应，生成的水化铝酸钙也是不稳定的。由于硅酸盐水泥熟料中有石膏（$CaSO_4 \cdot 2H_2O$）存在，实际发生的水化反应为：

$$3CaO \cdot Al_2O_3 + 3CaSO_4 \cdot 2H_2O + 26H_2O \longrightarrow 3CaO \cdot Al_2O_3 \cdot 3CaSO_4 \cdot 32H_2O$$

（三硫型水化铝酸钙或称钙矾石）

当石膏消耗完毕后，水泥中尚未水化的 $3CaO \cdot Al_2O_3$ 与钙矾石生成单硫型水化铝酸钙 AFm（$3CaO \cdot Al_2O_3 \cdot CaSO_4 \cdot 12H_2O$）。

铁铝酸四钙：$4CaO \cdot Al_2O_3 \cdot Fe_2O_3 + 7H_2O \longrightarrow 3CaO \cdot Al_2O_3 \cdot 6H_2O + CaO \cdot Fe_2O_3 \cdot H_2O$

（水化铝酸钙）　（水化铁酸钙）

掺入石膏的目的是延缓水泥的凝结硬化速度，防止呈现“瞬凝”现象，给水泥的施工应用造成不便。掺入适量石膏后，石膏与 C_3A 反应生成难溶的钙矾石晶体，减少了溶液中铝离子的含量，而且形成的钙矾石覆盖在水泥颗粒的表面，可以延缓水化的进一步进行，从而延缓了水泥浆体的凝结速度。此外，生成的钙矾石难溶晶体对水化产物结构起加固作用，有利于提高水泥的早期强度。需要注意的是，石膏的掺量不宜过多，过量的石膏不仅对缓凝作用帮助不大，在硬化后期还会继续生成钙矾石，由于体积膨胀引起水泥的体积安定性不良。

（2）硅酸盐水泥的凝结和硬化

水泥与水拌和后，随着时间的延续，水泥浆体由可塑状态逐渐失去塑性，进而硬化产生强度，这个物理化学过程可以分为四个阶段来简单描述：

①初始反应期。水泥颗粒与水接触后立即发生水化反应。初期 C_3S 水化，释放出 $Ca(OH)_2$，立即溶解于溶液中，浓度达到饱和后，$Ca(OH)_2$ 结晶析出。暴露在水泥颗粒表面的铝酸三钙也溶解于水，并与已溶解的石膏反应，生成钙矾石结晶析出。在此阶段约1%左右的水泥产生水化。

②诱导期。在初始反应期后，水泥颗粒表面覆盖一层以水化硅酸钙 C-S-H 凝胶为主的渗透膜，使水化反应进行缓慢。这期间生成的水化产物数量不多，水泥颗粒仍然分散，水泥浆体基本保持塑性。

③凝结期。由于渗透压的作用，包裹在水泥颗粒表面的渗透膜破裂，水泥颗粒进一步水化，除继续生成 $Ca(OH)_2$ 及钙矾石外，还生成了大量的 C-S-H 凝胶。水泥水化产物不断填充水泥颗粒之间的空隙，随着接触点的增多，结构趋向密实，使水泥浆体逐渐失去塑性。

④硬化期。水泥继续水化，除已生成的水化产物的数量继续增加外，铁铝酸四钙 C_4AF 等水化物也开始形成，硅酸钙继续进行水化。水化生成物以凝胶与结晶状态进一步填充孔隙，水泥浆体逐渐产生强度，进入硬化阶段。只要温度、湿度合适，而且无外界腐蚀，水泥强度在几年、甚至几十年后还能继续增长。

4）硅酸盐水泥石的腐蚀与防止

（1）水泥石的腐蚀

硅酸盐水泥硬化后形成的水泥石，在正常环境条件下将继续硬化，强度不断增长。但在某些腐蚀性液体或气体的长期作用下，水泥石会受到不同程度的腐蚀，严重时会使水泥石强度明显降低，甚至完全破坏。水泥石被腐蚀的类型有：

①淡水的腐蚀。淡水的腐蚀又称为溶析性侵蚀。是指硬化后的水泥水化产物溶于周围的淡水，造成水泥混凝土中孔隙率增大、强度降低的现象。

水泥石在一定浓度的 $Ca(OH)_2$ 溶液中才能稳定的存在。对于硅酸盐水泥的水化产物，$Ca(OH)_2$ 在水中的溶解度最大，首先被溶出。在静水或无水压的情况下，由于 $Ca(OH)_2$ 的迅速溶出，周围的水很快饱和，溶出作用很快终止，对整体水泥石的影响不大。在流水或压力水的情况下，溶出的 $Ca(OH)_2$ 不断被水流带走，水泥石中的 $Ca(OH)_2$ 会不断溶析，不仅导致水泥混凝土的密度和强度降低，还会导致水化硅酸钙、水化铝酸钙的分解，最终可能引起水泥石内部结构的破坏。

②硫酸盐的侵蚀。水泥混凝土结构物位于海水、沼泽水和工业污水中时，会受到海水、沼泽水和工业污水中易溶的硫酸盐类的侵蚀。硫酸盐类与水泥石中的 $Ca(OH)_2$ 反应生成石膏，石膏在水泥石孔隙中结晶时体积膨胀，且石膏与水泥水化物中的水化铝酸钙作用，生成水化硫铝酸钙，其体积可增大1.5倍。水泥石中产生很大的内应力，使水泥混凝土结构的强度降低和破坏。

③镁盐的侵蚀。在海水、地下水或矿泉水中常含有较多的镁盐，如 $Mgcl_2$、$MgSO_4$ 等。镁盐与水泥石中的 $Ca(OH)_2$ 反应生成无胶结能力、极易溶于水的氯化钙，或生成二水石膏导致水泥石内部结构的破坏。

④碳酸侵蚀。工业污水或地下水中常溶解有二氧化碳 CO_2，CO_2 与水泥石中的 $Ca(OH)_2$ 反应生成不溶于水的碳酸钙，碳酸钙再与水中的碳酸作用生成易溶于水的碳酸氢钙，其可溶性使水泥石的强度下降。

(2)防止水泥石腐蚀的措施

①根据环境腐蚀特点合理选用水泥品种。选用硅酸三钙含量低的水泥,水泥水化产物中的 $Ca(OH)_2$ 含量减少,可提高其抗腐蚀能力。

②提高水泥石的密度。在施工过程中,合理选择水泥混凝土的配合比,降低水泥的用水量,改善集料级配,掺加外加剂等措施,均可以使水泥石的密度提高,从而减少腐蚀介质进入水泥石的内部,起到防腐的作用。

③设置耐腐蚀保护层。在水泥混凝土表面敷设一层耐腐蚀性强且不透水的保护层,如耐酸岩石、耐酸陶瓷、塑料或沥青等与腐蚀介质隔离。

5)硅酸盐水泥的特性与应用

(1)硅酸盐水泥凝结硬化速度较快,早期强度和后期强度均较高。

(2)抗冻性好,但水化放热量较大。

(3)耐腐蚀性差和耐热性差。

(4)抗炭化性能好、耐磨性好、干缩量小。

硅酸盐水泥在储存和运输过程中应按不同品种、不同强度等级及出厂日期分别储运,不得混杂,要注意防潮、防水。硅酸盐水泥适用于地上、地下及水中重要结构的高强混凝土、钢筋混凝土和预应力钢筋混凝土工程。

2. 普通硅酸盐水泥

由硅酸盐水泥熟料、6% ~15% 混合材料、适量石膏磨细制成的水硬性胶凝材料,称为普通硅酸盐水泥(简称普通水泥),代号 P·O。掺活性混合材料时,最大掺量不得超过水泥质量的15%,其中允许用不超过水泥质量 5% 的窑灰或不超过水泥质量 10% 的非活性混合材料来代替。掺非活性混合材料时,最大掺量不得超过水泥质量的 10%。

1)活性混合材料

在常温条件下能与 $Ca(OH)_2$ 或水泥发生水化反应的混合材料称为活性混合材料。常用的活性混合材料有粒化高炉矿渣、火山灰质混合材料和粉煤灰。

2)非活性混合材料

在常温条件下不能与 $Ca(OH)_2$ 或水泥发生水化反应的混合材料称为非活性混合材料。非活性混合材料经磨细后加入水泥中不具有或只具有微弱的化学活性,在水泥水化中基本上不参加化学反应,仅起提高产量、调节水泥强度等级,节约水泥熟料的作用,因此又称为填充性混合材料。如磨细的石英砂、石灰石、黏土等,以及不符合技术要求的粒化高炉矿渣、粉煤灰及火山灰质混合材料等。

由于混合材料的掺量较少,普通硅酸盐水泥的性质与硅酸盐水泥基本相同。略有差别的是:早期强度略低;耐腐蚀性略有提高;耐热性稍好;水化热略低;抗冻性、耐磨性、抗碳化性略有降低。

为了改善硅酸盐水泥的某些性能,同时达到增加产量降低成本的目的,在硅酸盐水泥熟料中掺加适量(掺量超过水泥质量的 15%)的各种混合材料与石膏共同磨细可制得掺混合材料的硅酸盐水泥。

3. 矿渣硅酸盐水泥

由硅酸盐水泥熟料、粒化高炉矿渣和适量石膏共同磨细制成的水硬性胶凝材料称为矿渣硅酸盐水泥，简称矿渣水泥，代号 P·S。水泥中粒化高炉矿渣掺加量按质量百分比计为20%～70%。允许用石灰石、窑灰、粉煤灰和火山灰混合材料中的一种材料代替矿渣，代替数量不得超过水泥质量的8%，替代后水泥中粒化高炉矿渣不得少于20%。

矿渣水泥加水后，水化过程出现两次水化反应。首先是水泥熟料矿物水化，生成水化硅酸钙、水化铝酸钙、水化铁酸钙、氢氧化钙、水化硫铝酸钙等水化物。由于矿渣水泥中水泥熟料矿物的含量比硅酸盐水泥少得多，其水化和凝结稍慢。其次是 $Ca(OH)_2$ 起着碱性激发剂的作用，与矿渣中的活性 SiO_2 和活性 Al_2O_3 作用形成具有胶凝性能的水化硅酸钙和水化铝酸钙等水化产物。两次水化反应是交替进行而又相互制约的。

矿渣硅酸盐水泥与硅酸盐水泥相比，具有以下特点：

(1)凝结硬化缓慢、早期强度低、后期强度高。矿渣水泥的水化过程首先是熟料的水化，矿渣活性成分的水化要在熟料水化产物 $Ca(OH)_2$ 的激发下进行。矿渣水泥中熟料含量少，而且常温下化合反应缓慢，因此强度增长速度较缓慢。到后期随着水化硅酸钙凝胶数量的增多，28d 以后的强度将超过强度等级相同的硅酸盐水泥。矿渣掺入量越多，早期强度越低，后期强度增长率越大。

此外，矿渣水泥的水化反应对温度敏感，提高养护温度、湿度，有利于强度发展。若采用蒸汽养护，强度增长较普通水泥快，且后期强度仍能很好地增长。

(2)抗淡水及硫酸盐腐蚀的能力较强。矿渣水泥中水泥熟料相对减少，C_3S 和 C_3A 的含量也随之减少，其水化所析出的 $Ca(OH)_2$ 数量比硅酸盐水泥的要低，而且矿渣中活性 SiO_2、Al_2O_3 与 $Ca(OH)_2$ 作用又消耗了大量的 $Ca(OH)_2$，这样水泥石中 $Ca(OH)_2$ 就更少了，因此提高了抗淡水及硫酸盐腐蚀的能力。但因起缓冲作用的 $Ca(OH)_2$ 较少，抵抗酸性水和镁盐腐蚀的能力不如普通水泥。

(3)水化放热量低。由于水泥熟料含量减少，使水化放热量大幅度降低。

(4)保水性差、干缩性较大。矿渣水泥中混合材料掺量较大，且磨细粒化高炉矿渣有尖锐棱角，其保持水分能力较差，泌水性较大，因而干缩性较大。如养护不当，则易产生裂缝。因此矿渣水泥的抗冻性、抗渗性和抵抗干湿交替的性能均不及普通水泥，且碱度低，抗碳化能力差。

(5)耐热性较强。矿渣水泥水化物中的 $Ca(OH)_2$ 含量较低，且矿渣本身又是水泥的耐热掺料，故具有较好的耐热性，适用于受热(200℃以下)混凝土工程。还可掺入耐火砖粉等配制成耐热混凝土。矿渣水泥能应用于任何地上工程的各种混凝土及钢筋混凝土构件，但不宜用在温度太低、养生条件差的工程。矿渣水泥适用于要求耐淡水腐蚀和耐硫酸盐侵蚀的水工或海港工程。宜用于大体积混凝土工程。

4. 火山灰质硅酸盐水泥

由硅酸盐水泥熟料和火山灰质混合材料、适量石膏磨细制成的水硬性胶凝材料称为火山灰质硅酸盐水泥，简称火山灰水泥，代号 P·P。水泥中火山灰质混合材料掺量按质量百分比计为20%～50%。

火山灰水泥的水化和硬化过程及水化产物均与矿渣水泥相类似。水泥加水后，先是熟料矿物水化，水化生成的 $Ca(OH)_2$ 再与火山灰质混合材料中的活性 SiO_2 和活性 Al_2O_3 等产生二次反应，生成以水化硅酸钙为主的一系列水化产物。火山灰质混合材料品种多，组成与结构差异大，虽然各种火山质水泥的水化、硬化过程基本相似，但水化速度和水化产物等却随着混合材料、硬化环境和水泥熟料的不同而发生变化。

与硅酸盐水泥相比，火山灰水泥的性能及应用具有以下特点：

(1)凝结硬化缓慢、早期强度低、后期强度高。火山灰水泥的凝结硬化过程对环境温度、湿度变化较为敏感，故火山灰水泥宜用蒸汽或压蒸养护，不宜用于有早强要求及低温工程中。

(2)具有良好的抗渗性、耐水性及一定的抗腐蚀能力。火山灰水泥在硬化过程中形成了大量的水化硅酸钙凝胶，提高了水泥石的致密程度，从而提高了抗渗性、耐水性及抗硫酸盐的性能，而且由于氢氧化钙含量低，有良好的抗淡水侵蚀的性能。但是，当混合料中活性氧化铝含量较多时，则抗硫酸盐腐蚀能力较差。火山灰水泥适用于抗渗性要求较高的工程。

(3)保水性差、干缩性较大。在干燥环境中将由于失水而使水化反应停止，强度不再增长，且水化硅酸钙凝胶的干燥将产生收缩和内应力，使水泥石产生很多细小的裂缝。在表面则由于水化硅酸钙抗碳化能力差，使水泥石表面产生“起粉”现象。火山灰水泥不宜用于干燥环境中的地上工程。

(4)具有较低的水化热，适用于大体积工程。

此外，这种水泥需水量大、收缩大、抗冻性差，使用时需引起注意。

5. 粉煤灰硅酸盐水泥

由硅酸盐水泥熟料和粉煤灰混合材料、适量石膏磨细制成的水硬性胶凝材料称为粉煤灰硅酸盐水泥，简称粉煤灰水泥，代号P·F。水泥中粉煤灰掺量按质量百分比计为20%～40%。

粉煤灰水泥的水化和硬化过程及水化产物均与矿渣水泥相类似。所不同的是，粉煤灰的活性成分主要是玻璃体(玻璃珠或空心玻璃珠)，这种玻璃体比较稳定而且结构致密，不易水化，在$Ca(OH)_2$的激发作用下，经过28～90d的水化龄期，才能在玻璃体表面形成水化硅酸钙和水化铝酸钙。

与硅酸盐水泥相比，粉煤灰水泥的性能及应用具有以下特点：

(1)凝结硬化慢、早期强度低、后期强度高。粉煤灰活性愈高，细度愈细，则强度增长速度愈快。粉煤灰水泥的后期强度甚至可以赶上或明显超过硅酸盐水泥。粉煤灰水泥宜用于承受荷载较迟的工程。

(2)干缩性小、抗裂性较强。粉煤灰不仅结构致密、比表面积较小，而且吸附水的能力小、需水量较小，因而这种水泥干缩性小，抗裂性较强。

(3)泌水较快、易引起失水裂缝。应在硬化早期加强养护并采取一定的工艺措施。

此外，粉煤灰水泥还有一些与矿渣水泥类似的特性，如水化放热量小、抗硫酸盐腐蚀能力强及抗冻性差等特点。因此，粉煤灰水泥除同样能用于工业与民用建筑外，还非常适用于大体积水工混凝土、水中结构、海港工程等。

6. 道路硅酸盐水泥

以适当成分的生料烧至部分熔融，所得以硅酸钙为主要成分和较多量的铁铝酸四钙的硅酸盐水泥熟料，掺加0～10%的活性混合材料和适量石膏磨细制成的水硬性胶凝材料，称为道路硅酸盐水泥。简称道路水泥。

道路水泥是供道路水泥混凝土路面和机场跑道道面专用的一种水泥。道路水泥要求具有较高的抗折强度、耐磨性、抗冲击性、抗冻性，抗硫酸盐腐蚀性能好和较小的收缩变形。

(1)道路水泥的矿物组成。通过煅烧使水泥熟料中的铁铝酸四钙(C_4AF)含量提高，熟料中铁铝酸四钙的含量不得小于16.0%，铝酸三钙的含量不得大于5.0%。

(2)道路水泥的有害化学成分。对道路水泥或熟料中的氧化镁、三氧化硫、游离氧化钙等有害化学成分的含量必须加以限制。

道路水泥熟料中氧化镁的含量不得超过5.0%，三氧化硫的含量不得超过3.5%，游离氧化钙的含量不得超过1.0%(立窑为1.8%)，烧失量不得大于3.0%，碱含量不得大于0.6%。

7. 其他品种水泥

1)快硬硅酸盐水泥

以硅酸盐水泥熟料和适量石膏磨细制成，以3d(天)抗压强度表示强度等级的水硬性胶凝材料称为快硬硅酸盐水泥，简称快硬水泥。

快硬硅酸盐水泥中的主要矿物成分为硅酸三钙、铝酸三钙。通常C_3S为50%~60%，C_3A为8%~14%，C_3S和C_3A的总量应不少于60%~65%。为加快硬化速度，可适量增加石膏的掺量和提高水泥的粉磨细度。

快硬水泥凝结硬化快，早期强度高，后期强度也高，抗冻性及抗渗性强，水化放热量大，耐腐蚀性差。因此适用于紧急抢修工程、冬季施工的混凝土工程。用于制造预应力钢筋混凝土或混凝土预制构件，可提高早期强度，缩短养护期，加快周转。不宜用于大体积混凝土工程和耐腐蚀要求高的工程。另外，快硬水泥干缩率较大，容易吸湿降低强度，储存期超过一个月时，须重新检验其技术性质。

2)铝酸盐水泥

以铝酸钙为主的铝酸盐水泥熟料，磨细制成的水硬性胶凝材料称为铝酸盐水泥，又称矾土水泥，代号CA。根据需要也可在磨制Al_2O_3含量大于68%的水泥时掺加适量的α-Al_2O_3粉。高铝水泥是铝酸盐水泥的一个主要品种。

铝酸盐水泥按Al_2O_3含量分为四类：CA-50——50%$\leqslant Al_2O_3<$60%；CA-60——60%$\leqslant Al_2O_3<$68%；CA-70——68%$\leqslant Al_2O_3<$77%；CA-80——$Al_2O_3\geqslant$77%。

铝酸盐水泥的特点是早期强度增长快，强度高，主要用于紧急抢修和早期强度要求高的工程、冬季施工的工程。铝酸盐水泥还具有较高的抵抗矿物水和硫酸盐的侵蚀性，具有较高的耐热性，适用于处于海水或其他侵蚀介质作用的重要工程，以及制作耐热混凝土、制造膨胀水泥等。高铝水泥的主要缺点是后期强度下降。

在使用铝酸盐水泥时，应避免与硅酸盐水泥混合使用，否则会造成水泥石的强度降低。

3)膨胀水泥

膨胀水泥是硬化过程中不产生收缩，而具有一定膨胀性的水泥。膨胀水泥通常由胶凝材料和膨胀剂混合而成。膨胀剂使水泥在水化过程中形成膨胀性物质(如水化硫铝酸钙)，导致体积稍有膨胀。由于这一过程是在未硬化浆体中进行，所以不致引起破坏和有害的应力。

按胶结材料的不同，膨胀水泥可分为硅酸盐型膨胀水泥、铝酸盐型膨胀水泥、硫铝酸盐型膨胀水泥。按膨胀值的大小，膨胀水泥可分为收缩补偿水泥和自应力水泥。

收缩补偿水泥膨胀率较小，膨胀时所产生的压应力大致能抵消干缩所引起的应力，可防止混凝土产生干缩裂缝。自应力水泥具有较强的膨胀性，当它用于钢筋混凝土中时，由于它的膨胀性能，使钢筋受到较大的拉应力，而混凝土则受到相应的压应力。当外界因素使混凝土结构产生拉应力时，就可被预先具有的压应力抵消或降低。这种靠水泥自身水化产生膨胀来张拉钢筋达到的预应力称为自应力。混凝土中所产生的压应力数值即为自应力值。

在道路桥梁工程中,膨胀水泥常用于水泥混凝土路面、机场道面或桥梁结构中修补混凝土。此外,在越江隧道或山区隧道用于配制防水混凝土、自应力混凝土以及堵漏工程、修补工程等。

4)白色和彩色硅酸盐水泥

(1)白色硅酸盐水泥

白色水泥的主要矿物组成仍是硅酸盐,只是水泥中着色物质(氧化铁、氧化锰、氧化钛、氧化铬等)的含量极少。

白色水泥的性能与硅酸盐水泥基本相同。白色水泥对红、绿、蓝三原色的反射率与氧化镁标准白板的反射率之比值称为白度,白色水泥的白度根据表1-8的白度数值分为四级。

白水泥各等级白度值 表1-8

等　级	特　级	一　级	二　级	三　级
白度(%)	86	84	80	75

(2)彩色硅酸盐水泥

生产彩色硅酸盐水泥有三种方法:一是在水泥生料中混入着色物质,烧成彩色熟料再粉磨成彩色水泥;二是将白水泥熟料或硅酸盐水泥熟料、适量石膏和碱性着色物质共同磨细制成彩色水泥;三是将干燥状态的着色物质掺入白水泥或硅酸盐水泥中。

对着色物质的基本要求包括:对水泥没有危害、不受水泥影响、在各种外界及气候条件下有很好的颜色耐久性、有较细的分散性、不含有可溶盐。常用的颜料有:氧化铬绿、氧化铁红、炭黑、氧化铁黑、氧化铁黄、酞菁蓝等。

白色和彩色硅酸盐水泥在装饰工程中,常用于配制各类彩色水泥浆、砂浆和混凝土,用以制造各种水磨石、水刷石等饰面及雕塑和装饰部件等制品。

●第五节　沥青材料●

一、概　述

沥青是一种有机胶凝材料,它是由十分复杂的高分子碳氢化合物和这些碳氢化合物的非金属(氧、氮、硫)的衍生物所组成的混合物。沥青在常温下一般呈固体或半固体,也有少数品种的沥青呈黏性液体状态,可溶于二硫化碳、四氯化碳、三氯甲烷和苯等有机溶剂,颜色为黑褐色或褐色。

沥青材料的品种很多,按其在自然界中获得的方式不同,可分为地沥青和焦油沥青两大类。

1.地沥青

地沥青是指地下原油演变或加工而得到的沥青,又可分为天然沥青和石油沥青。

天然沥青是石油在自然界长期受地壳挤压、变化,并与空气、水接触逐渐变化而形成的,以天然状态存在的石油沥青,其中常混有一定比例的矿物质。按形成的环境可分为湖沥青、岩沥青、海底沥青、油页岩等。

石油沥青是由石油原料经蒸馏提炼出各种轻质油品(汽油、煤油、柴油、润滑油等)后的残留物,再经加工(吹氧、调和等)得到的产品。主要为可溶于二硫化碳的碳氢化合物的半固态的黏稠状物质。

我国天然沥青很少,但石油资源较为丰富,故石油沥青是使用量最大的一种沥青材料。

2. 焦油沥青

焦油沥青是干馏有机燃料(煤、页岩、木材等)所收集的焦油再经加工而得到的一种沥青材料。按干馏原料的不同,焦油沥青可分为煤沥青、页岩沥青、木沥青和泥岩沥青。工程上常用的焦油沥青为煤沥青。

沥青具有良好的憎水性、黏结性和塑性,因而广泛用于防水、防潮、道路和水利工程。通常所讲的沥青是石油沥青,其他沥青都要在"沥青"前加上名称以示区别,如煤沥青等。在土木建筑工程中最常用的主要是石油沥青和煤沥青。

二、石 油 沥 青

1. 石油沥青生产工艺概述

从油井开采出来的石油,一般简称为原油,它是由多种分子量大小不等的烃类(烷烃、环烷烃和芳香烃等)组成的复杂混合物。炼油厂将原油分馏而提取汽油、煤油、柴油和润滑油等石油产品后所剩残渣,再进行加工可制得各种不同的石油沥青。

石油在常压塔中提取汽油、煤油、柴油后剩余的残渣为常压渣油;常压渣油在减压塔中提取重柴油、润滑油原料等以后剩余的残渣为减压渣油。减压渣油被称为慢凝液体沥青。

减压渣油再进入深拔装置或氧化装置,经过进一步加工分别得到直馏沥青、氧化沥青;润滑油原料进入溶剂脱沥青装置生产出溶剂沥青。直馏沥青、氧化沥青和溶剂沥青一般都属于黏稠沥青。

为了改变黏稠沥青的施工工艺,可将其配制成液体沥青和乳化沥青;为了改善黏稠沥青的使用性能,可将其加工成调和沥青和改性沥青。

2. 石油沥青的分类

石油沥青可根据不同情况进行分类,各种分类方法都有各自的特点和使用价值。

1)按原油的成分分类

原油是生产石油沥青的原料。石油沥青的性质与石油沥青的基属密切相关。

原油的分类一般是根据"关键馏分特性"和"含硫量",可分为石蜡基原油、环烷基原油和中间基原油,以及高硫原油(含硫量 >2%)、含硫原油(含硫量 0.5% ~2%)和低硫原油(含硫量 <0.5%)。由不同基属原油炼制的石油沥青分别为:

(1)石蜡基沥青。也称多蜡沥青,它是由含大量的烷属烃成分的石蜡基原油提炼而得。这种沥青因原油中含有大量烷烃,沥青中含蜡量一般大于5%,有的高达10%以上。蜡在常温下往往以结晶体存在,降低了沥青的黏结性、塑性和温度稳定性。

(2)环烷基沥青。也称沥青基沥青,含有较多的环烷烃和芳香烃,所以此种沥青的芳香性高,含蜡量一般小于2%,沥青的黏结性和塑性均较高。

(3)中间基沥青。也称混合基沥青,含蜡量、所含烃类成分和沥青的性质一般均介于石蜡基和环烷基沥青之间。

我国石油油田分布较广，国产石油大部分为石蜡基原油和中间基原油，从国外进口的原油多为环烷基原油。

2）按加工方法分类

（1）直馏沥青。用直馏方法将石油在不同沸点温度的馏分（汽油、煤油、柴油）提取后，残留的黑色液体状产品，符合沥青标准的残渣称为直馏沥青，不符合沥青标准、含蜡量大的称为渣油。在一般情况下，低稠度原油生产的直馏沥青，其温度度稳定性不足，还需要进行氧化处理才能达到黏稠石油沥青的性质指标。

（2）氧化沥青。将常压或减压重油，或低稠度直馏沥青在250～300℃的高温下吹入空气，经数小时氧化后获得的常温下为半固体或固体状的沥青称为氧化沥青。氧化沥青具有良好的温度稳定性。在道路工程中使用的沥青，氧化程度不能太深，有时也称为半氧化沥青。

（3）溶剂沥青。这种沥青是对含蜡量较高的重油采用溶剂萃取工艺，提炼出润滑油原料后所余残渣。在溶剂萃取过程中，一些石蜡成分溶解在萃取溶剂中随之被拔出，因此，溶剂沥青中石蜡成分相对减少，其性质较之由石蜡基原油生产的渣油或氧化沥青有很大的改善。

3）按用途分类

（1）道路石油沥青。用作道路路面的黏结材料，应具有良好的黏结性、塑性和温度稳定性，是石油蒸馏后的残留物或残留物氧化得到的产品。

（2）建筑石油沥青。用作建筑工程防水、防锈、防腐的石油沥青，是原油蒸馏后的重油经氧化得到的产品。

3. 石油沥青的组成和结构

1）元素组成

石油沥青是由多种碳氢化合物及其非金属（氧、硫、氮）的衍生物组成的混合物，它的分子表达通式为 $C_nH_{2n+a}O_bS_cN_d$。化学组成主要是碳（80%～87%）、氢（10%～15%），其次是非烃元素，如氧、硫、氮等（<3%）。此外，还含有一些微量的金属元素，如镍、钒、铁、锰、钙、镁、钠等，但含量都很少，约为几个至几十个 ppm（百万分之一）。

由于石油沥青化学组成结构的复杂性，许多元素分析结果非常近似的石油沥青，它们的性质却相差很大。这主要是沥青中所含烃类基属的化学结构不同。

2）石油沥青的化学组分

目前的分析技术尚难将沥青分离为纯粹的化合物单体。为了研究石油沥青化学组成与使用性能之间的联系，从工程角度出发，常将沥青所含烃类化合物中化学性质相近的成分归类分析，从而划分为若干组，称为“沥青化学组分”，简称“组分”。

将沥青分为不同组分的化学分析方法称为组分分析法。该方法是利用沥青中的各组分在不同有机溶剂中的选择性溶解或在不同吸附剂上的选择性吸附等性质进行组分分析。早年德国的丁·马尔库松提出了将石油沥青分离为沥青酸、沥青酸酐、油分、树脂、沥青质、沥青碳和似碳物等组分的方法。后来经过许多研究者的改进，美国的 L. R. 哈巴尔德和 K. E. 斯坦费尔德将其完善为三组分分析法。再后来美国的 L. W. 科尔贝特又提出四组分分析法。

（1）三组分分析法。石油沥青的三组分分析法是将石油沥青分离为油分、树脂和沥青质三个组分。因我国富产石蜡基或中间基沥青，在油分中往往含有蜡，故在分析时还应将油蜡分离。这种分析方法称为溶解—吸附法。按三组分分析法所得各组分的性状见表1-9。

石油沥青三组分分析法的各组分性状　　表 1-9

性状/组分	外观特征	平均分子量 M_w	碳氢比 C/H	物化特征
油分	淡黄色透明液体	200～700	0.5～0.7	几乎可溶解于大部分有机溶剂，具有光学活性，常发现有荧光，相对密度 0.910～0.925
树脂	红褐色黏稠半固体	800～3 000	0.7～0.8	温度敏感性高，熔点低于 100℃，相对密度大于 1.00
沥青质	深褐色固体末微粒	1 000～5 000	0.8～1.0	加热不溶化，分解为硬焦炭，使沥青呈黑色

(2)四组分分析法。由科尔贝特(L. W. Corbete)首先提出，该法可将沥青分离为如下四种成分：

①沥青质。沥青中不溶于正庚烷而溶于甲苯中的物质。

②饱和分。亦称饱和烃，沥青中溶于正庚烷，吸附于 Al_2O_3 谱柱下，能为正庚烷或石油醚溶解脱附的物质。

③芳香分。亦称芳香烃，沥青经上一步骤处理后，为甲苯所溶解脱附的物质。

④胶质。沥青经上一步骤处理后能为苯—乙醇或苯—甲醇所溶解脱附的物质。

对于多蜡沥青，还可将饱和分和芳香分用于丁酮—苯混合溶液冷冻分离出蜡。按四组分分析法所得各组分的性状见表 1-10。

石油沥青四组分分析法的各组分性状　　表 1-10

性状/组分	外观特征	平均分子量 M_w	碳氢比 C/H	物化特征
沥青质	深褐色固体末微粒	1 000～5 000	<1.0	提高热稳定性和黏滞性
饱和分	无色黏稠液体	300～1 000	<1.0	赋予沥青流动性(相当于油分)
芳香分	茶色黏稠液体			
胶质	红褐色至黑褐色黏稠半固体	500～1 000	≈1.0	赋予胶体稳定性，提高黏附性及可塑性
蜡	白色晶体	300～1 000	<1.0	破坏沥青结构的均匀性，降低塑性

沥青的化学组分与沥青的物理力学性质有着密切的关系，主要表现为沥青组分及其含量的不同将引起沥青性质趋向性的变化。一般认为，油分使沥青具有流动性；树脂使沥青具有塑性，树脂中含有少量的酸性树脂(即地沥青酸和地沥青酸酐)，是一种表面活性物质，能增强沥青与矿质材料表面的黏附性；沥青质能提高沥青的黏结性和热稳定性。

(3)沥青的含蜡量

蜡组分的存在对沥青性能的影响，是沥青性能研究的一个重要课题。特别是我国富产石蜡基原油的情况下，更是应该关注。现有研究认为：由于沥青中蜡的存在，在高温时会使沥青容易发软，导致沥青路面的高温稳定性降低，出现车辙；在低温时会使沥青变得脆硬，导致路面低温抗裂性降低,出现裂缝。此外,蜡会使沥青与石料黏附性降低,在水分的作用下,会使路面集料与沥青产生剥落现象,造成路面破坏;更严重的是,含蜡量大的沥青会使沥青路面的抗滑性能降低,影响路面的行车安全。

对于沥青含蜡量的限制,由于世界各国测定方法不同,所以限值也不一致,我国现行规范《道路石油沥青技术要求》(JTG F30—2004)对沥青含蜡量有明确规定。

3)石油沥青的结构

(1)胶体理论简介

现代胶体学说认为,沥青中沥青质是分散相,饱和分和芳香分是分散介质,但沥青质不能直接分散在饱和分和芳香分中。而胶质作为一种"胶溶剂",沥青质吸附了胶质形成胶团后分散于芳香分和饱和分中。所以沥青的胶体结构是以沥青质为胶核,胶质被吸附其表面,并逐渐向外扩散形成胶团,胶团再分散于饱和分和芳香分中。

(2)胶体的结构类型

根据沥青中各组分的化学组成和相对含量的不同,可以形成不同的胶体结构。沥青的胶体结构可分为下列三个类型:

①溶胶型结构。沥青质含量较少(<10%),饱和分和芳香分、胶质足够多时,则沥青质形成的胶团外膜较厚,胶团全部分散,胶团在分散介质中的运动相对较自由。这种结构的沥青黏滞性小、流动性大、塑性好,开裂后自行愈合的能力强,但温度稳定性较差。

②凝胶型结构。沥青质含量较多(>30%),并有相应数量的胶质来形成胶团,胶团外膜较薄,胶团靠近团聚,相互吸引力增大,相互移动困难。这种结构的特点是弹性和黏性较高,温度敏感性较小,流动性和塑性较低。

③溶—凝胶型结构。沥青质含量适当(15%~25%),有较多的胶质存在,胶团的浓度介于溶胶型结构和凝胶型结构之间,胶团之间有一定的吸引力。在常温下,这种结构的沥青性质介于上述两者之间。这种沥青在高温时稳定性好,低温时又具有较好的形变能力。优质道路沥青为溶—凝胶结构。

三、道路液体石油沥青

道路液体石油沥青是由较软的黏稠道路石油沥青经加热后掺配适量的煤油或轻柴油,经适当的搅拌、稀释制成的。掺配煤油或轻柴油的比例根据使用要求由试验确定。

根据道路液体石油沥青洒布或与集料拌和后凝聚的速度快慢,将液体石油沥青分为快凝、中凝、慢凝三种类型。道路液体石油沥青适用于路面结构层的透层、粘层及拌制冷拌沥青混合料。液体石油沥青在制作、储存、使用过程中必须通风良好,并有专人负责,确保安全。基质沥青的加热温度严禁超过140℃,道路液体石油沥青的储存温度不得高于50℃。

四、乳化沥青

1.乳化沥青的特点

乳化沥青是将黏稠石油沥青加热至流动状态,经高速离心、搅拌及剪切等机械作用,使沥青形成细小的微粒(粒径约为2~5μm左右),再使沥青微粒均匀地溶于有乳化剂和稳定剂的水溶液之中,所形成的水包油型(O/W)乳浊液。

由于乳化剂和稳定剂的作用，使沥青乳液形成均匀稳定的分散系，其外观为茶褐色，在常温下具有较好的流动性。乳化沥青的特点如下：

(1)可冷态施工，节约能源。黏稠沥青通常要加热至160～180℃才能用于施工。乳化沥青可以在常温下进行喷洒、贯入或拌和摊铺，现场无需加热，简化了施工程序，操作简便，节省了能源。

(2)可在潮湿的环境下使用。其他品种的沥青必须与干燥的矿料拌和形成混合料，而且所形成的混合料只能铺筑在干燥的基层上，只有这样才能保证沥青与矿料、沥青混合料与基层具有足够的黏结力。乳化沥青可以直接与湿集料拌和，可以在潮湿的基层上铺筑，具有足够的黏结力。

(3)可改善施工环境。乳化沥青无毒、无嗅、不燃，施工安全，可保护环境，减少污染。

(4)稳定性差。储存期不能超过半年，储存期过长容易引起凝聚分层，储存温度在0℃以上。

(5)乳化沥青修筑路面成型期较长。乳化沥青修筑的路面，待乳化沥青破乳且水分蒸发后才能发挥沥青的黏结作用，故路面成型期较长。最初应控制车辆的行驶速度。

基于乳化沥青以上的特点，乳化沥青不仅适用于铺筑路面，而且在路堤的边坡保护、层面防水、金属材料表面防腐等工程中得到广泛的应用。

2.乳化沥青的组成材料

乳化沥青主要由沥青、乳化剂、稳定剂和水等组成。

1)沥青

沥青是乳化沥青的主要组成材料，占55%～70%。沥青的性质将直接决定乳化沥青成膜性能和路用性质。在选择沥青时首先要考虑它的易乳性。一般来讲，稀软的沥青易于形成乳液。另外，沥青中活性组分的含量对沥青乳化难易性有直接关系，通常认为沥青酸总量大于1%的沥青易于形成乳液。

2)乳化剂

乳化剂是乳化沥青的关键性材料。沥青乳化剂是表面活性剂的一种类型，从化学结构上来看，它是一种“两亲性”分子，分子的一部分具有亲水性质，而另一部分具有亲油性质，这两个基团具有使不相溶的沥青和水连接起来的特殊功能。在沥青、水分散体系中，沥青微粒被乳化剂分子的亲油基吸引，此时以沥青微粒为固体核，乳化剂包裹在沥青微粒表面形成吸附层。乳化剂的另一端与水分子吸引，形成一层水膜，它可机械地阻碍沥青微粒的聚集。

乳化剂按其亲水基在水中是否电离分为离子型和非离子型两大类，离子型乳化剂又分为阴离子型、阳离子型和两性离子型三种。

(1)阴离子型乳化剂。阴离子型沥青乳化剂是在溶于水中时，能电离为离子或离子胶束，且与亲油基相连接的亲水基团带有阴(或负)电荷的乳化剂。阴离子型沥青乳化剂最主要的亲水基团有羧酸盐(如—COONa)、硫酸酯盐(如—OSO_3Na)、磺酸盐(如—SO_3Na)等三种。

(2)阳离子型乳化剂。阳离子型沥青乳化剂是在溶于水中时，能电离为离子或离子胶束，且与亲油基相连接的亲水基团带有阳(或正)电荷的乳化剂。阳离子型沥青乳化剂按其化学结构，主要有季胺盐类、烷基胺类、酰胺类、咪唑啉类、环氧乙烷二胺类和胺化木质素类等。

(3)两性离子型乳化剂。两性离子型沥青乳化剂是在水中溶解时，电离成离子或离子胶

束,且与亲油基相连接的亲水基团,既带有阴电荷又带有阳电荷的乳化剂。两性离子型沥青乳化剂按其两性离子的亲水基团的结构和特性,主要分为氨基酸型、甜菜型和咪唑啉型等。

(4)非离子型乳化剂。非离子型沥青乳化剂是在水中溶解时,不能离解成离子或离子胶束,而是依赖分子所含的羟基(—OH)和醚链(—O—)等作为亲水基团的乳化剂。非离子型沥青乳化剂根据亲水基团的结构可分为醚基类、酯基类、酰胺类和杂环类等,但应用最多的为环氧乙烷缩合物和一元醇或多元醇的缩合物。

3)稳定剂

为使乳化沥青乳液具有良好的储存稳定性,以及在施工中喷洒或拌和机械作用下有良好的稳定性,必要时加入适量的稳定剂。稳定剂可分为两类:

(1)有机稳定剂。常用的有聚乙烯醇、聚丙烯酰胺、羧甲基纤维素钠、糊精、MF 废液等。这类稳定剂可提高乳液的储存稳定性和施工稳定性。

(2)无机稳定剂。常用的有氯化钙、氯化镁、氯化铵和氯化铬等。这类稳定剂可提高乳液的储存稳定性。

稳定剂对乳化剂的协同作用必须通过试验来确定,并且稳定剂的用量不宜过多,一般为沥青乳液的 0.1% ~0.15% 为宜。

4)水

水是乳化沥青的主要组成部分。水在乳化沥青中起着润湿、溶解及化学反应的作用。所以要求乳化沥青中的水应当纯净,不含其他杂质,一般要求每升水中氧化钙含量不得超过 80mg。水的用量一般为 30% ~70% 。

3. 乳化沥青的形成机理

根据乳状液理论,由于沥青与水这两种物质的表面张力相差较大,将沥青分散于水中,则会因表面张力的作用使已分散的沥青颗粒重新聚集结成团块。欲使已分散的沥青能稳定均匀地存在(实际上是悬浮)于水中,必须使用乳化剂,以降低沥青与水之间的表面张力差。沥青能够均匀稳定地分散在乳化剂水溶液中的原因主要是:

1)乳化剂降低界面能的作用

由于沥青与水的表面张力相差较大,在一般情况下是不能互溶的。当加入一定量的乳化剂后,乳化剂能规律地定向排列在沥青和水的界面上,由于乳化剂属表面活性物质,具有不对称的分子结构,分子一端是极性基因,是亲水的;另一端是非极性基因,是亲油的,所以当乳化剂加入沥青与水组成的溶液中,乳化剂分子吸附在沥青—水界面上,形成吸附层,从而降低了沥青和水之间的表面张力差。

2)界面膜的保护作用

乳化剂分子的亲油基吸附在沥青微滴的表面,在沥青—水界面上形成界面膜,此界面膜具有一定的强度,对沥青微滴起保护作用,使其在相互碰撞时不易聚结。

3)界面电荷稳定作用

乳化剂溶于水后发生离解,当亲油基吸附于沥青时,使沥青微滴带有电荷(阳离子乳化沥青带正电荷),此时在沥青—水界面上形成扩散双电层。由于每个沥青微滴都带有相同电荷,且有扩散双电层的作用,故沥青—水体系成为稳定体系。

4. 乳化沥青在集料表面分裂机理

分裂是指从乳液中分裂出来的沥青微滴在集料表面聚结成一层连续的沥青薄膜，这一过程俗称破乳。乳液产生分裂的外观特征是它的颜色由棕褐色变成黑色，此时乳液中还含有水分，需待水分完全蒸发后才能产生黏结力。

1) 水分的蒸发作用

洒布在路上的乳化沥青，随即产生水分蒸发，水分蒸发速度的快慢与温度、湿度、风速等条件有关。在温度较高，有风的环境中，水分蒸发较快，反则较慢。通常当沥青乳液中水分蒸发到沥青乳液的80% ~90%时，乳化沥青即开始凝结。碾压应力也促使沥青的凝结。

2) 乳液与集料表面的吸附作用

在水分蒸发、乳液分裂凝聚的同时，沥青与集料表面还有吸附作用。沥青与集料的吸附除依靠分子间产生的物理吸附外，还有二者之间的电性吸附。

①阴离子乳液（沥青微滴带负电荷）与带正电荷的碱性集料（石灰石、玄武岩等）具有较好的黏结性。

②阳离子乳液（沥青微滴带正电荷）与带负电荷的酸性集料（花岗岩、石英岩等）具有较好的黏结性。同时对碱性集料也具有较好的亲和力。

5. 乳化沥青的应用

乳化沥青用于修筑路面可采用如下两种施工方法：

(1) 洒布法施工。用于喷洒透层、粘层与封层等，或修筑沥青表面处治路面、沥青贯入式路面。

(2) 拌和法施工。用于修筑冷拌沥青混合料路面、修补裂缝等。

乳化沥青的品种有喷洒用阳离子型乳化沥青 PC-1、PC-2、PC-3，拌和用的阳离子型乳化沥青 BC-1；喷洒用阴离子型乳化沥青 PA-1、PA-2、PA-3，拌和用的 BA-1；喷洒用非离子型乳化沥青号 PN-2，拌和用的 BN-1。

五、改性沥青

随着国民经济的快速发展，高等级公路上的交通量增长迅猛，车辆的轴重不断增加，荷载间歇作用时间缩短，交通渠化现象明显，由此造成沥青路面高温出现车辙，低温产生裂缝，抗滑性能很快衰减，沥青路面在较短的时间就出现坑槽、松散、水损坏及局部龟裂等。为了进一步提高沥青材料的路用性能，必须对沥青加以改性，亦即提高沥青的流变性能，改善沥青与集料的黏附性能，提高沥青的耐久性。

改性沥青是指在普通沥青中加入橡胶、树脂、高分子聚合物、磨细的橡胶粉或其他填料等外掺剂（改性剂），或采取对沥青轻度氧化加工等措施，使沥青的路用性能得以改善而制成的沥青结合料。

1. 改性沥青的分类及特性

国际上还没有关于改性沥青分类的统一标准。目前，通常所说的改性沥青是指聚合物改性沥青。按照改性剂的不同，一般分为以下几类：

1) 热塑性橡胶类改性沥青

改性剂主要是苯乙烯共聚物，如苯乙烯—丁二烯—苯乙烯（代号 SBS）、苯乙烯—异戊二烯—苯乙烯(代号 SIS)、苯乙烯—聚乙烯/丁基—聚乙烯(代号 SE/BS)等。

SBS 具有良好的弹性(变形的自恢复性及裂缝的自愈性好),被广泛用于路面沥青混合料;SIS 主要用于热熔黏结料;SE/BS 则应用于抗氧化、抗高温变形要求高的道路。

SBS 类改性沥青最大特点是高温稳定性和低温抗裂性能都好,且有良好的弹性恢复性能,抗老化性能良好。SBS 使沥青软化点提高最大,使 5℃的延度大幅度增大,且薄膜加热后的针入度比保留 90% 以上。

2)橡胶类改性沥青

通常称为橡胶沥青,其中使用最多的是丁苯橡胶(SBR)和氯丁橡胶(CR)等。橡胶类改性沥青不仅是世界上最早出现并广泛应用的改性沥青品种,也是在我国较早得到研究和推广的品种。其中 SBR 是世界上应用最广泛的改性剂之一,尤其是胶乳形式的 SBR 使用越来越广泛。CR 具有极性,常掺入煤沥青中使用,已成为煤沥青的改性剂。

SBR 改性沥青最大特点是低温性能得到改善,以 5℃的低温延度作为主要指标。但其在老化试验后,延度严重降低,所以主要适宜在寒冷气候条件下使用。

3)热塑性树脂类改性沥青

聚乙烯(PE)、聚丙烯(PP)、聚氯乙烯(PVC)、聚苯乙烯(PS)和乙烯—乙酸乙烯酯共聚物(EVA)等在道路沥青的改性中均被使用过。热塑性树脂的共同特点是加热后软化,冷却时变硬。此类改性剂的最大特点是使沥青结合料在常温下黏度增大,从而使高温稳定性增加,不足的是不能使沥青混合料的弹性增加,且加热后易离析,再次冷却时产生众多的弥散体。不过这些局限性一定程度上已被接受。

4)掺加天然沥青的改性沥青

在沥青中通常可掺加天然沥青进行改性,天然沥青有湖沥青(如特立尼达湖沥青 TLA)、岩石沥青(如美国的 Gilsonite)和海底沥青(如 BMA)等。

掺加 TLA 的混合沥青有良好的高温稳定性及低温抗裂性能,耐久性好;掺加岩石沥青的混合沥青有抗剥离、耐久性、高温抗车辙和抗老化好的特点;BMA 沥青适用于重交通道路、飞机场跑道、抗磨耗层等,最小铺筑厚度可减薄到 2cm,由此降低工程造价。

5)其他改性沥青

(1)多价金属皂化物改性沥青。多价金属与一元羧酸所形成的盐类称为金属皂。将一定的金属皂溶解在沥青中,可使沥青延度增加,脆点降低,明显提高与集料的黏附性能,增加沥青混合料的强度,提高沥青路面的柔性和疲劳强度。

(2)炭黑改性沥青。炭黑是由石油、天然气等碳氢化合物经高温不完全燃烧而生成的高含碳量粉状物质,在改性好的 SBS 改性沥青中混入炭黑综合改性,可使改性沥青的黏度增大,回弹性能提高。

(3)玻纤格栅改性沥青。将一种自黏结型的玻璃纤维格栅,用一种专门的摊铺机铺设,铺在沥青混合料层中,提高沥青混合料的耐热、黏结性。这些格栅对提高高温抗车辙能力及低温抗裂性能都有良好效果,同时还可防治沥青路面的反射性裂缝。

2. 改性沥青的应用

改性沥青可用于做排水或吸声磨耗层及其下面的防水层;在老路面上做应力吸收膜中间层,以减少反射裂缝;在重载交通道路的老路面上加铺薄和超薄的沥青面层,以提高耐久性;在老路面上或新建公路上做表面层结合料，以恢复路面使用性能或减少养护工作量；在重载交通道路上做沥青混凝土的结合料。

使用改性沥青时，应当特别注意路基、路面的施工质量，以避免产生路基沉降和其他早期损坏。否则，使用改性沥青就会达不到应有的效果。SBS 改性沥青无论在高温、低温、弹性等方面都优于其他改性沥青，SBS 的价格也比较适宜，应用较为广泛。

六、煤　沥　青

煤沥青（俗称柏油）是用煤在隔绝空气的情况下干馏炼焦和制煤气的副产品煤焦油炼制而成。根据煤干馏的温度不同，分为高温煤焦油（700℃以上）和低温煤焦油（450～700℃）两类。路用煤沥青主要是由炼焦或制造煤气得到的高温煤焦油加工获得。

1. 煤沥青的化学组成和结构特点

1）煤沥青的化学组成

煤沥青的组成主要是芳香族碳氢化合物及其氧、硫和氮的衍生物的混合物。其元素组成主要为 C、H、O、S 和 N。煤沥青的化学结构极其复杂，有环结构上带有侧链，但侧链很短。

煤沥青化学组分的研究，与石油沥青的研究方法相同，也是采用选择性溶解等方法将煤沥青划分为几个化学性质相近且与路用性能有一定联系的组分。煤沥青化学组分如下：

（1）游离碳。又称自由碳，是高分子的有机化合物的固态碳质微粒，不溶于任何有机溶剂，具有足够的稳定性，只有在高温下才能溶解。在煤沥青中游离碳能增加沥青的黏度和提高其热稳定性。但随着游离碳含量的增加，煤沥青的低温脆性亦随之增加。煤沥青中的游离碳相当于石油沥青中的沥青质，但颗粒比沥青质大得多。

（2）树脂。又分为硬树脂和软树脂。硬树脂为固态晶体结构，在沥青中能增加其黏滞性，类似石油沥青中的沥青质。软树脂为赤褐色粘塑状物质，溶于氯仿，稳定性较低，能使煤沥青具有塑性，类似于石油沥青中的树脂。

（3）油分。主要由液体未饱和的芳香族碳氢化合物所组成，使煤沥青具有流动性。在油分中包含有萘油、蒽油和菲油等。萘在常温下易挥发，对煤沥青的技术性质有不良的影响。蒽油含量低于 15%～25% 时，降低煤沥青的黏结性，若超过此含量，温度低于 10℃ 时蒽油结晶，使煤沥青黏度增加。蒽油有毒，能引起呼吸道粘膜和皮肤发炎、疼痛。

此外，煤沥青中含有少量碱性物质（如啶、喹啉等）和酸性物质（主要是酚），酚有毒且能溶于水。煤沥青中的酸碱物质都属表面活性物质，相当于石油沥青中的沥青酸与沥青酸酐，但其活性物质含量高于石油沥青。所以煤沥青表面活性比石油沥青高，与石料的黏附力较好。

2）煤沥青的结构

煤沥青和石油沥青相类似，也是复杂的胶体分散系，游离碳和硬树脂组成的胶体微粒为分散相，油分为分散介质，而软树脂为保护物质，它吸附于固态分散胶粒周围，逐渐向外扩散，并溶解于油分中，使分散系形成稳定的胶体体系。

2. 煤沥青与石油沥青技术性质的差异

（1）煤沥青的温度稳定性差。煤沥青是较粗的分散系，且可溶性树脂含量较多，受热易软化，故温度稳定性差。

（2）煤沥青的气候稳定性差。由于煤沥青中含有较多不饱和碳氢化合物，在热、阳光、氧气等长期综合作用下,使煤沥青的组分变化较大,易老化变脆。

(3)煤沥青的塑性较差。因含有较多的游离碳,使其塑性降低,所以在使用时易因受力变形而开裂。

(4)与矿质材料表面黏附性能好。煤沥青组分中含有较多的酸、碱等表面活性物质,故与酸、碱性矿质材料表面的黏结力都较强。

(5)煤沥青防腐性能好。由于煤沥青中含有酚、蒽、萘油等成分,所以防腐性好,故适用于地下防水层及防腐材料等。

道路用煤沥青的技术性质指标有:黏度、蒸馏试验的馏出量、蒸馏残留物的软化点、水分、甲苯不溶物、萘含量、焦油酸含量等。

与石油沥青一样,在煤沥青中含有过量的水分会使煤沥青在施工加热时发生许多困难,甚至导致材料质量的劣化或造成火灾。煤沥青含水率的测定方法与石油沥青相同。

3. 煤沥青在道路中的应用

道路用煤沥青适用于透层沥青,也可用于三级及三级以下的公路铺筑沥青表面处治或贯入式沥青路面,但不能用于热拌热铺沥青混合料。

•第六节　工程高分子聚合物材料•

一、概　述

随着高等级公路的快速发展,对路面和桥梁建筑用的材料提出了更高的要求。工程高分子聚合物材料在道路工程中的应用,不仅提供了代替传统材料的新材料,而且可以作为改性剂来改善和提高现有材料的技术性能。

高分子聚合物是由一种或几种低分子化合物(单体)聚合而构成的高分子有机物质。“单体”是指可以形成聚合物大分子链的低分子化合物,如乙烯分子($CH_2=CH_2$)。土木工程上通常应用的高分子聚合物材料包括塑料、橡胶和纤维三类。

高分子聚合物虽然分子量大、原子数较多,但其化学组成并不复杂,都是由许多低分子化合物通过合成反应以重复的方式聚合而成的。如聚乙烯($\cdots—CH_2—CH_2—CH_2—CH_2—\cdots$)是由低分子化合物乙烯($CH_2=CH_2$)聚合而成。

聚合物的命名可以根据单体的名称命名,以形成聚合物的单体为基础,在单体名称之前加“聚”字,如聚乙烯、聚丙烯等。如单体有两种或两种以上时,常把单体的名称(或其缩写)写在前面,在其后按用途加“树脂”或“橡胶”名称。如丁苯橡胶(由丁二烯和苯乙烯聚合而成)等。

聚合物的命名也可以按习惯上命名或为商品名称,如聚己二酰己二胺,习惯上称为聚酰胺66,商品名称为尼龙。为简化起见也以聚合物英文名称缩写符号表示。如聚乙烯(Polyethylene)缩写为PE等。

高分子材料有许多优良性能,如质轻、比强度高(强度与表观密度之比)、耐腐蚀、耐磨、绝缘性好,同时经济效益高,不受地域、气候限制,目前被广泛地应用于土木工程实际中。工程高分子聚合物材料,除了直接作为道路与桥梁结构物构件或配件的材料外,更多的是作为改善水泥混凝土或沥青混合料性能的组分,为此必须掌握高分子聚合物材料的组成、性能和配制,才能正确选择和应用这类材料。

二、高分子聚合物的分子结构

高分子聚合物是由不同结构层次的分子有规律的排列、堆砌而成。按分子几何结构形态来分,可分为线型、支链型和体型三种。

1. 线型

线型高聚物的分子为线状长链分子,大多数呈卷曲状,由于高分子链之间的范德华力很微弱,使分子容易相互滑动,在适当的溶剂中能溶解,溶解后的溶液黏度很大。当温度升高时,它可以熔融而不分解,成为黏度较大、能流动的液体。利用此特性,在加工时可以反复塑制。塑性树脂大部分属于线型高聚物。线型高聚物具有良好的弹性、塑性、柔顺性,还有一定的强度,但硬度小。

2. 支链型

支链型高聚物的分子在主链上带有比主链短的支链。它可以溶解和熔融,但当支链的支化程度和支链的长短不同时,会影响高聚物的性能。如低密度聚乙烯属于支链型结构,它与线型高密度聚乙烯相比,密度小,抗拉强度低,而溶解性增大,这是由于其分子间的作用较弱而造成的。

3. 体型

体型高聚物的分子是由线型或支链型高聚物分子以化学键交联形成,呈空间网状结构。它不能溶解于任何溶剂,最多只能溶胀。加热后不软化,也不能流动,加工时只能一次塑制。热固性树脂属于体型高聚物。由于体型高聚物是一个巨型分子,所以塑性和弹性低,但硬度与脆性较大,耐热性较好。

塑料、橡胶和纤维三大合成材料中的合成纤维,是线型高聚物,而塑料可以是线型高聚物,也可以是体型高聚物。

三、高分子聚合物的分类

高聚物的分类方法很多,经常采用的方法有如下几种:

(1)按高分子聚合物的性能和用途分类。分为塑料、合成橡胶和合成纤维,此外还有胶粘剂、涂料等。

(2)按高分子聚合物的分子结构分类。分为线型、支链型和体型三种。

(3)按高分子聚合物反应类别分类。分为加聚反应类和缩聚反应类,其反应产物为加聚物和缩聚物。

四、公路工程土工合成材料

1. 基本概念

土工合成材料是岩土工程和土木工程中应用的土工织物、土工膜、土工复合材料、土工特种材料的总称。

(1)土工织物。用于岩土工程和土木工程的机织、针织或非织造的可渗透的聚合物材料。

(2)土工格栅。由有规则的网状抗拉条带形成的用于加筋的土工合成材料。其开口可容

土、石或其他土工材料穿入。

(3)土工网。由平行肋条经以不同角度与其上相同肋条粘结为一体的用于平面排液、排气的土工合成材料。

(4)土工膜。由聚合物或沥青制成的一种相对不透水的薄膜。

(5)土工复合材料。由两种或两种以上材料复合成的土工合成材料。

土工膜可以分为聚乙烯(PE)土工膜、聚氯乙烯(PVC)土工膜、氯化聚乙烯(CPE)土工膜三种;土工格栅、土工网、土工带、土工模袋、聚苯乙烯板块(EPS)等都属于土工特种材料;土工复合材料包括复合土工膜、复合土工织物、复合排水材料(排水带、排水管、排水防水材料等)。下面着重介绍土工织物。

2. 土工织物的种类、特点、应用

土工织物又称土工布。土工织物的成分是人造聚合物,常用的有聚丙烯(丙纶)、聚酯(涤纶)、聚乙烯、聚酰胺(锦纶)等。

1)土工织物的种类和特点

按照不同的制造工艺,可将土工织物分为织造土工织物和非织造土工织物两种。

(1)织造土工织物。是由经线和纬线相互交织而成的织物,分为机织和针织两种,它与日用布相似,又可分为平纹织物(经、纬线相互垂直)和斜纹织物。

单丝有纺织物的成分大多为聚酯或聚丙烯,单丝的横截面为圆形或长方形。单丝有纺织物一般为中等强度,主要用作反滤材料。

复丝有纺织物由许多细纤维的纱线织成,纤维原料多为聚丙烯和聚酯,薄膜丝原料为聚乙烯。主要用于加筋,在铺设时应注意使其最大强度方向与最大应力方向一致。此种织物价格较高,应用受到限制。

扁丝有纺织物由宽度大于厚度许多倍的纤维织造而成。常见的扁丝织物是聚丙烯薄膜织物,扁丝之间不经黏合易撕裂。这种织物具有较高强度和弹性模量,主要用作分隔材料。

(2)非织造土工织物。将细丝或纤维按定向排列或非定向排列以某种方法相互结合而制成的织物。根据其对纤网的固结方法不同又分为针刺黏结、热黏结和化学黏结三种。无纺织物的原料几乎全是聚酯、聚丙烯或由聚丙烯与尼龙纤维混纺制成。其价格较低,具有中、低强度和中等至较大的破坏延伸率,已广泛用作反滤、隔离和加筋材料。

2)土工织物在道路桥梁工程中的应用

土工织物用于土木工程始于20世纪50年代末,最早是美国人R. J. Barrett在佛罗里达州将透水性合成纤维有纺织物铺设在混凝土板下,作为防冲刷保护层。20世纪70年代以后,国外土工织物的应用从公路、铁路的路基工程逐步扩展到挡土墙、土坝等大型永久性工程。20世纪80年代初,我国铁道部门开始试用无纺织物,从此水利、港口、航道和公路部门开始推广使用。土工织物在土木工程中有如下作用。

(1)排水作用。土工织物是多孔隙透水材料,埋在土中可以汇集水分,并将水排出土体。土工织物不仅可以沿垂直于其平面的方向排水,也可以沿其平面方向排水,即具有水平排水功能。在公路工程中,可利用土工织物修建路面的排水设施、挡土墙和隧道衬砌的排水系统。

(2)反滤作用。为防止土中细颗粒被渗流潜蚀(管涌现象),传统上使用级配粒料滤层。土工织物能取代常规的粒料,起反滤层作用。工程中常常同时利用土工织物的反滤和排水两种作用。

(3)分隔作用。在岩土工程中,不同的材料层之间经常发生相互混杂现象,使各层失去应有的性能。设置在两种不同材料之间的土工织物,可以起分隔、防混杂、防污染的作用。例如,在软弱路基上铺设碎石粒料基层时,在层间铺设土工织物,可有效地防止层间土粒相互贯入和控制不均匀沉降。土工织物的分隔作用在公路软弱地基和软弱路基处理中效果良好。

(4)加强作用。土工织物具有较高的抗拉强度和抗变形能力,以适当的方式埋在土中或路面结构层中,可将荷载或应力均匀的扩散到较大的面积范围。利用土工织物的这种功能,即作为加筋材料,可以加固高填方路基或陡坡路基的边坡、处理软弱地基等,控制土的变形,增加土体稳定性;还可以铺设在有裂缝的旧路面或半刚性基层表面上,防止反射裂缝和车辙等病害,延长路面的使用寿命。

●第七节 建筑钢材和木材●

一、概 述

钢桥和钢筋混凝土桥是现代桥梁的主要桥型。在钢结构和钢筋混凝土结构中,钢材是重要的工程建筑材料。建筑钢材泛指在建筑工程中使用的各种钢材,主要包括:钢结构所用的各种型材(也称为型钢)和板材(常称为钢板),型钢又可分为圆钢、角钢、工字钢、槽钢、钢管等;钢筋混凝土结构所用的钢筋、钢丝和钢绞线(俗称线材)等。进行钢桥和钢筋混凝土桥的设计、施工,必须掌握常用钢材的规格、性能和应用等材料方面的基础知识。

木材是人类使用最早的建筑材料之一,它是性能优良、人们最喜爱的建筑材料。早在古代,我国就曾采用木材建筑桥梁和栈道,取得辉煌的成就。我国的木材资源非常贫乏,随着现代建筑材料的产生和应用,在桥梁工程中单纯采用木材建造桥梁的情况已经很少,但在道路与桥梁工程中,各种木结构在工程施工中仍然会经常遇到。

二、建筑钢材简介

1. 钢材的分类

钢的分类方法很多,较常用的有下列分类方法:

1)按化学成分分类

(1)碳素钢。亦称"碳钢",均属铁碳合金范畴,常包含硅、锰、磷等杂质。碳钢按含碳量可分为:低碳钢(含碳量≤0.25%);中碳钢(含碳量0.25%~0.55%);高碳钢(含碳量≥0.60%)。

(2)合金钢。为了改善钢的力学性能、工艺性能或物理、化学性能,在冶炼时特意向钢中加入一些合金元素(如锰、硅、钛、钒、铬、钼、钨等)。合金钢按合金元素含量可分为:低合金钢(合金元素总含量小于5%);中合金钢(合金元素总含量5%~10%);高合金钢(合金元素总含量大于10%)。

2)按质量分类

根据碳素钢中所含有害杂质硫(S)、磷(P)的多少,通常分为四类:

(1)普通碳素钢。钢中 S 含量≤0.055%,P 含量≤0.045%。

(2)优质碳素钢。钢中 S 含量≤0.035%,P 含量≤0.035%。

(3)高级优质碳素钢。钢中含量 S≤0.025%,P 含量≤0.025%。

(4)特级优质碳素钢。钢中含量 S≤0.015%,P 含量≤0.025%。

3)按用途分类

按用途的不同分为三类:

(1)结构钢。用于各种建筑工程(如桥梁、房屋等)的构件和机械制造(如机械零件、船舶制造等)。这类钢一般属于低碳钢和中碳钢。

(2)工具钢。用于制造各种刀具、量具、模具。这类钢含碳量较高,一般属于高碳钢。

(3)特殊钢。具有各种特殊物理化学性能的钢材,如不锈钢、磁性钢等。这类钢一般为合金钢。

4)按冶炼时脱氧程度分类

(1)沸腾钢。是脱氧不充分的钢,在浇铸及钢液冷却时,有大量的一氧化碳气体逸出,钢液呈激烈沸腾状态。

(2)镇静钢。脱氧充分,钢水较纯净,浇铸钢锭时钢水平静,镇静钢材质致密均匀,质量高于沸腾钢。

(3)半镇静钢。脱氧程度及钢水质量介于上述两者之间。

5)按成型方法分类

分为铸造钢、锻造钢、轧压钢、冷拔钢。

2. 建筑钢材的类属

由于桥梁结构需要承受车辆荷载的作用,同时需要经受各种大气因素的考验,对于桥梁用钢材要求具有较高的强度、良好的塑性和韧性及可焊性。因此,桥梁建筑用的钢材、钢筋混凝土用的钢筋,就其用途分类来说,均属于结构钢;就其质量分类来说,都属于普通钢;按其含碳量的分类来说,均属于低碳钢。所以桥梁结构用钢和钢筋混凝土用的钢筋属于碳素结构钢或低合金结构钢。

3. 建筑钢材在道路桥梁工程中的应用

道路桥梁工程中应用的建筑钢材包括钢结构用钢材和钢筋混凝土用的钢筋和钢丝。

1)钢结构用钢

桥梁建筑应用的结构钢主要有碳素结构钢、低合金结构钢和优质碳素结构钢等。

(1)碳素结构钢,又称普通碳素结构钢,简称“普通钢”。在供应时其化学成分和力学性能均需保证。

①碳素结构钢的牌号。碳素结构钢的牌号由四部分组成,依次为:代表钢材屈服点(屈服强度)的汉语拼音 Q;表示钢材屈服点的数字,分别为 195、215、235、255 和 275,以 MPa 计;表示质量等级的符号,按钢材中硫、磷含量由大到小划分,按 A、B、C、D 的顺序质量逐级提高;代表钢脱氧程度的符号,沸腾钢 F、镇静钢 Z、半镇静钢 b、特殊镇静钢 TZ。

例如,Q235-AF 表示屈服强度为 235MPa、质量等级为 A 级的沸腾钢;Q215-CZ 表示屈服强度为 215MPa、质量等级为 C 级的镇静钢。

②碳素结构钢的性能。碳素结构钢的塑性好,适宜于各种加工,在焊接、冲击及超载等不

利条件下也能保证安全，它的化学性能稳定，对轧制、加热及骤冷的敏感性较小，但与低合金钢相比强度较低。自Q195～Q275，牌号愈大，含碳量和含锰量愈高，屈服点和极限抗拉强度随之提高，但伸长率随之降低。

(2)低合金结构钢，是在碳素钢的基础上，加入少量或微量的合金元素而形成的，用以提高钢材的强度、冲击韧性、耐磨性和耐腐蚀性等技术性能。

按照国家标准《低合金高强度结构钢》(GB/T 1591—1994)的规定，低合金高强度结构钢的牌号由代表屈服点的汉语拼音字母Q、屈服点数值、质量等级符号(A、B、C、D、E)三个部分按顺序排列，共分为Q295、Q345、Q390、Q420、Q460五个牌号。例如，Q390A表示屈服点为390MPa的A级低合金高强度结构钢。

低合金高强度结构钢的强度大大高于碳素结构钢，并具有良好的工艺性能(塑性、韧性)，其耐磨性、耐蚀性及耐低温性等均较良好，且质量较轻，可降低结构自重，因而适用于大型结构及桥梁等工程。

(3)桥梁用结构钢。根据使用要求，对桥梁建筑用钢的三个标准合并修订为《桥梁用结构钢》(GB/T 714—2000)，该标准规定桥梁结构钢的尺寸、外形、质量和允许偏差、技术要求、试验方法、检测规则及质量证明书等。桥梁用结构钢的牌号由代表屈服点的汉语拼音首位字母Q、屈服点数值、桥梁钢的汉语拼音首位字母q、质量等级符号四个部分组成。根据《桥梁用结构钢》的规定，其牌号为Q235q、Q345q、Q370q和Q420q，质量等级分别为C、D、E三级。如Q345qc，表示屈服点为345MPa、质量等级为C级的桥梁用结构钢。

2)钢筋混凝土用钢筋和高强钢丝

桥梁工程中钢筋混凝土结构用的钢筋和高强钢丝，根据工程使用条件和特点，必须具有良好的综合机械性能，除具有较高屈服点与极限抗拉强度外，还应具有良好的塑性、冷弯性能、冲击韧性，良好的焊接性和良好抗腐蚀性。桥梁钢筋混凝土结构使用的钢材主要有热轧钢筋、碳素钢丝和预应力钢绞线等三大类。

(1)热轧钢筋。钢材在高于结晶温度状态下，用机械方法轧制成不同外形的钢筋。热轧钢筋按外形分为光圆钢筋和带肋钢筋两种。带肋的钢筋表面有凹凸的槽纹，增强了水泥混凝土与钢筋的结合力，提高了钢筋混凝土的整体性，所以被广泛地应用。

按照国家标准《钢筋混凝土用热轧光圆钢筋》(GB 13013—1991)的规定，光圆钢筋是指横截面通常为圆形，表面光滑的钢筋混凝土配筋用钢材。热轧光圆钢筋成品有直条钢筋(长度3.5～12m)和圆盘条钢筋，钢筋的公称直径为8mm、10mm、12mm、16mm、20mm等几种，其强度等级代号为R235，相当于原标准的I级钢筋。R235钢筋属于低碳钢，其强度较低，但塑性和可焊接性能较好、广泛用于钢筋混凝土中。

热轧带肋钢筋是钢筋混凝土结构中使用的主要钢筋类型，其横截面为圆形，长度方向有两条纵肋及均匀分布的月牙状横肋，纵肋是平行于钢筋轴线的均匀连续肋。按照国家标准《钢筋混凝土用热轧带肋钢筋》(GB 1499—1998)的规定，热轧带肋钢筋按力学性能划分为HRB335、HRB400、HRB500三个牌号。

HRB335钢筋相当于原标准的II级钢筋。厂家生产的热轧带肋钢筋公称直径范围为6～50 mm。HRB335钢筋属于变通低合金钢，强度、塑性和可焊性等综合性能都较好，钢筋表面带肋与混凝土黏结性能也较好。HRB400、HRB500钢筋相当于原标准的III级钢筋。

此外,为了提高强度以节约钢筋,工程上常按施工规程对钢筋进行冷拉得到冷拉钢筋;将热轧圆钢筋经冷轧和冷拔减径后在其表面冷轧形成三面有月牙肋的钢筋即得到冷轧钢筋。

(2)碳素钢丝,又称高强钢丝。一般是将热轧 $\phi8$ 高碳钢盘条加热到 850 ~ 950℃,并在 500 ~ 600℃的铅浴中淬火,使其具有较高的塑性,然后再经酸洗、镀铜、拉拔、矫直、回火、卷盘等工艺得到的直径较小的钢筋。按照国家标准《预应力混凝土用钢丝》(GB /T 5223—2002)的规定,高强钢丝可分为冷拉钢丝(代号 WCD)和消除应力钢丝两种,消除应力钢丝按松弛性能又分为低松弛级钢丝(代号 WLR)和普通松弛级钢丝(WNR)。钢丝按外形又可分为光面钢丝(代号 P)、刻痕钢丝(代号 I)和螺旋肋钢丝(代号 H)。碳素钢丝具有强度高、无需焊接、使用方便等优点,广泛应用于预应力混凝土结构。

(3)预应力钢绞线。预应力混凝土用钢绞线由冷拉光圆钢丝及刻痕钢丝经绞捻和消除内应力的热处理制成。钢绞线按结构分为五类;两根钢丝捻制的钢绞线(1×2)、三根钢丝捻制的钢绞线(1×3)、三根刻痕钢丝捻制成的钢绞线(1×3I)、七根钢丝捻制的标准型绞线(1×7)、七根钢丝捻制的模拔型钢绞线[(1×7)C]。

预应力钢绞线的全称代号应符合照国家标准《预应力混凝土用钢绞线》(GB /T 5224—2003)的规定,例如:公称直径为 8.74mm,强度级别为 1670MPa 的三根刻痕钢丝捻制的钢绞线其标记为"预应力钢绞线 1×3 Ⅰ—8.74—1670—GB /T 5224—2003"。

钢绞线截面集中,盘卷运输方便,与水泥混凝土黏结性能良好,现场配束方便,是预应力混凝土桥梁广泛采用的钢筋。

三、建筑木材简介

1. 建筑木材的分类

由于气候条件的差异,木材的树种很多,但从总体上讲,从树叶的外观形状可将木材分为针叶树木和阔叶树木两大类。

1)针叶树木

针叶树木的树干通直而高大,易得大材,纹理较平顺,材质较均匀,木质较软而易于加工,所以又称为"软木材"。这类木材表观密度和胀缩变形比较小,耐腐蚀性较强,是建筑工程中的主要用材,多用作承重构件。常用树种有松、杉、柏等。

2)阔叶树木

阔叶树木的树干部分较短,材质较硬、较难加工,所以又称为"硬木材"。其表观密度较大,胀缩、翘曲变形较大,比较容易开裂。建筑工程中常用于尺寸较小的构件,有些树种具有天然而美丽的纹理,适于作内部装修、家具及胶合板等。常用的树种有榆木、水曲柳、柞木、槐木、桑木等。

2. 建筑木材的构造

由于树种和生成环境不同,各种木材在构造上也有很大差异。木材的构造是决定木材性质的主要因素,木材的构造一般从宏观构造和微观构造两方面进行研究。

1)木材的宏观构造

木材的宏观构造用肉眼和放大镜进行观察和分析。由木材的横向、径向和弦向三个切面可知,木材是由树皮、形成层、木质部、年轮、髓心等部分组成。有的木材还可以看到放射状的髓线。

(1)树皮。树皮在形成层的外表面,起着保护树木的作用。比较厚的树皮有内外两层,外层即外皮(粗皮),内皮为韧皮,紧靠形成层。

(2)形成层。形成层为最后长成的一层很薄的活细胞,紧靠树皮。它向外生成树皮,向内生成木质部。借助形成层的成长,树木生成新的木材。

(3)木质部。木质部位于髓心和树皮之间,系由形成层逐年积累的结果,是工程使用的主要部分。靠近树皮的部分,材色较浅,水分较多,称为边材。在髓心周围的部分,材色较深,水分较少,称为心材。心材材质较硬,密度较大,渗透性降低,而耐久性和耐磨性均比边材好,但两者的力学性能无太大的差别。

(4)年轮。由于形成层在成长过程中是不均匀的,所以在木材的横切面上能显示出深浅相间的同心圆,这些同心圆称为年轮。一般树木每生长一年一圈。年轮在木材的不同切面呈现出不同的形状,在横切面上为同心圆状,在径面上为明显条状,在弦切面上为抛物线或V字花边。

在年轮中,色浅而质松的部分是春季生长的,称为春材(早材);色较深而质较密的部分是夏秋生长的,称为夏材(晚材)。相同树种夏材所占的比例大,木材的强度相对比较高,年轮紧密而均匀,木材材质相对较好,但胀缩、变形也比较显著。

(5)髓心。髓心位于树干的中心,生长期最长,材质松软,强度较低,易腐朽。由髓心呈放射状横向分布的纤维称髓线,髓线与周围联结较弱,干燥时在髓线处沿径向发生开裂。因此,在使用木材时,凡重要的木构件都应避开髓心。

2)木材的微观构造

木材的微观构造是从显微镜下观察的木材构造。在显微镜下观察到木材是由无数管状空腔细胞紧密结合而成,绝大部分为纵向排列,少数为横向排列。细胞组织中细胞壁是由若干层细纤维组成,其间微小的孔隙能吸收和渗透水分。木材的细胞壁愈厚,木材愈密实,表观密度和强度也愈高。

木材的技术性质指标有表观密度、含水率、湿胀干缩变形、热传导性和抗拉、抗压、抗弯和抗剪四类强度。由于木材具有特殊的构造特点,其抗拉、抗压、抗剪强度又有顺纹(作用力方向与纤维方向平行)和横纹(作用力方向与纤维方向垂直)之分。总起来说,木材的强度可以分为顺纹抗压、横纹抗压、顺纹抗拉、横纹抗拉、抗弯、顺纹抗剪、横纹抗剪七种强度。木材的顺纹与横纹强度有很大差别。强度试验证明,顺纹抗拉强度最大,抗弯强度较大,顺纹抗压强度次大,横纹抗拉强度最小。

3. 建筑木材的缺陷

木材在构造上的不规则性,内部或外部的损伤以及各种形式的病态等都称为木材的缺陷。木材出现缺陷不仅会降低其使用价值,甚至完全不能使用。与木材材质标准有关的缺陷有腐朽、节子、斜纹、裂纹和髓心等。

1)腐朽

木材受腐朽菌侵蚀后,不但颜色和结构发生变化,同时变得松软、易碎,最后变成一种干的或湿的软块(呈筛孔状、粉末状等),这种状态称为腐朽。木材腐朽后,其硬度、强度剧烈降低,并破坏木材的完整性和均匀性,腐朽严重的,可以使木材完全失去利用价值,因此应加限制。

2)节子

树干中的活枝条或枯死在树干中着生的断面称为节子。根据节子质地及其与周围木材相结合的程度分为:活节,与周围木材全部紧密相连的节子;死节,与周围木材部分脱离或完全脱离的节子;漏节,节子本身的木质构造已大部分破坏,而且和树干的内部腐朽相连。

节子能破坏木材的均匀性,有时甚至还能破坏木材的完整性,降低木材的力学性质,所以节子是评定木材等级的主要项目之一。节子影响使用的程度,主要根据节子质地、分布位置、尺寸大小、密集程度和木材用途而定。

3)斜纹

木材中由于纤维排列与纵轴方向不一致,所形成的倾斜纹理称为斜纹。除天然斜纹外,由于锯解方法的不正确,亦能造成人造斜纹。斜纹对木材纵向受拉和静力弯曲强度影响较大。此外,有斜纹的圆材在锯解成板方材后,其翘曲性也较大。斜纹的存在影响木材的使用,其影响程度需根据斜纹的倾斜度大小和用途而定。

4)裂纹

在树木生长期间或伐倒后,由于受外力或温度和湿度变化的影响,致使木材纤维之间出现脱离的现象称为裂纹。按开裂部位和开裂方向不同,裂纹可分为:径裂,是在木材断面内部,沿半径方向开裂的裂纹;轮裂,是在木材断面沿年轮方向开裂的裂纹,轮裂有成整圈的环裂和不成整圈的弧裂两种;干裂,是由于木材干燥不均而引起的裂纹,一般都分布在材身上,在断面上分布的亦与材身上分布的外露裂纹相连,故统称为纵裂。

裂纹破坏木材的完整性,降低木材强度,如在不良的保管条件下,还能引起木材变色和腐朽。裂纹影响使用的程度须根据裂纹的长度、深度、分布部位和木材用途而定。

5)髓心

髓心是在树干断面中由第一轮年轮组成的初生木质部分,在每株树木中都有。有髓心的成材,在干燥时会增加木材的开裂程度,在桥梁木结构上应加以限制。

习 题

1. 道路桥梁工程用岩石制品有哪几种类型?
2. 对于水泥混凝土和沥青混合料来说,粗细集料是如何划分的?
3. 粉煤灰在道路桥梁工程工程中有哪些用途?
4. 何为土的三相组成? 干土、饱和土与湿土有何区别?
5. 土的工程分类方法有哪几种? 公路土工试验规程中将土分为哪几类?
6. 什么是水硬性胶结材料? 什么是气硬性胶结材料?
7. 简述石灰的消化和硬化机理。
8. 为什么石灰不适宜单独使用于长期受潮的结构中?
9. 硅酸盐水泥熟料是由哪些矿物组成的? 它们对水泥的技术性质(如强度、水化反应速度和水化热等)有何影响?
10. 道路硅酸盐水泥在矿物组成上有什么特点? 在技术性质方面有什么特殊要求?

11. 下列符号分别表示什么品种的水泥：P·I、P·Ⅱ、P·S、P·P和P·F。

12. 采用沥青化学组分分析方法可将沥青分离为哪几个组分，与沥青的技术性质有何关系？

13. 沥青可划分为几种胶体结构，与其技术性质有何关联？

14. 简述乳化沥青的形成和分裂机理。

15. 为什么要对沥青进行改性？常用的聚合物改性沥青有哪几种？

16. 煤沥青有哪些特点？

17. 举例说明道路工程中较多采用的聚合物品种。

18. 钢筋混凝土结构用的热轧钢筋表观形状有哪几种？有几种牌号？适宜何种用途？

19. 碳素钢丝和钢绞线在使用上有哪些优点？

第二章 矿质混合料

教学要点

1. 岩石的主要技术性质及其主要评价指标与评价方法；
2. 集料的主要技术性质及其主要评价指标与评价方法；
3. 集料的级配概念，描述级配理论；
4. 操作集料技术性质常规试验仪器；
5. 用试算法和修正平衡面积法进行矿质混合料的配合比设计。

●第一节 概 述●

集料场（厂）供应的任一品种的集料颗粒尺寸（粒径）不是单一的。在某种集料中，各种不同粒径颗粒的质量占总质量的百分率称为颗粒组成。集料粒径分级和各级颗粒质量的分配比例统称为级配。

矿质混合料一般是指由矿质粗集料、细集料及填料组成的符合一定级配要求的混合材料。在道路与桥梁工程中，矿质混合料与各种结合料组成另外一种混合材料来使用，如水泥混凝土、沥青混合料、无机结合料稳定土等。

道路与桥梁工程中使用的各种混合材料不仅要承受汽车荷载的作用，还要承受自然因素的温度、雨雪和各种化学介质的综合作用，因此，应具备优良的路用性能，如足够的强度、气候稳定性（温度稳定性、水稳定性）、耐磨耗性能等。混合材料的路用性能既与各种原材料（矿质集料、结合料）的技术性质密切相关，还与矿质混合料的级配组成和结合料的用量密切相关。

为了保证混合材料的路用性能，对于矿质混合料应提出基本的要求。对矿质混合料的基本要求主要有两项，其一是具有足够小的空隙率（即最大密实度），以保证混合材料有较小的空隙率，防止雨雪水、各种化学介质过多的进入混合材料中，提高混合材料的耐久性和强度；其二是具有足够大的内摩擦力（各级集料紧密排列），以保证混合材料有较高的强度。因此，矿质混合料应符合一定的级配要求。

天然或人工轧制的一种集料的级配往往很难符合某一级配范围的要求，实际工程中必须采用两种或两种以上的集料掺配起来使用。

岩石是岩石制品和矿质集料的原材料，用于道路与桥梁工程的岩石应具备一定的技术性能。

第二节　岩石的技术性质与检验

岩石的技术性质,主要从物理性质、力学性质和化学性质三方面来进行评价。

一、物理性质

岩石的物理性质包括:物理常数(如真实密度、毛体积密度和孔隙率等)、吸水性(如吸水率、饱水率等)和耐候性(耐冻性、坚固性等)。

1. 物理常数

岩石的物理常数是岩石矿物组成结构状态的反映,它与岩石的技术性质有着密切的联系。岩石可由各种矿物形成不同排列的各种结构,岩石的内部组成结构主要是由矿质实体和孔隙(包括与外界连通的开口孔隙和不与外界连通的闭口孔隙所组成,如图 2-1a)所示。各部分的质量与体积的关系如图 2-1b)所示。

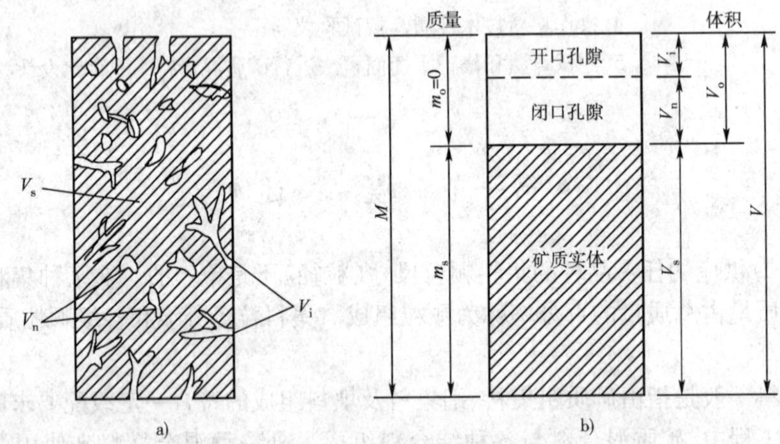

图 2-1　岩石组成结构示意图

a)岩石组成结构剖面示意图;b)岩石结构的质量与体积关系示意图

为了反映岩石的组成结构以及它与物理—力学性质间的关系,通常采用一些物理常数来表征。在道路桥梁工程使用的块状岩石中,最常用的物理常数主要是真实密度、毛体积密度和孔隙率。通过这些物理常数可以间接预测岩石的有关物理性质和力学性质。此外,在混合材料组成设计计算时,这些物理常数也是重要的原始资料。

1)密度

在规定条件下,烘干岩石矿质单位体积(不包括开口与闭口孔隙的体积)的质量。亦称真实密度,用 ρ_t 表示。由图 2-1b)体积与质量的关系可用式(2-1)表示;

$$\rho_t = \frac{m_s}{V_s} \tag{2-1}$$

式中:ρ_t——岩石的真实密度 ,g/cm^3;

m_s——岩石矿质实体的质量 ,g;

V_s——岩石矿质实体的体积,cm^3。

由于测定岩石密度是在空气中称量岩石质量的,所以岩石中的空气质量 $m_0=0$,矿质实体的质量就等于岩石的质量,即 $m_s=M$,故式(2-1)可改写为式(2-2)

$$\rho_t=\frac{M}{V_s} \tag{2-2}$$

式中:ρ_t、V_s——符号意义同式(2-1);

M——岩石的质量,g。

岩石的密度(颗粒密度)是选择建筑材料、研究岩石风化、评价地基基础工程岩体稳定性及确定围岩压力等必需的计算指标。按我国现行《公路工程岩石试验规程》(JTG E41—2005)的规定,岩石真实密度的测定方法是:将岩石样品粉碎磨细成岩粉(粒径小于0.315mm),在105～110℃的烘箱中烘至恒重,再置于干燥器中冷却至室温20±2℃,称得其质量。然后在密度瓶中加水经沸煮后,使水充分进入闭口孔隙中,通过“置换法”测定其真实体积。已知真实体积和质量即可按式(2-2)求得真实密度。也可以采用“李氏比重瓶法”近似测定岩石的真实密度。

2)毛体积密度

在规定条件下,烘干岩石包括孔隙在内的单位体积固体材料的质量。毛体积密度用 ρ_h 表示,由图2-1b)体积与质量的关系可表示为式(2-3):

$$\rho_h=\frac{m_s}{V_s+V_n+V_i} \tag{2-3}$$

式中:ρ_h——岩石的毛体积密度,g/cm^3;

m_s、V_s——符号意义同前;

V_i、V_n——岩石开口孔隙和闭口孔隙的体积,cm^3。

由于 $m_s=M$,岩石的矿质实体体积和孔隙体积之和即岩石的毛体积,$V_s+V_n+V_i=V$,故式(2-3)可写为式(2-4):

$$\rho_h=\frac{M}{V} \tag{2-4}$$

式中:V——岩石的毛体积,cm^3。

岩石的毛体积密度(块体密度)是一个间接反映岩石致密程度、孔隙发育程度的参数,也是评价工程岩体稳定性及确定围岩压力等必需的计算指标。按我国现行《公路工程岩石试验规程》(JTG E41—2005)的规定,岩石毛体积密度的测定方法可分为量积法、水中称量法和蜡封法。

量积法适用于能制备成规则试件的各类岩石。将岩石加工成圆柱体或正方体试件,用游标卡尺测量试件的直径、高或边长,由此计算试件的毛体积。

水中称量法适用于除遇水崩解、溶解和干缩湿涨外的其他各类岩石。该方法是将岩石制备成试件,在105～110℃的烘箱中烘干至恒重,称干试件质量。然后将岩石试件浸入水中吸水饱和(饱和方法可选用煮沸法或真空抽气法),取出饱水试件后用湿毛巾揩去表面水,立即称出饱和面干时的岩石试件质量。最后用静水天平法测得饱和面干岩石试件的水中质量,由此可计算出岩石的毛体积。按式(2-4)即可求得毛体积密度。

封蜡法适用于不能用量积法或直接在水中进行试验的岩石。将烘干的岩石试件称出质量后浸入溶化的石蜡中，通过滚涂或刷涂的方法使其表面涂上一层厚度1mm左右的石蜡层，冷却后称出封蜡试件的质量。再将封蜡试件用静水天平法测得其在水中的质量。试件的毛体积为封蜡试件的体积减去石蜡的体积。

3）孔隙率

岩石的孔隙体积占岩石总体积的百分率，由图2-1可表示为式(2-5)：

$$n = \frac{V_0}{V} \times 100 \tag{2-5}$$

式中：n——岩石的孔隙率(%)；

V_0——岩石的孔隙(包括开口和闭口孔隙)的体积，cm^3；

V——岩石的总体积，cm^3。

由于 $V_0 = V - V_s$，岩石的孔隙率通常由密度和毛体积密度按公式(2-6)计算：

$$n = \left(1 - \frac{\rho_h}{\rho_t}\right) \times 100 \tag{2-6}$$

岩石的物理常数(密度、毛体积密度和孔隙率)不仅反映岩石的内部组成结构状态，而且能间接地反映岩石的力学性质(例如相同矿物组成的岩石孔隙率愈低，其强度愈高)。尤其是岩石的孔结构，会影响其所轧制成的集料在水泥混凝土或沥青混合料中对水泥浆(或沥青)的吸收、吸附等化学交互作用的程度。

2. 吸水性

吸水性是指岩石在规定的条件下吸水的能力。岩石与水作用后，水很快湿润岩石的表面并填充了岩石的开口孔隙。水对岩石的破坏作用的大小，主要取决于岩石造岩矿物性质及其组织结构状态(即孔隙分布情况和孔隙率大小)。我国现行《公路工程岩石试验规程》(JTG E41—2005)规定，岩石的吸水性用吸水率和饱和吸水率表示。可用来判断岩石的抗冻性和抗风化等性能。

1）吸水率

在规定条件下，岩石试件最大的吸水质量与烘干岩石试件质量的百分比。

岩石吸水率按式(2-7)计算：

$$\omega_a = \frac{m_1 - m}{m} \times 100 \tag{2-7}$$

式中：ω_a——岩石吸水率，%；

m_1——岩石试件吸水至恒量时的质量，g；

m——岩石试件烘干至恒量时的质量，g。

岩石的吸水率采用自由吸水法测定：将岩石加工为规则或不规则试件，在105～110℃的烘箱中烘至恒重，再置于干燥器中冷却至室温20±2℃，称得其质量 m。将称量后的试件置于盛水容器中，用分层逐渐加水的方法使岩石开口孔隙中的空气逐渐逸出，最后完全浸于水中任其自由吸水48h后，取出试件用湿布擦去表面水分立即称量。测得烘干至恒重的质量和吸水至恒重的质量，即可按式(2-7)求得吸水率。

2）饱和吸水率

在强制条件下，岩石试件最大的吸水质量与烘干岩石试件质量的百分比，用 ω_{sa} 表示。岩石饱和吸水率采用煮沸法或真空抽气法测定。

煮沸法饱和试件是将试件置于水槽中，注水至试件高度的一半，静置2h；再加水使试件浸没，煮沸6h以上，待其在水槽中冷却后，取出试件用湿布擦去表面水分立即称量。

真空抽气法饱和试件是将试件置于真空干燥器中，注入洁净水，水面高出试件顶面20mm，开动抽气机，抽气时的真空压力需达100 kPa，保持此真空状态直至无气泡发生为止（不少于4h）。经真空抽气的试件放置在原容器中，在大气压下静置4h，取出试件用湿布擦去表面水分立即称量。

当真空抽气后占据岩石开口孔隙内部的空气被排出，当恢复常压时，水即进入具有稀薄残压的岩石孔隙中，此时水分几乎充满开口孔隙的全部体积，所以，饱和吸水率大于吸水率。饱和吸水率的计算方法与吸水率相同。

3. 耐久性

道路与桥梁工程都是暴露于大自然中无遮盖的建筑物，经常受到各种自然因素的影响。用于道路与桥梁建筑的岩石抵抗大气自然因素作用的性能称为耐久性。目前，对于道路与桥梁用岩石，主要评价其抗冻融耐久性，简称抗冻性。抗冻性是指岩石试件在饱和状态下，抵抗反复冻结和融化的性能。

我国现行的《公路工程岩石试验规程》（JTG E41—2005）中耐久性的试验方法有：抗冻性试验和坚固性试验。

1）抗冻性试验

岩石的抗冻性是用来评估岩石在吸水饱和状态下经受规定次数冻结和融化循环作用后抵抗破坏的能力。冻融循环次数规定：在严寒地区（最冷月的月平均气温低于－15℃）为25次；在寒冷地区（最冷月的月平均气温低于－15～－5℃）为15次。

抗冻性的试验方法是采用直接冻融法。该方法是将岩石加工为规则的形状（直径50±2mm、高径比2∶1的圆柱体或边长70±2mm的立方体等）试件，在105～110℃的烘箱中烘至恒重，再置于干燥器中冷却至室温20±2℃，称得其质量m_s。按吸水率试验法让试件自由吸水饱和，将试件置于负温（通常采用－15℃）的冰箱中冻结4h，取出试件放在20±5℃的水中融解4h，如此为一次冻融循环。经过10、15、25次循环后，观察其外观破损情况（产生裂缝、掉边、缺角或表面松散等破坏现象）并加以记录。采用经过规定冻融循环后的质量损失百分率表征其抗冻性。

冻融后的质量损失率按式(2-8)计算：

$$L=\frac{m_s-m_f}{m_s}\times 100 \tag{2-8}$$

式中：L——冻融后的质量损失率，%；

m_s——试验前烘干试件的质量，g；

m_f——试验后烘干试件的质量，g。

此外，岩石的抗冻性亦可采用冻融系数表示。冻融系数是指冻融循环后的岩石试件抗压强度与未经冻融的岩石试件抗压强度的比值。冻融系数按式(2-9)计算：

$$K_f=\frac{R_f}{R_s} \tag{2-9}$$

式中：K_f——冻融系数；

R_f——经若干次冻融循环试验后的岩石试件饱水抗压强度，MPa；

R_s——未经冻融循环试验的岩石试件饱水抗压强度，MPa。

水在结冰时，体积约增大9%左右，对孔隙的孔壁产生可达100 MPa的压力，在压力的反复作用下，使孔壁开裂。所以当岩石吸收水分体积占开口孔隙体积90%以下时，岩石不因冻结而产生破坏。因此对岩石抗冻性要求，要根据岩石本身吸水率大小及所处的环境和气候条件来考虑。一般要求在寒冷地区，冬季月平均气温低于-15℃的重要工程，岩石吸水率大于0.5%时，都需要对岩石进行抗冻性试验（因岩石本身毛细孔中的水，在此温度下才结冰）。

2）坚固性试验

坚固性试验是评定岩石试样经饱和硫酸钠溶液多次浸泡与烘干循环后，不发生显著破坏或强度降低的性能，是测定岩石坚固性的一种简易方法。

坚固性试验时将烘干岩石试件置入饱和硫酸钠溶液中浸泡20h后，将试件取出置于105~110℃的烘箱中烘烤4h，至此完成第1个循环。待试样冷却至室温20~25℃后，即开始第2个循环。从第2个循环起，浸泡和烘烤时间均为4h。完成5次循环后，仔细观察试件有无破坏现象，将试件洗净烘至恒重，准确称出其质量，按式(2-8)的方法计算坚固性试验的质量损失率Q。

二、力学性质

道路与桥梁工程结构物中使用的岩石，除受上述物理性质影响外，还受到外力的作用，岩石应具备一定的力学性质。除了一般材料力学所述及的抗压、抗拉、抗剪、抗弯拉、弹性模量等纯粹力学性质外，还有一些为路用性能特殊要求的一些力学指标，如抗磨光、抗冲击和抗磨耗等。由于道路建筑用岩石多轧制成集料使用，故抗磨光、抗冲击和抗磨耗等性能将在集料力学性质中讨论。我国现行的《公路工程岩石试验规程》（JTG E41—2005）中评价岩石力学性质的试验项目主要有单轴抗压强度、单轴压缩变形、劈裂强度、抗剪强度、抗折强度等。下面简要介绍单轴抗压强度确定方法。

单轴抗压强度是指岩石试件抵抗单轴压力时保持自身不被破坏的极限应力。

《公路工程岩石试验规程》（JTG E41—2005）规定，单轴抗压强度试验的试件为圆柱体或立方体。对于建筑地基的岩石试验，采用圆柱体作为标准试件，直径为50±2mm、高径比为2∶1；对于桥梁工程用的岩石试验，采用立方体作为标准试件，边长为70±2mm；对于路面工程用的岩石试验，采用圆柱体或立方体作为标准试件，其直径或边长和高为50±2mm。试件的含水状态可根据需要选择烘干状态、天然状态、饱和状态、冻融循环后状态。评定岩石强度等级时试件的含水状态为吸水饱和状态。

将试件置于压力机的承压板中央，以0.5~1.0 MPa/s的速率进行加荷直至破坏。试件单位承压面积的强度按式(2-10)计算：

$$R=\frac{P}{A} \tag{2-10}$$

式中：R——岩石的抗压强度，MPa；

P——试件破坏时的荷载，N；

A——试件的截面积,mm^2。

岩石的水稳定性可以用软化系数 K_p 表示。软化系数是指岩石试件在饱和状态下单轴抗压强度与其烘干状态下单轴抗压强度的比值。

岩石的单轴抗压强度是岩石力学性质中最重要的一项指标,它是划分岩石等级的主要依据。岩石的抗压强度值,取决于岩石的组成结构(如矿物组成,岩石的结构和构造、裂隙的分布等),同时也取决于试验的条件(如试件尺寸和形状、加载速度、试验状态温度和湿度等)。

三、化学性质

早年的研究认为矿质集料是一种惰性材料,它在混合料(各种矿质集料与水泥或沥青组成)中起着物理作用。随着科学发展,科学家们根据物化—力学的研究,认为矿质集料在混合料中与结合料起着物理—化学作用。岩石的化学性质将影响着混合料的物理—力学性质。

根据试验研究的结果,按 SiO_2 的含量多少将岩石划分为酸性、碱性及中性。在选择与沥青结合的岩石时,应考虑岩石的酸碱性对沥青与岩石黏结的影响。

●第三节 矿质集料的技术性质与检验●

一、概 述

本节着重介绍细集料和粗集料的技术性质与常规技术指标的检验方法。我国现行的《公路工程集料试验规程》(JTG E42—2005)中规定了集料技术性质的试验方法。在进行集料的技术性质试验时,由于集料在不同条件下都有可能离析,材料取样的代表性非常重要,因此,取样和试验方法是施工检测指标变异性的主要原因。

1. 粗集料取样方法

对于粗集料和含粗集料的集料混合料,取样方法分为四种情况。

(1)在材料场同批来料的料堆上采集样品:先铲除堆脚等处无代表性的部分,再在料堆的顶部、中部和底部,各由均匀分布的几个部位,取得大致相等的若干份组成一组试样。

(2)从运输车、船上采集样品:在运料的火车、汽车、货船上从各不同部位和深度处,抽取大致相等的若干份组成一组试样。

(3)从皮带运输机上采集样品:如采石场的生产线、沥青拌和楼的冷料输送带等通过皮带运输机的材料,在皮带运输机骤停的状态下取其中一截的全部材料,或在皮带运输机的端部连续接一定时间的集料,将间隔 3 次以上所取的试样组成一组试样。

(4)从沥青拌和楼的热料仓采集样品:在放料口的全断面上取样,分别将每个热料仓加热后的集料放出至装载机上,再倒在水泥地上适当拌和,从 3 处以上的位置取样,拌和均匀。

对于集料的每一单项试验,采集样品的数量按集料试验规程的规定执行。

2. 试样的缩分

(1)分料器法。将试样拌匀后倒入专用的分料器中分为大致相等的两份,再取其中的一份倒入分料器中缩分为两份,缩分至需要的数量为止。

(2)四分法。将试样置于平板上,在自然状态下拌和均匀,大致摊平,然后沿互相垂直的两个方向，把试样由中向边摊开，分成大致相等的四份；取其对角的两份重新拌匀，重复上述过程，直至缩分后的材料量略多于需要的数量。

二、细集料的技术性质

细集料技术性质主要是指物理性质、颗粒级配和粗度等。

1. 物理常数

细集料的物理常数主要有表观密度、堆积密度和空隙率等，其含义与粗集料完全相同，具体数值可通过试验测定。细集料的物理常数计算方法与粗集料相同，详见“粗集料技术性质”。

2. 级配

细集料（天然砂、人工砂、石屑）的级配和粗细程度通过筛分试验的方法确定。对于水泥混凝土用细集料可采用干筛法筛分，如果需要也可采用水洗法筛分；对于沥青混合料及基层用细集料必须采用水洗法筛分。

干筛法筛分试验是将预先通过9.5mm孔径的干砂试样，称取500g（M）置于一套孔径分别为4.75mm、2.36mm、1.18mm、0.6mm、0.3mm、0.15mm、0.075mm的标准筛（方孔筛）上，摇筛后分别求出试样存留在各筛上的质量，然后计算其级配有关参数。

水洗法筛分试验是将预先通过9.5mm孔径（水泥混凝土用天然砂）或4.75 mm孔径（沥青混合料及基层用天然砂、人工砂、石屑）的细集料干试样，称取500g（M）置于洁净容器中用洁净水冲洗，洗去小于0.075mm的颗粒后再将试样烘干称其质量（M_1），最后置于一套孔径分别为4.75mm、2.36mm、1.18mm、0.6mm、0.3mm、0.15mm的标准筛（方孔筛）上，摇筛后分别求出试样存留在各筛上的质量。

1）分计筛余百分率

某号筛上的筛余质量占试样总质量的百分率，按式(2-11)计算：

$$a_i = \frac{m_i}{M} \times 100 \tag{2-11}$$

式中：a_i——某号筛上的分计筛余百分率（简称分计筛余），%；

m_i——存留在某号筛上的质量，g；

M——试样的总质量，g。

2）累计筛余百分率

某号筛的分计筛余百分率和大于该号筛的各号筛的分计筛余百分率之总和，可按式(2-12)计算：

$$A_i = a_1 + a_2 + \cdots + a_i \tag{2-12}$$

式中：A_i——累计筛余百分率（简称累计筛余），%；

a_1、a_2、…、a_i——4.75mm、2.36 mm、…至计算的某号筛的分计筛余，%。

3）通过百分率

通过某号筛的试样质量占试样总质量的百分率，即100与某号筛累计筛余百分率之差，按式(2-13)计算：

$$P_i = 100 - A_i \tag{2-13}$$

式中：P_i——通过百分率，%；

A_i——累计筛余，%。

综上所述，分计筛余、累计筛余和通过量的关系可见表2-1。

分计筛余、累计筛余和通过量关系表 表2-1

筛孔直径（mm）	存留质量 m_i(g)	分计筛余 a_i(%)	累计筛余 A_i(%)	通过量 P_i(%)
4.75	$m_{4.75}$	$a_{4.75}$	$A_{4.75}=a_{4.75}$	$p_{4.75}=100-A_{4.75}$
2.36	$m_{2.36}$	$a_{2.36}$	$A_{2.36}=a_{4.75}+a_{2.36}$	$p_{2.36}=100-A_{2.36}$
1.18	$m_{1.18}$	$a_{1.18}$	$A_{1.18}=a_{4.75}+a_{2.36}+a_{1.18}$	$p_{1.18}=100-A_{1.18}$
0.60	$m_{0.60}$	$a_{0.60}$	$A_{0.60}=a_{4.75}+a_{2.36}+a_{1.18}+a_{0.60}$	$p_{0.60}=100-A_{0.60}$
0.30	$m_{0.30}$	$a_{0.30}$	$A_{0.30}=a_{4.75}+a_{2.36}+a_{1.18}+a_{0.60}+a_{0.30}$	$p_{0.30}=100-A_{0.30}$
0.15	$m_{0.15}$	$a_{0.15}$	$A_{0.15}=a_{4.75}+a_{2.36}+a_{1.18}+a_{0.60}+a_{0.30}+a_{0.15}$	$p_{0.15}=100-A_{0.15}$
<0.15	$m_{<0.15}$	$a_{<0.15}$	$A_{<0.15}=a_{4.75}+a_{2.36}+a_{1.18}+a_{0.60}+a_{0.30}+a_{0.15}+a_{<0.15}$	
	$\sum m_i=M$	$\sum a_i=100$		

3. 粗度

粗度是评价细集料粗细程度的一种指标。通常用细度模数表示。细度模数亦称细度模量。可按式(2-14)计算细度模数，准确至0.01。

$$M_x=\frac{(A_{0.15}+A_{0.3}+A_{0.6}+A_{1.18}+A_{2.36})-5A_{4.75}}{100-A_{4.75}} \tag{2-14}$$

式中： M_x——细度模数；

$A_{0.15}$、$A_{0.3}$、…、$A_{4.75}$——分别为0.15mm、0.30mm、…、4.75mm各筛的累计筛余百分率，%。

细度模数愈大，表示细集料愈粗。水泥混凝土用砂，按细度模数可分为下列三级：

$M_x=3.7\sim3.1$为粗砂；$M_x=3.0\sim2.3$为中砂；$M_x=2.2\sim1.6$为细砂。

【例2-1】 某水泥混凝土用细集料，取试样500g进行筛分试验，各号筛上的筛余质量见表2-2。分析该细集料的级配组成并计算其细度模数。

解：分别计算该集料分计筛余百分率、累计筛余百分率和通过百分率，将结果列入表2-2。

某细集料筛分试验的计算示例 表2-2

筛孔尺寸（mm）	9.5	4.75	2.36	1.18	0.60	0.30	0.15	底盘
筛余质量 m_i(g)	0	15	63	99	105	115	75	28
分计筛余百分率 a_i(%)	0	3	12.6	19.8	21	23	15	5.6
累计筛余百分率 A_i(%)	0	3	15.6	35.4	56.4	79.4	94.4	100
通过百分率 P_i(%)	100	97	84.4	64.6	43.6	20.6	5.6	—

将0.15~4.75mm累计筛余百分率代入式(2-14)得该集料的细度模数为：

$$M_x=\frac{(15.6+35.4+56.4+79.4+94.4)-5\times3}{100-3}=2.74$$

属于中砂。

细度模数虽能表示砂的粗细程度，但不能完全反映出砂的颗粒级配情况，因为相同细度模数的砂可有不同的颗粒级配。因此,要全面表征砂的颗粒性质,必须同时使用细度模数和级配两个指标。

4. 含泥量和泥块含量

存在于集料中或包裹在集料颗粒表面的泥土会降低水泥的水化反应速度,也会妨碍集料与水泥或沥青间的黏结能力,显著影响混合料的整体强度与耐久性,应对其含量加以限制。

1)含泥量与石粉含量

含泥量是指天然砂中粒径小于0.075mm的颗粒含量,石粉含量是指人工砂中小于0.075mm的颗粒含量。

细集料的含泥量可采用水洗法筛分试验确定。将烘干的细集料试样称取400g(m_0),置于洁净容器中注入洁净水搅拌、浸泡、淘洗,过1.18mm、0.075mm套筛;重复水洗、过筛过程,直至容器中洗出的水清澈为止。再将两筛上的颗粒烘干称其质量(m_1),按照式(2-15)计算含泥量。

$$Q_n = \frac{m_0 - m_1}{m_0} \times 100 \tag{2-15}$$

式中:Q_n——细集料的含泥量,%;

m_0——试验前烘干集料试样的质量,g;

m_1——经筛洗后烘干集料试样的质量,g。

严格地讲,含泥量应是集料中的泥土含量,筛洗法洗去的粒径小于0.075mm的颗粒中实际上包含了矿粉、细砂与黏土成分,而筛洗法很难将这些成分加以区别。将通过0.075mm颗粒部分全都当作"泥土"的做法是不正确的。因此,应尽可能采用细集料砂当量试验来测定其中所含的黏性土或杂质的含量,以评定细集料的洁净程度。

细集料砂当量试验是将通过4.75mm筛的颗粒(干燥试样120g)装入透明、有刻度线的圆柱形试筒中,用配制的冲洗液(氯化钙、甘油、甲醛等)按规定的方法使矿粉、细砂与黏土分层沉淀。砂当量是指矿粉、细砂沉淀物的高度与絮凝物和沉淀物总高度的百分比,用SE表示。砂当量越大,细集料越洁净。

国际上还通行一种称为亚甲蓝的试验方法,用于测定细集料中是否存在膨胀性黏土矿物,并测定其含量,以评定细集料的洁净程度。

2)泥块含量

集料中的泥块主要以三种类型存在:由纯泥组成的团块;由砂、石屑与泥组成的团块;包裹在集料颗粒表面的泥。水泥混凝土用砂中泥块含量是指尺寸大于1.18mm泥块颗粒的含量;粗集料中泥块含量是指尺寸大于4.75mm泥块颗粒的含量。

泥块含量试验是取规定质量的试样烘干,用1.18mm(或4.75mm)筛将烘干试样过筛,称取1.18mm(或4.75mm)以上试样的质量m_1;将试样置于容器中注入洁净水搅拌,浸泡24h,用手捻碎泥块;再将试样放在0.6mm(或2.36mm)筛上用水冲洗,直至洗出的水清澈为止。烘干冲洗后的试样并称取质量m_2,按照式(2-16)计算泥块含量。

$$Q_k = \frac{m_1 - m_2}{m_1} \times 100 \tag{2-16}$$

式中:Q_k——集料的含泥量,%;

m_1——细集料为1.18mm(粗集料为4.75mm)筛上试样的质量,g;

m_2——试样经水洗后,细集料为0.6mm(粗集料为2.36mm)筛上烘干试样的质量,g。

细集料的技术性质指标还有含水率、吸水率、有机质含量、云母含量、坚固性、三氧化硫含量、压碎性等。

三、粗集料的技术性质

粗集料的技术性质主要是指物理性质和力学性质。其物理性质包括物理常数(表观密度、毛体积密度、堆积密度和空隙率)、级配和坚固性等。路用粗集料的力学性质包括抗压碎的能力、抗磨耗损失的能力、表面抗磨光的能力、抗冲击的性能等。

1. 物理性质

1)密度

在计算集料的物理常数时,不仅要考虑集料中的孔隙(开口孔隙和闭口孔隙),还要考虑颗粒间的空隙。根据集料含水率的不同一般将其分为不同的含水状态:干燥状态、自然含水状态、饱和面干状态和饱水状态。对于集料的密度,由于公路工程上的用途不同,密度的表示方法也不相同,如在沥青混合料的配合比设计时常用表观相对密度、毛体积密度,在水泥混凝土配合比设计时常用表干相对密度。

(1)表观密度(视密度)与表观相对密度(视比重)

集料的表观密度,是指在规定条件下,单位表观体积(包括实体矿物成分和闭口孔隙体积)物质颗粒的干质量。集料的表观密度可用式(2-17)表示。

$$\rho_a = \frac{m_s}{V_s + V_n} \tag{2-17}$$

式中:ρ_a——集料的表观密度,g/cm^3;

m_s——矿质实体质量,g;

V_s——矿质实体体积,cm^3;

V_n——矿质实体闭口孔隙体积,cm^3。

集料的表观相对密度,是指表观密度与同温度水的密度的比值,用γ_a表示,无量纲。

(2)毛体积密度与毛体积相对密度

集料的毛体积密度,是指在规定的条件下,单位毛体积(包括实体矿物成分和闭口孔隙、开口孔隙等颗粒表面轮廓线所包围的体积)物质颗粒的干质量。集料的毛体积密度可用式(2-18)表示。

$$\rho_b = \frac{m_s}{V_s + V_n + V_i} \tag{2-18}$$

式中:ρ_b——集料的毛体积密度,g/cm^3;

V_i——矿质实体开口孔隙体积,cm^3。

集料的毛体积相对密度,是指毛体积密度与同温度水的密度的比值,用γ_b表示,无量纲。单位毛体积(包括实体矿物成分和闭口孔隙、开口孔隙等颗粒表面轮廓线所包围的体积)物质颗粒的饱和面干质量称为集料的表干密度(饱和面干毛体积密度),用ρ_s表示。表干密度与同温度水的密度的比值称为集料的表干相对密度(饱和面干毛体积相对密度),用γ_s表示,无量纲。

现行《公路工程集料试验规程》(JTG E42—2005)规定,粗集料的上述密度指标用网篮法测定,即先称取烘干粗集料的质量 m_a,再将集料置于容器中吸水饱和(浸水 24h),然后用网篮法称取集料的水中质量 m_w,最后称取集料的表干质量 m_f。则有:

$$\gamma_a = \frac{m_a}{m_a - m_w} \tag{2-19}$$

$$\gamma_s = \frac{m_f}{m_f - m_w} \tag{2-20}$$

$$\gamma_b = \frac{m_a}{m_f - m_w} \tag{2-21}$$

$$\rho_a = \gamma_a \times \rho_T \quad \rho_s = \gamma_s \times \rho_T \quad \rho_b = \gamma_b \times \rho_T \tag{2-22}$$

式中:ρ_T——试验温度 T 时水的密度,g/cm^3。

水在不同温度下的密度有差异,如 4℃、15℃、25℃时水的密度分别为 1.000、0.99913、0.99702g/cm^3。

细集料的表观密度采用容量瓶法测定,表观相对密度、毛体积相对密度、表干相对密度采用坍落筒法测定。

(3)堆积密度

集料的堆积密度是指单位体积(含物质颗粒固体及其闭口、开口孔隙体积和颗粒间空隙体积)物质颗粒的质量,用 ρ 表示。有干堆积密度和湿堆积密度之分。根据集料堆积方式不同,粗集料的堆积密度分为自然堆积密度、振实堆积密度和捣实堆积密度,细集料的堆积密度分为自然堆积密度和紧装堆积密度。

集料的堆积密度测定是按《公路工程集料试验规程》(JTG E42—2005)规定的方法将集料试样装入容量筒中,容量筒的容积为试样的体积,容量筒中试样的质量与容量筒的容积之比即为堆积密度。

2)空隙率

集料的空隙率是指集料试样颗粒之间的空隙体积占总体积的百分率。集料的空隙率可按下列公式计算。

水泥混凝土用粗集料振实状态下的空隙率:

$$V_c = \left(1 - \frac{\rho}{\rho_a}\right) \times 100 \tag{2-23}$$

式中:V_c——水泥混凝土用粗集料的空隙率,%;

ρ_a——粗集料的表观密度,t/m^3;

ρ——按振实法测定的粗集料的堆积密度,t/m^3。

沥青混合料用粗集料骨架捣实状态下的空隙率:

$$VCA_{DRC} = \left(1 - \frac{\rho}{\rho_b}\right) \times 100 \tag{2-24}$$

式中:VCA_{DRC}——沥青混合料用粗集料的空隙率,%;

ρ_b——粗集料的毛体积密度,t/m^3;

ρ——按捣实法测定的粗集料的堆积密度,t/m^3。

砂的空隙率：

$$n=\left(1-\frac{\rho}{\rho_{a}}\right)\times 100 \tag{2-25}$$

式中：n——砂的空隙率，%；

ρ_a——砂的表观密度，g/cm^3；

ρ——砂的堆积或紧装密度，g/cm^3。

3）级配

粗集料的级配也是通过筛分试验确定的。粗集料的筛分试验是将粗集料通过一套规定筛孔尺寸的标准筛（75mm、63mm、53mm、37.5mm、31.5mm、26.5mm、19mm、16mm、13.2mm、9.5mm、4.75mm），测定出存留在各个筛上的集料质量，根据集料试样的质量与存留在各筛孔上的集料质量，计算分计筛余百分率、累计筛余百分率和通过百分率等级配参数。计算方法与细集料筛分试验基本相同。

粗集料的筛分试验又分为干筛法和湿筛法。

4）坚固性

粗集料的坚固性是指集料在气候、环境变化或其他物理因素作用下抵抗碎裂的能力。除前述的将原岩石加工成规则试块进行抗冻性和坚固性试验外，对已轧制成的碎石或天然的卵石，亦可采用规定级配的各粒级集料，按现行《公路工程集料试验规程》（JTG E42—2005）选取规定数量，分别装在金属网篮中，再浸入饱和硫酸钠溶液中进行干湿循环试验。经一定的循环次数后，观察其表面破坏情况，并用质量损失百分率来计算其坚固性。

5）针片状颗粒含量

形状接近于立方体的各种粒径的粗集料组成的矿质混合料，经过碾压或击实稳定后，粗集料之间的相互嵌挤、锁结作用显著，矿质混合料能够获得较大的抗压强度和抗剪强度。粗集料中细长的针状颗粒与扁平的片状颗粒对矿质混合料抗压强度和抗剪强度的形成是不利的，因此应限制其含量。针片状颗料含量指粗集料中细长的针状颗粒与扁平的片状颗粒。

一般情况下，对于水泥混凝土用的粗集料，颗粒的最大长度（或宽度）方向与最小厚度（或直径）方向的尺寸之比大于一定比例（1.7～6.1倍）的颗粒为针片状颗粒，用规准仪法测试；对于沥青混合料用的粗集料，颗粒的最大长度（或宽度）方向与最小厚度（或直径）方向的尺寸之比大于3倍的颗粒为针片状颗粒，用游标卡尺法测试。

粗集料的物理性质指标还有含水率、吸水率、有机物含量等。

2. 粗集料的力学性质

道路路面建筑用粗集料的力学性质，主要指标是压碎值和磨耗值，其次是新近发展起来的抗滑表层用集料的力学指标，即磨光值和冲击值等。

1）压碎值

压碎值是指按规定的方法测得的石料抵抗压碎的能力，以压碎试验后小于2.36mm粒径的石料质量百分率表示。

按《公路工程集料试验规程》（JTG E42—2005）的规定，取9.5～13.2mm的集料试样3 000g装入压碎值测定仪的钢质筒内，放在压力机上，在10min左右的时间均匀加荷至400kN，稳压5s后卸载，称取通过2.36mm筛孔的全部细料的质量，则碎石的压碎值为：

$$Q'_{a}=\frac{m_1}{m_0}\times 100 \tag{2-26}$$

式中：Q'_{a}——集料的压碎值，%，集料压碎值愈小，表示集料抵抗压碎的能力愈好；

m_0——试验前试样的质量，g；

m_1——试验后通过2.36mm筛孔的细料质量，g。

2）磨耗值

磨耗值是指按规定的方法测得的石料抵抗磨耗作用的能力，其测定方法有洛杉矶法、道瑞法和狄法尔法。磨耗性是岩石抵抗撞击、剪切和摩擦等综合作用的性能。

①洛杉矶法磨耗试验。洛杉矶法磨耗试验（又称搁板式磨耗试验）是测定标准条件下粗集料抵抗摩擦、撞击的能力。试验机是由一个内径为710mm，内侧长为510mm的圆筒和筒中的一个搁板所组成。试验用的试样是按一定规格组成的级配碎石，试样加入磨耗筒的同时，加入若干个钢球，磨耗筒以30~33r/min的转速旋转，在旋转时，由于搁板的作用，可将碎石和钢球带到高处落下。经旋转500次后，将碎石试样取出，用边长1.7mm的方孔筛筛去试样中的细屑，再用水洗净留在筛上的试样，烘至恒重并称其质量。粗集料的洛杉矶磨耗损失按式（2-27）计算：

$$Q=\frac{m_1-m_2}{m_1}\times 100 \tag{2-27}$$

式中：Q——粗集料的洛杉矶磨耗损失，%，集料洛杉矶磨耗值愈小，表示集料耐磨性愈好；

m_1——装入圆筒中的试样质量，g；

m_2——试验后在1.7mm筛上洗净烘干的试样质量，g。

②道瑞法磨耗试验。道瑞法磨耗试验用于评定公路路面表面层所用粗集料抵抗车轮撞击及磨耗的能力。道瑞法磨耗试验是将9.5~13.2mm的集料颗粒以单层紧密排列在试模中，集料颗粒不得少于24粒。用环氧树脂砂浆填模成型，经养生后脱模制成试件。同种集料2个试件为一组。试件用金属托盘固定于道瑞磨耗试验机的圆平板上，按28~30r/min转速旋转100圈，旋转的同时连续不断地向磨盘上均匀地撒布规定细度的石英砂。停机后取下试件，观察有无异常现象，然后按相同方法再磨400圈，可分为4个100圈重复4次磨完，也可连续1次磨完，停机后，称取试件质量。每块试件的集料道瑞磨耗值按式（2-28）计算：

$$\mathrm{AAV}=\frac{3(m_1-m_2)}{\rho_s} \tag{2-28}$$

式中：AAV——集料的道瑞磨耗值；

m_1——磨耗前试样的质量，g；

m_2——磨耗后试样的质量，g；

ρ_s——集料的表干密度，g/cm^3。

集料磨耗值愈高，表示集料耐磨性愈差。

③狄法尔法磨耗试验。狄法尔法磨耗试验（也称双筒式磨耗试验）将岩石加工为一定块数（100块）的单粒级（50~70mm））试样2份，分别放在磨耗机的两个筒中，以30~33r/min转速旋转10 000次，由于岩石相互摩擦冲击，使岩石试样产生磨耗。计算方法同前述洛杉矶法磨耗试验。

3)磨光值

磨光值是指按规定试验方法测得的石料抵抗轮胎磨光作用的能力,即石料被磨光后用摆式摩擦系数测定仪测得的摩擦系数,用 PSV 表示。

磨光值的基本测定方法是将 9.5 ~ 13.2mm 干净、干燥粗集料颗粒单层紧密地排列在试模之中,并用环氧树脂砂浆固定,制成试件,经养护后拆模;每种集料制备 6 ~ 10 块试件,从中挑出 4 个试件供 2 次平行试验用;将试件安装在加速磨光试验机上,先用 30 号金刚砂(粗砂)按规定方法用道路轮对试件磨蚀 3h,再用 280 号金刚砂(细砂)磨蚀 3h 后停机;取出试件后,用摆式摩擦系数测定仪在一块试件上重复测定 5 次的读数平均值,即为集料的磨光值。

石料的磨光值愈高,表示其抗滑性愈好。用高磨光值的岩石来铺筑道路路面表层,可以提高路表的抗滑能力,保障车辆的安全行驶。

4)冲击值

粗集料冲击值是指按规定试验方法测得的石料抵抗冲击荷载的能力,以击碎试验后小于 2.36mm 粒径的石料质量百分率表示。

冲击值反映岩石抵抗多次连续重复冲击荷载作用的能力。由于路表集料直接承受车轮荷载的冲击作用,这一指标对道路表面层用集料非常重要。

集料的冲击值试验采用尺寸为 9.5 ~ 13.2mm 的干燥集料颗粒,按标准方法分三层装入量筒中,每层用捣实杆按规定方法捣实 25 次;称取量筒中集料试样的质量 m;将称好质量的集料装入圆形钢筒中后置于冲击试验仪上,调整冲击锤(锤重 13.75kg)高度,让冲击锤从 380 ± 5mm 处自由落下,连续锤击集料 15 次,每次间隔不少于 1s。将冲击试验后的集料用 2.36mm 筛筛分,分别称取保留在 2.36mm 筛上集料的质量 m_1 和通过 2.36mm 筛的石屑质量 m_2。集料冲击值按式(2-29)计算:

$$\mathrm{AIV} = \frac{m_2}{m} \times 100 \tag{2-29}$$

式中:AIV——集料的冲击值,%,集料冲击值愈小,表示集料抗冲击荷载的能力愈好。

四、本节实验

1. 细集料表观密度试验(容量瓶法)

1)目的及适用范围

本试验用于测定含有少量大于 2.36mm 部分的细集料(天然砂、石屑、机制砂)在 23℃时对水的表观相对密度和表观密度。

2)仪具与材料

(1)天平:称量 1kg,感量不大于 1g。

(2)容量瓶:500mL。

(3)烘箱:能使温度控制在 105 ±5℃。

(4)烧杯:500mL。

(5)洁净水;

(6)其他:干燥器、浅盘、铝制料勺、温度计等。

3)试验准备

将缩分至650g左右的试样在温度为105±5℃的烘箱中烘干至恒量,并在干燥器内冷却至室温,分成两份备用。

4)试验步骤

(1)称取烘干的试样约300g(m_0),装入盛有半瓶洁净水的容量瓶中。

(2)摇转容量瓶,使试样在已保温至23±1.7℃的水中充分搅动以排除气泡,塞紧瓶塞,在恒温条件下静置24h左右,然后用滴管添水,使水面与瓶颈刻度线平齐,再塞紧瓶塞,擦干瓶外水分,称其总质量(m_2);

(3)倒出瓶中的水和试样,将瓶的内外表面洗净,再向瓶内注入同样温度的洁净水(温差不超过2℃)至瓶颈刻度线,塞紧瓶塞,擦干瓶外水分,称其总质量(m_1)。

注:在砂的表观密度试验过程中应测量并控制水的温度,试验期间的温差不应超过1℃。

5)结果整理

(1)细集料的表观相对密度按式(2-30)计算,准确至小数点后3位。

$$\gamma_a = \frac{m_0}{m_0 + m_1 - m_2} \tag{2-30}$$

式中:γ_a——细集料的表观相对密度,无量纲;

m_0——试样的烘干质量,g;

m_1——水及容量瓶总质量,g;

m_2——试样、水及容量瓶总质量,g。

(2)表观密度ρ_a按式(2-31)计算,准确至小数点后3位。

$$\rho_a = \gamma_a \times \rho_T \quad 或 \quad \rho_a = (\gamma_a - \alpha_T) \times \rho_w \tag{2-31}$$

式中:ρ_a——细集料的表观密度,g/cm^3;

ρ_w——水在4℃时的密度,取1.0g/cm^3;

α_T——试验时水温对水的密度影响的修正系数,见表2-3;

ρ_T——试验温度T℃时水的密度,按表2-3取用,g/cm^3。

不同水温时水的密度ρ_T及水温度修正系数α_T 表2-3

水温(℃)	15	16	17	18	19	20
水的密度ρ_T (g/cm^3)	0.99913	0.99897	0.99880	0.99862	0.99843	0.99822
水温修正系数α_T	0.002	0.003	0.003	0.004	0.004	0.005
水温(℃)	21	22	23	24	25	
水的密度ρ_T (g/cm^3)	0.99802	0.99779	0.99756	0.99733	0.99702	
水温修正系数α_T	0.005	0.006	0.006	0.007	0.007	

以两次平行试验结果的算术平均值作为测定值,如两次结果之差值大于0.01g/cm^{3}时,应重新取样进行试验。

记录表见表2-4。

细集料表观密度试验记录表(容量瓶法)　　表 2-4

试验次数	水的温度(℃)	试样烘干质量 m_0(g)	试样、水加容量瓶的质量 m_2(g)	水加容量瓶的质量 m_1(g)	T℃时水的密度(ρ_T)(g/cm^3)	表观密度 ρ_a(g/cm^3)		备注
						个别	平均	
1								
2								

试验者________　　计算者________　　校核者________　　试验日期________

2. 细集料堆积密度及紧装密度试验

1)目的及适用范围

本试验用于测定砂自然状态下的堆积密度、紧装密度并计算空隙率,为水泥混凝土配合比设计提供数据。

2)仪具与材料

(1)台称:称量 5kg,感量 5g。

(2)容量筒:金属制,圆筒形,内径 108mm,净高 109mm,容积约为 1L。如图 2-2 所示。

(3)标准漏斗:如图 2-2 所示。

(4)烘箱:能使温度控制在 105 ± 5℃。

(5)其他:小勺、直尺、浅盘、玻璃板、ϕ10mm 钢筋、洁净水(20 ± 5℃)等。

3)试验准备

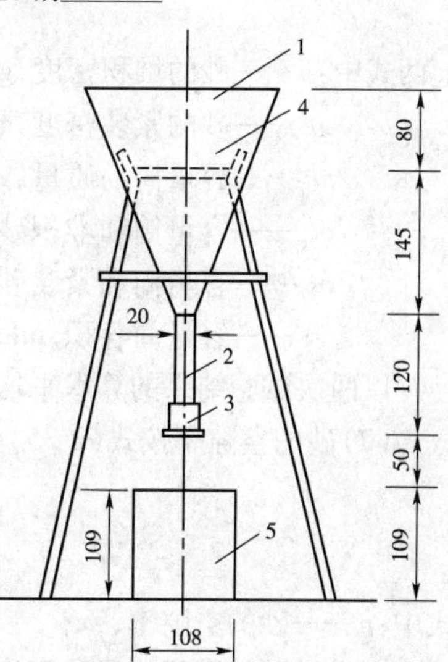

图 2-2　标准漏斗(尺寸单位:mm)
1-漏斗;2-ϕ20mm 的管子;3-活动门;4-筛;5-金属量筒

(1)试样制备:用浅盘装试样约 5kg,在温度为 105 ± 5℃的烘箱中烘干至恒量,取出并冷却至室温,分成大致相等的两份备用。试样烘干后如有结块,应在试验前先捏碎。

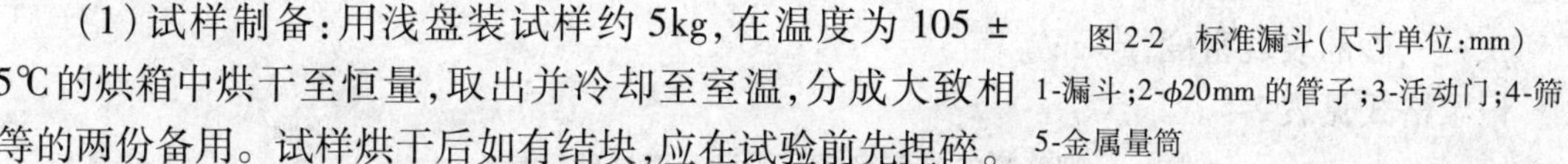

(2)容量筒容积的标定:先称取容量筒与玻璃板总质量(m'_1),然后以温度为 20 ± 5℃的洁净水装满容量筒,用玻璃板沿筒口滑移,使其紧贴水面,玻璃板与水面之间不得有空隙。擦干筒外壁水分,称量其总质量(m'_2),用式(2-32)计算筒的容积 V。

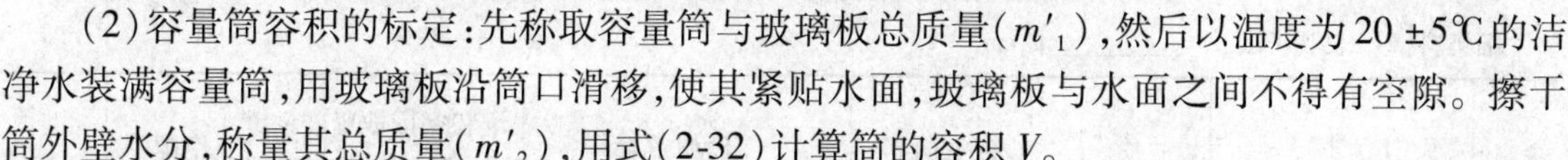

$$V = m'_2 - m'_1 \tag{2-32}$$

式中:V——容量筒的容积,mL ;

m'_1——容量筒和玻璃板总质量,g;

m'_2——容量筒、玻璃板和水总质量,g。

4)试验步骤

(1)堆积密度:将试样装入漏斗中,打开底部的活动门,将砂流入容量筒中,也可直接用小勺向容量筒中装试样,但漏斗出料口或料勺距容量筒筒口均应为 50mm 左右,直至试样装满并超出容量筒筒口,用直尺将多余的试样沿筒口中心线向两个相反方向刮平,称取质量(m_1)。

(2)紧装密度:取试样 1 份,分两层装入容量筒,装完一层后,在筒底垫放一根直径为 10mm 的钢筋,将筒按住,左右交替颠击地面各 25 下,然后再装入第二层。

第二层装满后用同样方法颠实(但筒底所垫钢筋的方向应与第一层放置方向垂直)。二层装完并颠实后,添加试样超出容量筒筒口,然后用直尺将多余的试样沿筒口中心线向两个相反方向刮平，称其质量(m_2)。

5)结果整理

(1)堆积密度ρ及紧装密度ρ'分别按式(2-33)和式(2-34)计算，精确至小数点后3位。

$$\rho=\frac{m_1-m_0}{V} \tag{2-33}$$

$$\rho'=\frac{m_2-m_0}{V} \tag{2-34}$$

上两式中：ρ——砂的堆积密度，g/cm³；

ρ'——砂的紧装密度，g/cm³；

m_0——容量筒的质量，g；

m_1——容量筒和堆积砂总质量，g；

m_2——容量筒和紧装砂总质量，g；

V——容量筒容积，mL。

以两次试验结果的算术平均值作为测定值。

(2)砂的空隙率按式(2-35)计算，准确至0.1%。

$$n=\left(1-\frac{\rho}{\rho_a}\right)\times 100 \tag{2-35}$$

式中：n——砂的空隙率，%；

ρ——砂的堆积或紧装密度，g/cm³；

ρ_a——砂的表观密度，g/cm³。

记录格式见表2-5。

细集料的堆集密度及紧装密度试验记录 表2-5

细集料(砂)表观密度ρ_a = ________ g/cm³

试验项目	试验次数	容量筒容积 V(mL)	容量筒质量 m_0(g)	容量筒和砂总质量 m_1 或 m_2(g)	砂质量 (m_1-m_0)或(m_2-m_0) (g)	堆积密度或紧装密度 ρ 或 ρ'(g/cm³)		空隙率 n (%)	备注
						个别	平均		
堆积密度	1								
	2								
紧装密度	1								
	2								

试验者________ 计算者________ 校核者________ 试验日期________

3. 细集料筛分试验

1)目的与适用范围

本试验用于测定细集料(天然砂、人工砂、石屑)的颗粒级配及粗细程度。对于水泥混凝

土用细集料可采用干筛法筛分，如果需要（含泥量超过5%的细集料）也可采用水筛法筛分；对于沥青混合料及基层用细集料必须采用水筛法筛分。

注：当细集料中含有粗集料时，可参照此方法筛分，但需特别注意保护标准筛筛面不遭损坏。

2）仪具与材料

（1）标准筛。

（2）天平：称量1 000g，感量不大于0.5 g。

（3）摇筛机。

（4）烘箱：能控制温度在105±5℃。

（5）其他：水槽、浅盘、搅棒、硬、软毛刷等。

3）试验准备

根据样品中最大粒径的大小，选用适宜的标准筛，通常为9.5 mm筛（水泥混凝土用天然砂）筛或4.75 mm筛（沥青路面及基层用天然砂、石屑、机制砂等）筛除其中的超粒径材料。然后将样品在潮湿状态下充分拌匀，用分料器法或四分法缩分至每份不少于550g的试样两份，在105±5℃的烘箱中烘干至恒重，冷却至室温后备用。

4）试验步骤

干筛法试验步骤如下：

（1）准确称取烘干试样约500g（m_1），准确至0.5 g，置于套筛的最上面一只筛，即4.75mm筛上，将套筛装入摇筛机，摇筛约10min，然后取出套筛，再按筛孔大小顺序，从最大的筛号开始，在清洁的浅盘上逐个进行手筛，直到每分钟的筛出量不超过筛上剩余量的0.1%时为止，将筛出通过的颗粒并入下一号筛，和下一号筛中的试样一起过筛，以此顺序进行至各号筛全部筛完为止。

注：试样如为特细砂时，试样质量可减少到100g；无摇筛机时，可直接用手筛。

（2）称量各筛筛余试样的质量，精确至0.5g，所有各筛的分计筛余量和底盘中剩余量的总量与筛分前的试样总量，相差不得超过后者的1%。

水筛法试验步骤如下：

（1）准确称取烘干试样约500g（m_1），准确至0.5 g。

（2）将试样置于一个洁净容器中，加入足够数量的洁净水，将集料全部淹没。

（3）用搅棒充分搅动集料，将集料表面洗涤干净，使细粉悬浮在水中，但不得有集料从水中溅出。

（4）用1.18mm筛及0.075mm筛组成套筛。仔细将容器中混有细粉的悬浮液徐徐倒出，经过套筛流入另一容器，但不得将集料倒出。

注：不可直接倒至0.075mm筛上，以免集料掉出损坏筛面。

（5）重复（2）~（4）步骤，直至倒出的水洁净且小于0.075mm的颗粒全部倒出。

（6）将容器中的集料倒入搪瓷盘中，用少量水冲洗，使容器上沾附的集料颗粒全部进入搪瓷盆中。将筛子反扣过来，用少量的水将筛上的集料冲洗入搪瓷盘中。操作过程中不得有集料散失。

（7）将搪瓷盘连同集料一起置于105±5℃烘箱中烘干至恒重，称取干燥集料试样的总质量（m_2），准确称量至0.1%。m_1与m_2之差即为通过0.075mm筛的部分。

(8)由全部要求筛孔组成套筛(但不需 0.075mm 筛),将已经洗去小于 0.075mm 部分的干燥集料置于套筛上(通常为 4.75mm 筛)。将套筛装入摇筛机,摇筛约 10min,然后取出套筛,再按筛孔大小顺序,从最大的筛号开始,在清洁的浅盘上逐个进行手筛,直到每分钟的筛出量不超过筛上剩余量的 0.1% 时为止。将筛出通过的颗粒并入下一号筛,和下一号筛中的试样一起过筛,按这样顺序进行,直至各号筛全部筛完为止。

注:如为含有粗集料的集料混合料,套筛筛孔根据需要选择。

(9)称量各筛筛余试样的质量,精确至 0.5g。所有各筛的分计筛余量和底盘中剩余量的总质量与筛分前后试样总量 m_2 的差值不得超过后者的 1%。

5)结果整理

(1)计算分计筛余百分率。各号筛的分计筛余百分率为各号筛上的筛余量除以试样总量(m_1)的百分率,精确至 0.1%。

对沥青路面及基层用细集料(水筛法)而言,0.15mm 筛下部分即为 0.075mm 的分计筛余,由上面水洗法试验步骤中(7)测得的 m_1 与 m_2 之差即为小于 0.075mm 的筛底部分。

(2)计算累计筛余百分率。各号筛的累计筛余百分率为该号筛及大于该号筛的各号筛的分计筛余百分率之和,准确至 0.1%。

(3)计算质量通过百分率。各号筛的质量通过百分率等于 100 减去该号筛的累计筛余百分率,精确至 0.1%。

(4)根据各筛的累计筛余百分率或质量通过百分率,绘制级配曲线。

(5)天然砂的细度模数按式(2-14)计算,精确至 0.01。

(6)应进行两次平行试验,以试验结果的算术平均值作为测定值。如两次试验所得的细度模数之差大于 0.2,应重新进行试验。

试验记录见表 2-6、表 2-7。

筛分试验记录(干筛法) 表 2-6

试样质量(g)	筛孔尺寸(mm)	分计筛余质量(g)			分计筛余百分率(%)	累计筛余百分率(%)	通过百分率(%)	备注
		Ⅰ	Ⅱ	平均				
①	②	③	④	⑤	⑥=⑤/①	⑦	⑧=100-⑦	⑨
	4.75							
	2.36							
	1.18							
	0.60							
	0.30							
	0.15							
	底盘							

试验者______ 计算者______ 校核者______ 试验日期______

筛分试验记录表(水洗法) 表 2-7

试样质量(g)	筛孔尺寸(mm)	分计筛余质量(g)			分计筛余百分率(%)	累计筛余百分率(%)	通过百分率(%)	备注
		Ⅰ	Ⅱ	平均				
①	②	③	④	⑤	⑥=⑤/①	⑦	⑧=100-⑦	⑨
	2.36							
	1.18							
	0.60							
	0.30							
	0.15							
	0.075							
	底盘							

试验者________ 计算者________ 校核者________ 试验日期________

4. 粗集料及集料混合料的筛分试验

1)目的与适用范围

(1)本试验用于测定粗集料(碎石、砾石、矿渣等)的颗粒组成。对于水泥混凝土用粗集料可采用干筛法筛分;对于沥青混合料及基层用粗集料必须采用水筛法筛分。

(2)本方法也适用于同时含有粗集料、细集料、矿粉的集料混合料筛分试验,如未筛碎石、级配碎石、天然砂砾、级配砂砾、无机结合料稳定基层材料、沥青拌和楼的冷料混合料、热料仓材料、沥青混合料经溶剂抽提后的矿料等。

2)仪具与材料

(1)试验筛:根据需要选用规定的标准筛。

(2)摇筛机。

(3)天平或台秤:感量不大于试样质量的0.1%。

(4)烘箱:能控制温度在105±5℃。

(5)其他:水槽、搅棒、盘子、铲子、毛刷等。

3)试验准备

按规定将试样用分料器或四分法缩分至表2-8要求的试样所需量,风干后备用。根据需要可按要求的集料最大粒径的筛孔尺寸过筛,除去超粒径部分颗粒后,再进行筛分。

筛分用的试样质量 表 2-8

公称最大粒径(mm)	75	63	37.5	31.5	26.5	19	16	9.5	4.75
试样质量不少于(kg)	10	8	5	4	2.5	2	1	1	0.5

注:①集料最大粒径是指集料100%都要求通过的最小的标准筛筛孔尺寸;

②集料的公称最大粒径是指集料可能全部通过或允许有少量不通过(一般容许筛余不超过10%)的最小的标准筛筛孔尺寸。通常比集料最大粒径小一个粒级。

4)试验步骤

干筛法试验步骤如下：

(1)取试样一份置于105±5℃烘箱中烘干至恒重，称取干燥集料试样的总质量(m_0)，准确至0.1%。

(2)用搪瓷盘作筛分容器，按筛孔大小排列顺序逐个将集料过筛。人工筛分时，需使集料在筛面上同时有水平方向及上下方向的不停顿的运动，使小于筛孔的集料通过筛孔，直至1min内通过筛孔的质量小于筛上残余量的0.1%为止。当采用摇筛机筛分时，应在摇筛机筛分后再逐个由人工补筛。

将筛出通过的颗粒并入下一号筛，和下一号筛中的试样一起过筛，顺序进行，直至各号筛全部筛完为止。应确认1min内通过筛孔的质量确实小于筛上残余量的0.1%。

注：由于0.075mm的筛干筛几乎不能把沾在粗集料表面的小于0.075mm部分的石粉筛过去，而且对水泥混凝土用粗集料而言，0.075mm通过率的意义不大，所以也可以不筛，且把通过0.15mm筛的筛下部分全部作为0.075mm的分计筛余，将粗集料的0.075mm通过率假设为0。

(3)如果某个筛上的集料过多，影响筛分作业时，可以分两次筛分。当筛余颗粒的粒径大于19mm时，筛分过程中允许用手指轻轻拨动颗粒，但不得逐颗塞过筛孔。

(4)称取每个筛上的筛余量，准确至总质量的0.1%。各筛分计筛余量及筛底存量的总和与筛分前试样的干燥总质量m_0相比，相差不得超过m_0的0.3%。

干筛法筛分结果的计算：

①计算筛分时的损耗。按式(2-36)计算各筛分计筛余量及筛底存量的总和与筛分前试样的干燥总质量m_0之差，作为筛分时的损耗，并计算损耗率，若损耗率大于0.3%，应重新进行试验。

$$m_5 = m_0 - (\sum m_i + m_d) \tag{2-36}$$

式中：m_5——由于筛分造成的损耗，g；

m_0——用于干筛的干燥集料总质量，g；

m_i——各号筛上的分计筛余，g；

i——依次为0.075mm、0.15mm、…至集料最大粒径的排序；

m_d——筛底(0.075mm以下的部分)集料质量，g。

②计算分计筛余百分率。干筛后各号筛上的分计筛余百分率α'_i按式(2-37)计算，精确至0.1%。

$$\alpha'_i = \frac{m_i}{m_0 - m_5} \times 100 \tag{2-37}$$

③计算累计筛余百分率。各号筛的累计筛余百分率A_i为该号筛及以上各号筛的分计筛余百分率之和，精确至0.1%。

④计算质量通过百分率。各号筛的质量通过百分率P_i等于100减去该号筛累计筛余百分率，精确至0.1%。

⑤计算0.075mm筛的通过率。由筛底存量除以扣除损耗后的干燥集料总质量得出，精确至0.1%。

⑥试验结果以两次试验的平均值表示，精确至0.1%。当两次试验结果 $P_{0.075}$ 的差值超过1%时，试验应重新进行。

干筛法筛分记录表如表2-9所示。

粗集料及集料混合料筛分记录表（干筛法） 表2-9

干燥试样总量 m_0(g)	第1组				第2组				平均
筛孔尺寸（mm）	筛上重 m_i (g) (1)	分计筛余（%） (2)	累计筛余（%） (3)	通过百分率（%） (4)	筛上重 m_i (g) (1)	分计筛余（%） (2)	累计筛余（%） (3)	通过百分率（%） (4)	通过百分率（%） (5)
筛底 m_d									
筛分后总量 Σm_i(g)									
损耗 m_5(g)									
损耗率(%)									

试验者______ 计算者______ 校核者______ 试验日期______

水洗法试验步骤如下：

(1)取一份试样，将试样置于105±5℃烘箱中烘干至恒重，称取干燥集料试样的总质量(m_3)，准确至0.1%。

(2)将试样置于一洁净容器中，加入足够数量的洁净水，将集料全部淹没，但不得使用任何洗涤剂、分散剂或表面活性剂。

(3)用搅棒充分搅动集料，使集料表面洗涤干净，使细粉悬浮在水中，但不得破碎集料或有集料从水中溅出。

(4)根据集料粒径大小选择一组套筛，其底部为0.075mm标准筛，上部为2.36mm或4.75mm筛。仔细将容器中混有细粉的悬浮液倒出，经过套筛流入另一容器中，尽量不将粗集料倒出，以免损坏标准筛筛面。

注：无需将容器中的全部集料都倒出，只倒出悬浮液。且不可直接倒至0.075mm筛上，以免集料掉出损坏筛面。

(5)重复(2)~(4)步，直至倒出的水洁净为止，必要时可采用水流缓慢冲洗。

(6)将套筛每个筛子上的集料及容器中的集料全部回收在一个搪瓷盘中，容器上不得有沾附的集料颗粒。

注：沾在0.075mm筛面上的细粉很难回收扣入搪瓷盘中，此时需将筛子倒扣在搪瓷盘上用少量的水并助以毛刷将细粉刷落入搪瓷盘中，并注意不要散失。

(7)在确保细粉不散失的前提下，小心泌去搪瓷盘中的积水，将搪瓷盘连同集料一起置于105±5℃烘箱中烘干至恒重，称取干燥集料试样的总质量(m_4)，准确至0.1%。以m_3与m_4之差作为0.075mm的筛下部分。

(8)将回收的干燥集料按干筛方法筛分出0.075mm筛以上各筛的筛余量，此时0.075mm筛下部分应为0，如果尚能筛出，则应将其并入水洗得到的0.075mm的筛下部分，且表示水洗得不干净。

水筛法筛分结果的计算：

①计算0.075mm筛的通过百分率。

粗集料中0.075mm筛下的部分的质量$m_{0.075}$为：

$$m_{0.075}=m_3-m_4 \tag{2-38}$$

则粗集料中0.075mm筛的通过百分率(小于0.075mm的颗粒含量)为：

$$P_{0.075}=\frac{m_{0.075}}{m_3}\times 100=\frac{m_3-m_4}{m_3}\times 100 \tag{2-39}$$

式中：$P_{0.075}$——粗集料中小于0.075mm的含量(通过率)，%；

$m_{0.075}$——粗集料中水洗得到的小于0.075mm部分的质量，g；

m_3——用于水洗的干燥粗集料总质量，g；

m_4——水洗后的干燥粗集料总质量，g。

精确至0.1%。当两次试验结果的$P_{0.075}$差值超过1%时，试验应重新进行。

②计算筛分时的损耗。按式(2-40)计算各筛分计筛余量及筛底存量的总和与筛分前试样的干燥总质量m_3之差，作为筛分时的损耗，并计算损耗率，若损耗率大于0.3%，应重新进行试验。

$$m_5=m_3-(\sum m_i+m_{0.075}) \tag{2-40}$$

式中：m_5——由于筛分造成的损耗，g；

m_i——各号筛上的分计筛余，g；

i——依次为0.075mm、0.15mm、…至集料最大粒径的排序。

③计算其他各筛的分计筛余百分率、累计筛余百分率、质量通过百分率。计算方法与干筛法相同。当干筛筛分有损耗时，应按干筛法筛分的计算方法从总质量中扣除损耗部分。

④试验结果以两次试验的平均值表示。

水筛法筛分记录表如表2-10所示。

粗集料及集料混合料筛分记录表(水洗法) 表2-10

干燥试样总量 m_3(g)		第1组				第2组				平均
水洗后筛上总量 m_4(g)										
水洗后0.075mm筛下量 $m_{0.075}$(g)										
0.075mm通过率 $P_{0.075}$(%)										
筛孔尺寸(mm)		筛上重 m_i(g)	分计筛余(%)	累计筛余(%)	通过百分率(%)	筛上重 m_i(g)	分计筛余(%)	累计筛余(%)	通过百分率(%)	通过百分率(%)
		(1)	(2)	(3)	(4)	(1)	(2)	(3)	(4)	(5)
水洗后干筛法筛分										
	筛底 m_d									
	干筛后总量 Σm_i(g)									
损耗 m_5(g)										
损耗率(%)										
扣除损耗后总量(g)										

试验者______ 计算者______ 校核者______ 试验日期______

注:如筛底 m_d 的值不是0,应将其并入 $m_{0.075}$ 中重新计算 $P_{0.075}$。

5)报告

(1)筛分结果以各筛孔的质量通过百分率表示,宜记录为表2-9、表2-10的格式。

(2)对用于沥青混合料、基层材料配合比设计用的集料,宜绘制集料筛分曲线,其横坐标为筛孔尺寸的0.45次方(见表2-11),纵坐标为普通坐标,如图2-3所示。

级配曲线的横坐标(按 $x=d_i^{0.45}$ 计算) 表2-11

筛孔 d_i(mm)	0.075	0.15	0.3	0.6	1.18	2.36	4.75
横坐标 x	0.312	0.426	0.582	0.795	1.077	1.472	2.016
筛孔 d_i(mm)	9.5	13.2	16	19	26.5	31.5	37.5
横坐标 x	2.745	3.193	3.482	3.762	4.370	4.723	5.109

(3)同一种集料至少取两个试样平行试验两次,取平均值作为每号筛上筛余量的试验结果,报告集料级配组成通过百分率及级配曲线。

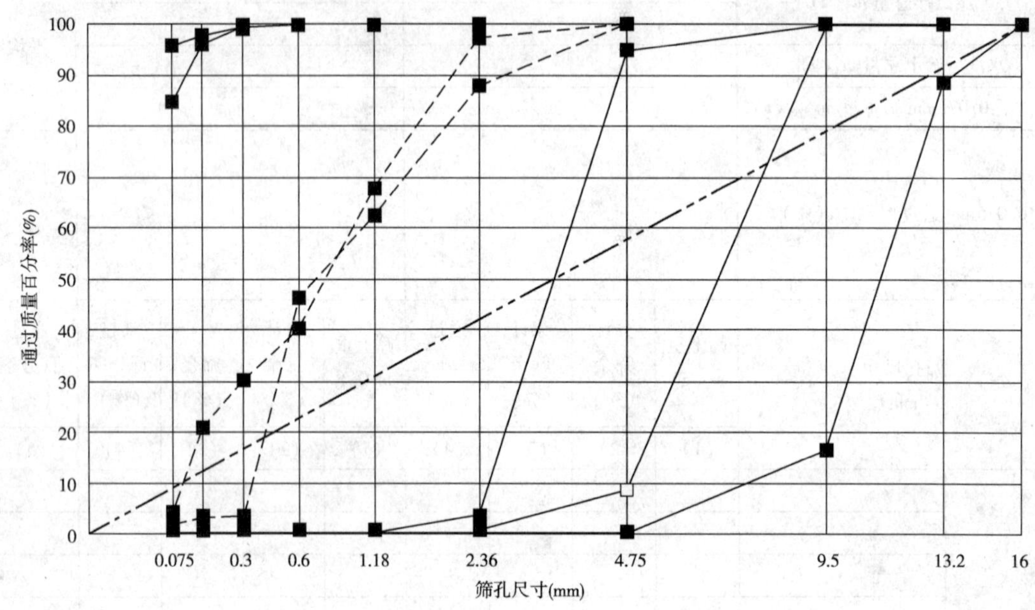

图 2-3　集料筛分曲线与矿料级配设计曲线

5. 粗集料压碎值试验

1)试验目的及适用范围

集料压碎值用于衡量石料在逐渐增加的荷载下抵抗压碎的能力,它是衡量石料力学性质的指标之一,用以评定其在公路工程中的适用性。

2)仪具与材料

(1)石料压碎值试验仪:由内径 150mm、两端开口的钢制圆形试筒、压柱和底板组成,其形状如图 2-4 所示。试筒内壁、压柱的底面及底板的上表面等与石料接触的表面都应进行热处理,使表面硬化,达到维氏硬度 65°,并保持光滑状态。

(2)金属棒:直径 10mm,长 450 ~ 600mm,一端加工为半球形。

(3)天平:称量 2 ~ 3kg,感量不大于 1g。

(4)方孔筛:筛孔尺寸 13.2mm、9.5 mm、2.36mm 筛各一个。

(5)压力机:500kN,应能在 10min 内达到 400kN。

(6)金属筒:圆柱形,内径为 112.0mm,高 179.4mm,容积 1 767cm^3。

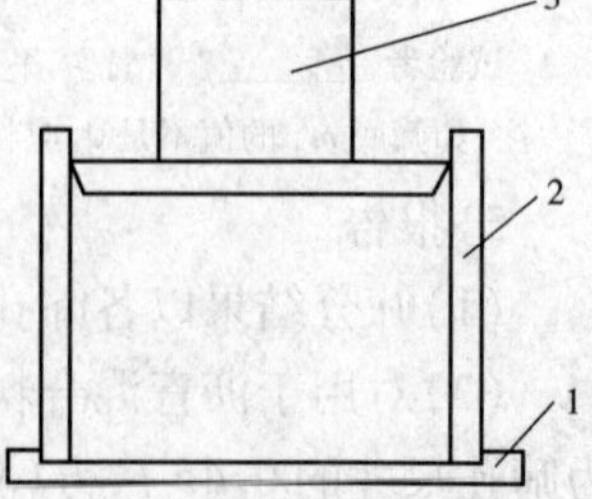

图 2-4　压碎指标值测定仪

1-底板;2-试筒;3-压柱

3)试样准备

(1)采用风干石料用 13.2mm 和 9.5mm 标准筛过筛,取 9.5 ~ 13.2mm 的试样 3 组各 3 000g,供试验用。如试样过于潮湿需加热烘干时,烘箱温度不得超过 100℃,烘干时间不超过 4h,试验前,石料应冷却至室温。

(2)每次试验的石料数量,应满足按下述方法夯击后石料在试筒内的深度为 100mm。

在金属筒中确定石料数量的方法如下:将石料分 3 次均匀装入金属筒中,每次数量大致相同,并将试样表面整平;每次都用金属棒的半球面端从石料表面上均匀捣击 25 次(约 50mm 的高度处自由下落);最后用金属棒作为直刮刀将表面仔细整平;称取量筒中试样质量(m_0)。以相同质量的试样进行压碎值的平行试验。

4)试验步骤

(1)将试筒安放在底板上。

(2)将要求质量(m_0)的试样分 3 次(每次数量大体相同)均匀装入试模中,每次均将试样表面整平,并用金属棒的半球面端从石料表面上均匀捣击 25 次,最后用金属棒作为直刮刀将表面仔细整平。

(3)将装有试样的试模放到压力机上,同时将压柱放入试筒内石料面上,注意使压柱摆平,勿楔挤试筒侧壁。

(4)开动压力机,均匀地施加荷载,在 10min 左右的时间内达到总荷载 400kN,稳压 5s,然后卸荷。

(5)将试模从压力机上取下,取出试样。

(6)用 2.36mm 标准筛筛分经压碎的全部试样,可分几次筛分,均需筛到在 1 min 内没有明显筛出物为止。

(7)称取通过 2.36mm 筛孔的全部细料质量(m_1)。

5)结果整理

石料的压碎值按式(2-41)计算,准确至 0.1%。

$$Q'_a = \frac{m_1}{m_0} \times 100 \tag{2-41}$$

式中:Q'_a——石料压碎值,%;

m_0——试验前试样的质量,g;

m_1——试验后通过 2.36mm 筛孔的细料质量,g。

以 3 次平行试验结果的算术平均值作为压碎值的测定值。

记录格式见表 2-12。

粗集料压碎值试验记录　　表 2-12

试验次数	试样质量		压碎值 Q'_a(%)	
	试验前试样质量 m_0 (g)	试验后通过 2.36mm 筛孔的细料质量 m_1 (g)	个别	平均
1				
2				
3				

试验者________　计算者________　校核者________　试验日期________

6. 粗集料磨耗试验(洛杉矶法)

1)试验目的及适用范围

(1)本试验用于测定标准条件下粗集料抵抗摩擦、撞击的能力,以磨耗损失(%)表示。

(2)本方法适用于各种等级规格集料的磨耗试验。

2)仪具与材料

(1)洛杉矶磨耗试验机:圆筒内径 710 ±5mm,内侧长 510 ±5mm,两端封闭,投料口的钢盖通过紧固螺栓和橡胶垫与钢筒紧闭密封。钢筒的回转速率为 30 ~33r/min。

(2)钢球:直径约 46.8mm,质量为 390 ~445g,大小稍有不同,以便按要求组合成符合要求的总质量。

(3)台秤:感量 5g。

(4)标准筛:符合要求的标准筛系列,以及筛孔为 1.7mm 的方孔筛一个。

(5)烘箱:能使温度控制在 105 ±5℃范围内。

(6)容器:搪瓷盘等。

3)试验步骤

(1)将不同规格的集料用水冲洗干净,置烘箱中烘干至恒重。

(2)对所使用的集料,根据实际情况按表 2-13 选择最接近的粒级类别,确定相应的试验条件,按规定的粒级组成备料、筛分。

粗集料洛杉矶试验条件　　表 2-13

粒度类别	粒级组成(方孔筛)(mm)	试样质量(g)	试样总质量(g)	钢球数量(个)	钢球总质量(g)	转动次数(转)	适用的粗集料	
							规格	公称粒径(mm)
A	26.5 ~37.5 19.0 ~26.5 16.0 ~19.0 9.5 ~16.0	1 250 ±25 1 250 ±25 1 250 ±10 1 250 ±10	5 000 ±10	12	5 000 ±25	500		
B	19.0 ~26.5 16.0 ~19.0	2 500 ±10 2 500 ±10	5 000 ±10	11	4 850 ±25	500	S6 S7 S8	15 ~30 10 ~30 15 ~25
C	9.5 ~16.0 4.75 ~9.5	2 500 ±10 2 500 ±10	5 000 ±10	8	3 330 ±20	500	S9 S10 S11 S12	10 ~20 10 ~15 5 ~15 5 ~10
D	2.36 ~4.75	5 000 ±10	5 000 ±10	6	2 500 ±15	500	S13 S14	3 ~10 3 ~5
E	63 ~75 53 ~63 37.5 ~53	2 500 ±50 2 500 ±50 5 000 ±50	10 000 ±100	12	5 000 ±25	1 000	S1 S2	40 ~75 40 ~60
F	37.5 ~53 26.5 ~37.5	5 000 ±50 5 000 ±25	10 000 ±75	12	5 000 ±25	1 000	S3 S4	30 ~60 25 ~50
G	26.5 ~37.5 19 ~26.5	5 000 ±25 5 000 ±25	10 000 ±50	12	5 000 ±25	1 000	S5	20 ~40

注:①表中 16mm 也可用 13.2mm 代替;

②A 级适用于未筛碎石混合料;

③C 级中 S12 可全部采用 4.75 ~9.5mm 颗粒 5 000g;S9 及 S10 可全部采用 9.5 ~16mm 颗粒 5 000g;

④E 级中 S2 中缺 63 ~75mm 颗粒可用 53 ~63mm 颗粒代替。

水泥混凝土用集料宜采用A级粒度;对用于沥青路面及各种基层、底基层的粗集料,表中16mm筛孔也可用13.2mm筛孔代替。对非规格材料,应根据材料的实际粒度,从表2-13中选择最接近的粒级类别及试验条件。

(3)分级称量(准确至5g),称取总质量(m_1),装入磨耗机的圆筒中。

(4)选择钢球,使钢球的数量及总质量符合表2-13中规定。将钢球加入钢筒中,盖好筒盖,紧固密封。

(5)将计数器调整到零位,设定要求的回转次数。

对水泥混凝土用集料,回转次数为500转,对沥青混合料用集料,回转次数应符合表2-13的要求。开动磨耗机,以30~33r/min的转速转动至要求的回转次数为止。

(6)取出钢球,将经过磨耗后的试样从投料口倒入接受容器(搪瓷盘)中。

(7)将试样用1.7mm的方孔筛过筛,筛去试样中被撞击磨碎的细屑。

(8)用水冲干净留在筛上的碎石,置105±5℃烘箱中烘干至恒重(通常不少于4h),准确称量(m_2)。

4)结果整理

按式(2-42)计算粗集料洛杉矶磨耗损失,准确至0.1%。

$$Q=\frac{m_1-m_2}{m_1}\times 100 \tag{2-42}$$

式中:Q——洛杉矶磨耗损失,%;

m_1——装入圆筒中试样质量,g;

m_2——试验后在1.7mm筛上的洗净烘干的试样质量,g。

5)报告

(1)试验报告应记录所使用的粒级类别和试验条件。

(2)粗集料的磨耗损失取两次平行试验结果的算术平均值为测定值,两次试验的差值应不大于2%,否则须重做试验。

记录格式见表2-14。

磨耗试验记录表(洛杉矶法)　　表2-14

试样编号			石料产地		
岩石名称			用途		
试验次数	装入圆筒中试样质量 m_1(g)	试验后在1.7mm(方孔筛)或2mm(圆孔筛)筛上的洗净烘干试样质量 m_2(g)	磨耗率(%)		备注
			个别值	平均值	
1					
2					

试验者________ 计算者________ 校核者________ 试验日期________

●第四节　矿质混合料的组成设计●

为了使矿质混合料能满足最小空隙率(即最大密实度)和最大内摩擦力(各级集料紧密排列)的基本要求,必须对矿质混合料进行组成设计,使其级配符合级配要求。

一、矿质混合料的级配理论

1. 级配曲线类型

以矿料各级粒径(筛孔尺寸)为横坐标,以级配参数(通过百分率或分计筛余或累计筛余)为纵坐标绘制的曲(折)线图称为级配曲线。各种不同粒径的集料,按照一定的比例搭配起来,以达到较高的密实度和(或)较大的摩擦力,可以采用下列两种级配组成。

(1)连续级配。连续级配是某种矿质混合料在标准筛孔配成的套筛(筛孔孔径按 1/2 递减)中筛分后,所得的级配曲线平顺圆滑,具有连续的性质。矿料颗粒由大到小,逐级粒径均有,并按比例互相搭配组成的矿质混合料,称为连续级配矿质混合料。

(2)间断级配。在矿质混合料中剔除其一个或几个分级的颗粒,形成一种不连续的混合料,称为间断级配矿质混合料。

连续级配和间断级配曲线如图 2-5 所示。

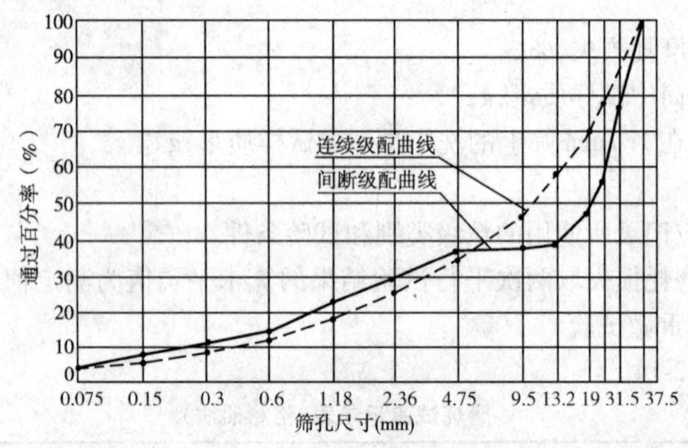

图 2-5　连续级配和间断级配曲线

2. 级配理论

目前常用的级配理论有最大密度曲线理论和粒子干涉理论。最大密度曲线理论的研究者认为,固体颗粒按粒度大小有规则的组合排列、粗细搭配,可以得到密度最大、空隙最小的矿质混合料。该理论主要描述了连续级配的粒径分布。粒子干涉理论的研究者认为,为使矿质混合料达到最大密度,前一级颗粒之间的空隙,应由次一级颗粒填充,次一级颗粒之间的空隙又由再次小颗粒填充,为避免大小颗粒粒子之间发生干涉现象,填隙的颗粒粒径不得大于其间隙的距离,大小颗粒应按一定数量分配。

本节主要介绍最大密度曲线理论公式。

(1)最大密度曲线公式。最大密度曲线是通过试验提出的一种理想曲线,如图 2-6 所示。该理论认为"矿质混合料的颗粒级配曲线愈接近抛物线,则其密度愈大"。最大密度理想曲线可用颗粒粒径(d)与通过量(P)表示如下：

$$P^2 = kd \tag{2-43}$$

式中：P——各级颗粒粒径集料的通过量，%；

d——矿质混合料各级颗粒粒径，mm；

k——常数。

当颗粒粒径 d 等于最大粒径 D 时，则通过量等于 100%，即 $d = D$ 时，$P = 100$。即：

$$k = 100^2 \times \frac{1}{D} \tag{2-44}$$

当希望求任一级颗粒粒径 d 的通过量 P 时，用式(2-44)代入式(2-43)得：

$$P = 100\left(\frac{d}{D}\right)^{0.5} \tag{2-45}$$

式(2-45)就是最大密度理想曲线的级配组成计算公式。根据这个公式，可以计算出矿质混合料最大密度时各种颗粒粒径(d)的通过量(P)。

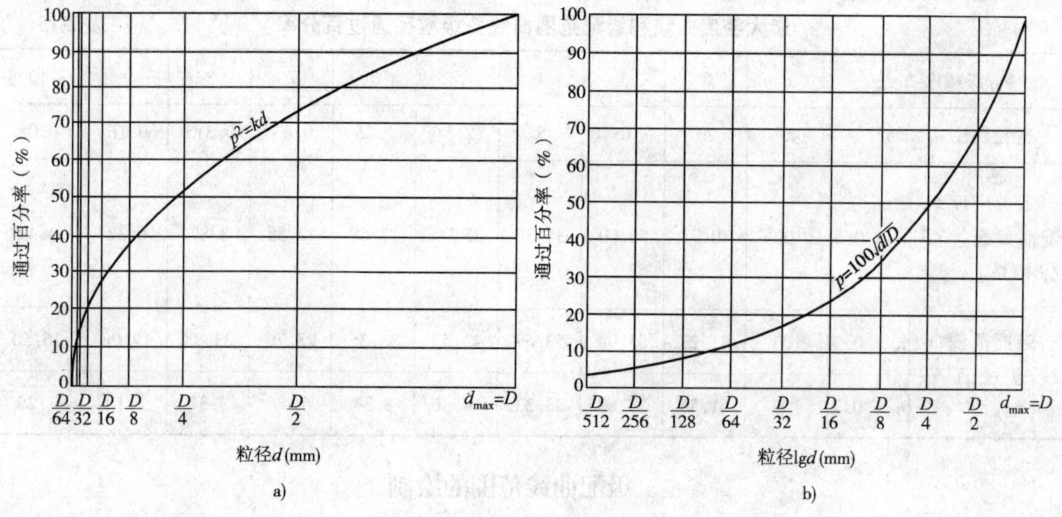

图 2-6 理想最大密度级配曲线

a)常坐标；b)半对数坐标

(2)最大密度曲线的 n 幂公式。最大密度曲线是一种理想的级配曲线。在实际应用中，由于矿料在轧制过程中的不均匀性，以及矿质混合料配制时的误差等因素影响，使所配制的混合料往往不可能与理论级配完全相符合。因此，必须允许配料时的合成级配在适当的范围内波动，这就是“级配范围”。通常使用的矿质混合料的级配范围(包括密级配和开级配)n 幂在 0.3～0.7 之间，目前多采用 n 次幂的通式表达，如式(2-46)。不同 n 幂的级配曲线如图 2-7 所示。

$$P = 100\left(\frac{d}{D}\right)^{n} \tag{2-46}$$

式中：n——试验指数。

其他符号意义同前式。

为计算方便起见，n 幂公式亦可采用对数形式表达式(2-47)：

$$\lg P = (2 - n\lg D) + n\lg d \tag{2-47}$$

【例 2-2】 已知矿质混合料最大粒径为40mm,试用最大密度曲线公式计算其最大密度曲线的各级粒径的通过百分率;并按 $n=0.3\sim0.7$ 计算级配范围的各粒级的通过百分率。(提示:矿质混合料各级粒径尺寸按1/2递减)。

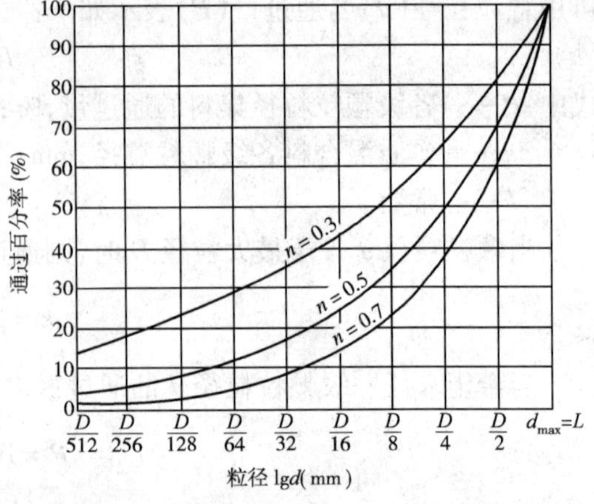

图 2-7 最大密度曲线和级配范围

解:(1)按幂公式

最大密度曲线:

$n=0.5$, $\lg P_i=(2-0.5\lg40)+0.5\lg d_i$

级配范围曲线:

$n_1=0.3$, $\lg P_{i1}=(2-0.3\lg40)+0.3\lg d_i$

$n_2=0.7$, $\lg P_{i2}=(2-0.7\lg40)+0.7\lg d_i$

(2)按题意最大粒径 $D=40$mm,各级粒径 d_i 按1/2递减,分别用 D 和 d_i 代入 n 幂公式,计算结果列于表2-15中。

最大密度曲线和级配范围曲线各级粒径通过百分率 表2-15

分级顺序 N		1	2	3	4	5	6	7	8	9	10
理论粒径 d_i(mm)		40	20	10	5	2.5	1.25	0.63	0.315	0.16	0.08
最大密度级配曲线通过百分率(%)	$n=0.5$	100	70.71	50.00	35.36	25.00	17.68	12.55	8.87	6.32	4.47
级配范围曲线通过百分率(%)	$n=0.3$	100	81.23	65.98	53.59	43.53	35.36	28.79	23.38	19.08	15.50
	$n=0.7$	100	61.56	37.89	23.33	14.36	8.34	5.47	3.37	2.10	1.29

二、级配曲线范围的绘制

按前述级配理论公式计算出各级集料在矿质混合料中的通过百分率,以通过百分率(%)为纵坐标轴,以粒径(mm)为横坐标轴,绘制成曲线,即为理论级配曲线。本节介绍已确定的计算参数条件下绘制级配范围曲线的方法。

由前面例题可知,常用筛孔尺寸是按1/2递减的,筛分曲线如按常坐标绘制,则必然造成前疏后密,不便于绘制和查阅。为此,通常用半对数坐标代替,即横坐标轴颗粒粒径(即筛孔尺寸)采用对数坐标,而纵坐标轴通过(或存留)百分率采用常坐标。

我国沿用半对数坐标系绘制级配范围曲线的方法,首先要按对数计算出各种颗粒粒径(即筛孔尺寸)在横坐标轴上的位置,而表示通过(或存留)百分率的纵坐标则按普通算术坐标绘制。绘制好纵、横坐标后,最后将计算所得的各颗粒粒径(d_i)的通过百分率(P_i)绘制在坐标图上,再将确定的各点连接为光滑的曲线,在两个指数(n_1 和 n_2)之间所包络的范围即为级配范围(通常用加绘阴影表示)。$n_1=0.3$ 和 $n_2=0.7$ 绘制的级配范围曲线如图2-8所示。

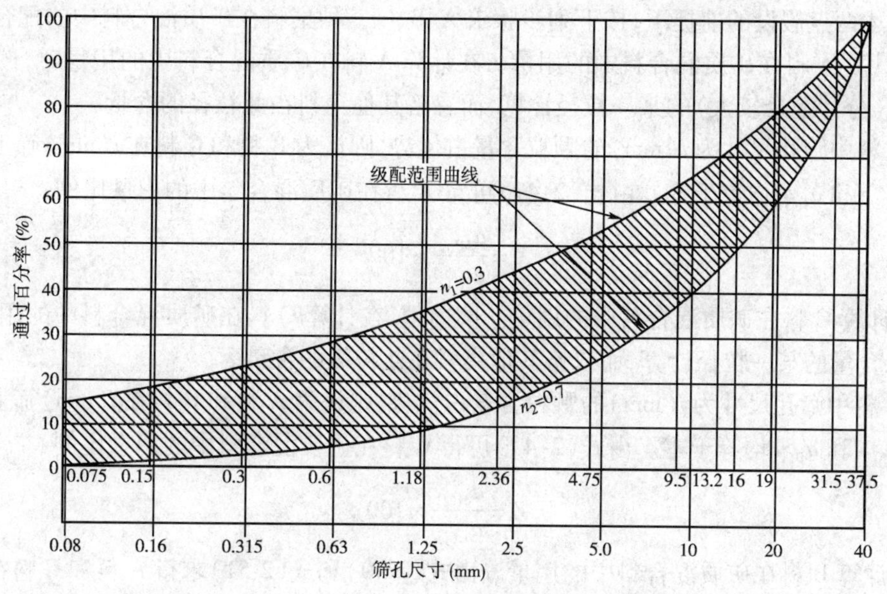

图 2-8　级配范围曲线

三、矿质混合料的组成设计方法

天然或人工轧制的一种集料的级配往往很难完全符合某一级配范围的要求，因此必须采用两种或两种以上的集料配合起来才能符合级配范围的要求。这就需要对矿质混合料进行配合组成设计即确定组成矿质混合料各集料的比例。确定矿质混合料配合比的方法很多，但一般采用试算法与图解法。

1. 试算法

1）基本原理

试算法适用于 2 ~ 3 种矿料组成的混合料，是最简单的一种方法。试算法的基本原理是，设有几种矿质集料，欲配制某一种一定级配要求的矿质混合料。在决定各组成集料在矿质混合料中的比例时，先假定矿质混合料中某级粒径的颗粒是由某一种对该级粒径占优势的集料来提供，而其他各种集料不含这种粒径的颗粒。如此根据各个主要粒径的颗粒去试算各种集料在矿质混合料中的大致比例。如果比例不合适，则稍加调整，逐步渐进，最终达到符合矿质混合料级配要求的各种集料的配合比例。

现有 A、B、C 三种集料，欲配制成某一级配要求的矿质混合料 M。确定这三种集料在矿质混合料 M 中的配合比例（即配合比）时作下列两点假设：

设 A、B、C 三种集料在矿质混合料 M 中的用量比例分别为 X、Y、Z，则：

$$X + Y + Z = 100 \tag{2-48}$$

又设矿质混合料 M 中某一级粒径 i（筛孔尺寸）时要求的颗粒含量（分计筛余）为 $a_{M(i)}$，A、B、C 三种集料在对应粒径的颗粒含量（分计筛余）分别为 $a_{A(i)}$、$a_{B(i)}$、$a_{C(i)}$。则：

$$a_{A(i)}X + a_{B(i)}Y + a_{C(i)}Z = a_{M(i)} \tag{2-49}$$

2）计算步骤

在上述两点假设的前提下，按下列步骤求 A、B、C 三种集料在矿质混合料中的配合比。

(1)计算 A 料在矿质混合料中的用量。在计算 A 料在矿质混合料中的用量时，按 A 料占优势含量（分计筛余较大）的某一粒径计算，而忽略其他集料在此粒径的含量。

设 A 料中筛孔尺寸为 i(mm) 的颗粒含量占优势，则认为 B 料和 C 料在 i(mm) 筛上的颗粒的含量 $a_{B(i)}$ 和 $a_{C(i)}$ 均等于零。由式(2-49)可得 A 料在矿质混合料中的用量比例：

$$X = \frac{a_{M(i)}}{a_{A(i)}} \times 100 \tag{2-50}$$

(2)计算 C 料在矿质混合料中的用量。同前理，在计算 C 料在矿质混合料中的用量，按 C 料占优势含量的某一粒径计算，而忽略其他集料在此粒级的含量。

设 C 料中筛孔尺寸为 j(mm) 的颗粒含量占优势，则认为 A 料和 B 料在 j(mm) 筛上的颗粒的含量 $a_{A(j)}$ 和 $a_{B(j)}$ 均等于零。由式(2-49)可得 C 料在矿质混合料中的用量比例：

$$Z = \frac{a_{M(j)}}{a_{C(j)}} \times 100 \tag{2-51}$$

(3)计算 B 料在矿质混合料中的用量。由式(2-50)和式(2-51)求得 A 料和 C 料在矿质混合料中的含量 X 和 Z 后，由式(2-48)可得 B 料在矿质混合料中的含量 Y：

$$Y = 100 - (X + Z) \tag{2-52}$$

(4)校核与调整。由初步计算的 A、B、C 三种集料组成矿质混合料的配合比 X、Y、Z，列表计算每种集料在某一号筛上提供的颗粒含量，累加起来即为矿质混合料在该号筛上对应的颗粒含量。逐号筛检查其颗粒含量是否在要求的级配范围内，如全部在要求的级配范围内，则初步计算的配合比即为设计配合比；如不在要求的级配范围内，应调整配合比重新计算和复核，经过几次调整，逐步渐进，直至达到要求为止。

需要说明的是，按公式(2-49)将每个筛号的式子列出，就成为“正规方程法”。

【例 2-3】 现有 A、B、C 三种集料，经筛分试验各集料的累计筛余百分率列于表 2-16，现用这三种集料设计出符合某路面水泥混凝土合成级配要求的矿质混合料，试求 A、B 和 C 三种集料的掺配比例。

集料筛分试验结果 表 2-16

筛孔尺寸(mm)	A 集料累计筛余(%)	A 集料分计筛余(%)	B 集料累计筛余(%)	B 集料分计筛余(%)	C 集料累计筛余(%)	C 集料分计筛余(%)	矿质混合料要求合成级配累计筛余百分率范围(中值)(%)
26.5	2	2	—	—	—	—	0 ~ 5(2.5)
19	40	38	3	3	—	—	25 ~ 40(32.5)
16	68	28	55	52	—	—	50 ~ 70(60)
9.5	96	28	90	35	3	3	70 ~ 90(80)
4.75	100	4	100	10	96	93	90 ~ 100(95)
2.36	—	—			100	4	95 ~ 100(97.5)

解：(1)从表 2-16 可以看出，A 集料中 19mm 粒径颗粒含量占优势，设矿质混合料中 19mm 粒径全部由 A 集料提供，其他集料均等于零，则：

$$X=\frac{a_{M(i)}}{a_{A(i)}}\times 100=\frac{30}{38}\times 100=78.9\%$$

(2)从表 2-16 可以看出,C 集料中 4.75mm 粒径颗粒含量占优势,设矿质混合料中 4.75mm粒径全部由 C 集料提供,则:

$$Z=\frac{a_{M(j)}}{a_{C(j)}}\times 100=\frac{15}{93}\times 100=16.1\%$$

(3)由式(2-52)可得 B 集料在矿质混合料中的用量比例:

$$Y=[100-(78.9+16.1)]=5\%$$

(4)校核。

以试算所得配合比 $X=78.9\%$ 、$Y=5\%$、$Z=16.1\%$,按表 2-17 进行校核符合要求。

矿质混合料配合组成计算校核 表 2-17

筛孔尺寸(mm)	A 集料分计筛余(%)	用量比例 X(%)	占混合料百分率(%)	B 集料分计筛余(%)	用量比例 X(%)	占混合料百分率(%)	C 集料分计筛余(%)	用量比例 X(%)	占混合料百分率(%)	矿质混合料分计筛余(%)	矿质混合料累计筛余(%)	要求合成级配累计筛余百分率范围(%)
26.5	2	78.9	1.58	—	5		—	16.1	—	1.58	1.58	0~5
19	38		29.98	3		0.15	—		—	30.13	31.71	25~40
16	28		22.09	52		2.6	—		—	24.69	56.4	50~70
9.5	28		22.09	35		1.75	3		0.48	24.32	80.72	70~90
4.75	4		3.16	10		0.5	93		15	18.63	99.35	90~100
2.36	—		—	—		—	4		0.6	0.64	99.99	95~100

【例 2-4】 现有碎石、砂和矿粉三种集料,经筛分试验各集料的分计筛余百分率列于表 2-18,欲用现有的三种集料设计出符合某沥青混合料级配要求的矿质混合料,试求碎石、砂和矿粉三种集料在要求级配混合料中的用量比例。

原有集料的分计筛余和混合料要求的级配范围 表 2-18

筛孔尺寸 d_i(mm)	碎石分计筛余 $a_{A(i)}$(%)	砂分计筛余 $a_{B(i)}$(%)	矿粉分计筛余 $a_{C(i)}$(%)	矿质混合料要求级配范围通过百分率(%)
9.5	0.8	—	—	100
4.75	60.0	—	—	63~78
2.36	23.5	10.5	—	40~63
1.18	14.4	22.1	—	30~53
0.6	1.3	19.4	4.0	22~45
0.3	—	36.0	4.0	15~35
0.15	—	7.0	5.5	12~30
0.075	—	3.0	3.2	10~25
<0.075	—	2.0	83.3	—

解:(1)先将矿质混合料要求级配范围的通过百分率换算为分计筛余百分率,计算结果列入表2-19,并设碎石、砂、矿粉的配合比为X、Y、Z。

(2)由表2-19可知,碎石中4.75mm粒径颗粒含量占优势,假设混合料中4.75mm的粒径全部由碎石提供,则$a_{B(4.75)}=a_{C(4.75)}=0$,由式(2-50)可得碎石在矿质混合料中的用量比例。

$$X=\frac{a_{M(4.75)}}{a_{A(4.75)}}\times 100=\frac{29.5}{60}\times 100=49\%$$

原有集料和要求级配范围的分计筛余 表2-19

筛孔尺寸 d_i(mm)	碎石分计筛余 $a_{A(i)}$(%)	砂分计筛余 $a_{B(i)}$(%)	矿粉分计筛余 $a_{C(i)}$(%)	要求级配范围通过率的中值 $P_{(i)}$(%)	要求级配范围累计筛余中值 $A_{(i)}$(%)	要求级配范围分计筛余中值 $a_{M(i)}$(%)
9.5	0.8	—	—	100	—	—
4.75	60.0	—	—	70.5	29.5	29.5
2.36	23.5	10.5	—	51.5	48.5	19.0
1.18	14.4	22.1	—	41.5	58.5	10.0
0.6	1.3	19.4	4.0	33.5	66.5	8.0
0.3	—	36.0	4.0	25.0	75.0	8.5
0.15	—	7.0	5.5	21.0	79.0	4.0
0.075	—	3.0	3.2	17.5	82.5	3.5
<0.075	—	2.0	83.3	—	100.0	17.5

(3)从表2-19可知,矿粉中<0.075mm粒径颗粒含量占优势,忽略碎石和砂中此粒径颗粒的含量,即$a_{A(<0.075)}=a_{B(<0.075)}=0$,则由式(2-51)可得矿粉在矿质混合料中的用量比例。

$$Z=\frac{a_{M(<0.075)}}{a_{C(<0.075)}}\times 100=\frac{17.5}{83.3}\times 100=21\%$$

(4)由式(2-52)可得砂在矿质混合料中的用量比例。

$$Y=[100-(49+21)]=30\%$$

(5)校核。

以试算所得配合比$X=49\%$、$Y=30\%$、$Z=21\%$,按表2-20进行校核。

根据校核结果符合级配范围要求。如经计算确实不能符合级配要求,应调整或增加集料品种。

2. 图解法

图解法确定矿质混合料的合成级配可分为适用于两种集料组成设计的"矩形法"、适用于三种集料组成设计的"三角形法"和适用于多种集料组成设计的"修正平衡面积法"。目前通常采用的图解法为"修正平衡面积法"。在"修正平衡面积法"中,将设计要求的级配中值曲线绘制成一条直线,纵坐标和横坐标分别代表通过百分率和筛孔尺寸,这样,当纵坐标仍为算术坐标时，横坐标的位置将由设计级配中值所确定。“修正平衡面积法”的计算步骤如下。

矿质混合料配合组成计算校核 表 2-20

筛孔尺寸 d_i（mm）	碎石			砂			矿粉			矿质混合料			
	原来级配分计筛余 $a_{A(i)}$（%）	用量比例 X（%）	占混合料百分率 $a_{A(i)} \times X$（%）	原来级配分计筛余 $a_{B(i)}$（%）	用量比例 Y（%）	占混合料百分率 $a_{B(i)} \times Y$（%）	原来级配分计筛余 $a_{C(i)}$（%）	用量比例 Z（%）	占混合料百分率 $a_{C(i)} \times Z$（%）	分计筛余 $a_{(i)}$（%）	累计筛余 $A_{(i)}$（%）	通过率 $P_{(i)}$（%）	级配范围通过率（%）
9.5	0.8		0.4	—		—	—		—	0.4	0.4	99.6	100
4.75	60		29.4	—		—	—		—	29.4	29.8	70.2	63～78
2.36	23.5		11.5	10.5		3.2	—		—	14.7	44.5	55.5	40～63
1.18	14.4		7.1	22.1		6.6	—		—	13.7	58.2	41.8	30～53
0.6	1.3	49	0.6	19.4	30	5.8	4.0	21	0.8	7.2	65.4	34.6	22～45
0.3	—		—	36.0		10.8	4.0		0.8	11.6	77.0	23.0	15～35
0.15	—		—	7.0		2.1	5.5		1.2	3.3	80.3	19.7	12～30
0.075	—		—	3.0		0.9	3.2		0.7	1.6	81.9	18.1	10～25
<0.075	—		—	2.0		0.6	83.3		17.5	18.1	100	—	—
校核	Σ = 100		Σ = 49	Σ = 100		Σ = 30	Σ = 100		Σ = 21	Σ = 100			

1）绘制级配曲线坐标图

按照一定的尺寸绘制矩形图框，通常纵坐标通过量取 10cm，横坐标筛孔尺寸（或粒径）取 15cm。连接对角线 OO′作为设计级配中值曲线，如图 2-9 所示。按常数（算术）标尺在纵坐标上标出通过量百分率（0～100%）位置，然后将设计要求的级配范围中值（各筛孔通过百分率，举例见表 2-21 中数据）标于纵坐标上，并从纵坐标引水平线与对角线相交，再从交点作垂线与横坐标相交，该交点即为各相应筛孔尺寸的位置。

应当注意的是，作图过程中的虚线条在坐标图绘制完成后要擦去。

某混合料用矿料级配范围 表 2-21

筛孔尺寸（mm）	16.0	13.2	9.5	4.75	2.36	1.18	0.6	0.3	0.15	0.075
级配范围（mm）	100	95～100	70～88	48～68	36～53	24～41	18～30	12～22	8～16	4～8
级配中值（mm）	100	98	79	58	45	33	24	17	12	6

2）确定各种集料用量

以图 2-9 为基础，将各种集料的通过百分率级配曲线绘制于图上，结果如图 2-10 所示，然后根据相邻两条级配曲线之间的关系确定各种集料的用量。

由图 2-10 可知，任意两条相邻的集料级配曲线之间的关系只可能是下列三种情况之一。

（1）两相邻级配曲线重叠。在图 2-10 中，集料 A 的级配曲线下部与集料 B 的级配曲线上部搭接。此时，在两级配曲线之间引一根垂线 AA'，使其与集料 A、B 的级配曲线截距相等，即 $a = a'$。垂线 AA'与对角线 OO'交于点 M，通过 M 作一水平线与纵坐标交于 P 点，OP 即为集料 A 的用量。

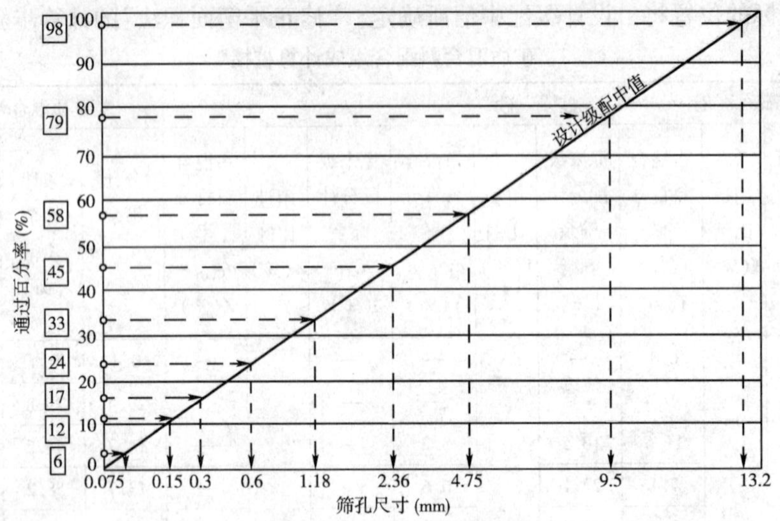

图 2-9　设计级配范围中值曲线

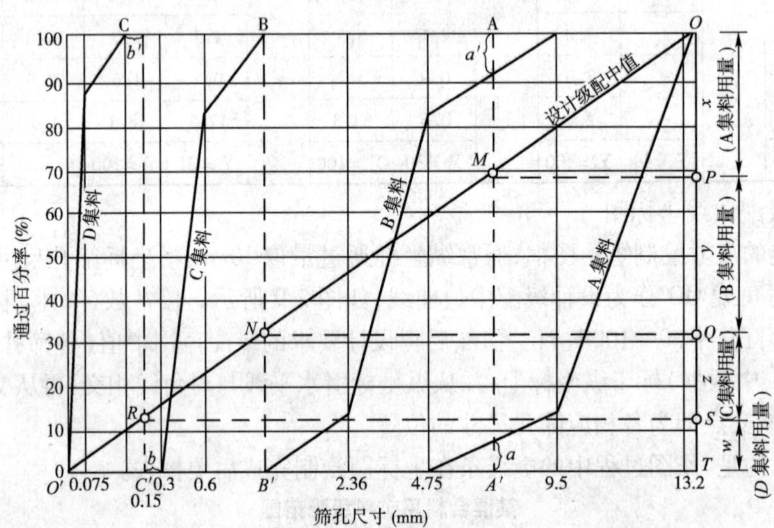

图 2-10　图解法用图

(2)两相邻级配曲线相接。在图 2-10 中,集料 B 的级配曲线末端与集料 C 的级配曲线首端正好在同一垂直线上。对于这种情况仅需将集料 B 的级配曲线末端与集料 C 的级配曲线首端直接相连,得垂线 BB'。BB'与对角线 OO'交于点 N,过点 N 作一水平线与纵坐标交于 Q 点,PQ 即为集料 B 的用量。

(3)两相邻级配曲线相离。在图 2-10 中,集料 C 的级配曲线末端与集料 D 的级配曲线首端在水平方向彼此分离。此时,作一条垂线 CC'平分这段水平距离,使 $b = b'$,垂线 CC'与对角线 OO'交于点 R,通过 R 作一水平线与纵坐标交于 S 点,QS 即为集料 C 的用量。剩余 ST 即为集料 D 的用量。

3)合成级配的计算与校核

与试算法相同,在图解法求解过程中,各种集料用量比例也是根据部分筛孔确定的,所以

需要对矿料的合成级配进行校核,当超出级配范围时,应调整各集料的用量。合成级配的计算与校核方法与试算法相同。

【例 2-5】 现有碎石、石屑、砂和矿粉四种矿料,筛析试验各筛孔通过百分率列于表2-22。《公路沥青路面施工技术规范》(JTG F40—2004)中细粒式沥青混凝土混合料(AC-13)要求的矿质混合料的级配组成见表 2-23,试用图解法设计四种集料的配合比。

矿质集料筛析试验结果 表 2-22

材料名称	筛孔尺寸(mm)与通过百分率(%)									
	16.0	13.2	9.5	4.75	2.36	1.18	0.6	0.3	0.15	0.075
碎石	100	93	17	0	—	—	—	—	—	—
石屑	100	100	100	84	14	8	4	0	—	—
砂	100	100	100	100	92	82	42	21	11	4
矿粉	100	100	100	100	100	100	100	100	96	87

矿质混合料要求的级配范围和中值 表 2-23

级配级成		筛孔尺寸(mm)与通过百分率(%)									
		16.0	13.2	9.5	4.75	2.36	1.18	0.6	0.3	0.15	0.075
细粒式(AC-13)	级配范围	100	90 ~ 100	68 ~ 85	38 ~ 68	24 ~ 50	15 ~ 38	10 ~ 28	7 ~ 20	5 ~ 15	4 ~ 8
	级配中值	100	95	77	53	37	27	19	14	10	6

解:(1)绘制级配曲线图,如图 2-11 所示,从图中可以看出,两相邻级配曲线均为重叠关系。

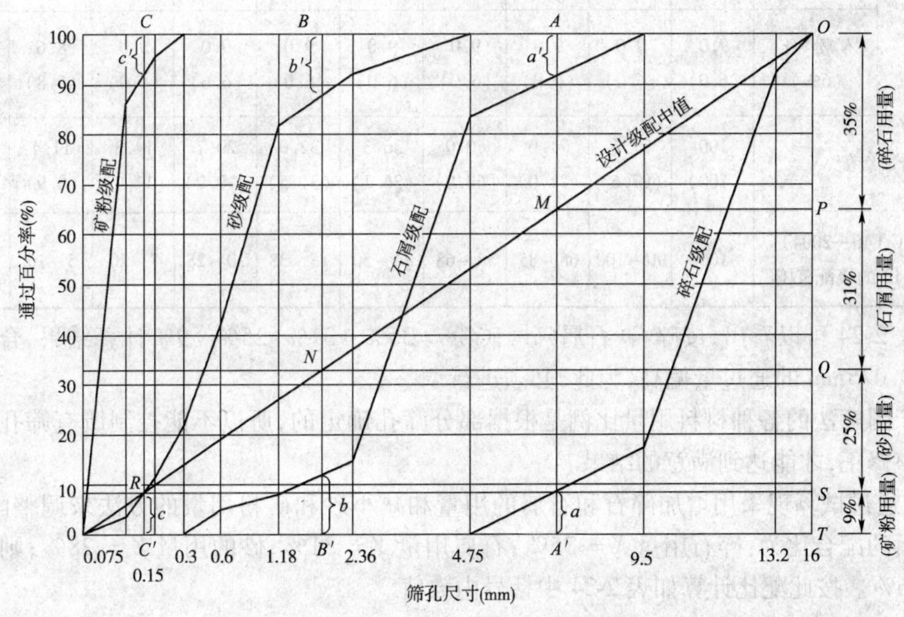

图 2-11 各组成材料和要求混合料级配图

(2)在碎石和石屑级配曲线相重叠部分作一垂线 AA',使垂线截取两级配曲线的纵坐标值相等(即 $a = a'$)。自垂线 AA' 与对角线交点 M 引一水平线,与纵坐标交于 P 点,OP 的长度 $X = 35\%$,即为碎石的用量。

同理,求出石屑的用量 $Y = 31\%$,砂的用量 $Z = 25\%$,则矿粉用量 $W = 9\%$。

(3)根据图解法求得的各集料用量百分率,列表进行校核计算如表 2-24。

矿质混合料组合计算表　　表 2-24

材料名称		筛孔尺寸(mm)与通过百分率(%)									
		16.0	13.2	9.5	4.75	2.36	1.18	0.6	0.3	0.15	0.075
原材料级配	碎石 100%	100	93	17	0						
	石屑 100%	100	100	100	84	14	8	4	0		
	砂 100%	100	100	100	100	92	82	42	21	11	4
	矿粉 100%	100	100	100	100	100	100	100	100	96	87
各种矿料在混合料中的级配	碎石 35% (35%)	35.0 (35.0)	32.6 (32.6)	6.0 (6.0)	0 (0)	—	—	—	—	—	—
	石屑 31% (31%)	31.0 (31.0)	31.0 (31.0)	31.0 (31.0)	26.0 (26.0)	4.3 (4.3)	2.5 (2.5)	1.2 (1.2)	0 (0)	—	—
	砂 25% (28%)	25.0 (28.0)	25.0 (28.0)	25.0 (28.0)	25.0 (28.0)	23.0 (25.8)	20.5 (23.0)	10.5 (11.8)	5.3 (5.9)	2.8 (3.1)	1.0 (1.1)
	矿粉 9% (6%)	9.0 (6.0)	9.0 (6.0)	9.0 (6.0)	9.0 (6.0)	9.0 (6.0)	9.0 (6.0)	9.0 (6.0)	9.0 (6.0)	8.6 (5.8)	7.8 (5.2)
合成级配		100 (100)	97.6 (97.6)	71.0 (71.0)	60.0 (60.0)	36.3 (36.1)	32.0 (31.5)	20.7 (19.0)	14.3 (11.9)	11.4 (8.9)	8.8 (6.3)
规范(JTG F40—2004)要求 AC-13 的级配范围		100	90 ~ 100	68 ~ 85	38 ~ 68	24 ~ 50	15 ~ 38	10 ~ 28	7 ~ 20	5 ~ 15	4 ~ 8

从表 2-24 可以看出,按碎石:石屑:砂:矿粉 =35%:31%:25%:9% 计算结果,合成级配中筛孔 0.075mm 的通过量偏高,为此,必须进行调整。

由于图解法的各种材料用量比例是根据部分筛孔确定的,所以不能控制所有筛孔。通常需要调整修正,才能达到满意的结果。

(4)通过试算现采用增加碎石和石屑的用量和减小砂和矿粉用量的方法来调整配合比。经调整后的配合比为:碎石用量 $X = 35\%$;石屑用量 $Y = 31\%$;砂的用量 $Z = 28\%$;则矿粉用量 $W = 6\%$。按此配比计算如表 2-24 中括号内数值。

(5)将表 2-24 计算得到合成级配通过百分率,绘于规范要求级配曲线中,如图 2-12 所示。从图中可以看出,合成级配曲线完全在规范要求的级配范围之内,并且接近中值,呈一光滑平顺的曲线。确定矿质混合料配合比为碎石:石屑:砂:矿粉 = 35:31:28:6。

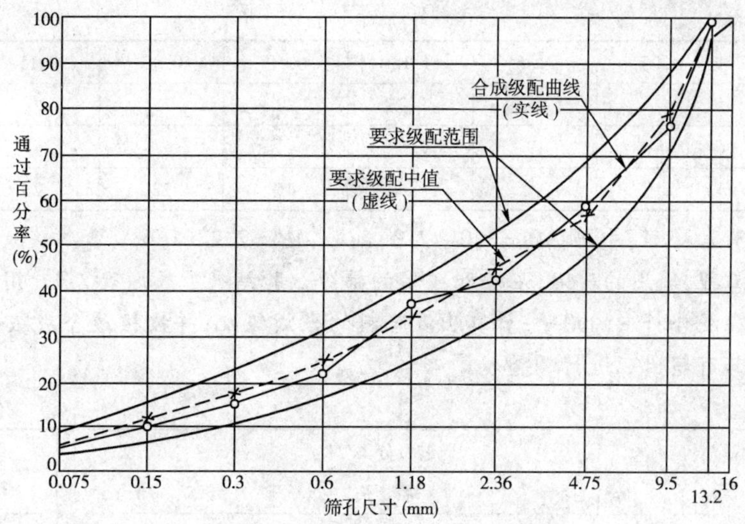

图 2-12 要求级配曲线和合成级配曲线

习 题

1. 石料的主要物理常数与集料的主要物理常数有哪几项？它们之间有何异同？

2. 石料应具备哪些力学性质,采用什么指标来反映这些性质？

3. 什么是集料的堆积密度？什么是松装密度？什么是紧装密度？

4. 压碎值、磨耗值、磨光值及冲击值分别表征粗集料的什么性质,对路面工程有何实用意义？

5. 什么是集料的级配？如何确定集料的级配？用哪几项参数表示集料的级配？

6. 为什么研究集料的级配？连续级配类型与间断级配类型有何差别？

7. 简述最大密度级配范围计算公式的意义。

8. 常用矿质混合料配合比设计方法有几种？简述设计过程的主要步骤。

9. 某路面工程沥青混合料用细集料的筛分试验结果见题表 2-1。试计算该细集料的“分计筛余百分率”、“累计筛余百分率”、“通过百分率”及其细度模数,绘制该细集料的级配曲线图,判断该细集料的级配是否符合设计级配范围的要求。

某细集料的筛分结果 题表 2-1

筛孔尺寸(mm)	9.5	4.75	2.36	1.18	0.6	0.3	0.15	0.075	筛底
筛余质量(g)	0	13	160	100	75	50	39	25	38
设计级配范围(%)	100	90 ~ 100	75 ~ 90	50 ~ 90	30 ~ 60	8 ~ 30	0 ~ 10	0 ~ 5	—

10. 有一份残缺的砂子筛分记录如题表 2-2,根据现有的材料补全并确定砂子的粗细程度。

题表 2-2

筛孔尺寸(mm)	4.75	2.36	1.18	0.60	0.30	0.15	<0.15
分计筛余(%)				20		20	
累计筛余(%)	5	19					
通过百分率(%)				45	22	2	

粗砂:$M_x=3.7\sim3.1$,中砂:$M_x=3.0\sim2.3$,细砂:$M_x=2.2\sim1.6$。

11. 某路面工程,选用的碎石、石屑和矿粉的筛分试验结果见表题表2-3。用试算法确定碎石、石屑和矿粉在混合料中的用量;计算出混合料的合成级配,并校核该合成级配是否在要求的级配范围中,若有超出应进行调整。

题表 2-3

筛孔尺寸(mm)	通过百分率(%)			设计级配范围 通过百分率(%)
	碎 石	石 屑	矿 粉	
26.5	100	100	100	100
19.0	97	100	100	95 ~ 100
16.0	61.5	100	100	75 ~ 90
13.2	34.5	100	100	62 ~ 80
9.5	19.8	93.8	100	52 ~ 72
4.75	4.6	77.9	100	38 ~ 58
2.36	—	58.7	100	28 ~ 46
1.18	—	36.0	100	20 ~ 34
0.6	—	23.0	97	15 ~ 27
0.3	—	11.0	94	10 ~ 20
0.15	—	—	92	6 ~ 14
0.075	—	—	70.5	4 ~ 8
<0.075	—	—	—	—

12. 设计资料同11题,试用图解法确定矿质混合料的配合比。

第三章
水泥混凝土与建筑砂浆

教学要点

1. 水泥混凝土、建筑砂浆的定义、分类、特点及用途；
2. 水泥、矿质集料、水及钢筋的技术性质指标；
3. 普通水泥混凝土的技术性质指标；
4. 建筑砂浆的技术性质指标；
5. 操作水泥、水泥混凝土技术性质常规试验仪器；
6. 进行水泥混凝土的配合比设计。

•第一节　概　　述•

一、水泥混凝土

由水泥、集料、水和外加剂按一定比例拌和而成的混合料称为水泥混凝土混合料或新拌混凝土；水泥混凝土混合料经浇注、振捣、硬化后形成的强度符合要求的固体材料称为水泥混凝土。水泥混凝土因其具有施工方便、性能可根据需要设计调整、抗压强度高、耐久性好、与钢筋等材料的协调性好等优点，被广泛应用于土木建筑工程中。在现代道路与桥梁工程中，钢筋混凝土桥是最主要的一种桥型，水泥混凝土路面也是一种常用的路面结构。

水泥混凝土是以水泥和水组成的水泥浆体为黏结介质，将分散其间的不同粒径的粗、细集料胶结起来，在一定的条件下，硬化成为具有一定力学性能的一种人工石材。

水泥混凝土可按其组成、特性和功能等从不同角度进行分类。

1. 按表观密度分类

(1)普通混凝土。一般干表观密度约为 2 400kg/m^3(通常波动在 2 350 ~ 2 500kg/m^3 范围)，主要以天然砂、碎石或卵石和水泥等配制而成，是道路路面和桥梁结构中最常用的混凝土。

(2)轻混凝土。通常干表观密度可以轻达 1 900kg/m^3。现代大跨径钢筋混凝土桥梁为减轻结构自重，往往采用各种轻集料配制成轻集料结构混凝土，达到轻质高强，以增大桥梁的跨度。

(3)重混凝土。干表观密度可达 3 200kg/m^3,常由重晶石和铁矿石等高密度材料配制而成,是为了屏蔽各种射线的辐射而配制的混凝土。

2. 按抗压强度分类

(1)低强度混凝土。抗压强度小于 30MPa。

(2)中强度混凝土。抗压强度为 30 ~60MPa。

(3)高强度混凝土。抗压强度大于 60MPa。

3. 按使用功能和特性分类

水泥混凝土按使用功能和特性可分为结构混凝土、道路混凝土、防水混凝土、泵送混凝土、补偿收缩混凝土、纤维混凝土、聚合物混凝土、碾压混凝土、生态混凝土等。

二、建筑砂浆

由无机胶结材料(水泥、石灰、石膏等)、砂和水按一定比例拌和而成的混合料称为砂浆。在道路、桥梁和隧道工程中,建筑砂浆是一种用量大、用途广的工程材料,主要用于桥涵、挡土墙和隧道衬砌等砌体的砌筑(起黏结、衬垫和传递应力作用)及砌体表面的抹面。合理地选择和使用建筑砂浆,对保证工程质量、降低工程成本有着重要意义。

建筑砂浆可按胶凝材料、用途对其进行分类。

按胶结材料不同可分为水泥砂浆、石灰砂浆、水泥石灰混合砂浆等。

按用途不同可分为砌筑砂浆、抹面砂浆、保温砂浆、吸声砂浆等。

●第二节　水泥的技术性质与检验●

一、硅酸盐水泥的技术要求

工程上对硅酸盐水泥的技术性质评价主要有以下几个方面:

1. 水泥细度

细度是描述水泥颗粒粗细程度的参数。细度越细,颗粒粒径越小,比表面积增加,水泥与水的反应接触面积增加,水化反应速度越快,水泥水化程度越高,强度发展越快。但水泥越细,需水量越高,收缩越大;早期水化越快,水化放热速度越快,对大体积混凝土生产不利;水泥细度增加,能耗增加。所以说水泥细度对水泥的凝结时间、强度、需水量和安定性有较大影响,是鉴定水泥品质的主要项目之一。

《公路工程水泥及水泥混凝土试验规程》(JTG E30—2005)规定,用规定筛网上所得筛余物的质量占试样原始质量的百分数或用比表面积来表示水泥样品的细度。水泥的细度的检验方法分为 80μm(180 目)筛筛析法和勃氏法(透气式比表面积仪)测定水泥比表面积。80μm 筛筛析法和勃氏法均适用于测定六大常用品种水泥的细度。

筛析法又可分为负压筛法和水筛法两种,当结果有争议时以负压筛试验结果为准。国家标准规定:普通硅酸盐水泥、矿渣硅酸盐水泥、火山灰硅酸盐水泥、粉煤灰硅酸盐水泥和复合硅酸盐水泥在 80μm 方孔筛上的筛余不得超过 10%。

水泥的比表面积是指单位质量的水泥粉末所具有的总面积,用 m^2/ kg 表示。勃氏法的基

本原理是根据一定量的空气通过具有一定空隙率和固定厚度的水泥层时,所受阻力不同而引起流速的变化来测定水泥的比表面积。国家标准规定:硅酸盐水泥的比表面积大于300m^2/kg。

2. 标准稠度用水量

在测定水泥凝结时间和安定性时,为使测试结果具有可比性,测试该两项水泥性质指标时必须采用标准稠度的水泥净浆。标准稠度用水量是指水泥净浆达到规定稠度时的加水量,以占水泥质量的百分率表示,简称稠度。也就是用于测定水泥凝结时间和安定性的用水量。

《公路工程水泥及水泥混凝土试验规程》(JTG E30—2005)规定,水泥净浆稠度采用标准法维卡仪测定,以规定质量(滑动部分的总质量为300g)、规定直径(10mm)和长度(50mm)的圆柱形标准稠度试杆沉入净浆并距底板6 ±1mm时的水泥净浆为标准稠度净浆,其拌和用水量为该水泥的标准稠度用水量。标准稠度用水量需通过多次重复拌制水泥净浆试验才能确定。

水泥标准稠度用水量也可采用代用法(试锥法)测定。代用法测定又分为调整水量法和不变水量法两种。调整水量法在500g水泥试样中的拌和水用量根据经验确定;不变水量法在500g水泥试样中的拌和水用量为142.5mL。以调整水量法测定时,将水泥净浆装入锥形试模中刮平,以规定质量和形状的试锥停止下沉或释放30s自由沉入水泥净浆深度为28 ±2mm时的净浆稠度为标准稠度。其拌和用水量为该水泥的标准稠度用水量。

3. 凝结时间

拌制水泥净浆,从加水开始到水泥浆失去可塑性所需时间称为水泥的凝结时间。凝结时间又分为初凝时间和终凝时间,用“min”表示。水泥的凝结时间在施工中具有重要意义。若初凝时间太短,会影响混凝土的搅拌、运输和浇筑;若终凝时间太长,则对混凝土早期强度的发展、施工进度、模板周转等不利。因此,水泥的初凝时间不宜过短,而终凝时间不宜过长。水泥的凝结时间与其矿物组成、细度、水泥浆稠度等有关,也与环境的温度、湿度等有关。

《公路工程水泥及水泥混凝土试验规程》(JTG E30—2005)规定,水泥凝结时间采用维卡仪测定。初凝时间用规定质量(滑动部分的总质量为300g)、规定直径(1.13mm)和长度(50mm)的圆柱体试针,从加水时起至试针沉入净浆中,当试针距底板4 ±1mm时所经历的时间为初凝时间;终凝时间用规定质量(滑动部分的总质量为300g)、规定直径(1.13mm)和长度(30mm)的圆柱体试针,从加水时起至试针沉入试样0.5mm时,即环形附件开始不能在试件上留下痕迹时所经历的时间为终凝时间。

国家标准规定:六大常用水泥的初凝时间均不得早于45min;硅酸盐水泥的终凝时间不得迟于6.5h,其他五类水泥的终凝时间不得迟于10h。由于拌和水泥浆时的用水量多少对凝结时间有影响,因此,测试水泥凝结时间时必须采用标准稠度。

4. 体积安定性

水泥的体积安定性是指水泥在凝结硬化过程中,体积变化的均匀性。如果水泥硬化后产生不均匀的体积变化,会使水泥混凝土构造物产生膨胀性裂缝,降低工程质量,甚至引起严重事故,即体积安定性不良。引起水泥体积安定性不良的原因主要是由于水泥熟料矿物组成中含有过多游离氧化钙(f-CaO)、游离氧化镁(f-MgO),或者水泥粉磨时石膏掺量过多。f-CaO和f-MgO是在高温下生成的,处于过烧状态,水化很慢,它们在水泥凝结硬化后还在慢慢水化并产生体积膨胀,从而导致硬化水泥石开裂,而过量的石膏会与已固化的水化铝酸钙作用,生成水化硫铝酸钙,产生体积膨胀,造成硬化水泥石开裂。

《公路工程水泥及水泥混凝土试验规程》(JTG E30—2005)规定,水泥体积安定性测定的标准方法为雷氏夹法,也可采用代用法,即试饼法。

雷氏夹法试验是将标准稠度的水泥净浆按规定的方法装入雷氏夹的环形试模中,再将装入试样的雷氏夹在湿气中养护24h后,测量雷氏夹指针尖端间的距离A,然后将装入试样的雷氏夹放入沸煮箱中,30min内加热至水沸腾,恒沸3h取出,待试样冷却后测量雷氏夹指针尖端间的距离C(水泥沸煮硬化后膨胀)。当两个试件煮后增加距离(C－A)的平均值不大于5mm时,认为水泥的安定性合格。

试饼法是将标准稠度的水泥净浆在玻璃板上做成直径70～80mm、中心厚约10mm、边缘渐薄、表面光滑的试饼,在湿气中养护24h后,将试样脱去玻璃板放入沸煮箱中,30min内加热至水沸腾,恒沸3h取出,待试样冷却后,若用肉眼观察未发现裂纹,用直尺检查没有弯曲现象,则称为安定性合格。

当试饼法和雷氏夹法两者结论有矛盾时,以雷氏夹法为准。

由于氧化镁和石膏所导致的体积安定性不良不便于快速检验,因此,通常在水泥生产中要严格控制氧化镁和石膏的含量。国家标准规定:水泥中游离氧化镁含量不得超过5.0%,矿渣水泥中三氧化硫含量不得超过4.0%,其他水泥中三氧化硫含量不得超过3.5%。

5. 强度及强度等级

水泥强度是选用水泥时的主要技术指标,也是划分水泥强度等级(标号)的依据。水泥强度主要评价水泥胶砂时的抗压强度和抗折强度。

《公路工程水泥及水泥混凝土试验规程》(JTG E30—2005)规定,水泥胶砂强度的标准检验方法为ISO法。该法是将水泥和ISO标准砂(厦门产的级配砂)按1∶3的质量比混合,水灰比(水与水泥的质量比)为0.5,按规定方法同时制成40mm×40mm×160mm的棱形试件3条,带试模在湿气中养护24h后,再脱模将试件放在标准温度(20±1℃)的水中养护,分别测定3d和28d抗折强度和抗压强度。根据测定结果可确定该水泥的强度等级。

国家标准规定:硅酸盐水泥分为42.5、42.5R、52.5、52.5R、62.5、62.5R六个强度等级;其他五种水泥分为32.5、32.5R、42.5、42.5R、52.5、52.5R六个强度等级。其中有代号R者为早强型水泥。各强度等级的六大常用水泥的3d、28d强度均不得低于表3-1中的规定值。

6. 碱含量

碱含量是指水泥中Na_2O和K_2O的含量。若水泥中碱含量过高,遇到有活性的集料,易产生碱-集料反应,造成工程危害。

国家标准规定:水泥中碱含量按($Na_2O+0.658K_2O$)计算值来表示。若使用活性集料,用户要求提供低碱水泥时,水泥中碱含量不得大于0.60%或由供需双方商定。

对于表3-1中的技术质量要求,国家标准规定:凡氧化镁含量、三氧化硫含量、安定性、初凝时间中任一项不符合标准规定时,均为废品,严禁用于工程。其他要求中任一项不符合标准规定时,则为不合格品。

二、影响常用水泥性能的因素

常用水泥包括硅酸盐水泥、普通硅酸盐水泥、矿渣硅酸盐水泥、火山灰硅酸盐水泥、粉煤灰硅酸盐水泥、道路硅酸盐水泥等。

1. 水泥组成成分的影响

水泥的组成成分及各成分的比例是影响水泥性能的最主要因素。一般来讲，水泥中增加混合材料含量、减少熟料含量，将使水泥的抗侵蚀性提高，水化热降低，早期强度降低；水泥中提高 C_3S、C_3A 的含量，将使水泥的凝结硬化加快，早期强度高，同时水化热也大。

2. 水泥细度的影响

水泥颗粒越细，总比表面积越大，与水的接触面积就越大，因此水化迅速，凝结硬化也相应增快，早期强度也高。但水泥颗粒过细，会增加磨细的能耗和提高成本，且不宜久存，过细水泥硬化时还会产生较大的收缩。

3. 养护条件（温度、湿度）的影响

水泥是水硬性胶凝材料，所以其水化、凝结硬化过程中必须有足够的水分，养护期间注意保持潮湿状态，有利其早期强度的发展，若缺少水分，不仅会导致水泥水化的停止，甚至还会产生裂缝。通常，养护时温度升高，水泥的水化加快，早期强度发展也快。若在较低温度下硬化，虽然强度发展较慢，但仍可获得较高的最终强度。不过在0℃以下，水结成冰后，水泥的水化将停止。

4. 龄期的影响

水泥的强度是随龄期增长而增加的，一般28d内的强度发展较快，28d后强度增长显著减慢。水泥强度增加是因为随时间延续，水泥的水化程度在不断增大，凝胶物在不断增多和凝结硬化的缘故。

5. 拌和用水量的影响

水泥用量不变的情况下，增加拌和用水量，会增加硬化水泥石中的毛细孔，使之强度下降。另外，增加拌和用水量，会增加水泥的凝结时间。

6. 储存条件的影响

储存不当，会使水泥受潮，颗粒表面发生水化而结块，严重降低强度。即使有良好的储存条件，在空气中的水分和 CO_2 的作用下，也会发生缓慢水化和碳化。经三个月，强度约降低10%～20%，六个月降低15%～30%，一年后将降低25%～40%，所以水泥的有效储存期为三个月，不宜久存。

三、水泥品种的选择

配制桥涵等构造物用水泥混凝土一般可采用硅酸盐水泥、普通硅酸盐水泥、矿渣硅酸盐水泥、火山灰硅酸盐水泥和粉煤灰硅酸盐水泥，必要时也可采用快硬硅酸盐水泥或其他水泥。配制路面用水泥混凝土一般采用道路硅酸盐水泥、硅酸盐水泥。水泥的性能必须符合现行国家有关标准的规定。

可根据混凝土工程特点和所处的环境条件、施工气候和条件等因素，参照表3-2选用水泥品种。

常用水泥技术性质标准 表 3-1

项目		硅酸盐水泥 P·I 不掺混合材料	硅酸盐水泥 P·Ⅱ 掺混合材料≤5%	普通硅酸盐水泥		矿渣硅酸盐水泥、火山灰硅酸盐水泥、粉煤灰硅酸盐水泥		复合硅酸盐水泥	
细度		比表面积 >300m^2/kg		80μm 方孔筛筛余量≤10%					
凝结时间	初凝	≥45min							
	终凝	≤6.5h		≤10h					
体积安定性	安定性	沸煮法必须合格(若试饼法和雷氏夹法两者有争议,以雷氏夹法为准)							
	MgO	含量≤5.0%							
	SO_3	含量≤3.5%(矿渣水泥中含量≤4.0%)							
强度等级	龄期	抗压强度(MPa)	抗折强度(MPa)	抗压强度(MPa)	抗折强度(MPa)	抗压强度(MPa)	抗折强度(MPa)	抗压强度(MPa)	抗折强度(MPa)
32.5	3d	—	—	11.0	2.5	10.0	2.5	11.0	2.5
	28d			32.5	5.5	32.5	5.5	32.5	5.5
32.5R	3d	—	—	16.0	3.5	15.0	3.5	16.0	3.5
	28d			32.5	5.5	32.5	5.5	32.5	5.5
42.5	3d	17.0	3.5	16.0	3.5	15.0	3.5	16.0	3.5
	28d	42.5	6.5	42.5	6.5	42.5	6.5	42.5	6.5
42.5R	3d	22.0	4.0	21.0	4.0	19.0	4.0	21.0	4.0
	28d	42.5	6.5	42.5	6.5	42.5	6.5	42.5	6.5
52.5	3d	23.0	4.0	22.0	4.0	21.0	4.0	22.0	4.0
	28d	52.5	7.0	52.5	7.0	52.5	7.0	52.5	7.0
52.5R	3d	27.0	5.0	26.0	5.0	23.0	4.5	26.0	5.0
	28d	52.5	7.0	52.5	7.0	52.5	7.0	52.5	7.0
62.5	3d	28.0	5.0	—	—	—	—	—	—
	28d	62.5	8.0						
62.5R	3d	32.0	5.5	—	—	—	—	—	—
	28d	62.5	8.0						
碱含量		用户要求低碱水泥时,按 $Na_2O+0.658K_2O$ 计算的碱含量不得大于0.60%,或由供需双方商定							

混凝土工程中常用水泥品种选用参考表　　表 3-2

项次	混凝土结构环境条件或特殊要求	优先使用	可以使用	不得使用
1	地面以上不接触水流的普通环境中	硅酸盐水泥、普通水泥	矿渣水泥、火山灰水泥、粉煤灰水泥	
2	干燥环境中	硅酸盐水泥、普通水泥	矿渣水泥	火山灰水泥、粉煤灰水泥
3	受水流冲刷或冰冻	硅酸盐水泥、普通水泥	矿渣水泥	火山灰水泥、粉煤灰水泥
4	处于河床最低冲刷线以下	矿渣水泥、火山灰水泥、粉煤灰水泥	硅酸盐水泥、普通水泥	
5	严寒地区露天或寒冷地区水位升降范围内	硅酸盐水泥、普通水泥	矿渣水泥（强度等级 >32.5）	火山灰水泥、粉煤灰水泥
6	严寒地区水位升降范围内	硅酸盐水泥、普通水泥（强度等级 >42.5）		矿渣水泥、火山灰水泥、粉煤灰水泥
7	厚大体积结构施工时要求水化热低	矿渣水泥、粉煤灰水泥	普通水泥、火山灰水泥	硅酸盐水泥、快硬水泥
8	要求快速脱模	硅酸盐水泥、快硬水泥	普通水泥	
9	低温环境施工要求早强	硅酸盐水泥、快硬水泥	普通水泥	
10	蒸汽养护	矿渣水泥、火山灰水泥、粉煤灰水泥	硅酸盐水泥、普通水泥	
11	要求抗渗	普通水泥、火山灰水泥、粉煤灰水泥	硅酸盐水泥	矿渣水泥
12	要求耐磨	硅酸盐水泥、普通水泥	矿渣水泥（强度等级 >42.5）、快硬水泥	火山灰水泥、粉煤灰水泥
13	接触侵蚀性环境中	根据侵蚀介质种类、浓度等具体条件，按有关规定或通过试验选用		

四、强度等级的选择

水泥的强度等级应与要求配制的水泥混凝土强度等级相适应。如用高强度等级水泥配制低强度等级水泥混凝土，会使水泥用量偏小，影响其工作性能和密实性；如用低强度等级水泥配制高强度等级水泥混凝土,则会使水泥用量过大,不经济,且会影响水泥混凝土其他技术性质,如造成收缩率增大等。经验表明,一般以水泥强度等级(以 MPa 为单位)为水泥混凝土强度等级的1.1~1.6倍为宜;配制强度等级较高的水泥混凝土时,以水泥强度等级为水泥混凝土强度等级的0.7~1.2倍为宜。但是,随着水泥混凝土要求的强度等级不断提高,高强水泥混凝土配制时一般并不受此比例的约束。

水泥混凝土路面用水泥强度等级的选择,应根据路面交通等级所要求的设计抗弯拉强度、抗压强度参照表3-3确定。水泥供应条件允许时,应优先选用早强型水泥,以缩短养护时间。

各交通等级路面水泥各龄期的抗压强度、抗折强度 表3-3

交通等级	特重		重		中、轻	
龄期(d)	3	28	3	28	3	28
抗压强度(MPa)	25.5	≥57.5	≥22.0	≥52.5	≥16.0	≥42.5
抗折强度(MPa)	4.5	≥7.5	≥4.0	≥7.0	≥3.5	≥6.5

五、本节实验

1. 水泥细度检验(负压筛法)

1)目的及适用范围

(1)本方法规定用80μm筛检验水泥细度的测试方法。

(2)本方法适用于硅酸盐水泥、普通硅酸盐水泥、矿渣硅酸盐水泥、粉煤灰硅酸盐水泥、火山灰硅酸盐水泥、复合硅酸盐水泥、道路硅酸盐水泥及指定采用本方法的其他品种水泥。

2)仪器设备

(1)负压筛。负压筛由圆形筛框和筛网组成,应附有透明筛盖,筛盖与筛上口应有良好的密封性。筛网应紧绷在筛框上,筛网和筛框接触处,应用防水胶密封,防止水泥嵌入。如图3-1所示。

(2)负压筛析仪。负压筛析仪由筛座、负压筛、负压源及收尘器组成,其中筛座由转速为30±2r/min的喷气嘴、负压表、控制板、微电机及壳体等部分构成。负压源由功率≥600W的工业吸尘器和小型旋风收尘筒或由其他具有相当功能的设备组成。筛座尺寸如图3-2所示。

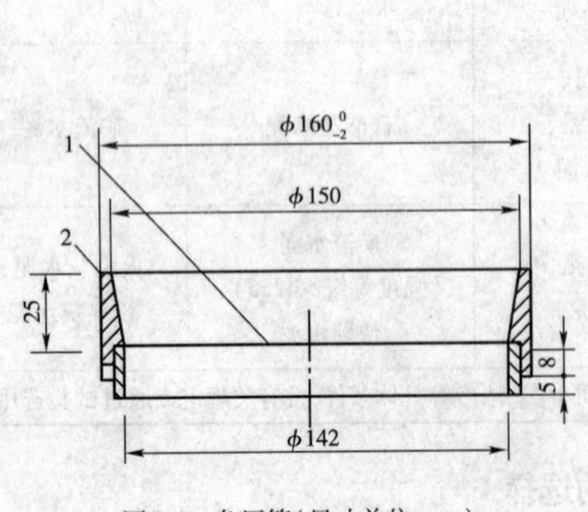

图3-1 负压筛(尺寸单位:mm)

1-筛网;2-筛框

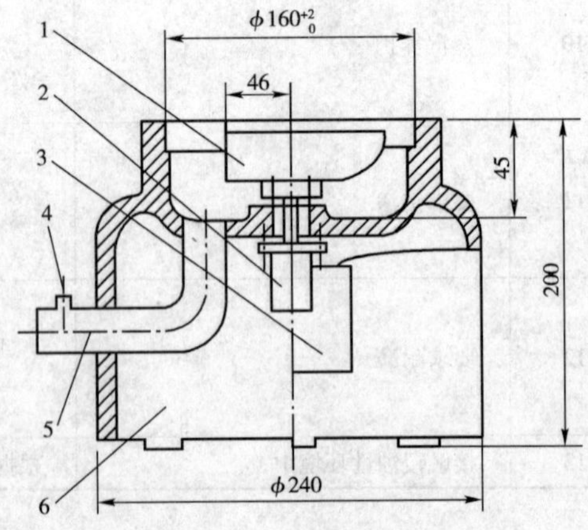

图3-2 筛座(尺寸单位:mm)

1-喷气嘴;2-微电机;3-控制板开口;4-负压表接口;5-负压源及收尘器接口;6-壳体

(3)天平。最大称量为100g,感量不大于0.05g。

3)试验步骤

(1)水泥样品应充分拌匀,通过0.9mm方孔筛,记录筛余物情况,要防止过筛时混进其他水泥。

(2)筛析试验前,应把负压筛放在筛座上,盖上筛盖,接通电源,检查控制系统,调节负压至4 000 ~6 000Pa范围内。

(3)称取试样25g,置于洁净的负压筛中,放在筛座上,盖上筛盖,开动筛析仪连续筛析2min,在此期间如有试样附着在筛盖上,可轻轻地敲击,使试样落下。筛毕,用天平称取筛余物。

(4)当工作负压小于4 000Pa时,应清理吸尘器内水泥,使负压恢复正常。

4)结果计算

水泥试样筛余百分数 F 按式(3-1)计算:

$$F=\frac{R_s}{m}\times 100 \tag{3-1}$$

式中:F——水泥试样的筛余百分数,%;

R_s——水泥筛余物的质量,g;

m——水泥试样的质量,g。

计算结果精确至0.1%。合格评定时,每个样品应称取两个试样分别筛析,取筛余平均值为筛析结果。若两次筛余结果绝对误差大于0.5%时(筛余值大于5. 0 %时可放至1.0%),应再做一次试验,取两次相近结果的算术平均值作为最终结果。

5)试验报告

记录格式见表3-4。

水泥细度测定记录表(负压筛法) 表3-4

试样名称		材料规格、产地		
试验次数	筛析用试样质量 m(g)	80μm筛上筛余物质量 R_s(g)	筛余百分数 F(%)	筛析结果(%)
①	②	③	④=③/②	⑤
备注				

试验者______ 计算者______ 校核者______ 试验日期______

2. 水泥标准稠度用水量(标准法)、凝结时间检验

1)目的及适用范围

本方法用于确定水泥标准稠度用水量、检验水泥的凝结时间。

本方法适用于硅酸盐水泥、普通硅酸盐水泥、矿渣硅酸盐水泥、粉煤灰硅酸盐水泥、火山灰硅酸盐水泥、复合硅酸盐水泥、道路硅酸盐水泥及指定采用本方法的其他品种水泥。

2)仪器设备

(1)标准法维卡仪:如图3-3所示,标准稠度测定用试杆(图3-3c)有效长度为50±1mm,

由直径为 $\phi10 \pm 0.05$mm 圆柱形耐腐蚀金属制成。测定凝结时间时取下试杆换成试针。

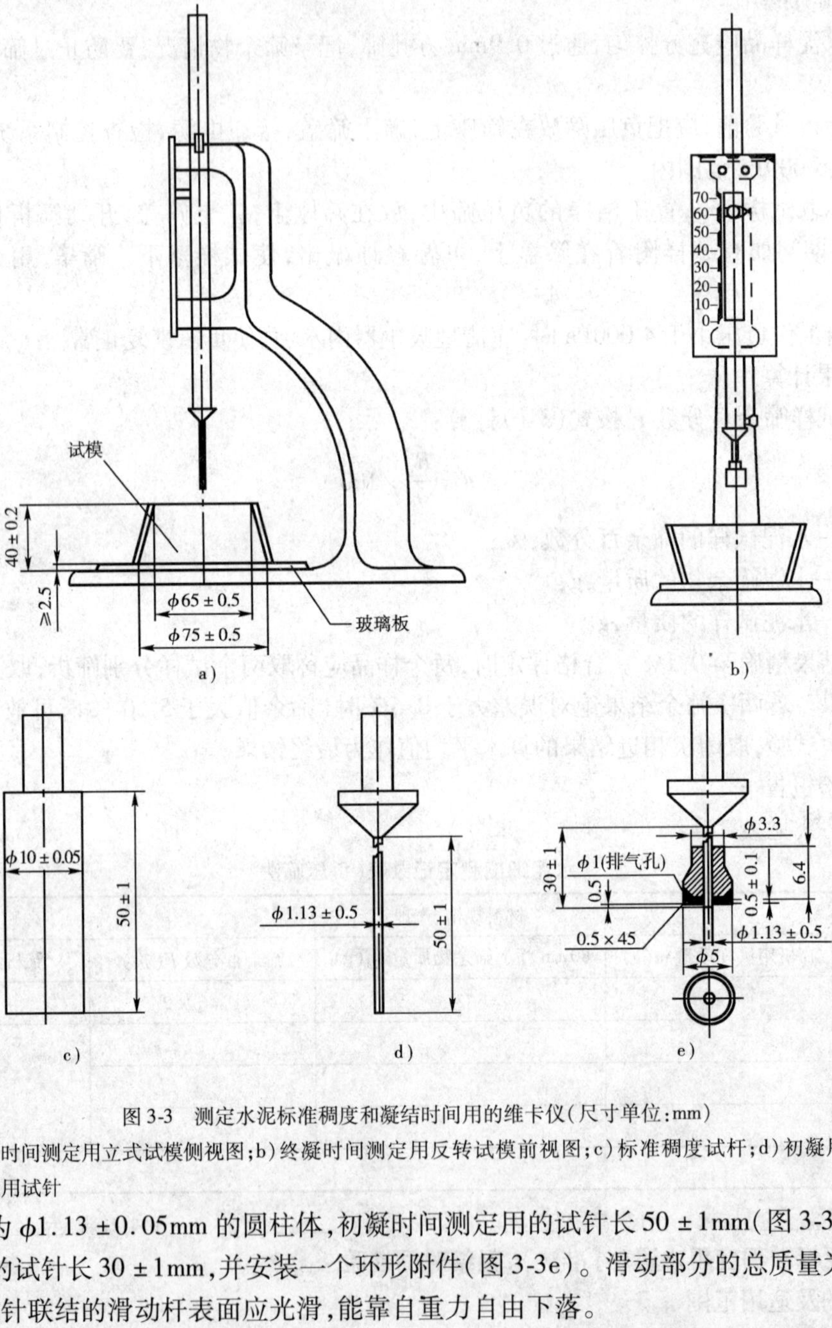

图 3-3　测定水泥标准稠度和凝结时间用的维卡仪（尺寸单位：mm）

a）初凝时间测定用立式试模侧视图；b）终凝时间测定用反转试模前视图；c）标准稠度试杆；d）初凝用试针；e）终凝用试针

试针为 $\phi1.13 \pm 0.05$mm 的圆柱体，初凝时间测定用的试针长 50 ± 1mm（图 3-3d），终凝时间测定用的试针长 30 ± 1mm，并安装一个环形附件（图 3-3e）。滑动部分的总质量为 300 ± 1g，与试杆、试针联结的滑动杆表面应光滑，能靠自重力自由下落。

盛装水泥净浆的试模（图 3-3a）应由耐腐蚀的、有足够硬度的金属制成。试模为深 40 ± 0.2mm、顶内径 $\phi65 \pm 0.5$mm、底内径 $\phi75 \pm 0.5$mm 的截顶圆锥体。每只试模应配备一个大于试模、厚度≥2.5mm 的平板玻璃底板。

（2）水泥净浆搅拌机。

（3）天平：量程 1 000g，感量 1g。

(4)量水器:分度值为0.1mL,精度1%。

(5)秒表:分度值1s;

(6)湿气养护箱:应能使温度控制在20±1℃,相对湿度大于90%。

(7)其他:小刀、玻璃板等。

3)水泥标准稠度用水量测定(标准法)

(1)仪器的校核和调整。检查维卡仪的金属棒能否自由滑动,试杆接触玻璃板时将指针对准标尺零点,检查水泥净浆搅拌机是否运行正常。

(2)水泥净浆拌制。用水泥净浆搅拌机搅拌,搅拌锅和搅拌叶片先用湿布擦过,将拌和水倒入搅拌锅内;然后在5~10s内小心将称好的500g水泥加入水中,防止水和水泥溅出;拌和时,先将锅放在搅拌机的锅座上,升至搅拌位置,启动搅拌机,低速搅拌120s,停15s,同进将叶片和锅壁上的水泥浆刮入锅中间,接着高速搅拌120s停机。

(3)标准稠度用水量测定步骤:

①拌和结束后,立即将拌制好的水泥净浆装入已置于玻璃底板上的试模中,用小刀插捣,轻轻振动数次,刮去多余的净浆。

②抹平后迅速将试模和底板移到维卡仪上,并将其中心定在试杆下,降低试杆直至与水泥净浆表面接触,拧紧螺钉1~2s后,突然放松,使试杆垂直自由沉入水泥净浆中;在试杆停止沉入或释放试杆30s时,记录试杆距底板之间的距离,升起试杆后,立即擦净。

③整个操作应在搅拌后1.5min内完成,以试杆沉入净浆并距底板6±1mm的水泥净浆为标准稠度净浆,其拌和水量为该水泥的标准稠度用水量P,按水泥质量的百分比计。

④当试杆距底板小于5mm时,应适当减水,重复水泥净浆拌制和上述过程;当试杆距底板大于7mm时,应适当加水,重复水泥净浆拌制和上述过程。

4)水泥凝结时间测定

(1)仪器的校核和调整。检查维卡仪的金属棒能否自由滑动,调整凝结时间的试针接触玻璃板,使指针对准标尺零点。

(2)水泥净浆试件制备。以标准稠度用水量按上述方法制成标准稠度净浆,记录水泥全部加入水中的时间作为凝结时间的起始时间;将试模置于玻璃底板上,立即将拌制好的水泥净浆装入试模中,用小刀插捣,轻轻振动数次,刮去多余的净浆,迅速放入湿气养护箱中。

(3)初凝时间测定步骤:

①记录水泥全部加入水中至初凝状态的时间作为水泥的初凝时间,以“min”计。

②试件在湿气养护箱中养护至加水后30min时进行第一次测定。测定时,从湿气养护箱中取出试模,将试模和底板移到维卡仪上,并将其中心定在试针下,降低试针直至与水泥净浆表面接触,拧紧螺钉1~2s后,突然放松,使试针垂直自由沉入水泥净浆中;观察试针停止沉入或释放试针30s时指针的读数。

③临近初凝时,每隔5min测定一次,当试针沉至底板4±1mm时,为水泥达到初凝状态。

④达到初凝时应立即重复一次,当两次结论相同时才能定为达到初凝状态。

(4)终凝时间测定步骤:

①记录水泥全部加入水中至终凝状态的时间作为水泥的终凝时间,以“min”计。

②为了准确观察试针沉入的状况,在终凝试针上安装了一个环形附件。在完成初凝时间

测定后，立即将试模连同浆体以平移的方式从玻璃底板下翻转180°，直径大端向上、小端向下放在玻璃底板上，再放入湿气养护箱中继续养护。

③临近终凝时，每隔15min测定一次，当试针沉入试件0.5mm时，即环形附件开始不能在试件上留下痕迹时，为水泥达到终凝状态。

④达到终凝时应立即重复一次，当两次结论相同时才能定为达到终凝状态。

5）检验注意事项

（1）在最初测定的操作时应轻轻扶持金属柱，使其徐徐下降，以防止试针撞弯，但结果以自由下落为准。

（2）在整个测试过程中试针沉入的位置至少要距试模内壁10mm，每次测定不能让试针落入原孔。

（3）每次测试完毕须将试针擦净，并将试模放回湿气养护箱中，整个测试过程要防止试模振动。

6）计算结果

记录表如表3-5。

水泥标准稠度用水量记录表（标准法）　　表3-5

试样名称				材料规格、产地		
试验次数	标准稠度用水量测定			凝结时间测定		
	加水量（mL）	试杆下沉深度（mm）	标准稠度用水量 P（%）	初凝时间（min）	终凝时间（min）	备注

试验者＿＿＿＿　　计算者＿＿＿＿　　校核者＿＿＿＿　　试验日期＿＿＿＿

3. 水泥胶砂强度检验（ISO法）

1）目的及适用范围

本方法用于测定水泥胶砂的抗折强度和抗压强度，从而确定水泥的强度等级。

本方法适用于硅酸盐水泥、普通硅酸盐水泥、矿渣硅酸盐水泥、粉煤灰硅酸盐水泥、复合硅酸盐水泥、道路硅酸盐水泥及石灰石硅酸盐水泥的抗折强度和抗压强度检验。

2）仪器设备

（1）水泥胶砂搅拌机。由胶砂搅拌锅和搅拌叶片及相应的机构组成，属行星式搅拌机。如图3-4所示。

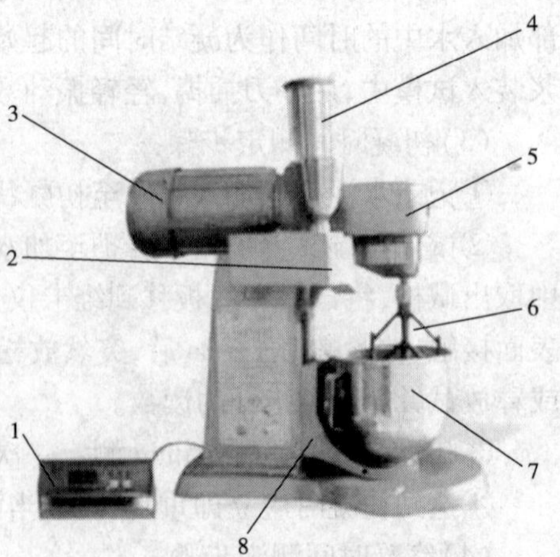

图3-4　水泥胶砂搅拌机

1-控制器；2-加砂漏斗；3-电机；4-标准砂容器；5-减速器；6-搅拌叶片；7-搅拌锅；8-升降底座

（2）振实台。胶砂试件成型振实台如图3-5所示，由可以跳动的台盘和使其跳动的凸轮等组成。台盘上有固定试模用的卡具，并连有两根起稳定作用的臂，凸轮由电机带动，通过控制器控制按一定的要求转动并保证使台盘平衡上升至一定高度后自由下落，其中心恰好与止动器撞击。振实台应安装在高度约400mm的混凝土基座上。

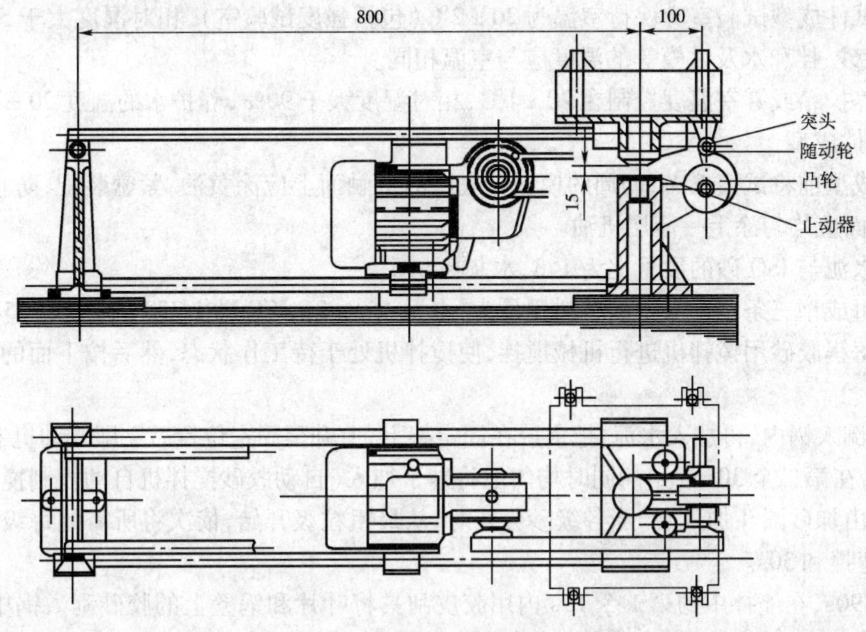

图3-5　典型的振实台(尺寸单位:mm)

(3)试模与下料斗。试模为可装卸的三联模，由隔板、端板、底座等部分组成。可同时成型三条截面为40mm×40mm×160mm的棱形试件。下料斗由漏斗和模套两部分组成，下料口宽度一般为4～5mm。金属模套高20mm，当从上往下看时，模套壁与模型内壁应该重叠，超出内壁不应大于1mm。

(4)抗折强度试验机。一般采用双杠杆式，也可采用性能符合要求的其他试验机。抗折夹具应符合要求。

(5)抗压强度试验机。抗压强度试验机的最大荷载以200～300kN为宜，荷载应满足±1.0%的精度要求，并能按2 400±200N/s的速率加荷。

(6)抗压强度试验机用夹具。由硬质钢材制成，上、下压板长度为40±0.1mm，受压面积为40mm×40mm。夹具要保持清洁，球座应能转动，上压板从一开始就能适应试件的形状并在试验中保持不变。

(7)刮平直尺和播料器。控制料层厚度和刮平胶砂的专用工具。

(8)其他。试验筛、天平、量筒、滴管等。

3. 试验步骤

1)材料准备

(1)ISO标准砂。符合国家标准要求的试验用砂，其多级粒径为0.08～0.5mm，0.5～1.0mm，1.0～2.0mm。

(2)水泥。试验用水泥从取样到试验要保持24h以上时，应将其储存在基本装满和气密的容器里，这个容器不能与水泥起反应。

(3)水。一般试验可用饮用水,仲裁试验时用蒸馏水。

2)试验温度和相对湿度

(1)试件成型试验室应保持室温为20±2℃(包括强度试验室),相对湿度大于50%,水泥试样、ISO砂、拌和水及试模等的温度应与室温相同。

(2)养护箱或雾室温度控制在20±1℃,相对湿度大于90%,养护水的温度20±1℃。

3)试件成型

(1)成型前将试模擦净,四周的模板与底座的接触面上应涂黄油,紧密装配,防止漏浆,试模的内表面应均匀涂上一薄层机油。

(2)水泥与ISO砂的质量比为1∶3,水灰比0.5。

(3)每成型三条试件需要的材料用量为:水泥450±2g,ISO砂1 350±5g,水225±1mL。

(4)每锅胶砂用搅拌机进行机械搅拌,使搅拌机处于待工作状态,然后按下面的程序进行操作:

将水倒入锅内,再加入水泥,把锅放在固定架上,上升至固定位置后立即开动机器,低速搅拌30s后,在第二个30s开始的同时均匀地将砂子加入(自动胶砂搅拌机自动控制搅拌时间并自动将砂由加砂漏斗加入)。当各级砂分装时,从最粗粒级开始,依次将所需的每级砂倒入锅内,再高速拌和30s。

停拌90s,在停拌中的第1个15s内用胶皮刮具将叶片和锅壁上的胶砂刮入锅中间,再高速继续搅拌60s。各个搅拌阶段,时间误差应在±1s以内。

(5)胶砂制备后立即成型。将空试模和模套固定在振实台上,用小勺直接从搅拌锅里把胶砂分两层装入试模。装第一层时,每个槽里约放300g胶砂,用大播料器垂直架在模套顶部,沿每个模槽来回一次将料层播平,接着振实60次。再装入第二层胶砂,用小播料器播平,再振实60次。移走模套,从振实台上取下试模,用金属刮尺以90°的角度架在试模模顶的一端,然后沿试模长度方向以横向锯割动作慢慢向另一端移动,一次将超过试模部分的胶砂刮去,并用同一直尺以近乎水平的情况下将试件表面抹平。

(6)在试模上作标记或加字条对试件编号。编号时应将同一试模中的三条试件分在两个以上的龄期内。

4)试件养护

(1)去掉留在试模四周的胶砂,立即将作好标记的试模放入雾室或湿气箱的水平架子上养护,刮平面应朝上。湿空气应能与试模各边接触。养护时不应将试模放在其他试模上,一直养护到规定的脱模时间时取出脱模。脱模前,用防水墨汁或颜料笔对试件进行编号或做其他标记。

(2)脱模时应非常小心。对于24h龄期的,应在破型试验前20min内脱模;对于24h以上龄期的,应在成型后20~24h之间脱模。硬化较慢的水泥允许延期脱模,但在试验报告中应予说明。

(3)试件脱模后,将做好标记的试件立即放在20±1℃水槽中养护,养护期间试件之间间隔和试件上表面的水深不得小于5mm。

每个养护池只养护同类型的水泥试件,并应随时加水,保持恒定水位,不允许在养护期间全部换水。

(4)除24h龄期或延迟至48h脱模的试件外,任何到龄期的试件应在试验(破型)前15min从水中取出,揩去试件表面沉积物,并用湿布覆盖到试验为止。

5)强度测定

(1)试件龄期从水泥加水搅拌开始试验时算起,不同龄期强度试验应在表3-6所列时间内进行:

强度试验龄期与试验时间　表3-6

龄期	24h	48h	72h	7d	28d
试验时间	24h ± 15min	48h ± 30min	72h ± 45min	7d ± 2h	28d ± 8h

(2)抗折强度测定。以中心加荷法测定抗折强度。试件放入前应使杠杆式抗折试验机成水平状态,将试件成型侧面朝上放在抗折试验机支撑圆柱上,试件长轴垂直于支撑圆柱,并调整夹具。通过加荷圆柱以50 ± 10N/s的速率均匀地将荷载垂直地加在棱柱体相对侧面上,直至折断。保持两个半截棱柱体处于潮湿状态直至抗压试验。

(3)抗压强度测定。抗折试验后的两个半截体应立即进行抗压试验。抗压试验必须用抗压夹具进行,以半截体的成型侧面作为受压面,试件的底面靠近夹具,并使夹具对准压力机的压板中心,棱柱体露在夹具外的部分约10mm。以2 400 ± 200N/s的速率均匀地加荷直至破坏。

4. 结果计算

(1)抗折强度以 R_f 表示(MPa),按式(3-2)计算:

$$R_f = \frac{1.5F_f \cdot L}{b^3} \tag{3-2}$$

式中:F_f——试件破坏时的荷载,N;

L——支撑圆柱中心距,mm;

b——试件断面正方形的边长,为40mm。

(2)抗压强度以 R_c 表示(MPa),按式(3-3)计算:

$$R_c = \frac{F_c}{A} \tag{3-3}$$

式中:F_c——试件破坏时的荷载,N;

A——试件受压部分面积,mm^2,$40mm \times 40mm = 1\ 600mm^2$。

(3)数据处理:

①抗折强度结果取一组3个试件的平均值作为试验结果,精确到0.1MPa。当3个强度值中有1个超出平均值的±10%时,应将其剔除后再取平均值作为抗折强度试验结果。各试件的抗折强度精确至0.1MPa。

②抗压强度结果为一组6个断块棱柱体试件抗压强度的算术平均值,精确到0.1 MPa。如6个强度值中有1个超出平均值的±10%,将其剔除,以剩下的5个值的算术平均值作为测定结果。如果5个强度值中再有超过它们平均值的±10%的,则此组结果作废。各个断块棱柱体得到的单个抗压强度结果计算至0.1MPa。水泥胶砂强度试验记录见表3-7。

水泥胶砂强度试验记录表 表 3-7

<table>
<tr><td colspan="2">试样名称</td><td colspan="5"></td><td colspan="3">材料规格、产地</td><td colspan="3"></td></tr>
<tr><td rowspan="3">试件编号</td><td rowspan="3">试件龄期(d)</td><td colspan="5">抗 折 强 度</td><td colspan="6">抗 压 强 度</td></tr>
<tr><td rowspan="2">破坏荷载(d)</td><td rowspan="2">支点间距 L(mm)</td><td>试件尺寸(mm)</td><td colspan="2">抗折强度 R_f(MPa)</td><td rowspan="2">试件编号</td><td rowspan="2">破坏荷载 F_c(N)</td><td rowspan="2">受压面积 A(mm^2)</td><td colspan="2">抗压强度 R_c(MPa)</td><td rowspan="2">水泥强度等级(MPa)</td></tr>
<tr><td>正方形截面边长 b</td><td>单值</td><td>均值</td><td>单值</td><td>均值</td></tr>
<tr><td rowspan="2">1</td><td rowspan="2"></td><td rowspan="2"></td><td rowspan="2"></td><td rowspan="2"></td><td rowspan="2"></td><td rowspan="6"></td><td>1</td><td></td><td></td><td></td><td rowspan="6"></td><td rowspan="6"></td></tr>
<tr><td>2</td><td></td><td></td><td></td></tr>
<tr><td rowspan="2">2</td><td rowspan="2"></td><td rowspan="2"></td><td rowspan="2"></td><td rowspan="2"></td><td rowspan="2"></td><td>3</td><td></td><td></td><td></td></tr>
<tr><td>4</td><td></td><td></td><td></td></tr>
<tr><td rowspan="2">3</td><td rowspan="2"></td><td rowspan="2"></td><td rowspan="2"></td><td rowspan="2"></td><td rowspan="2"></td><td>5</td><td></td><td></td><td></td></tr>
<tr><td>6</td><td></td><td></td><td></td></tr>
<tr><td>备注</td><td colspan="12"></td></tr>
</table>

试验者＿＿＿＿＿ 计算者＿＿＿＿＿ 校核者＿＿＿＿＿ 试验日期＿＿＿＿＿

●第三节 普通水泥混凝土的其他组成材料技术性质●

普通水泥混凝土的其他组成材料包括矿质集料、水和外加剂等。

一、矿质集料

普通水泥混凝土中所用粗集料有碎石和卵石两种，细集料一般是由天然岩石长期风化等自然条件形成的天然砂。

粗、细集料的总体积一般占水泥混凝土体积的 60% ~80%，所以集料质量的好坏直接影响到水泥混凝土的各项性能。因此，在《建筑用砂》(GB/T 14684—2001)和《建筑用卵石、碎石》(GB/T 14685—2001)中，对粗集料、细集料提出了明确的技术质量要求。

1. 粗集料

粗集料又称为骨料，是水泥混凝土中的主要组成部分，也是影响水泥混凝土强度、弹性模量等的重要因素之一。根据国家标准《建筑用卵石、碎石》(GB/T 14685—2001)的规定，对粗集料的主要技术要求包括：强度、坚固性、颗粒级配、针片状颗粒含量、有害物质含量、密度、空隙率和碱集料反应等。

1)强度

为保证水泥混凝土的强度，要求粗集料必须具备足够的强度。碎石或卵石的强度，可用岩石立方体强度和压碎值指标两种方法检验。

(1)岩石立方体强度。轧制水泥混凝土用的碎石所选用的岩石，在饱水状态下其抗压强度，火成岩不宜小于 80MPa，变质岩不宜小于 60MPa，水成岩不宜小于 30MPa。

(2)压碎值指标。在测定岩石强度有困难时,亦可用压碎值指标来表征岩石的强度。

2)坚固性

为保证水泥混凝土的耐久性,用作水泥混凝土的粗集料应具有足够的坚固性,以抵抗冻融和自然因素的风化作用。水泥混凝土用粗集料的坚固性用硫酸钠溶液法检验,试样经过 5 次循环后,其质量损失应符合有关规定。

用于水泥混凝土的粗集料按其技术性能要求分为Ⅰ、Ⅱ、Ⅲ类。Ⅰ类宜用于强度等级大于 C60 的混凝土;Ⅱ类宜用于强度等级为 C30 ~ C60 及抗冻、抗渗或其他要求的混凝土;Ⅲ类宜用于强度等级小于 C30 的混凝土。其压碎值、坚固性的要求见表 3-8。

碎石或卵石压碎值及坚固性指标　　表 3-8

项　目	指　标		
	Ⅰ类	Ⅱ类	Ⅲ类
碎石压碎值(%)	<10	<20	<30
卵石压碎值(%)	<12	<16	<16
坚固性(%)	<5	<8	<12

3)最大粒径及颗粒级配

(1)最大粒径的选择。新拌水泥混凝土随着粗集料粒径的增加,单位用水量相应减少,在固定用水量和水灰比的条件下,加大粗集料的粒径,新拌水泥混凝土可获得较好的流动性,亦可提高其抗压强度和耐久性。但增加粗集料的粒径,水泥混凝土的抗拉强度会降低,在结构截面尺寸较小或钢筋混凝土中钢筋间距较小的情况下,给浇筑混凝土带来不便。《混凝土结构工程施工质量验收规范》(GB 50204—2002)规定:水泥混凝土用粗集料最大粒径不得超过结构截面最小尺寸的 1/4,且不得超过钢筋间最小净距的 3/4;对混凝土实心板,集料的最大粒径不宜超过板厚的 1/4,且不得超过 37.5mm;对于高强度混凝土,最大粒径不宜大于 26.5mm。

(2)颗粒级配。粗集料颗粒级配的好坏,直接影响水泥混凝土的技术性质和经济效果,因此粗集料级配的选定,是保证混凝土质量的重要环节。水泥混凝土用粗集料的级配应符合表 3-9 的规定。当连续级配不能配合成满意的混合料时,可掺加单粒级集料配合。连续级配矿质混合料的优点是所配制的新拌混凝土较为密实,特别是具有优良的工艺性能,不易产生离析等现象,故为经常采用的级配。

4)表面特征及形状

表面粗糙且棱角多的碎石与表面光滑和圆形的卵石相比较,碎石配制的水泥混凝土,由于碎石对水泥石的黏附性好,故具有较高的强度,但是在相同单位用水量(即相同水泥浆用量)的情况下,卵石配制的新拌混凝土具有较好的流动性。

碎石颗粒的形状以接近立方体为佳,不宜含有过多的针、片状颗粒,否则将显著影响水泥混凝土的抗折强度,同时影响新拌混凝土的流动性。水泥混凝土用粗集料的针、片状颗粒含量应符合表 3-10 中的规定。

5)有害杂质含量

集料中含有的妨碍水泥水化或降低集料与水泥石黏附性,以及能与水泥水化物产生不良化学反应的各种物质,称为有害杂质。粗集料中常含有一些有害物质,如黏土和泥块、云母、硫酸盐、硫化物和有机质,其含量不能超过表 3-10 要求。

碎石或卵石的颗粒级配与范围　　表 3-9

级配情况	序号	公称粒级(mm)	筛孔尺寸(方孔筛、mm)										
			2.36	4.75	9.50	16.0	19.0	26.5	31.5	37.5	53.0	63.0	75.0
			累计筛余百分率(%)										
连续粒级	1	5~10	95~100	80~100	0~15	0	—	—	—	—	—	—	—
	2	5~16	95~100	90~100	30~60	0~10	—	—	—	—	—	—	—
	3	5~20	95~100	90~100	40~80	—	0~10	0	—	—	—	—	—
	4	5~25	95~100	90~100	—	30~70	—	0~5	0	—	—	—	—
	5	5~31.5	95~100	90~100	70~90	—	15~45	—	0~5	0		—	—
	6	5~40	—	95~100	75~90	—	30~65	—	—	0~5	0	—	—
单粒级	1	10~20	—	95~100	85~100	—	0~15	0	—	—	—	—	—
	2	16~31.5	—	95~100	—	85~100	—	—	0~10	0	—	—	—
	3	20~40	—	—	95~100	—	80~100	—	—	0~10	0	—	—
	4	31.5~63	—	—	—	95~100	—	—	75~100	45~75	—	0~10	0
	5	40~80	—	—	—	—	95~100	—	—	70~100	—	30~60	0~10

粗集料的有害杂质含量限值　　表 3-10

项　目	指　标		
	Ⅰ类	Ⅱ类	Ⅲ类
针片状颗粒含量(按质量计)(%)	<5	<15	<25
含泥量(按质量计)(%)	<0.5	<1.0	<1.5
泥块含量(按质量计)(%)	0	<0.5	<0.7
有机物	合格	合格	合格
硫化物及硫酸盐(按 SO_3 质量计)(%)	<0.5	<1.0	<1.0

6)碱－集料反应

当集料中含有活性氧化硅(SiO_2),而水泥中又含有较多的碱性氧化物(Na_2O 和 K_2O)时,就可能发生碱－集料反应。碱－集料反应是水泥中碱性氧化物水解后的氢氧化钠和氢氧化钾与集料中活性二氧化硅发生化学反应,在集料表面生成复杂的碱－硅酸凝胶,这种凝胶吸水体积膨胀,使集料与水泥石界面胀裂,黏结强度下降,引起水泥混凝土结构破坏。另外,也可能发生其他类型的碱－集料反应,如含有黏土的白云石或石灰石会与水泥中的碱性成分发生碳酸盐反应。因此,应采用含碱量小于0.6%(按质量计)的水泥,不宜采用含有活性二氧化硅和碳酸盐的石料,同时,在粗集料中严禁混入煅烧过的白云石或石灰石块。

经碱－集料反应试验后,由碎石、卵石制备的试件无裂缝、酥裂、胶体外溢等现象,在规定的试验龄期膨胀率应小于0.10%。

2. 细集料

用于水泥混凝土的细集料主要是天然砂。对细集料的技术要求包括:颗粒级配和细度、含泥量与泥块含量、有害物质含量及坚固性等。

1)砂的颗粒级配和细度模数

砂的粗细程度和与水泥混凝土的强度、密实度和水泥用量关系密切。

在国家标准《建筑用砂》中，按砂的颗粒级配将其分为I类、II类、III类，见表3-11。I类砂宜用于强度等级大于C60的混凝土；II类砂宜用于强度等级C30～C60及抗冻、抗渗或其他要求的混凝土；III类砂宜用于强度等级小于C30的混凝土和建筑砂浆。

细集料级配范围（GB/T 14684-2001） 表3-11

级配分区		粗砂	中砂	细砂
		I	II	III
在各筛孔（mm）上的累计筛余（%）	9.5	0	0	0
	4.75②	10～0	10～1	10～0
	2.36	35～5	25～0	15～0
	1.18	65～35	50～10	25～0
	0.60②	85～71	70～41	40～16
	0.30	95～80	92～70	85～55
	0.15	100～90 (100～85)①	100～90 (100～80)①	100～90 (100～75)①

注：①括号中数据为人工砂可放宽的范围；

②砂的实际颗粒级配除了在4.75mm和0.60mm筛档外，其余各筛档可以略有超出表中所列数据，但超出总量应小于5%。

水泥混凝土用砂的颗粒级配应在表3-11规定的三个级配区范围内。I区砂属粗砂，拌制水泥混凝土时其内摩阻力较大，保水性差，适宜配制水泥用量多的富混凝土或低流动混凝土；II区砂可以配制不同等级的水泥混凝土，宜优先选用；III区砂细砂颗粒多，配制的水泥混凝土黏性较大，保水性能好，易插捣成型，但因其比表面积大，使用时宜降低砂率。

考虑砂的颗粒分布情况时，须同时应用细度模数和级配两项指标。

2）有害杂质含量

砂中常含的有害杂质主要有云母、轻质物、有机质及硫化物和硫酸盐等，水泥混凝土用砂的有害杂质含量限值规定见表3-12。

水泥混凝土用砂的有害物质含量限值 表3-12

项目	指标		
	I类	II类	III类
云母（按质量计）（%）	<1.0	<2.0	<2.0
轻物质（按质量计）（%）	<1.0	<1.0	<1.0
有机物（比色法）	合格	合格	合格
硫化物及硫酸盐（按 SO_3 质量计）（%）	<0.5	<0.5	<0.5
氯化物（以氯离子质量计）（%）	<0.01	<0.02	<0.06

3）含泥量、石粉含量和泥块含量

水泥混凝土用砂的含泥量是指粒径小于0.075mm的尘屑、淤泥和黏土的总含量百分数；泥块含量是指原粒径大于1.18mm，经水洗、手压后可破碎成小于0.6mm的颗粒含量。

尘屑、淤泥、黏土和泥块或者在集料表面形成包裹层，妨碍集料与水泥石的黏附；或者以松散的颗粒存在，大大地增加了集料的表面积，因而增加了需水量，特别是黏土颗粒，体积不稳定，干燥时收缩，潮湿时膨胀，对水泥混凝土有很大的破坏作用。

天然砂的含泥量和泥块含量应符合表3-13的规定，人工砂中石粉含量和泥块含量应符合表3-14的规定。

天然砂含泥量和泥块含量限值 表3-13

项目	指标		
	Ⅰ类	Ⅱ类	Ⅲ类
含泥量(按质量计)(%)	<1.0	<3.0	<5.0
泥块含量(按质量数计)(%)	0	<1.0	<2.0

人工砂的石粉含量和泥块含量限值 表3-14

项目				指标		
				Ⅰ类	Ⅱ类	Ⅲ类
1	亚甲蓝试验	MB<1.40或合格	石粉含量(按质量计)(%)	<3.0	<5.0	<7.0
2			泥块含量(按质量计)(%)	0	<1.0	<2.0
3		MB≥1.40或不合格	石粉含量(按质量计)(%)	<1.0	<3.0	<5.0
4			泥块含量(按质量计)(%)	0	<1.0	<2.0

4）坚固性

天然砂的坚固性采用硫酸钠溶液法进行试验检测，砂样经5次循环后其质量损失应符合表3-15的规定；人工砂采用压碎值指标法进行试验检测，压碎指标值应符合表3-15的规定。

坚固性指标 表3-15

项目	指标		
	Ⅰ类	Ⅱ类	Ⅲ类
坚固性(%)	<8	<8	<10
压碎指标(%)	<20	<25	<30

5）表观密度、堆积密度、空隙率

砂的表观密度、堆积密度、空隙率是砂的三项重要指标，应符合如下规定：表观密度大于2 500kg/m^3、松散堆积密度大于1 350kg/m^3、空隙率小于47%。

二、水泥混凝土用水

水泥混凝土的拌和及养护用水，不应含有影响混凝土正常凝结和硬化的有害杂质、油质和糖类等。可以采用饮用水、清洁的天然水、地下水等。海水可用于拌制素混凝土，但不得用于拌制钢筋混凝土和预应力混凝土。

当对拌和用水的水质有疑问时，可用该水与洁净水分别制作水泥混凝土或水泥砂浆试件进行强度对比试验及水泥凝结时间试验。若该水制成的试件28d强度(若有早期强度要求时，需增做7d抗压强度)不低于洁净水制作的试件强度的90%，且两者的初凝时间差及终凝时间差均不大于30min，则可用该水拌制混凝土。

用于水泥混凝土的拌和及养护用水的质量要求应符合表3-16的规定。

水泥混凝土拌和用水质量要求 表3-16

项 目	素混凝土	钢筋混凝土	预应力混凝土
1. pH 值	≥4	≥4	≥4
2. 不溶物(mg/L)	≤5 000	≤2 000	≤2 000
3. 可溶物(mg/L)	≤10 000	≤5 000	≤2 000
4. 氯化物(以 CL^- 计)(mg/L)	≤3 500	≤1 200	≤500①
5. 硫酸盐(以 SO_4^{2-} 计)(mg/L)	≤2 700	≤2 700	600
6. 硫化物(以 S^{2-} 计)(mg/L)	—	—	≤100

注:①使用钢丝或热处理钢筋的预应力混凝土中氯化物含量不超过350mg/L。

三、外 加 剂

水泥混凝土的外加剂是在拌和过程中掺入,用来改善混凝土性质的物质。一般情况下掺量不大于水泥质量的5%。

水泥混凝土的外加剂品种繁多,通常每种外加剂具有一种或多种功能。几种典型的外加剂主要功能和代表性材料见表3-17。

外加剂主要功能及产品名称 表3-17

外加剂类型	主 要 功 能	产 品 名 称
普通减水剂	①在保持水泥混凝土工作性和水泥用量不变的情况下,可减少用水量10%左右,混凝土强度提高10%左右; ②在保持混凝土用水量和水泥用量不变的情况下,可增大混凝土的流动性; ③在混凝土工作性和强度不变的情况下,可节约水泥5%~10%	①木质磺酸盐类(木钙、木镁、木钠) ②烤胶类 ③腐殖酸类
早强剂	①提高混凝土的早期强度; ②缩短混凝土的养护时间; ③早强减水剂还具有减水剂功能	①氯盐类(氯化钙、氯化钠) ②硫酸盐类(硫酸钠、硫代硫酸钠) ③有机胺类(三乙醇胺、三异丙醇胺)
缓凝剂	①延缓混凝土的凝结时间; ②降低水泥初期水化热; ③缓凝减水剂还具有减水剂功能	①糖类(糖钙) ②无机盐类(硼酸盐、磷酸盐) ③木质素磺酸盐类(木钙、木镁、木钠)
引气剂	①提高混凝土的耐久性和抗渗性; ②提高新拌混凝土的工作性,减少混凝土的泌水性; ③引气减水剂还具有减水剂功能	①松香树脂类(松香皂) ②烷基苯磺酸盐类(烷基苯磺酸盐)

四、本节实验

水泥混凝土用粗集料针片状颗粒含量试验(规准仪法)

1. 目的及适用范围

(1)本方法适用于测定水泥混凝土使用的4.75mm以上的粗集料的针状及片状颗粒

含量。

(2)本方法测定的针片状颗粒，是指利用专用的规准仪测定的粗集料颗粒的最小厚度(或直径)方向与最大长度(或宽度)方向的尺寸之比小于一定比例的颗粒。

(3)本方法测定的粗集料中针片状颗粒的含量，可用于评价集料的形状及其在工程中的适用性。

2. 仪具与材料

(1)水泥混凝土集料针状规准仪和片状规准仪如图3-6和图3-7所示，尺寸应符合表3-18的要求。

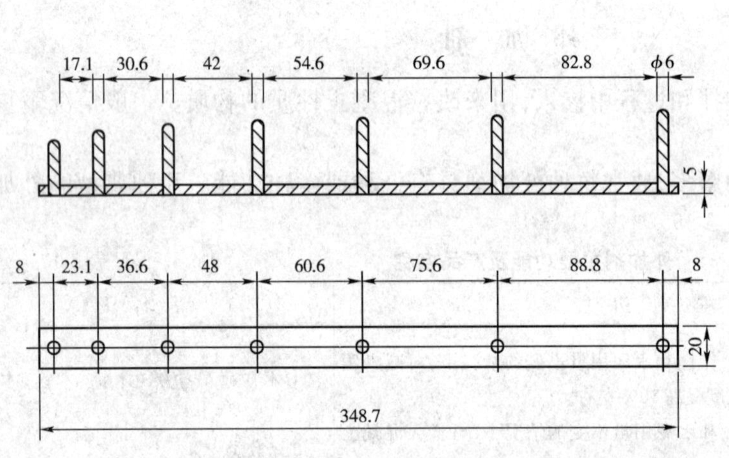

图3-6　针状规准仪(尺寸单位:mm)

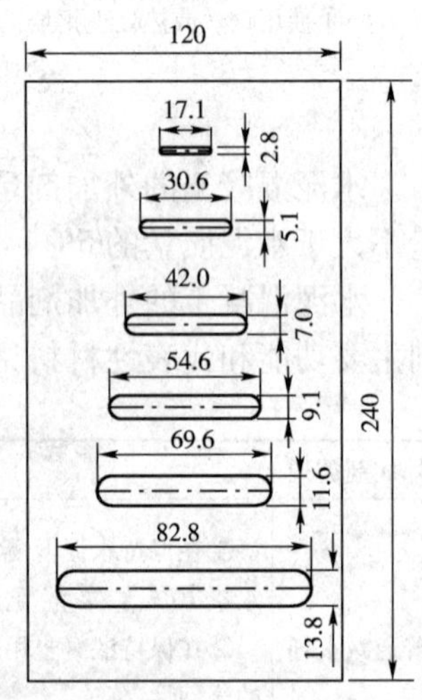

图3-7　片状规准仪(尺寸单位:mm)

水泥混凝土集料针、片状颗粒试验的粒级划分及其相应的规准仪孔宽或间距　　表3-18

粒级(方孔筛)(mm)	4.75~9.5	9.5~16	16~19	19~26.5	26.5~31.5	31.5~37.5
针状规准仪上相对应的立柱之间的间距宽(mm)	17.1 (B_1)	30.6 (B_2)	42.0 (B_3)	54.6 (B_4)	69.6 (B_5)	82.8 (B_6)
片状规准仪上相对应的孔宽(mm)	2.8 (A_1)	5.1 (A_2)	7.0 (A_3)	9.1 (A_4)	11.6 (A_5)	13.8 (A_6)

(2)天平或台秤:感量不大于称量值的0.1%。

(3)标准筛:孔径分别为4.75mm、9.5mm、16mm、19mm、26.5mm、31.5mm、37.5mm的方孔筛，根据需要选用。

3. 试样准备

将试样在室内风干至表面干燥，并用四分法或分料器法缩分至满足表3-19规定的质量，称量(m_0)，然后筛分成表3-18所规定的粒级备用。

针、片状试验所需的试样最小质量　　表3-19

公称最大粒径(mm)	9.5	16	19	26.5	31.5	37.5
试样最小质量(kg)	0.3	1	2	3	5	10

4. 试验步骤

(1)目测挑出接近立方体形状的规则颗粒,将目测有可能属于针片状颗粒的集料按表3-19所规定的粒级用规准仪逐粒对试样进行鉴定,挑出颗粒长度大于针状规准仪上相应间距不能通过者,为针状颗粒;厚度小于片状规准仪上相应孔宽能通过者,为片状颗粒。

(2)称量由各粒级挑出的针状和片状颗粒的,其总质量为(m_1)。

5. 结果计算

碎石或砾石中针片状颗粒含量按式3-4计算,准确至0.1%。

$$Q_e = \frac{m_1}{m_0} \times 100 \tag{3-4}$$

式中:Q_e——试样的针片状颗粒含量,%;

m_1——试样中所含针片状颗粒的总质量,g;

m_0——试样总质量,g。

记录格式见表3-20。

粗集料针片状颗粒含量试验记录表(规准仪法) 表3-20

试验次数	公称最大粒径(mm)	试样总质量(g)	各级针状颗粒质量(g)	各级片状颗粒质量(g)	针片状颗粒总质量(g)	针片状颗粒含量(%)	
						个别值	平均值
1							
2							

试验者______ 计算者______ 校核者______ 试验日期______

• 第四节 线形钢材的技术性质与检验 •

线形钢材包括钢筋、高强钢丝、钢绞线,这些钢材是在严格的技术控制下生产的材料,其品质均匀,强度高,有一定的塑性和韧性,具有承受冲击和振动荷载的能力,可以焊接,便于装配。线形钢材是钢筋混凝土结构与预应力混凝土结构的主要材料之一。

在钢筋混凝土结构中,根据钢筋的作用一般将其分为受力钢筋(在结构中承受拉应力、弯拉应力、剪应力、压应力)和构造钢筋(起架立、定位等作用)。水泥混凝土构造物中配置钢筋后,不仅能够增加混凝土构件的承载能力,减小构件截面尺寸、减轻构件自重,增加构件的跨度,而且能够延长构件的寿命。

一、钢筋的技术性质

钢筋混凝土和预应力混凝土用钢筋的基本技术性质包括屈服强度、抗拉强度、伸长率、冲击韧性、冷弯性能等。

1. 强度

对于线形钢材主要评价其抗拉强度,抗拉强度由拉伸试验测出。将钢筋制成标准形状和尺寸的拉伸试件,在拉伸试验机上逐级施加荷载,直至钢筋拉断为止。低碳钢在拉伸试验中表现的应力和变形关系比较典型,它在外力作用下的变形一般可分为四个阶段:弹性阶段、屈服阶段、强化阶段和缩颈阶段。其力——位移关系曲线如图 3-8 所示。

1）弹性阶段

在图 3-8 中曲线上的 *OA* 为弹性阶段。该阶段应力与应变成直线关系，随着荷载的增加，应变成比例增加。若卸载，试件可恢复原样，称为弹性变形。*OA* 阶段的应力与应变比值为一常数，称为弹性模量，用 *E* 表示。弹性模量反映钢材的刚度，即抵抗弹性变形的能力，是钢材在受力条件下计算结构变形的重要指标。

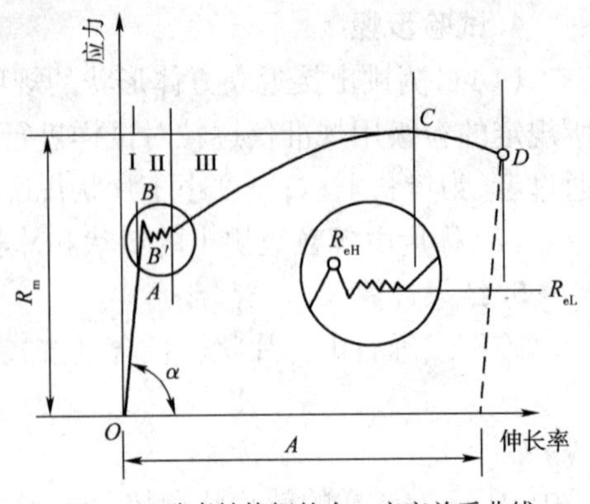

图 3-8　碳素结构钢的力—应变关系曲线

2）屈服阶段

在图 3-8 中曲线上的 *AB* 为屈服阶段。该阶段应变急剧增加，而应力基本保持不变，这种现象称为屈服。当钢筋呈现屈服现象时，在试验期间达到塑性变形发生而力不增加的应力点称为屈服强度，有上屈服强度和下屈服强度之分，如图中的 *B* 和 *B'* 点。在该阶段应力与应变不再成比例变化，应变增加的速度远大于应力增加的速度，若在该阶段卸载，试件的变形将有部分不能恢复，即试件发生了塑性变形。图 3-8 中 *B* 点处对应应力是试样发生屈服而力首次下降前的最高应力，称为上屈服强度，用 R_{eH} 表示；*B'* 点处对应应力为试样在屈服期间，不计初始瞬时效应时的最低应力，称为下屈服强度，用 R_{eL} 表示。

3）强化阶段

当应力超过后，因塑性变形使钢材内部的组织结构发生变化，抵抗变形的能力有所增强，力——位移曲线出现上升，进入强化阶段，如图 3-8 中的 *BC* 段，此阶段虽然应力能够增加，表现为承载力提高，但变形速率比应力增加速率大。试样在屈服阶段之后能抵抗的最大力所对应的应力，即对应于最高点 *C* 的应力称为抗拉强度，用 R_m 表示。

4）缩颈阶段

在图 3-8 中的 *CD* 段，应变迅速增大，在试件的某一薄弱部位断面开始显著缩小，最后在 *D* 点断裂，此阶段称为缩颈阶段。

中碳钢和高碳钢（硬钢）与低碳钢（软钢）相比有明显不同，其特点是没有明显的屈服阶段，应力随应变持续增加，直至断裂。试验期间的最大力对应的应力称为中碳钢和高碳钢的抗拉强度。

我国现行的规范中以 R_m 表示抗拉强度。

$$R_m = \frac{F_m}{S_0} \tag{3-5}$$

式中：R_m——抗拉强度，N/mm²；

F_m——试件拉断前的最大力，N；

S_0——试件的原始横截面积，mm²。

2. 塑性

钢材的塑性是指抵抗永久变形的性能。在工程应用中钢材的塑性指标有两个：伸长率和断面收缩率。

1）伸长率

《金属材料 室温拉伸试验方法》(GB/T 228—2002)中伸长率定义为：原始标距的伸长与原始标距(L_0)之比的百分率。主要的指标有断后伸长率和断裂总伸长率。断裂总伸长率(A_t)指断裂时刻原始标距的总伸长(弹性伸长加塑性伸长)与原始标距(L_0)之比的百分率。断后伸长率(A)指断后标距的残余伸长(L_u-L_0)与原始标距(L_0)之比的百分率，按式(3-6)计算：

$$A=\frac{L_u-L_0}{L_0}\times 100 \tag{3-6}$$

式中：A——断后伸长率，%；

L_0——原始标距，mm；

L_u——断后标距，mm。

2）断面收缩率

断裂后试样横截面积的最大缩减量(S_0-S_u)与原始横截面积(S_0)之比的百分率称为断面收缩率，按式(3-7)计算：

$$Z=\frac{S_0-S_u}{S_0}\times 100 \tag{3-7}$$

式中：Z——断面收缩率，%；

S_0——原始横截面积，mm^2；

S_u——断后最小横截面积，mm^2。

Z 与 A 越大，说明钢材的塑性越好。

3. 冲击韧性

钢材抵抗瞬间冲击荷载而不破坏的能力称为冲击韧性。冲击韧性按照我国国家标准试验方法的摆冲法、横梁式来测定。如图3-9所示。

按规定制成有槽口的标准试件，以横梁式放在冲击试验机的支座上，然后把冲击试验机的摆锤抬高至规定高度，松开摆锤，摆锤自由下落，使试件承受冲击而弯曲以致断裂。以试件冲断时缺口处单位面积上所消耗的能量作为冲击韧性指标，按式(3-8)计算：

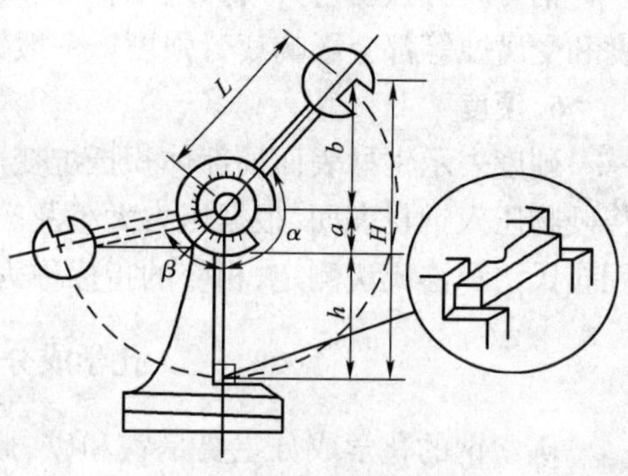

图3-9　钢材冲击试验原理

$$a_k=\frac{A_k}{A_0} \tag{3-8}$$

式中：a_k——钢材的冲击韧性；

A_k——摆锤冲断试件所做的功，kJ，$A_k=mg(H-h)$，m、g 分别为摆锤质量和重力加速度；

A_0——试件槽口处原截面积，mm^2。

冲击韧性 a_k 值越大，钢材的冲击韧性越好。钢材的化学成分、冶炼方式、加工工艺和环境温度对其冲击韧性都有明显影响。如钢材中的磷、硫元素含量较高，或存在偏析、非金属夹杂物，以及焊接形成的微裂纹，都会导致冲击韧性显著降低。随温度下降，钢材的冲击韧性显著下降而表现出脆性的现象称为钢材的冷脆性。冲击韧性显著降低时的温度为脆性转变温度。

脆性转变温度越低说明钢材的低温冲击韧性越好。

4. 冷弯性能

冷弯性能是指钢材在常温条件下承受规定弯曲程度的弯曲变形的能力，是钢材的重要工艺性能。

钢材的单轴拉伸试验的伸长率反映钢材的均匀变形性能，而冷弯试验检验钢材在非均匀变形下的性能。因此，冷弯性能能更好地反映钢材内部组织结构的均匀性，如是否存在不均匀内应力、气泡、偏析和夹杂等缺陷。

冷弯试验是以圆形、方形、矩形或多边形横截面试样在弯曲装置上经受弯曲塑性变形，不改变加力方向，直至达到规定的弯曲角度。弯曲试验时，试样两臂的轴线保持在垂直于弯曲轴的平面内。如为弯曲 180°角的弯曲试验，将试样弯曲至两臂相距规定距离且相互平行或两臂直接接触，检查在弯曲处外面及侧面有无裂纹、裂缝、断裂等情况。弯曲角度愈大，弯心直径与试件厚度的比值愈小，则表明冷弯性能愈好。

5. 耐疲劳性

钢材在交变荷载反复作用下，在远小于其抗拉强度时发生突然破坏，此现象称为疲劳破坏。试验证明，钢材承受的交变应力越大，则断裂时所经受的交变应力循环次数越少，反之则多。当交变应力下降至一定值时，钢材可以经受交变应力无数次循环而不发生疲劳破坏。

疲劳破坏的危险应力用疲劳强度表示。疲劳强度是指钢材在交变荷载作用下于规定的周期基数内不发生疲劳破坏所能承受的最大拉应力。通常取交变应力循环次数 $N=10^7$ 时试件不发生破坏的最大拉应力作为疲劳强度。

钢材疲劳强度与其内部组织状态、成分偏析、杂质含量及各种缺陷有关，钢材表面光洁程度和受腐蚀等都会影响疲劳强度。一般钢材的抗拉强度高，耐疲劳强度也较高。

6. 硬度

硬度表示钢材表面局部体积抵抗变形或破坏的能力，反映钢材的软硬程度。硬度测定是将硬物压入钢材表面，根据压力大小及产生的压痕面积或深度来评价的。建筑钢材的硬度常用布氏法和洛氏法测定，相应的指标称为布氏硬度和洛氏硬度。

二、化学成分对碳素钢技术性能的影响

碳素钢的化学成分主要是铁和碳，此外还含有锰、硅元素以及少量硫、磷、氧、氮、氢等杂质。这些元素的含量，是决定钢材质量和性能好坏的重要因素。为了保证钢材质量，国家标准对各种钢的化学成分都有具体的规定，尤其对有害杂质控制极严。

(1)碳。建筑钢材中含碳量不大于 0.8%。在此范围内，随着碳含量的提高，钢材的强度和硬度相应提高，而塑性、韧性和冷弯性能相应降低。碳还可显著降低钢材的可焊性，增加钢材的冷脆性和时效敏感性，降低抵抗大气锈蚀的能力。

(2)锰。锰是炼钢时为脱氧、硫而残留在钢中的元素。它能消减硫和氧引起的热脆性，改善钢材的热加工性能，提高钢材的强度和韧性。锰在一般碳素钢中的含量为 0.25% ~ 0.80%。锰也是我国低合金结构钢的主加合金元素。

(3)硅。硅作为脱氧剂存在于钢中。硅的脱氧能力比锰还强，能提高钢材的强度和硬度。硅在一般碳素钢中的含量为 0.1% ~ 0.4%。硅也是合金钢的主加合金元素。硅的含量较大

时会使钢材的塑性和韧性明显下降，焊接性能变差，并增加钢材的冷脆性。

(4)硫。硫是钢中的有害杂质，大多以 FeS 形式存在于钢材中。这是一种强度低且脆的夹杂物，受力容易引起应力集中，降低钢的强度和疲劳强度。此外，硫还对钢材的热加工和焊接不利。应严格控制其含量。

(5)磷。磷也是钢中的有害杂质。它能熔于铁素体中，使钢在室温下产生冷脆现象。这种现象使钢的韧性下降，且随温度的降低而加剧。同时，钢的冷弯性能急剧下降，可焊性变差。

(6)氧。氧多数以 FeO 形式存在，使钢的塑性、韧性和疲劳强度显著降低，并增大时效敏感性。

(7)氮。氮对钢性能的影响与磷相近，应控制其含量。

(8)氢。氢以原子状态存在于钢中，能显著降低钢的塑性、韧性，使钢变脆，这种现象称为氢脆。当氢以分子状态存在时，高压将在钢中造成微裂纹，形成所谓白点，引起钢材脆断。因此，应严格控制其含量。

三、线形钢材的技术要求

1. 公路桥涵施工技术规范(JTJ 041—2000)中的一般规定

1)钢筋混凝土用钢筋和预应力混凝土用非预应力钢筋

钢筋混凝土中的钢筋和预应力混凝土中非预应力钢筋必须符合现行《钢筋混凝土用热轧光圆钢筋》(GB 13013)、《钢筋混凝土用热轧带肋钢筋》(GB 1499)、《冷轧带肋钢筋》(GB 13788)、《低碳钢热轧圆盘条》(GB 701)的规定。其力学性能见表 3-21、表 3-22 和表 3-23。

(1)热轧钢筋

热轧钢筋的力学性能和工艺性能要求见表 3-21。

热轧钢筋的力学性能和工艺性能 表 3-21

牌 号	公称直径(mm)	抗拉强度 R_m(MPa)	伸长率 A(%)	180°弯曲试验(d-弯心直径 a-钢筋公称直径)
		不小于		
R235	8~20	370	25	$d=a$
HRB335	6~25 28~50	490	16	$d=3a$ $d=4a$
HRB400	6~25 28~50	570	14	$d=4a$ $d=5a$
HRB500	6~25 28~50	630	12	$d=6a$ $d=7a$

(2)冷轧带肋钢筋

冷轧带肋钢筋的力学性能和工艺性能要求见表 3-22。

冷轧带肋钢筋的力学性能和工艺性能　　表 3-22

牌　号	公称直径(mm)	抗拉强度 R_m(MPa)	伸长率 $A_{11.3}$(%)	伸长率 A_{100}(%)	180°弯曲试验(d-弯心直径 a-钢筋公称直径)	反复弯曲次数
		不小于				
CRB550	4~12	550	8.0	—	$d=3a$	—
CRB650	4、5、6	650	—	4.0	—	3
CRB800	4、5、6	800	—	4.0	—	3

(3)冷拉钢筋

冷拉钢筋的力学性能应符合表 3-23 的规定。

冷拉钢筋的力学性能　　表 3-23

钢筋级别	直径 d(mm)	抗拉强度(MPa)	伸长率 $A_{11.3}$(%)	冷　弯	
		不小于		弯心直径	弯曲角度
冷拉 I 级钢筋	6~12	370	11	3d	180°
冷拉 II 级钢筋	8~25 28~40	510 490	10	3d 4d	90°
冷拉 III 级钢筋	8~40	570	8	5d	90°
冷拉 IV 级钢筋	10~28	835	6	5d	90°

(4)低碳钢热轧圆盘条

低碳钢热轧圆盘条的力学性能和工艺性能要求见表 3-24。

低碳钢热轧圆盘条的力学性能和工艺性能　　表 3-24

牌　号	公称直径(mm)	抗拉强度 R_m(MPa)	伸长率 $A_{11.3}$(%)	180°弯曲试验(d-弯心直径 a-钢筋公称直径)
		不小于		
Q215	5.5~30	375	27	$d=0$
Q235		410	23	$d=0.5a$

(5)余热处理钢筋

余热处理钢筋是热轧后立即穿水,进行表面控制冷却,然后利用芯部余热自身完成回火处理所得的成品钢筋。

余热处理钢筋的力学性能和工艺性能要求见表 3-25。

余热处理钢筋的力学性能和工艺性能　　表 3-25

强度等级代号	公称直径(mm)	抗拉强度 R_m(MPa)	伸长率 A(%)	90°弯曲试验(d-弯心直径 a-钢筋公称直径)
		不小于		
KL400	8~25	600	14	$d=3a$
	28~40			$d=4a$

2)预应力混凝土结构用钢丝和钢绞线

预应力混凝土结构所采用的钢丝、钢绞线和热处理钢筋等的质量，应符合现行国家标准的规定。预应力混凝土用钢丝应符合《预应力混凝土用钢丝》(GB/T 5223)的要求；预应力混凝土用钢绞线应符合《预应力混凝土用钢绞线》(GB/T 5224)的要求。其力学性能见表3-26和表3-27。

(1)预应力混凝土用钢丝

预应力钢丝的力学性能应满足《预应力混凝土用钢丝》(GB /T 5223—2002)中的要求，冷拉钢丝的力学性能要求见表3-26。

冷拉钢丝的力学性能　　表3-26

公称直径 d_n (mm)	抗拉强度 R_m (MPa)	规定非比例伸长应力 $R_{p0.2}$ (kN)	最大力总伸长率 $L_0=200$ (%)	弯曲次数 次/180°	弯曲半径 (mm)	断面收缩率(%)	每210mm扭矩的扭转次数	初始应力相当于70%公称抗拉强度时，1 000h后应力松弛率 (%)
	不小于					不小于		
3.00	1 470 1 570 1 670 1 770	1 100 1 180 1 250 1 330	1.5	4	7.5	—	—	≤8
4.00				4	10	35	8	
5.00				4	15		8	
6.00	1 470 1 570 1 670 1 770	1 100 1 180 1 250 1 330		5	15	30	7	
7.00				5	20		6	
8.00				5	20		5	

预应力钢绞线的力学性能　　表3-27

钢绞线结构	钢绞线公称直径 D_n (mm)	抗拉强度 R_m (MPa)	整根钢绞线的最大力 F_m (kN)	规定非比例延伸力 $F_{p0.2}$ (kN)	最大力总伸长率 ($L_0 \geqslant 400$) A_{gt}/%	应力松弛性能	
						初始负荷相当于公称最大力的百分数 (%)	1 000h后应力松弛率 r(%)
1×2	8.00	≥1 470	≥36.9	≥33.2	≥3.5	60 70 80	≤1.0 ≤2.5 ≤4.5
		≥1 570	≥39.4	≥35.5			
		≥1 720	≥43.2	≥38.9			
		≥1 860	≥46.7	≥42.0			
		≥1 960	≥49.2	≥44.3			
1×3	10.80	≥1 470	≥86.6	≥77.9	≥3.5	60 70 80	≤1.0 ≤2.5 ≤4.5
		≥1 570	≥92.5	≥83.3			
		≥1 720	≥101	≥90.9			
		≥1 860	≥110	≥99.0			
		≥1 960	≥115	≥104			
1×7	12.70	≥1 720	≥170	≥153	≥3.5	60 70 80	≤1.0 ≤2.5 ≤4.5
		≥1 860	≥184	≥166			
		≥1 960	≥193	≥174			

(2)预应力混凝土用钢绞线

钢绞线的力学性能应满足《预应力混凝土用钢绞线》(GB /T 5224—2003)中的要求,部分公称直径的钢绞线的力学性能要求见表3-27。

2.《公路钢筋混凝土及预应力混凝土桥涵设计规范》(JTG D62—2004)中的一般规定

(1)公路混凝土桥涵的钢筋应按下列规定采用:

①钢筋混凝土及预应力混凝土构件中的普通钢筋宜选用热轧 R235、HRB335、HRB400 及 KL400 钢筋,预应力钢筋混凝土构件中的钢筋应选用其中的带肋钢筋;按构造要求配置的钢筋网可采用冷轧带肋钢筋。

此处所述"钢筋"系普通钢筋和预应力钢筋的统称;"普通钢筋"系指钢筋混凝土构件中钢筋和预应力混凝土构件中的非预应力钢筋。

R235 钢筋系指国家标准《钢筋混凝土用热轧光圆钢筋》(GB 13013—1991)中的 I 级钢筋;HRB335、HRB400 钢筋摘自国家标准《钢筋混凝土用热轧带肋钢筋》(GB 1499—1998)、相当于原国家标准 GB 1499—91 中的 II 级钢筋、III 级钢筋;KL400 钢筋系指国家标准《钢筋混凝土用余热处理钢筋》(GB 13788—1991)中的 III 级钢筋。

②预应力混凝土构件中的预应力钢筋应选用钢绞线、钢丝;中、小型构件或竖、横向预应力钢筋,也可选用精轧螺纹钢筋。

(2)钢筋的抗拉强度标准值应具有不小于95%的保证率。

普通钢筋的抗拉强度标准值 f_{sk} 和预应力钢筋的抗拉强度标准值 f_{pk},应分别按表3-28和表3-29采用。

普通钢筋抗拉强度标准值(MPa) 表3-28

钢筋种类	符号	f_{sk}	钢筋种类	符号	f_{sk}
R235 $d=8\sim20$	ϕ	235	HRB400 $d=6\sim50$	Φ̲	400
HRB335 $d=6\sim50$	ϕ̲	335	KL400 $d=8\sim40$	$\underline{\Phi}^{K}$	400

注:表中 d 系指国家标准中的钢筋公称直径,单位 mm。

预应力钢筋抗拉强度标准值(MPa) 表3-29

<table>
<tr><th colspan="3">钢筋种类</th><th>符号</th><th>f_{pk}</th></tr>
<tr><td rowspan="6">钢绞线</td><td rowspan="2">1×2
(二股)</td><td>$d=8.0、10.0$</td><td rowspan="6">Φ^{S}</td><td>1 470、1 570、1 720、1 860</td></tr>
<tr><td>$d=12.0$</td><td>1 470、1 570、1 720</td></tr>
<tr><td rowspan="2">1×3
(三股)</td><td>$d=8.6、10.8$</td><td>1 470、1 570、1 720、1 860</td></tr>
<tr><td>$d=12.9$</td><td>1 470、1 570、1 720</td></tr>
<tr><td rowspan="2">1×7
(七股)</td><td>$d=9.5、11.1、12.7$</td><td>1 860</td></tr>
<tr><td>$d=15.2$</td><td>1 720、1 860</td></tr>
<tr><td rowspan="4">消除应力钢丝</td><td rowspan="3">光面
螺旋肋</td><td>$d=4、5$</td><td rowspan="2">Φ^{P}</td><td>1 470、1 570、1 670、1 770</td></tr>
<tr><td>$d=6$</td><td>1 570、1 670</td></tr>
<tr><td>$d=7、8、9$</td><td>Φ^{H}</td><td>1 470、1 570</td></tr>
<tr><td>刻痕</td><td>$d=5、7$</td><td>Φ^{I}</td><td>1 470、1 570</td></tr>
<tr><td colspan="2" rowspan="2">精轧螺纹钢筋</td><td>$d=40$</td><td rowspan="2">JL</td><td>540</td></tr>
<tr><td>$d=18、25、32$</td><td>540、785、930</td></tr>
</table>

注:表中 d 系指国家标准中钢绞线、钢丝和精轧螺纹钢筋的公称直径,单位 mm。

(3)普通钢筋的抗拉强度设计值f_{pd}和抗压强度设计值f_{pd}'应按表3-30采用;预应力钢筋的抗拉强度设计值f_{pd}和抗压强度设计值f_{pd}'应按表3-31采用。

普通钢筋抗拉、抗压强度设计值(MPa) 表3-30

钢筋种类	f_{pd}	f_{pd}'	钢筋种类	f_{pd}	f_{pd}'
R235 $d=8\sim20$	195	195	HRB400 $d=6\sim50$	330	330
HRB335 $d=6\sim50$	280	280	KL400 $d=8\sim40$	330	330

注:①钢筋混凝土轴心受拉和小偏心受拉构件的钢筋抗拉强度设计值大于330MPa时,仍应按330MPa取用;

②构件中配有不同种类的钢筋时,每种钢筋应采用各自的强度设计值。

预应力钢筋抗拉强度标准值(MPa) 表3-31

钢筋种类		f_{pd}	f_{pd}'
钢绞线 1×2(二股) 1×3(三股) 1×7(七股)	$f_{pk}=1\,470$	1 000	390
	$f_{pk}=1\,570$	1 070	
	$f_{pk}=1\,720$	1 170	
	$f_{pk}=1\,860$	1 260	
消除应力光面钢丝和螺旋肋钢丝	$f_{pk}=1\,470$	1 000	410
	$f_{pk}=1\,570$	1 070	
	$f_{pk}=1\,670$	1 140	
	$f_{pk}=1\,770$	1 200	
消除应力刻痕钢丝	$f_{pk}=1\,470$	1 000	410
	$f_{pk}=1\,570$	1 070	
精轧螺纹钢筋	$f_{pk}=540$	450	400
	$f_{pk}=785$	650	
	$f_{pk}=930$	770	

(4)普通钢筋的弹性模量E_S和预应力钢筋的弹性模量E_P应按表3-32采用。

钢筋的弹性模量(MPa) 表3-32

钢筋种类	E_S	钢筋种类	E_P
R235	2.1×10^5	消除应力光面钢丝、螺旋肋钢丝、刻痕钢丝	2.05×10^5
HRB335、HRB400、KL400、精轧螺纹钢筋	2.0×10^5	钢绞线	1.95×10^5

●第五节 普通水泥混凝土的技术性质与检验●

普通水泥混凝土的主要技术性质包括:水泥混凝土拌和物的工作性,硬化后混凝土的力学性质和耐久性。

一、水泥混凝土拌和物的工作性(和易性)

水泥混凝土在尚未凝结硬化以前,称为水泥混凝土拌和物或新拌水泥混凝土。水泥混凝土拌和物接受加工的性能称为工作性或施工和易性。

1. **工作性(和易性)的含义**

水泥混凝土拌和物的工作性表征混凝土拌和物成为均匀、密实、质量优良的混凝土的施工难易程度或耗能的多少,通常认为它包含:流动性、可塑性、稳定性和易密性这四个方面的含义。拌和物的流动性是指其在自重或振动力作用下克服内部阻力产生流动变形的性能;可塑性是指混凝土拌和物制作成某种形状不产生脆断的性能;稳定性是指混凝土拌和物在运输和浇筑过程中不产生分层、离析、泌水,保持自身均匀的性能;易密性是指混凝土拌和物易于浇捣密实的性能。水泥混凝土拌和物的工作性用稠度表示。

优质的新拌水泥混凝土应具有:满足输送和浇捣要求的流动性;在外力作用下不产生脆断的可塑性;不产生分层、泌水的稳定性和易于浇捣密致的密实性。

2. **工作性(稠度)的测定方法**

目前国际上还没有一种能够全面表征新拌水泥混凝土工作性的测定方法,现行的《公路工程水泥及混凝土试验规程》(JTG E30—2005)规定,水泥混凝土拌和物的稠度试验方法有坍落度仪法和维勃仪法等。

1)坍落度仪法

坍落度仪法是测试水泥混凝土拌和物稠度最常用的方法,用坍落度和坍落扩展度两项指标表征其稠度。坍落度是指一定形状的水泥混凝土拌和物在自重作用下的下沉量;坍落扩展度是指水泥混凝土拌和物的坍落度大于220mm时,拌和物最终扩展后的直径。坍落度仪法是最简单的稠度测定方法,适用于集料公称最大粒径不大于31.5mm、坍落度不小于10mm的水泥混凝土拌和物稠度的测定。

坍落度及坍落扩展度试验是将拌和均匀的水泥混凝土拌和物按规定的方法装入标准坍落度筒内,将坍落度筒垂直提起,测试水泥混凝土拌和物在自重作用下克服内部阻力坍落的高度,以mm计,如图3-10所示。

当拌和物坍落度大于220mm时,用钢尺测量混凝土扩展后最终的最大直径和最小直径,当两个直径差小于50mm时,其算术平均值即为水泥混凝土拌和物的坍落扩展度值。

坍落度及坍落扩展度越大表示水泥混凝土拌和物流动性越大。进行坍落度及坍落扩展度测试的同时,通过定性评价水泥混凝土拌和物的黏聚性、保水性、含砂(浆)量、棍度等,综合评价拌和物的工作性能。

2)维勃仪法

维勃仪法适用于集料公称最大粒径不大于31.5mm、维勃稠度时间在5~30s之间的干稠性水泥混凝土拌和物的稠度测定。维勃稠度仪如图3-11所示。将坍落度筒放在内径为240mm、

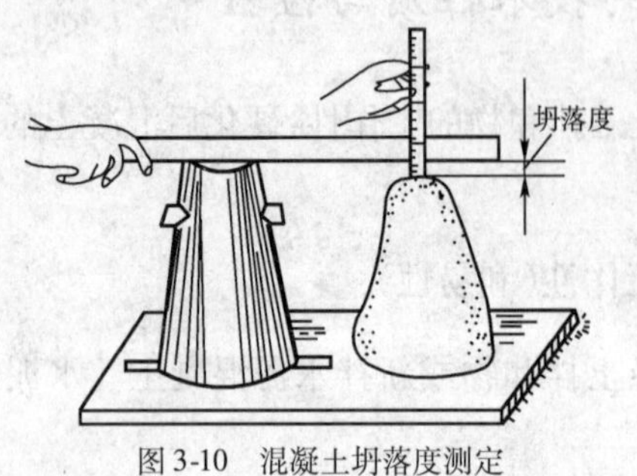

图3-10 混凝土坍落度测定

图3-11 维勃稠度仪

高度为200mm的金属圆筒内，圆筒安装在专用的振动台上，按坍落度试验的方法将新拌水泥混凝土装满后再拔去坍落度筒，并在新拌水泥混凝土顶上置一个透明圆盘。开动振动台并记录时间，从开动振动器至透明圆盘底面刚好被水泥浆布满不留气泡的瞬间所经历的时间即为维勃时间，以s表示。

3. 影响工作性的主要因素

影响水泥混凝土拌和物工作性的内因主要有原材料及其相对用量；外因主要有时间、环境温度和湿度等。

1)组成原材料质量及其相对用量的影响

(1)水泥特性。水泥的品种、矿物组成、细度、活性混合材料品种及掺量等都会影响水泥需水量，在相同用水量条件下，则水泥浆具有不同的稠度，从而影响水泥混凝土拌和物的工作性能。

(2)集料特性。集料特性包括最大粒径、级配、表面特征、颗粒形状、吸水性等，都将不同程度地影响水泥混凝土拌和物的工作性能。如卵石和碎石相比，在其他条件相同时用卵石拌制的混凝土工作性较好；最大粒径增加，集料的总比表面积减小，拌和物流动性提高；采用河砂比采用山砂、机制砂等获得的混凝土工作性好；砂的粗细也对混凝土拌和物的工作性有一定的影响。

(3)外加剂。外加剂对水泥混凝土拌和物的影响较大，在混凝土拌和物中加入少量的外加剂(如减水剂、引气剂等)，可在不增加用水量和水泥用量的情况下，有效地改善混凝土拌和物的工作性。

(4)单方混凝土用水量。在水灰比一定的条件下，单方混凝土水用量的变化意味着水泥浆用量的变化。试验表明，当集料用量一定时，如果用水量不变，即使水泥用量在一定的范围内变化，混凝土拌和物的流动性保持基本不变，这一规律称为“需水性定则”。

(5)水灰比。水灰比是指在水泥混凝土中拌和用水质量与水泥质量的比值。在水泥浆用量一定的条件下，水灰比的变化将引起水泥浆稠度的变化，从而对混凝土拌和物的流动性能产生影响。水灰比较小时，水泥浆稠度大，混凝土拌和物的流动性小；当水灰比太小时，有可能导致在一定施工条件下水泥混凝土不能振捣密实。水灰比较大时，水泥浆稠度小，拌和物流动性大；但过大的水灰比可能引起拌和物的黏聚性和保水性不良，严重时可能导致离析、泌水。

(6)砂率。砂率是指水泥混凝土中细集料(砂)的质量占粗、细集料总质量(砂、碎石总质量)的百分率。砂率反映了粗、细集料的相对比例，它影响水泥混凝土中集料的空隙率和总比表面积。在混凝土拌和物中，水泥浆有两种作用，即填隙和润滑作用。当水泥浆用量一定时，随着砂率的增加，集料的空隙率减小，填隙所需水泥浆减少，润滑水泥浆量相对增加，拌和物的流动度逐渐增大；当砂率超过某个值后，由于砂的用量增加，集料的比表面积增加，拌和物的流动度随砂率的增加而降低。当拌和物流动度一定时，随着砂率的增加，水泥浆用量逐渐减少，砂率超过某个值后，水泥浆的用量随砂率的增加而增加。对一定的集料而言，存在一个最佳砂率(或称为合理砂率)，当水泥浆用量一定时拌和物的工作性最好，当工作性一定时水泥浆用量最少。

2)环境条件与搅拌时间的影响

对混凝土拌和物工作性有影响的环境因素主要有湿度、温度、风速。在组成材料性质和配合比例一定的条件下,混凝土拌和物的工作性主要受水泥的水化率和水分的蒸发率所支配。搅拌时间不足,混凝土拌和物的工作性差,质量也不均匀。

4. 水泥混凝土稠度分级

不同的水泥混凝土结构,对水泥混凝土拌和物的稠度要求也不同,混凝土拌和物的稠度根据坍落度和维勃稠度分为几个等级,稠度分级见表3-33。

水泥混凝土的稠度分级 表3-33

级别	特干硬	很干稠	干稠	低塑	塑性	流态
坍落度值(mm)	—	—	10~40	50~90	100~150	>160
维勃时间(s)	≥31	30~21	20~11	10~5	≤4	—

5. 水泥混凝土拌和物工作性的选择

水泥混凝土拌和物工作性依据结构物的断面尺寸、钢筋配置的疏密以及捣实的机械类型和施工方法等来选择。

1)公路桥涵用混凝土拌和物的工作性

应根据公路桥涵施工技术规范有关规定选择,表3-34可供工程施工中选用参考。

公路桥涵用水泥混凝土拌和物的坍落度 表3-34

项次	结构种类	坍落度(mm)
1	桥涵基础、墩台、挡土墙及大型制块等便于灌注捣实的结构	0~20
2	项次1中桥涵墩台等工程中较不便施工处	10~30
3	普通配筋的钢筋混凝土结构,如钢筋混凝土板、梁、柱等	30~50
4	钢筋较密、断面较小的钢筋混凝土结构(梁、柱、墙等)	50~70
5	钢筋配置特密、断面高而狭小,极不便灌注捣实的特殊结构部位	70~90

注:①使用高频振捣器时,其混凝土坍落度可适当减小;

②本表系指采用机械捣器的坍落度,采用人工捣器时可适当放大;

③曲面或斜面结构的混凝土,其坍落度应根据实际需要另行选定;

④需要配置大坍落度混凝土时,应掺加外加剂;

⑤轻集料混凝土的坍落度,应比表中数值减少10~20mm。

2)道路混凝土拌和物的工作性选择

水泥混凝土路面所用道路混凝土拌和物的工作性,《公路水泥混凝土路面施工技术规范》(JTG F30—2003)规定,最佳工作坍落度,对于滑模摊铺机施工的碎石混凝土为25~50mm,卵石混凝土为20~40mm。

二、硬化水泥混凝土的强度

强度是水泥混凝土硬化后的主要力学性质,《公路工程水泥及水泥混凝土试验规程》(JTG E30—2005)规定,水泥混凝土的强度有立方体抗压强度、轴心抗压强度、圆柱体抗压强度、劈裂抗拉强度、抗弯拉强度等。

1. 水泥混凝土的抗压强度标准值和强度等级

钢筋混凝土和预应力混凝土桥梁结构设计时,水泥混凝土材料的强度用强度等级作为设计的依据。在结构设计时,水泥混凝土各种力学强度的标准值,均可由强度等级换算得出,所以强度等级是水泥混凝土各种力学强度值的基础。

1）立方体抗压强度f_{cu}

按照标准的制作方法制成边长为150mm的正立方体试件，在标准养护室中（温度20±2℃，相对湿度为95%以上）或在温度为20±2℃的不流动的$Ca(OH)_2$饱和溶液中养护28d，按标准方法测定出的抗压强度值，称为水泥混凝土立方体抗压强度f_{cu}，可按式(3-9)计算。

$$f_{cu}=\frac{F}{A} \tag{3-9}$$

式中：f_{cu}——立方体抗压强度，MPa；

F——试件破坏时的荷载，N；

A——试件承压面积，mm^2。

2）立方体抗压强度标准值$f_{cu.k}$

按照标准方法制作和养护的边长为150mm的立方体试件，在28d龄期，用标准试验方法测定的抗压强度总体分布中的一个值（单位以N/mm^2即MPa计），强度低于该值的百分率不超过5%（即具有95%保证率的抗压强度），将该值作为立方体抗压强度标准值，以$f_{cu.k}$表示。

从以上定义可知，立方体抗压强度只是一组混凝土试件抗压强度的算术平均值，并未涉及数理统计、保证率的概念。而立方体抗压强度标准值是按数理统计方法确定，具有不低于95%保证率的立方体抗压强度。立方体抗压强度标准值是划分水泥混凝土强度等级的依据。

3）水泥混凝土强度等级

水泥混凝土强度等级是根据立方体抗压强度标准值来确定的。强度等级用符号“C”和“立方体抗压强度标准值”两项内容来表示，如C20即表示水泥混凝土立方体抗压强度标准值为20MPa。《混凝土结构设计规范》（GB 50010—2002）规定，普通混凝土按立方体抗压强度标准值划分为C15、C20、C25、C30、C35、C40、C45、C50、C55、C60、C65、C70、C75、C80等14个等级。

2. 水泥混凝土的轴心抗压强度

在实际工程结构中，构件的高宽比常常大于1∶1，多为棱柱体或圆柱体。为较真实地反映水泥混凝土实际的受力状况，在混凝土及钢筋混凝土结构设计中进行结构计算时，均以轴心抗压强度作为结构设计强度取值的依据。

《公路工程水泥及水泥混凝土试验规程》（JTG E30—2005）中轴心抗压强度试验标准试件有两种：高宽比为2的棱柱体（150mm×150mm×300mm）、高径比为2的圆柱体（ϕ150mm×300mm）。按标准方法成型标准尺寸的试件，经标准养护至规定龄期，用标准的方法测试其单位面积的极限荷载，即为水泥混凝土的轴心抗压强度。棱柱体试件的轴心抗压强度用f_{cp}表示，圆柱体试件的轴心抗压强度用f_{cc}表示。水泥混凝土的轴心抗压强度计算表达式形式同公式(3-9)。

关于棱柱体试件的轴心抗压强度与立方体试件的抗压强度间的关系，通过多次棱柱体和立方体试件的强度试验表明：在立方体抗压强度f_{cu}为10～50MPa的范围内，棱柱体试件的轴心抗压强度$f_{cp}=(0.7\sim0.8)f_{cu}$。

3. 水泥混凝土的劈裂抗拉强度

采用直接拉伸试验法测试水泥混凝土试件的抗拉强度时对中比较困难，所以常用间接拉伸法(劈裂拉伸)测试其抗拉强度。一般劈裂抗拉强度高于直接拉伸强度。劈裂抗拉强度试验的标准试件分为 150mm × 150mm × 150mm 的立方体和 ϕ150mm × 300mm 的圆柱体。立方体试件的劈裂抗拉强度用 f_{ts}(MPa)表示;圆柱体试件的劈裂抗拉强度用 f_{ct}(MPa)表示。

采用立方体标准试件时,中心平面内用圆弧为垫条施加两个方向相反、均匀分布的压应力,如图 3-12 所示,当压力增大至一定程度时试件就沿此平面劈裂破坏,由此测得的强度即为劈裂抗拉强度 f_{ts} 可按下式计算:

$$f_{ts} = \frac{2F}{\pi A} = 0.637\frac{F}{A} \tag{3-10}$$

式中:F——试件破坏时的荷载,N;

A——试件承压面积,mm^2。

劈裂抗拉强度与标准立方体抗压强度之间的关系,可用经验公式(3-11)表示:

$$f_{ts} = 0.35 f_{cu}^{\frac{3}{4}} \tag{3-11}$$

劈裂抗拉试验标准试件当采用边长为 100mm 非标立方体试件时,尺寸换算系数为 0.85。当混凝土强度等级 ≥ C60 时,宜采用标准试件;使用非标准试件时尺寸换算系数应由试验确定。

4. 水泥混凝土的抗弯拉强度

道路路面或机场跑道用水泥混凝土,以抗弯拉强度为主要强度指标,抗压强度作为参考指标。《公路工程水泥及水泥混凝土试验规程》(JTG E30—2005)规定,道路路面用水泥混凝土的抗弯拉强度是以标准方法制备成 150mm × 150mm × 550mm 的梁形试件,在标准条件下,经养护 28d 后,按三分点加荷方式测定其抗弯拉强度,如图3-13所示,抗弯拉强度可按下式计算:

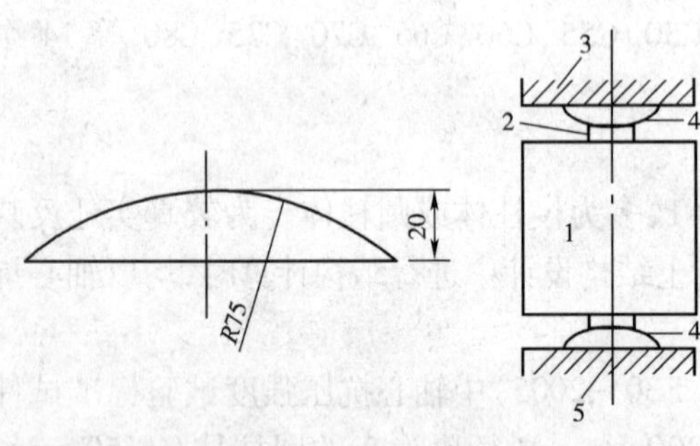

图 3-12 混凝土劈拉强度试验(尺寸单位:mm)

1-试件;2-垫层;3-上压板;4-垫条;5-下压板

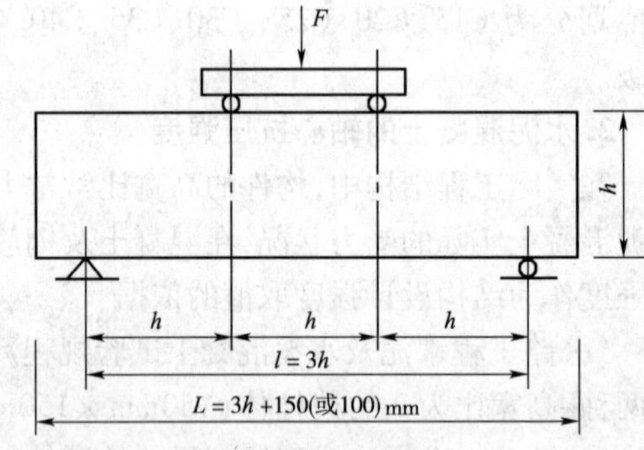

图 3-13 混凝土抗弯拉强度试验

$$f_f = \frac{F \cdot l}{bh^2} \tag{3-12}$$

式中:f_f——混凝土的抗弯拉强度,MPa;

F——试件破坏时的荷载,N;

l——支座间距离,mm;

b——试件宽度,mm;

h——试件高度,mm。

跨中单点加荷得到的抗弯拉强度,按断裂力学推导应乘以系数0.85。

根据《公路水泥混凝土路面设计规范》(JTG D40—2002)规定,不同交通分级的水泥混凝土抗弯拉强度标准值见表3-35。

水泥混凝土抗弯拉强度标准值 表3-35

交通等级	特重	重	中等	轻
水泥混凝土抗弯拉强度标准值(MPa)	5.0	5.0	4.5	4.0

5. 影响硬化后水泥混凝土强度的因素

1)材料组成对水泥混凝土强度的影响

材料组成是水泥混凝土强度形成的内因,主要取决于组成材料的质量及其在混凝土中的数量。水泥混凝土组成材料质量的影响已在前面章节中讨论,现主要就数量方面(即混凝土组成材料的比例)对混凝土强度的影响讨论如下。

(1)水泥的强度与水灰比。水泥混凝土的强度主要取决于其内部起胶结作用的水泥石的质量,水泥石的质量则取决于水泥的特性和水灰比。

水泥是混凝土中的活性组分,在水泥混凝土组成材料的配合比相同的条件下,水泥强度等级越高,则配制的混凝土强度越高。当用同一种水泥(品种及强度等级相同)时,水泥混凝土强度主要取决于水灰比。水泥水化时所需的结合水,一般只占水泥质量的23%左右,对于水泥混凝土拌和物来讲,为了获得必要的流动性,常需用较多的水(约占水泥质量的40%~70%),即采用较大的水灰比。当水泥混凝土硬化后,多余的水分就残留在混凝土中形成水泡或蒸发后形成气孔,大大减少了混凝土抵抗荷载的有效断面,而且可能在孔隙周围产生应力集中。因此,在水泥强度等级相同的情况下,水灰比愈小,水泥石的强度愈高,与集料黏结力愈大,混凝土的强度愈高。但是,如果水灰比太小,拌和物过于干稠,在一定的捣实成型条件下,水泥混凝土拌和物将出现较多的孔洞,导致混凝土的强度下降。

根据各国大量工程实践及我国大量的实践资料统计结果,认为水灰比、水泥实际强度与水泥混凝土28d立方体抗压强度的关系公式为:

$$f_{cu,28} = \alpha_a \times f_{ce}\left(\frac{C}{W} - \alpha_b\right) \tag{3-13}$$

式中:$f_{cu,28}$——水泥混凝土的抗压强度,MPa;

f_{ce}——水泥的实际强度,MPa;

C——1m^3 混凝土中水泥用量,kg;

W——1m^3 混凝土中水的用量,kg;

$\frac{C}{W}$——灰水比;

α_a、α_b——粗集料回归系数,按《普通混凝土配合比设计规程》(JGJ 55—2000)规定,α_a、α_b 可按表3-36选用。

回归系数 α_a、α_b 表3-36

系数	石料品种	
	碎石	卵石
α_a	0.46	0.48
α_b	0.07	0.33

该经验公式一般只适用于流动性混凝土及低流动性混凝土,对于干硬性混凝土则不适用。

(2)集料特性与水泥浆用量。集料的强度不同,使水泥混凝土的破坏机理有所差别,如集料强度大于水泥石强度,则水泥混凝土强度由界面强度及水泥石强度所支配,在此情况下,集料强度对水泥混凝土强度几乎没有影响；如集料强度小于水泥石强度，则水泥混凝土强度与集料强度有关，将使水泥混凝土强度下降。粗集料的形状与表面性质对强度有着直接的影响。集料颗粒形状接近立方体形为好，若使用扁平或细长颗粒，给施工带来不利影响，会使水泥混凝土的孔隙率增加，导致水泥混凝土强度降低。

水泥浆用量由强度、耐久性、工作性、成本等几个方面因素确定，选择时需兼顾。

2）养护温度与湿度

一般情况下，水泥的水化和水泥混凝土强度发展的速度随环境温度的高低而增减，如图3-14所示。当温度降至零度时，初步成型的水泥混凝土中的大部分水分结冰，水泥几乎不再发生水化反应，水泥混凝土强度不仅停止增长，严重时由于孔隙内水分结冰而引起膨胀。因此，冬季负温的条件下浇筑水泥混凝土，如不采取保温等技术措施，将导致初步成型的水泥混凝土结构因冻胀而破坏。

水泥混凝土浇筑后，在湿润的状态下，其强度和龄期按水泥的特性成对数关系增长。如湿度适当，水泥水化得以顺利进行，水泥混凝土强度就能得到充分发展；如果湿度不够，水泥水化反应不能正常进行，会严重降低混凝土强度。水化作用未完成，还会使其结构疏松，增大渗水性。因此，水泥混凝土浇筑后必须有较长时间在潮湿环境中养护，如图3-15所示。

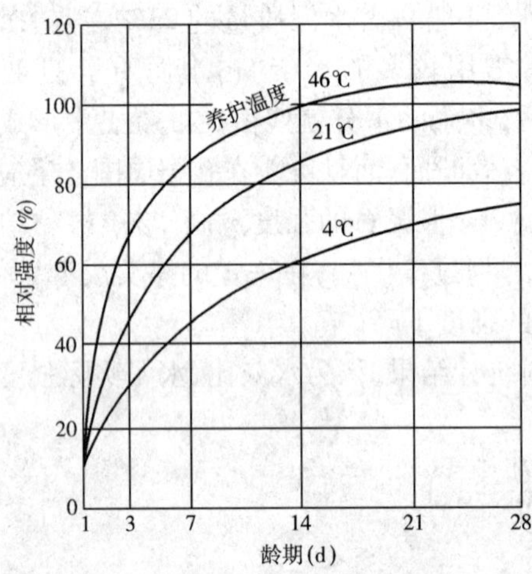

图3-14　养护温度条件对混凝土强度的影响

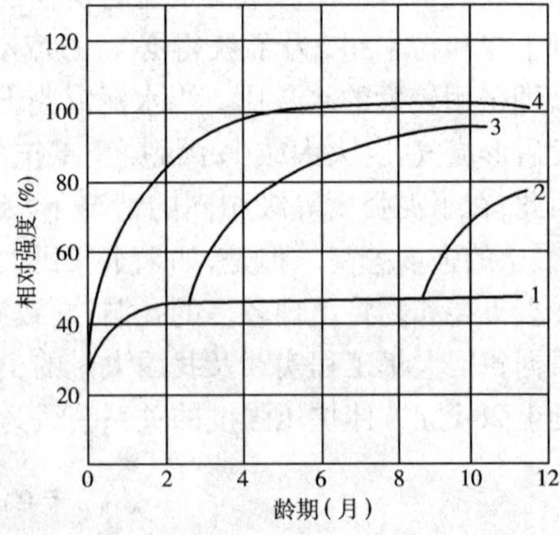

图3-15　养护湿度条件对混凝土强度的影响

1-空气养护；2-九个月后水中养护；3-三个月后水中养护；4-标准湿度条件下养护

3）龄期

在正常条件下，水泥混凝土的强度随着龄期的增长而提高，在最初3～7d内发展较快，28d达到设计强度规定的数值，以后强度发展逐渐缓慢，甚至可持续百年左右。在相同养护条件下，其增长规律如图3-16所示。

在标准养护条件下，水泥混凝土强度与其龄期的对数大致成正比，如图3-16b）所示，工程中常常利用这一关系，根据水泥混凝土早期强度，估算其后期强度，其表达式为：

$$f_{cu,n}=f_{cu,a}\frac{\lg n}{\lg a} \tag{3-14}$$

式中：$f_{cu,n}$——n天龄期水泥混凝土的抗压强度，MPa；

$f_{cu,a}$——a 天龄期水泥混凝土的抗压强度，MPa。

此公式仅适用于普通硅酸盐水泥拌制的混凝土，且龄期 $a \geqslant 3d$ 时才适用。由于对水泥混凝土强度的影响因素很多，强度发展不可能完全一样，故此公式只作为一般参考。

此外，试件尺寸、加荷速度和试件表面平整度对水泥混凝土试件强度也有一定影响。

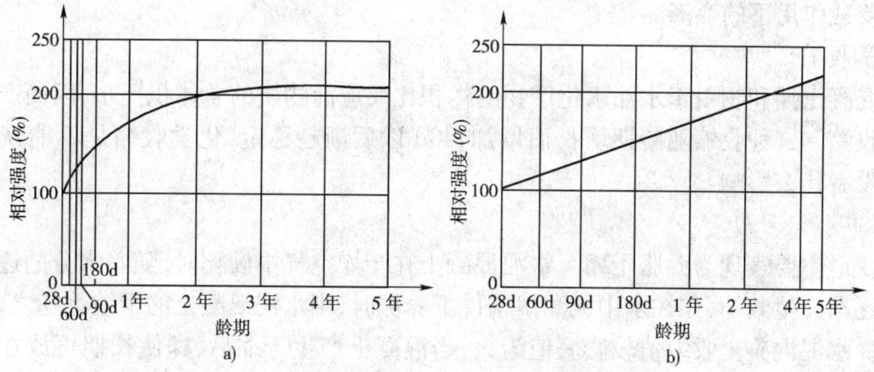

图 3-16 水泥混凝土强度增长规律

a) 龄期为常数坐标；b) 龄期为对数坐标

6. 提高水泥混凝土强度的技术措施

1) 选用高强度水泥和特种水泥

为了提高水泥混凝土强度可采用高强度等级的水泥，对于抢修工程、桥梁拼装接头、严寒的冬季施工以及其他要求早强的结构物，则可采用特种水泥配制的混凝土。

2) 采用低水灰比和浆集比

采用低的水灰比，可以减少水泥混凝土中的游离水，从而减少水泥混凝土中的孔隙，提高水泥混凝土的密实度和强度。降低浆集比（水泥浆与集料的质量比），减薄水泥浆层的厚度，充分发挥集料的骨架作用，对提高水泥混凝土的强度也有一定帮助。

3) 掺加外加剂

在水泥混凝土中掺加外加剂，可以改善它的技术性质。掺加早强剂，可提高水泥混凝土的早期强度；掺加减水剂，在不改变流动性的条件下，可减小水灰比，从而提高水泥混凝土的强度。

4) 采用湿热处理方法

(1) 蒸汽养护。使浇筑好的水泥混凝土构件经 1~3h 预养后，在 90% 以上的相对湿度、60℃以上温度的饱和水蒸气中进行养护，以加速水泥混凝土强度的发展。

(2) 蒸压养护。将浇筑成型的水泥混凝土构件静置 8~10h 后，放入蒸釜内，通入高压（不小于 8 个大气压）、高温（不低于 175℃）的饱和蒸汽中进行养护。从而加速水泥的水化和硬化，提高水泥混凝土的强度。蒸压养护的混凝土质量比蒸汽养护的好。

5) 采用机械搅拌和振捣

水泥混凝土拌和物在强力搅拌和振捣作用下，水泥浆的凝聚结构暂时受到破坏，从而降低了水泥浆的黏度及集料间的摩擦阻力，使拌和物能更好地充满模型并均匀密实，水泥混凝土强度得到提高。

三、水泥混凝土的变形

硬化后水泥混凝土的变形包括非荷载作用下的化学收缩变形、干湿变形和温度变形，以及荷载作用下的弹－塑性变形和徐变。

1. 非荷载作用下的变形

1）化学收缩

水泥混凝土拌和物由于水泥水化产物的体积比反应前物质的总体积要小，因而产生收缩，称为化学收缩。这种收缩随龄期增长而增加，40d 以后渐趋稳定，化学收缩是不能恢复的，一般对结构没有什么影响。

2）干湿变形

干湿变形主要表现为湿胀干缩。水泥混凝土在干燥空气中硬化时，随着水分的逐渐蒸发，体积也将逐渐发生收缩，如在水中或潮湿条件下养护时，则水泥混凝土的干缩将随之减少或略产生膨胀。水泥混凝土收缩值较膨胀值为大，当混凝土产生干缩后，即使长期再放在水中，仍有残留变形，残余收缩为收缩量的 30% ~60%。在一般工程设计中，通常采用混凝土的线收缩值为 $1.5\times10^{-4}\sim2.0\times10^{-4}$。水泥混凝土的干缩往往是表面较大，常在表面产生细微裂缝。当干缩变形受到约束时，常会引起构件的翘曲或开裂，影响混凝土构件的耐久性。

水泥混凝土的干缩变形主要是由水泥石产生，应通过调节集料级配、增大粗集料的粒径，减少水泥浆用量，选择适当的水泥品种，以及采用振动捣实，早期养护等措施来减小水泥混凝土的干缩。

3）温度变形

水泥混凝土具有热胀冷缩的性质。温度变化引起的热胀冷缩对大体积及大面积水泥混凝土工程极为不利。水泥混凝土是不良导体，水泥水化初期放出大量热量难于散发，浇筑后大体积混凝土内部温度远较外部为高，有时可达 50 ~70℃，这将使内部混凝土产生显著的体积膨胀，而外部混凝土却随气温降低而冷却收缩。内部膨胀和外部收缩互相制约，将产生各种应力，当外部混凝土所受拉应力超过混凝土当时的极限抗拉强度时，就将产生裂缝。因此，对大体积水泥混凝土工程，应设法降低水泥混凝土的发热量，如采用低热水泥，减少水泥用量，采用人工降温等措施。对于纵长的钢筋混凝土结构物，应每隔一段长度设置伸缩缝，在结构物内配置温度钢筋。

2. 荷载作用下的变形

1）弹—塑性变形与弹性模量

水泥混凝土是一种弹—塑性体，在持续荷载作用下会产生可以恢复的弹性变形（ε_t）和不可恢复的塑性变形（ε_s），其应力与应变关系如图 3-17 所示。在水泥混凝土应力——应变曲线上任一点的应力 σ 与应变 ε 的比值为混凝土在该应力条件下弹性模量。

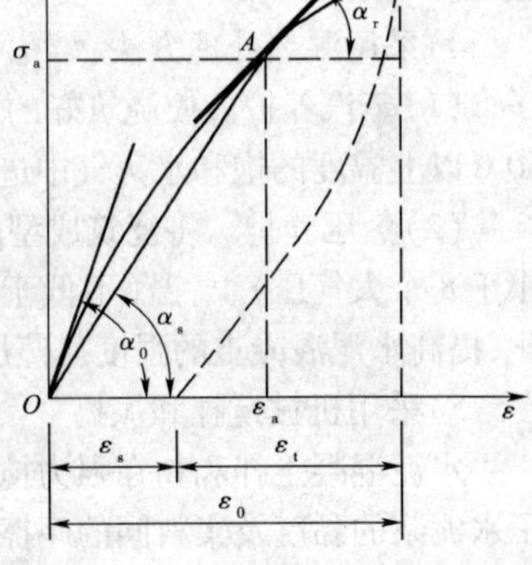

图 3-17　水泥混凝土应力——应变曲线

在桥梁工程中以应力为棱柱体极限抗压强度的 40% 时的割线弹性模量，作为混凝土的弹性模量。

在道路路面及机场跑道工程中，水泥混凝土应测定其抗折时的平均弹性模量作为设计参数，取抗折强度50%时的加荷割线模量。

在路面工程中水泥混凝土要求有较高的抗折强度，而且要有较低的抗折弹性模量，以适应混凝土路面受荷载后具有的较大变形能力。

2）徐变

水泥混凝土在持续荷载作用下，随时间增加的变形称为徐变，也称蠕变。徐变是由于硬化后的混凝土中存在的凝胶体，在作用荷载不变的情况下，凝胶体发生缓慢迁移，使混凝土变形增加，这种在恒定荷载作用下，随着时间的增长而产生的变形是不可恢复的。徐变在混凝土的初期增长较快，以后逐渐变慢，到一定时期后，一般2~3年可以稳定下来。

水泥混凝土的徐变与许多因素有关。混凝土的水灰比大、龄期短，徐变量大；荷载作用时大气湿度小，徐变大；荷载应力大，徐变大；混凝土水泥用量多时，徐变量大。另外，混凝土弹性模量小，徐变大。

水泥混凝土无论是受压、受拉或受弯，均有徐变现象。在预应力钢筋混凝土桥梁构件中，混凝土的徐变可使钢筋的预加应力受到损失，但是，徐变也能消除钢筋混凝土的部分应力集中，使应力较均匀地分布；对于大体积混凝土，还能消除一部分由于温度变形所产生的破坏应力。

四、水泥混凝土的耐久性

道路与桥梁用水泥混凝土除了要满足工作性和强度要求外，还应具有优良的耐久性。水泥混凝土的耐久性主要从以下几个方面进行评价。

1. 水泥混凝土的抗冻性

水泥混凝土的抗冻性是指混凝土在饱和水状态下遭受冰冻时，抵抗冻融循环作用而不破坏的能力。冻融破坏的原因是混凝土中的水结冰后发生体积膨胀，当冻胀应力超过混凝土的抗拉强度时，使混凝土产生微细裂缝，反复冻融使裂缝不断扩大，导致水泥混凝土强度降低直至破坏。

我国现行的《公路工程水泥及水泥混凝土试验规程》（JTG E30—2005）规定，公路路面与桥梁工程用混凝土的抗冻性采用“快冻法”试验检验。水泥混凝土的抗冻标号分为D25、D50、D100、D150、D200、D250和D300等。

影响水泥混凝土抗冻性的因素很多，主要是材料本身的性质以及混凝土的密实度、强度等。提高混凝土的耐久性应注意合理选择水泥品种，选用良好的砂石材料，改善集料的级配，采用减水剂或加气剂，改善混凝土的施工操作方法，提高混凝土的密实度。

2. 水泥混凝土的耐磨性

作为铺筑水泥混凝土路面用的水泥混凝土，必须具有抵抗车辆轮胎磨耗和磨光的性能。作为大型桥梁墩台用的水泥混凝土，也需要具有抵抗湍流空蚀的能力。耐磨性是公路路面和桥梁工程用混凝土的重要的性能之一。

《公路工程水泥及水泥混凝土试验规程》（JTG E30—2005）规定，制作150mm×150mm×150mm的立方体标准试件，养生至28d，在60±5℃温度下烘至恒重，按规定的磨损方式磨削试件，以试件磨损面上单位面积的磨损量（kg/m^2）作为评定水泥混凝土耐磨性的相对指标。

提高水泥混凝土抗磨损能力的措施为：提高混凝土的断裂韧性，减少脆裂的发生；减少原生缺陷；提高硬度及降低弹性模量。

3. 碱—集料反应

水泥混凝土中水泥与某些碱活性集料发生化学反应，可引起混凝土膨胀、开裂，甚至破坏，这种化学反应称为碱—集料反应，简称 ARR。

碱—集料反应一般可分为碱—硅酸（集料）反应、碱—硅酸盐反应、碱—碳酸盐反应。碱—集料反应不仅机理非常复杂，而且影响因素很多，但是发生碱—集料反应必须具有三个条件：水泥中含有较高的碱量；水泥混凝土中存在活性集料并超过一定数量；存在水分。

为防止碱—集料反应的危害，应采取的措施有：使用含碱量小于 0.6% 的水泥或采用抑制碱—集料反应的掺和料；当使用含钾、钠离子的混凝土外加剂时，必须专门试验，符合要求才能使用。

4. 水泥混凝土的碳化

水泥混凝土的碳化作用是指大气中的二氧化碳在有水的条件下与水泥水化产物氢氧化钙发生反应，生成碳酸钙和水。因氢氧化钙是碱性，而碳酸钙是中性，所以碳化又叫中性化。

碳化主要对水泥混凝土的碱度、强度和收缩产生影响。混凝土的碳化深度随着龄期的延长而增加，碳化的速度受许多因素影响，主要有水泥品种和用量、水灰比、环境条件、外加剂、集料种类等。提高水泥混凝土抗碳化的主要措施有降低水灰比、使用减水剂、在混凝土表面刷涂料或水泥砂浆抹面等。

5. 水泥混凝土的抗侵蚀性

当水泥混凝土所处的环境水有侵蚀性时，必须对侵蚀问题予以重视。环境侵蚀主要指对水泥石的侵蚀，如淡水侵蚀、硫酸盐侵蚀、酸碱侵蚀等。提高水泥混凝土的抗侵蚀性的主要措施有：选用合适的水泥品种和提高混凝土的密实度。密实性好及具有封闭孔隙的混凝土，环境水不易侵入混凝土内部，故其抗侵蚀性好。

五、普通水泥混凝土的质量控制

1. 普通水泥混凝土强度的评定方法

按照有关规定，水泥混凝土的强度应分批进行检验评定。一个验收批的水泥混凝土应由强度等级相同、龄期相同以及生产工艺条件和配合比基本相同的混凝土组成。

1）统计方法评定

（1）已知标准差方法

当水泥混凝土生产条件在较长时间内能保持一致，且同一品种水泥混凝土的强度变异性能保持稳定时，应由连续的三组试件组成一个验收批，其强度应同时满足下列要求：

$$\overline{f_{cu}} \geqslant f_{cu \cdot k} + 0.7\sigma_0 \tag{3-15}$$

$$f_{cu \cdot min} \geqslant f_{cu \cdot k} - 0.7\sigma_0 \tag{3-16}$$

当水泥混凝土强度等级高于 C20 时，其试件强度的最小值尚应满足下式要求：

$$f_{cu.min} \geqslant 0.9 f_{cu \cdot k} \tag{3-17}$$

式中：$\overline{f_{cu}}$——同一验收批水泥混凝土立方体抗压强度的平均值，MPa；

$f_{cu \cdot k}$——水泥混凝土设计抗压强度标准值（强度等级），MPa；

σ_0——验收批水泥混凝土立方体抗压强度的标准差，MPa；

$f_{cu \cdot min}$——同一验收批水泥混凝土立方体抗压强度的最小值,MPa。

验收批水泥混凝土立方体抗压强度标准差应根据前一个检验期内同一品种水泥混凝土试件的强度数据,按下式确定:

$$\sigma_0 = \frac{0.59}{n}\sum_{i=1}^{n}\Delta f_{cu \cdot i} \tag{3-18}$$

式中:$\Delta f_{cu \cdot i}$——前一检验期内第 i 验收批混凝土试件抗压强度中最大值与最小值之差,MPa;

n——前一检验期内验收批的总批数($n \geqslant 15$)。

(2)未知标准差方法

当水泥混凝土生产条件不能满足前述规定,或在前一个检验期内的同一品种水泥混凝土没有足够的数据用以确定验收批混凝土强度的标准差时,应由不少于10组试件组成一个验收批,其抗压强度应同时满足式(3-19)和式(3-20)的要求。

$$\overline{f_{cu}} - \lambda_1 S \geqslant 0.9 f_{uc \cdot k} \tag{3-19}$$

$$f_{uc \cdot min} \geqslant \lambda_2 f_{uc \cdot k} \tag{3-20}$$

式中:$\overline{f_{cu}}$——同一验收批水泥混凝土立方体抗压强度的平均值,MPa;

λ_1、λ_2——合格判定系数,按表3-37取用;

S——验收批水泥混凝土抗压强度的标准差,MPa,可按式(3-21)计算:

水泥混凝土抗压强度的合格判定系数 表3-37

试件组数 n	10~14	15~24	≥25
λ_1	1.70	1.65	1.60
λ_2	0.90	0.85	

$$S = \sqrt{\frac{\sum_{i=1}^{n}(f_{cu \cdot i} - \overline{f_{cu}})^2}{n-1}} = \sqrt{\frac{\sum_{i=1}^{n} f_{cu \cdot i}^2 - n\overline{f_{cu}^2}}{n-1}} \tag{3-21}$$

式中:$f_{cu \cdot i}$——验收批第 i 组水泥混凝土立方体试件的抗压强度值,MPa;

n——验收批水泥混凝土试件的总组数。

当 S 的计算值小于 $0.06 f_{cu \cdot k}$ 时,取 $S = 0.06 f_{cu \cdot k}$。

2)非统计方法评定

当水泥混凝土试件的总组数少于10组时,按非统计方法评定水泥混凝土的抗压强度,其所保留强度应同时满足下列要求:

$$\overline{f_{cu}} \geqslant 1.15 f_{cu \cdot k} \tag{3-22}$$

$$f_{cu \cdot min} \geqslant 0.95 f_{cu \cdot k} \tag{3-23}$$

2. 水泥混凝土强度的合格性判断

当检验结果能满足上述规定时,则该批水泥混凝土强度判为合格;当不满足上述规定时,则该批水泥混凝土强度判为不合格。

由不合格批水泥混凝土制成的结构或构件,应进行鉴定。对不合格的结构或构件必须及时处理。

当对水泥混凝土试件强度的代表性有怀疑时,可采用从结构或构件中钻取试件的方法或采用非破损检验方法,按有关标准的规定对结构或构件中水泥混凝土的强度进行推定。

六、本节实验

1. 水泥混凝土拌和物的拌制（人工拌制法）

1）目的与适用范围

本方法用于常温下室内拌制水泥混凝土，拌制的水泥混凝土拌和物可用于做水泥混凝土的工作性试验或制备试件用于水泥混凝土抗压强度试验。

2）仪器设备

（1）拌板：1m×2m 的金属板一块。

（2）铁铲：两把。

（3）量斗（或其他容器）：装水泥及各种集料用，四个。

（4）量水容器：一个。

（5）抹布：一块。

（6）台秤：称量 50kg，感量满足称量总量的 1%，一台。

（7）天平：感量满足称量总重的 0.5%，一台。

3）拌制步骤

（1）清除拌板上粘着的混凝土，并用湿布拭润；按计算结果称取各种材料，分别装在各容器中。

（2）先将称好的砂置于拌板上，再倒上所需数量的水泥，用铁铲（事先用湿布拭润）拌和至呈均一颜色为止。

（3）加入所需数量的粗集料，使粗集料在整个干拌和物中均匀为止。

（4）将干拌和物收集成长堆，在堆的中心扒一长槽，将所需水的一半注入长槽中，仔细用铁铲拌和材料与水，不使水流散；重新将材料堆集成长堆，扒成长槽，并将剩下的水渐渐加入，继续用铲将混凝土混合料进行拌和（至少来回翻拌 6 遍），直至彻底拌匀为止。拌和时间（由注水时起）如表 3-38 规定。

拌和时间　　表 3-38

拌和物体积（L）	<30	31～50	51～70
拌和时间（min）	<4～5	5～9	9～12

（5）在试验室制备水泥混凝土拌和物时，试验室的温度应保持在 20℃±5℃，所用材料的温度应与试验室温度一致。

2. 水泥混凝土拌和物稠度试验

1）试验目的及适用范围

本试验用于测定水泥混凝土拌和物的坍落度和维勃稠度，以评定水泥混凝土拌和物的稠度。

坍落度仪法适用于集料公称最大粒径不大于 31.5mm，坍落度大于 10mm 的水泥混凝土的稠度测定；维勃仪法用于集料公称最大粒径不大于 31.5mm 的水泥混凝土及维勃时间在 5～30s 之间的干稠性水泥混凝土的稠度测定。

2）试验仪器

（1）坍落度筒：构造和尺寸如图 3-18 所示。坍落度筒为铁板制成的截头圆锥筒，厚应不小

于 1.5mm，内侧平滑，没有铆钉头之类的突出物，在筒上方约 2/3 高度处安装两个把手，近下端两侧焊两个踏脚板，以保证坍落度筒可以稳定操作。

(2)维勃稠度仪(维勃仪)：构造如图 3-19。

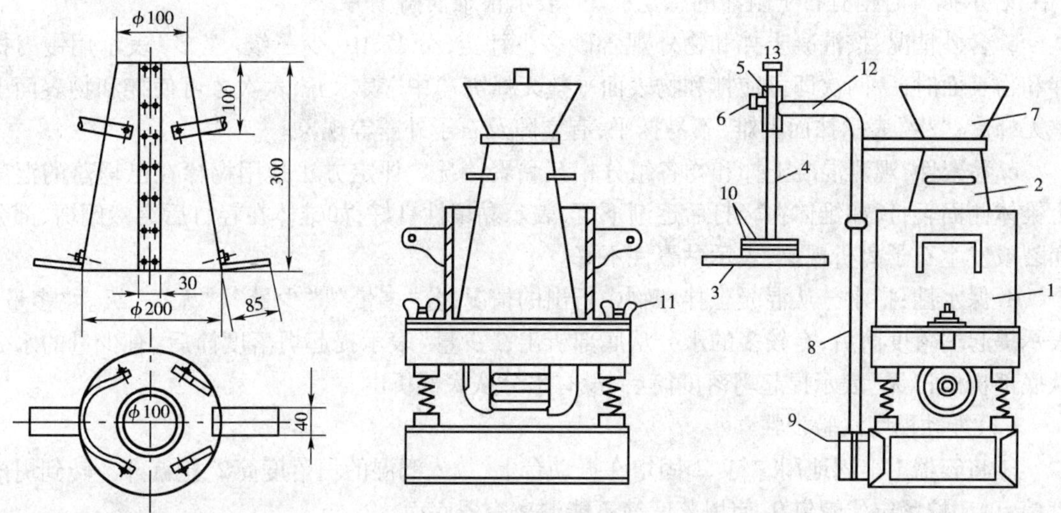

图 3-18　坍落度试验用坍落度筒（尺寸单位：mm）

图 3-19　维勃稠度计

1-容器；2-坍落度筒；3-圆盘；4-滑棒；5-套筒；6-螺栓；7-漏斗；8-支柱；9-定位螺钉；10-荷重；11-元宝螺钉；12-旋转架；13-螺栓

(3)捣棒：为直径 16mm、长约 650mm，并具有半球形端头的钢质圆棒。

(4)其他：秒表、小铲、钢尺、喂料斗、镘刀和钢平板等。

3)试验步骤

(1)坍落度试验步骤

①试验前将坍落度筒内外洗净，放在经水润湿过的平板上(平板吸水时应垫以塑料布)，踏紧踏脚踏板。

②将代表样分三层装入筒内，每层装入高度稍大于筒高的 1/3，用捣棒在每一层的横截面上均匀插捣 25 次，插捣在全部面积上进行，沿螺旋线由边缘至中心。插捣底层时插至底部，插捣上面两层时，应插透本层并插入下层约 20 ~ 30mm。插捣需垂直向下(边缘部分除外)，不得冲击。在插捣顶层时，装入的水泥混凝土拌和物应高出坍落筒口，插捣过程中随时添加拌和物。当顶层插捣完毕后，将捣棒用锯和滚的动作，清除掉多余的拌和物，用镘刀抹平筒口，刮净筒底周围的拌和物。而后立即垂直地提取坍落筒，提筒在 5 ~ 10s 内完成，并使水泥混凝土拌和物不受横向和扭力作用。从开始装筒到提取坍落筒的全过程，不应超过 2.5min。

③将坍落筒放在锥体混凝土试样一旁，筒顶平放木尺，用小钢尺量出木尺底面至试样坍落后的最高点之间的垂直距离，以 mm 计，精确至 1mm，即为该混凝土拌和物的坍落度。

坍落度筒提离后，如水泥混凝土试件一侧发生崩坍或一边剪坏现象，则应重新取样另行测定。如第二次试验仍出现上述现象，则表示该混凝土拌和物工作性不好，应予记录备查。

④当混凝土拌和物的坍落度大于 220mm 时，用钢尺测量混凝土扩展后最终的最大直径与最小直径，在这两个直径之差小于 50mm 的条件下，用其算术平均值作为坍落扩展度值；否则，此次试验无效。

坍落度值和坍落扩展度值均精确至1mm,结果修约至最接近的5mm。

⑤坍落度试验的同时,可用目测的方法评定混凝土拌和物的下列性质,并予记录。

a. 棍度:按插捣混凝土拌和物的难易程度评定,分上、中、下三级。“上”表示插捣容易;“中”表示插捣时稍有石子阻滞的感觉;“下”表示很难插捣。

b. 含砂情况:按混凝土拌和物外观含砂多少评定,分多、中、少三级。“多”表示用镘刀抹拌和物表面时,一两次即可使拌和物表面平整无蜂窝;“中”表示五、六次才可使拌和物表面平整无蜂窝;“少”表示抹面困难,不易抹平,有空隙及石子外露等现象。

c. 黏聚性:观测混凝土拌和物各组分相互黏聚情况。评定方法是用捣棒在已坍落的混凝土锥体侧面轻打,如锥体在轻打后逐渐下沉,表示黏聚性良好;如锥体在轻打后突然倒坍、部分崩裂或发生石子离析现象,表示黏聚性不好。

d. 保水性:指水分从混凝土拌和物中析出的情况,分“多量”、“少量”、“无”三级。“多量”表示提起坍落度筒后,有较多的水分从底部析出;“少量”表示提起坍落度筒后,有少量的水分从底部析出;“无”表示提起坍落度筒后,没有水分从底部析出。

(2)维勃稠度试验步骤

①将容器1牢固地用螺钉11固定在振动台上,放入润湿的坍落度筒2,把漏斗7转到坍落度筒上口,拧紧定位螺钉9,使坍落度筒不能漂离容器底面。

②按坍落度试验方法,分三层经漏斗装入混凝土拌和物,用捣棒每层捣25次,捣毕第三层混凝土后,拧松螺钉9,把漏斗移回到原来位置,抹平筒口,然后轻轻提起筒模。

③拧松螺钉6,使圆盘可定向地向下滑动,仔细地转圆盘到混凝土上方,并轻轻放下圆盘与混凝土接触。检查圆盘是否可以顺利滑向容器。

④开动振动台和秒表,通过透明圆盘观察混凝土的振实情况,当圆盘底面为水泥浆所布满时,即刻停表和关闭振动台,秒表所记时间,即表示混凝土拌和物的维勃时间,时间精确至1s。自动式维勃稠度计停止振动时自动记录维勃时间。

⑤仪器每测试一次,必须将容器、筒模及透明盘洗净擦干,并在滑棒等处涂薄层黄油,以便下次使用。

4)结果计算整理

试验记录如表3-39所示。

稠度试验记录表 表3-39

<table>
<tr><td>试验方法</td><td></td><td colspan="3">试 验 次 数</td></tr>
<tr><td></td><td></td><td>1</td><td>2</td><td>3</td></tr>
<tr><td rowspan="6">坍落度仪</td><td>坍落度(mm)</td><td></td><td></td><td></td></tr>
<tr><td>平均值(mm)</td><td colspan="3"></td></tr>
<tr><td>棍度</td><td></td><td></td><td></td></tr>
<tr><td>含砂情况</td><td></td><td></td><td></td></tr>
<tr><td>黏聚性</td><td></td><td></td><td></td></tr>
<tr><td>保水性</td><td></td><td></td><td></td></tr>
<tr><td rowspan="2">维勃稠度仪</td><td>维勃时间(s)</td><td></td><td></td><td></td></tr>
<tr><td>平均值(s)</td><td colspan="3"></td></tr>
<tr><td colspan="5">说明:</td></tr>
</table>

试验者________ 校核者________ 计算者________ 试验日期________

3. 水泥混凝土立方体试件成型与养护试验

1）目的及适用范围

本试验用于将经过稠度试验合格的水泥混凝土拌和物制备成各种不同尺寸的立方体试件，以进行不同龄期的水泥混凝土抗压强度试验。

2）仪器设备

（1）试模。由刚性、金属制成的侧模和底板构成，用适当的方法组装而成。试模内表面粗糙度 $R_a=3.2\mu m$，内部尺寸允许偏差为 ±0.2%，相邻面夹角为 90° ±0.3°。试件边长的尺寸公差不得超过 1mm。

（2）振动台。标准振动台，应符合《混凝土试验用振动台》（JG/T 3020—94）的要求。

（3）捣棒。为直径 16mm、长约 650mm，并具有半球形端头的钢质圆棒。

（4）其他。小铲、镘刀、橡皮锤和钢平板等。

3）试件成型步骤

（1）将试模内壁敷一薄层矿物油脂或其他脱模剂，根据坍落度不同采用不同的成型方法。

（2）取水泥混凝土拌和物的总量至少应比所需量高 20% 以上，并取出少量混凝土拌和物代表样，在 5min 内进行坍落度或维勃试验，认为品质合格后，应在 15min 内开始制件。

（3）水泥混凝土拌和物装填与捣实。捣实工作可采用下列方式：

①振动法：当坍落度大于 25mm 且小于 70mm 时，用标准振动台成型。将试模放在振动台上夹牢，防止试模自由跳动，将混凝土拌和物一次装入试模中，并使其稍高出模顶，开动振动台至混凝土表面呈现乳状水泥浆为止，振动过程中随时添加混凝土使试模常满，记录振动时间，一般不超过 1.5min。

②插捣法：当坍落度大于 70mm 时，用人工插捣成型。将混凝土拌和物分两层装入，用直径 16mm 的捣棒以螺旋形从边缘向中心均匀地插捣。插捣底层混凝土时，捣棒应达到模底；插捣上层时，捣棒应贯穿上层后插入下层 20 ~ 30mm。捣完一层后用橡皮锤轻轻击打试模外端面 10 ~ 15 下，以填平插捣过程中留下的孔洞。每层插捣次数规定见表 3-40。

人工成型插捣次数表　　表 3-40

试件尺寸（mm）	每层插捣次数	试件尺寸（mm）	每层插捣次数
100 × 100 × 100	12	150 × 150 × 300 轴心抗压强度试件	75
150 × 150 × 150	25	150 × 150 × 550 抗折强度试件	100
200 × 200 × 200	50		

（4）试件表面整平。试件捣实结束后，用金属直尺沿试模边缘刮去多余的混凝土，用镘刀将表面初次抹平，待试件收浆后，再次用镘刀将试件仔细抹平，试件抹面与试模边缘的高低差不得超过 0.5mm。

（5）试件养护。

①试件成型后，用湿布覆盖表面（或其他保持湿度办法），在室温 20 ±5℃、相对湿度大于 50% 的环境中静放 1 ~ 2 昼夜（不超过 2 昼夜），然后拆模，作第一次外观检查和编号，对有缺陷的试件应除去，或加工补平。当一组（3 个试件）中有一个存在蜂窝时，本组试件作废，除特殊情况外应重新制作。

②将完好试件放入标准养护室内进行养护，标准养护条件为温度 20±2℃、相对湿度大于 95%。试件宜放在铁架或木架上，彼此间距至少 10mm，试件表面应保持一层水膜，并避免直接用水冲淋。当无标准养护室时，将试件放入温度为 20±2℃的不流动的 $Ca(OH)_2$ 饱和溶液中养护。

③标准养护龄期为 28d（从搅拌加水开始计时）非标准的养护龄期为 1d、3d、7d、60d、90d、180d。

4. 水泥混凝土立方体抗压强度试验

1）目的及适用范围

本方法用于确定水泥混凝土的强度等级，作为评定水泥混凝土品质的主要指标；本方法适用于各类水泥混凝土立方体试件的极限抗压强度试验。

2）仪器设备

（1）压力机或万能试验机。压力试验机的上、下承压板应有足够的刚度，其中一个承压板上应具有球形支座，为了便利试件对中，球形支座最好位于上承压板上。压力机的精确度（示值的相对误差）应在 ±1% 以内。要求试件破坏时的读数不小于全量程的 20%，也不大于全量程的 80%。

水泥混凝土强度等级≥C60 时，试件周围应设防崩裂网罩。压力试验机上、下压板之间各垫一钢垫板，钢垫板平面尺寸不小于试件的承压面积，其厚度至少为 25mm。钢垫板的平面度公差为 ±0.04mm。

（2）钢尺。精度 1mm。

3）试验步骤

（1）至试验龄期时，自养护室取出试件，应尽快试验，避免其湿度变化。

（2）试件取出，先检查其尺寸及形状，相对两面应平行；相邻面间的夹角应为 90°，其公差不得超过 0.5°；试件各边长尺寸公差不得超过 1mm。试件如有蜂窝缺陷，应在试验前 3d 用浓水泥浆填补平整，并在报告中说明。

（3）将试件安放在试验机的下承压板或垫板上，以成型时的侧面作为上下受压面，试件的中心应与试验机下压板中心对准。开动试验机，当上压板与试件或钢垫板接近时，调整球座，使接触均衡。

（4）在试验过程中连续均匀地加荷。混凝土强度等级 < C30 时，加荷速率取 0.3～0.5MPa/s；混凝土强度等级 > C30 且 < C60 时，加荷速率取 0.5～0.8MPa/s；混凝土强度等级 > C60时，加荷速率取 0.8～1.0MPa/s。

（5）当试件接破坏而开始变形时，应停止调整试验机油门，直至试件破坏，记下破坏极限荷载。

4）结果计算

（1）混凝土立方体试件抗压强度 f_{cu}（以 MPa 计）按式（3-24）计算：

$$f_{cu}=\frac{F}{A} \tag{3-24}$$

式中：f_{cu}——混凝土抗压强度，MPa；

F——极限荷载，N；

A——受压面积，mm^2。

混凝土立方体抗压强度计算应精确至0.1MPa。

(2)以三个试件测值的算术平均值为测定值。如三个测值中的最大值或最小值如有一个与中间值的差值超过中间值的15%时，则把最大值及最小值一并舍弃，取中间值作为该组试件的抗压强度值；如有两个测值与中间值的差值均超过中间值的15%，则该组试验结果无效。

(3)抗压强度以150mm×150mm×150mm的立方块为标准试件，其他尺寸试件测得的抗压强度值应乘以换算系数。当混凝土强度等级<C60时，200mm×200mm×200mm试件换算系数为1.05，100mm×100mm×100mm试件换算系数为0.95。当混凝土强度等级≥C60时，宜采用标准试件，使用非标准试件时，尺寸换算系数应由试验确定。

试验记录表见表3-41。

水泥混凝土立方体抗压强度试验记录表　　表3-41

试件编号	制备日期	试验日期	龄期(d)	最大荷载 F (N)	试件尺寸(mm)	试件截面 A(mm^2)	抗压强度		换算系数	换算后 f_{cu} (MPa)
							个别值 f_{cu} (MPa)	取用值(MPa)		

试验者________　　计算者________　　校核者________　　试验日期________

●第六节　普通水泥混凝土配合比设计●

水泥混凝土的配合比是指混凝土中各组成材料的质量比例，确定各组成材料的质量比例的工作称为配合比设计。水泥混凝土配合比设计就是根据原材料的性能和对混凝土的技术要求，通过计算和试配调整，确定满足工程技术、经济指标要求的混凝土各组成材料的用量。

一、水泥混凝土配合比设计的基本资料

(1)水泥混凝土设计强度等级。

(2)工程特征，包括工程所处环境、结构断面、钢筋最小净距等。

(3)耐久性要求，如抗冻性、抗侵蚀、耐磨、碱-集料等。

(4)水泥强度等级和品种。

(5)砂、碎石的种类，碎石(卵石)最大粒径、密度等。

(6)施工方法。

二、水泥混凝土配合比的表示方法

水泥混凝土配合比的表示方法有下列两种：

(1)单位用量表示法。以$1m^3$水泥混凝土中各种材料的用量表示，如“水泥:水:细集料:粗集料=336kg:185kg:564kg:1315kg”。

(2)相对用量表示法。以水泥的质量为1，并按“水泥:细集料:粗集料;水灰比”的顺序排

列表示,如“1:1.68:3.91;W/C=0.55”。

三、对水泥混凝土的基本要求

对于道路与桥梁工程用水泥混凝土的配合比设计,应满足下列四项基本要求:

(1)施工工作性的要求

按照结构物断面尺寸和形状、钢筋的配置情况、施工方法及设备等,合理确定水泥混凝土拌和物的工作性(坍落度或维勃稠度)。

(2)结构物强度要求。不论是水泥混凝土路面或桥梁,在结构设计时都会对不同的结构部位提出不同的“设计强度”要求。为了保证结构物的可靠性,在确定水泥混凝土配合比时,必须考虑到结构物的重要性、施工单位施工水平、施工环境因素等,采用一个与“设计强度”相对应的“配制强度”,才能满足“设计强度”的要求。但是“配制强度”的高低一定要适宜,定得太低结构物不安全,定得太高会造成浪费。

(3)环境耐久性要求。根据结构物所处的环境条件,如严寒地区的路面,桥梁墩台处于水位升降范围,处于有侵蚀介质中等,为保证结构的耐久性,在设计水泥混凝土配合比时,应考虑允许的最大水灰比和最小水泥用量。

(4)经济性的要求。在满足水泥混凝土设计强度、工作性和耐久性的前提下,在配合比设计中要尽量降低高价材料(如水泥)的用量,并考虑应用当地材料和工业废料(如粉煤灰),以配制成性能优良、价格便宜的混凝土。

四、水泥混凝土配合比设计的三参数

由水泥、水、粗集料、细集料组成的普通水泥混凝土配合比设计,实际上就是确定水泥、水、砂和碎石这四种基本组成材料的用量。其中有三个重要参数:水灰比、砂率和单位用水量。

(1)水灰比。水与水泥组成水泥浆体,在水泥混凝土配合比设计中起着决定性作用。所确定的水灰比应满足水泥混凝土工作性、设计强度和耐久性的要求。

(2)砂率。砂率影响着水泥混凝土的黏聚性和保水性等技术性能,砂率不宜过小、也不宜过大。

(3)单位用水量。单位用水量是指 $1m^3$ 水泥混凝土拌和物中水的用量(kg/m^3)。在水灰比固定的条件下,用水量如果确定,则水泥用量亦随之确定,当然集料的总用量也能确定。因此,单位用水量反映了水泥浆与集料之间的比例关系。

五、水泥混凝土配合比设计的基本原理

1. 假定表观密度法(简称质量法)

如果原材料比较稳定,可先假设水泥混凝土拌和物的表观密度为一定值(通常普通水泥混凝土拌和物的表观密度 ρ_{cp} 为 2 350 ~ 2 450kg/m^3),混凝土拌和物各组成材料的单位(体积)用量之和即为混凝土拌和物的表观密度。亦即:

$$m_c + m_g + m_s + m_w = \rho_{cp} \tag{3-25}$$

2. 绝对体积法(简称体积法)

该法是假定水泥混凝土拌和物的体积等于各组成材料绝对体积与混凝土拌和物所含空气

体积之和,即:

$$\frac{m_c}{\rho_c}+\frac{m_g}{\rho_g}+\frac{m_s}{\rho_s}+\frac{m_w}{\rho_w}+V_q=1 \tag{3-26}$$

式中:m_c、ρ_c——分别为水泥的用量(kg/m³)和密度(kg/m³);

m_g、ρ_g——分别为粗集料的用量(kg/m³)和表观密度(kg/m³);

m_s、ρ_s——分别为细集料的用量(kg/m³)和表观密度(kg/m³);

m_w、ρ_w——分别为水的用量(kg/m³)和密度(可取1 000kg/m³);

V_q——混凝土拌和物所含空气体积,m³。

3. 查表法

根据大量试验结果进行整理,将各种配合比列成表,使用时根据相应条件查表,选取适当的配合比。它是直接从工程实际中总结的结果,在工程应用较广泛。

六、水泥混凝土配合比设计的步骤

以下介绍以抗压强度为指标的配合比设计步骤。

1. 初步配合比的计算

1)确定水泥混凝土配制强度$f_{cu,0}$

确定水泥混凝土配制强度$f_{cu,0}$时,应根据设计要求的混凝土强度等级和施工单位质量管理水平,按照《普通水泥混凝土配合比设计规程》(JGJ 55—2000)的规定进行。水泥混凝土配制强度可按式(3-27)计算:

$$f_{cu,0}=f_{cu,k}+1.645\sigma \tag{3-27}$$

式中:$f_{cu,0}$——水泥混凝土的配制强度,MPa;

$f_{cu,k}$——水泥混凝土设计抗压强度标准值,MPa;

σ——水泥混凝土立方体试件抗压强度的标准差,MPa。

水泥混凝土立方体试件抗压强度标准差可根据近期同类混凝土强度资料求得,其试验组数不应少于25组。对于C20和C25级混凝土,若强度标准差计算值低于2.5MPa时,则计算配制强度时的标准差取不小于2.5MPa;对不低于C30级混凝土,若强度标准差计算值低于3.0MPa时,则计算配制强度时的标准差取不小于3.0MPa。当无历史统计资料时,强度标准差可根据强度等级按表3-42规定取用。

强度标准差σ值　　表3-42

强度等级	<C20	C20~C35	>C35
标准差σ(MPa)	4.0	5.0	6.0

2)初步确定水灰比$\frac{W}{C}$

(1)按强度要求初步确定水灰比。当水泥混凝土强度等级小于C60级时,由式(3-28)可得水灰比的计算式:

$$\frac{W}{C}=\frac{\alpha_a f_{ce}}{f_{cu,0}+\alpha_a\alpha_b f_{ce}} \tag{3-28}$$

式中:α_a、α_b——回归系数,取值见表3-36;

f_{ce}——水泥28d抗压强度实测值，MPa。

当无水泥28d抗压强度实测值时，按式(3-29)确定f_{ce}。

$$f_{ce}=\gamma_c \cdot f_{ce,g} \tag{3-29}$$

式中：$f_{ce,g}$——水泥强度等级值，MPa；

γ_c——水泥强度等级值富余系数，按实际统计资料确定。

(2)按耐久性要求初步确定水灰比。在确定采用的水灰比时，还应考虑水泥混凝土所处的环境条件。耐久性要求的允许最大水灰比见表3-43。

普通混凝土的最大水灰比和最小水泥用量 表3-43

环境条件		结构物类别	最大水灰比			最小水泥用量(kg/m³)		
			素混凝土	钢筋混凝土	预应力混凝土	素混凝土	钢筋混凝土	预应力混凝土
干燥环境		正常的居住或办公用房室内部件	不作规定	0.65	0.60	200	260	300
潮湿环境	无冻害	高湿度的室内部件，室外部件，在非侵蚀性土和(或)水中的部件	0.70	0.60	0.60	225	280	300
	有冻害	经受冻害的室外部件，在非侵蚀性土和(或)水中且经受冻害的部件，高湿度且经受冻害的室内部件	0.55	0.55	0.55	250	280	300
有冻害和除冰剂的潮湿环境		经受冻害和除冰剂作用的室内和室外部件	0.50	0.50	0.50	300	300	300

注：①当用活性掺和料取代部分水泥时，表中的最大水灰比及最小水泥用量即为替代前的水灰比和水泥用量；

②配制C15级及其以下等级的混凝土时，可不受本表限制。

水灰比应选择上述两种方法中的较小值。

3)确定单位用水量m_{w0}

(1)干硬性和塑性混凝土用水量的确定。当水灰比在0.40～0.80范围时，根据粗集料的品种、最大粒径及施工要求的混凝土拌和物稠度，其用单位水量可按表3-44、表3-45选取。对于水灰比小于0.40的混凝土以及采用特殊成型工艺的混凝土用水量通过试验确定。

干硬性混凝土的用水量(单位：kg/m³) 表3-44

拌和物稠度		卵石最大粒径(mm)			碎石最大粒径(mm)		
项目	指标	9.5	19	37.5	16	19	37.5
维勃稠度(s)	16～20	175	160	145	180	170	155
	11～15	180	165	150	185	175	160
	5～10	185	170	155	190	180	165

塑性混凝土的用水量(单位:kg/m^3)　表 3-45

拌和物稠度		卵石最大粒径(mm)				碎石最大粒径(mm)			
项目	指标	9.5	19	31.5	37.5	16	19	31.5	37.5
坍落度(mm)	10~30	190	170	160	150	200	185	175	165
	35~50	200	180	170	160	210	195	185	175
	55~70	210	190	180	170	220	205	195	185
	75~90	215	195	185	175	230	215	205	195

注:①用水量系采用中砂时的平均值。采用细砂时,每立方米混凝土用水量可增加 5~10kg,采用粗砂时,则可减少5~10kg。

②掺用各种外加剂或掺和料时,用水量应相应调整。

(2)流动性和大流动性混凝土用水量的确定。以表 3-45 中坍落度为 90mm 的用水量为基础,按坍落度每增大 20mm 用水量增加 5kg,计算未掺外加剂时的混凝土的用水量。

掺外加剂时的混凝土用水量可按式(3-30)计算:

$$m_{wa}=m_{w0}(1-\beta) \tag{3-30}$$

式中:m_{wa}——掺外加剂的混凝土每立方米的混凝土用水量,kg;

m_{w0}——未掺外加剂的混凝土每立方米的混凝土用水量,kg;

β——外加剂的减水率,%。

4)计算单位水泥用量 m_{c0}

(1)按水灰比、单位用水量计算单位水泥用量:

$$m_{c0}=m_{w0}\times\frac{C}{W} \tag{3-31}$$

式中:m_{c0}——每立方米混凝土拌和物中水泥的用量,kg;

m_{w0}——每立方米混凝土拌和物中水的用量,kg。

(2)按混凝土耐久性要求校核单位水泥用量。根据混凝土耐久性要求,普通水泥混凝土的最小水泥用量,依据结构所处的环境条件应不得小于表 3-43 中的规定。

5)选定砂率 β_s

当无历史资料可参考时,水泥混凝土砂率的确定应符合下列规定:

(1)坍落度为 10~60mm 的水泥混凝土,其砂率可根据粗集料品种、最大粒径及水灰比按表 3-46 选取。

水泥混凝土的砂率(%)　表 3-46

水灰比 W/C	卵石最大粒径(mm)			碎石最大粒径(mm)		
	9.5	19	37.5	16	19	37.5
0.40	26~32	25~31	24~30	30~35	29~34	27~32
0.50	30~35	29~34	28~33	33~38	32~37	30~35
0.60	33~38	32~37	31~36	36~41	35~40	33~38
0.70	36~41	35~40	34~39	39~44	38~43	36~41

注:①本表数值系中砂的选用砂率,对细砂或粗砂,可相应地减少或增大砂率;

②只用一个单粒级粗集料配制混凝土时,砂率应适当增大;

③对薄壁构件,砂率取偏大值;

④本表中砂率系指砂与集料总量的质量比。

(2)坍落度大于60mm的水泥混凝土,其砂率可经试验确定,也可在表3-46的基础上,按坍落度每增大20mm,砂率增大1%的幅度予以调整。

(3)坍落度小于10mm的水泥混凝土,其砂率应经试验确定。

6)计算粗集料、细集料单位用量 m_g、m_s

(1)质量法。当砂率值确定后,粗、细集料的单位用量可由式(3-31)和砂率计算公式建立方程式求得:

$$m_{c0}+m_{g0}+m_{s0}+m_{w0}=\rho_{cp}$$

$$\beta_s=\frac{m_{s0}}{m_{g0}+m_{s0}}\times 100 \tag{3-32}$$

式中:m_{c0}、m_{w0}、m_{s0}、m_{g0}——每立方米混凝土拌和物中水泥、水、细集料和粗集料的用量,kg;

ρ_{cp}——每立方米混凝土拌和物的湿表观密度,kg/m^3。

水泥混凝土拌和物的湿表观密度可根据施工单位积累的试验资料确定。当缺乏资料时,可根据水泥混凝土的强度等级,参考表3-47选用。

混凝土拌和物的湿表观密度参考值 表3-47

混凝土强度等级(MPa)	C15	C20~C30	>C40
假定湿表观密度(kg/m^3)	2 300~2 350	2 350~2 400	2 450

(2)体积法。粗、细集料的单位用量可由式(3-31)和砂率计算公式建立方程式求得:

$$\frac{m_{c0}}{\rho_c}+\frac{m_{g0}}{\rho_g}+\frac{m_{s0}}{\rho_s}+\frac{m_{w0}}{\rho_w}+0.01\alpha=1$$

$$\beta_s=\frac{m_{s0}}{m_{g0}+m_{s0}}\times 100 \tag{3-33}$$

式中:α——混凝土的含气量百分数,在不使用引气型外加剂时,取值为1。

通过以上六个步骤计算,可将水泥、水、粗集料、细集料的用量全部求出,得到初步配合比(m_{c0}: m_{w0}: m_{s0}: m_{g0}),而以上各项计算多数利用经验公式或经验资料获得,因此按初步配合比设计所制得的水泥混凝土不一定符合实际要求,应对初步配合比进行试配、检验和调整。

2. 试拌调整提出基准配合比

1)试配

(1)试配的原材料。试配水泥混凝土所用各种原材料,应与实际工程使用的材料相同,粗、细集料的称量均以干燥状态为基准。如用不干燥的集料配制,称料时应在用水量中扣除集料中的水,集料也应增加。

(2)搅拌方法与拌和物数量。水泥混凝土的搅拌方法,应尽量与生产时使用方法相同。试拌时,每盘水泥混凝土数量一般应不少于表3-48中的建议值。如需要进行抗弯拉强度试验,则应根据实际需要计算拌和用量。采用机械搅拌时,拌和量不应小于搅拌机额定搅拌量的1/4。

混凝土试配的最小搅拌量 表3-48

集料最大粒径(mm)	拌和物数量(L)
31.5及以下	15
37.5	25

2)校核工作性、调整配合比

按初步配合比计算出试配所需的材料用量,配制水泥混凝土拌和物。通过试验测定混凝土拌和物的坍落度,同时观察混凝土拌和物的黏聚性和保水性。

当不符合要求时,应进行调整。调整的基本原则如下:若流动性太大,可在砂率不变的条件下,适当增加砂、石的用量;若流动性太小,应在保持水灰比不变的情况下,适当增加水和水泥用量;若黏聚性和保水性不良时,实质上是混凝土拌和物中砂浆不足或砂浆过多,可适当增大砂率或适当降低砂率。

调整工作性满足要求时得到的配合比,即是可供混凝土强度试验用的基准配合比 $m_{c1}:m_{w1}:m_{s1}:m_{g1}$。当试拌调整工作完成后,应测出混凝土拌和物的实际表观密度。

3. 检验强度,确定试验室配合比

(1)制作试件、检验强度。经过工作性调整试验得出的水泥混凝土基准配合比,其水灰比不一定选用恰当,混凝土的强度不一定符合要求,所以应对混凝土强度进行复核。混凝土强度试验时至少采用三个不同的配合比,其中一个是基准配合比,另两组的水灰比则分别增加及减少0.05,用水量应与基准配合比相同,砂率可分别增加1%和减少1%。

每种配合比制作一组(三块)试件,在制作混凝土抗压强度试件时,应检验混凝土拌和物的坍落度(或维勃稠度)、黏聚性、保水性及拌和物的表观密度,并以此结果作为代表相应配合比的混凝土拌和物的性能。按标准条件养护28d,根据试验得出的混凝土强度与其相对应的水灰比关系,用作图法求出混凝土强度与其相应的水灰比。

(2)根据检验强度后确定的水灰比和砂率,重新计算混凝土的配合比 $m_{c2}:m_{w2}:m_{s2}:m_{g2}$。

(3)根据实测拌和物湿表观密度修正配合比。由强度复核之后的配合比,还应根据实测的混凝土拌和物的表观密度作校正,以确定 $1m^3$ 混凝土拌和物中各种材料的用量,由此得到的配合比 $m'_{c2}:m'_{w2}:m'_{s2}:m'_{g2}$,称为试验室配合比。

校正系数的确定步骤如下:

①计算混凝土拌和物的计算表观密度:

$$\rho_{c\cdot c}=m_c+m_w+m_s+m_g \tag{3-34}$$

②计算混凝土密度校正系数 δ:

$$\delta=\rho_{c\cdot t}/\rho_{c\cdot c} \tag{3-35}$$

式中:$\rho_{c\cdot c}$——混凝土表观密度计算值,kg/m^3;

$\rho_{c\cdot t}$——混凝土表观密度实测值,kg/m^3。

当混凝土表观密度计算值与实测值之差的绝对值不超过计算2%时,按以上原则确定的配合比即为试验室的设计配合比;当两者之差超过2%时,应将配合比中每项材料用量乘以校正系数 δ,即为确定的设计配合比。

4. 施工配合比

试验室最后确定的配合比,是按干燥状态集料计算的,而施工现场的砂、碎石材料为露天堆放,都含有一定的水分,因此,施工现场应根据现场砂、碎石实际含水率的变化,将试验室配合比换算为施工配合比 $m_c:m_w:m_s:m_g$。

设施工现场实测砂、石含水率分别为 $a\%$、$b\%$,施工中配制 $1m^3$ 混凝土各种材料的用量为

$$\left.\begin{aligned}m_c&=m'_{c2}\\m_s&=m'_{s2}(1+a\%)\\m_g&=m'_{g2}(1+b\%)\\m_w&=m'_{w2}-(m'_{s2}\times a\%+m'_{g2}\times b\%)\end{aligned}\right\}\qquad(3\text{-}36)$$

七、水泥混凝土配合比设计示例

1. 原始资料

(1)某钢筋混凝土桥台，水泥混凝土设计强度等级为C30，施工单位的强度标准差为4.0MPa。机械拌和、振捣，施工要求的水泥混凝土拌和物坍落度为55~70mm。混凝土浇注所在地处于冻害环境。

(2)组成材料：可供应强度等级为32.5MPa的普通硅酸盐水泥，水泥强度富余系数为1.13，密度为$3.15\times10^3kg/m^3$；中砂，表观密度为$2.65\times10^3kg/m^3$，施工现场砂含水率为3%；粒径为4.75~31.5mm碎石，表观密度为$2.70\times10^3kg/m^3$，施工现场碎石含水率为1%；水为自来水。

2. 设计要求

(1)按所给资料计算出初步配合比。

(2)按初步配合比在试验室进行试拌，调整得出试验室配合比。

(3)根据现场砂、碎石实际含水率，将试验室配合比换算为施工配合比。

3. 设计步骤

1)计算初步配合比

(1)确定水泥混凝土配制强度$f_{cu,0}$。按题意已知：混凝土设计强度为30MPa，标准差为4.0MPa。则混凝土配制强度为：

$$f_{cu,0}=f_{cu,k}+1.645\sigma=30+1.645\times4=36.58MPa$$

(2)计算水灰比$\frac{W}{C}$，步骤如下：

①计算水泥实际强度。由题意已知水泥强度等级为32.5MPa普通硅酸盐水泥，强度富余系数为1.13，则水泥的实际强度为：

$$f_{ce}=\gamma_c\times f_{ce,g}=1.13\times32.5=36.7MPa$$

②按强度要求计算水灰比。已知混凝土配制强度为36.58MPa，水泥实际强度为36.7MPa。本单位无混凝土强度回归系数统一资料，查表3-36中回归系数$\alpha_a=0.46$、$\alpha_b=0.07$，则水灰比为：

$$\frac{W}{C}=\frac{\alpha_a\cdot f_{ce}}{f_{cu,0}+\alpha_a\cdot\alpha_b\cdot f_{ce}}=\frac{0.46\times36.7}{36.58+0.46\times0.07\times36.7}=0.45$$

③按耐久性校核水灰比。根据混凝土处于有冻害环境，查表3-43，允许最大水灰比为0.55，按强度计算的水灰比能满足耐久性要求，所以水灰比采用0.45。

(3)选用单位用水量m_{w0}。由题意已知，要求混凝土拌和物坍落度为55~70mm，碎石最大粒径为31.5mm。查表3-45，选用混凝土单位用水量为$195kg/m^3$。

(4)计算单位水泥用量m_{c0}。

①按水灰比、单位用水量计算单位水泥用量。已知混凝土单位用水量为 195kg/m³,水灰比为 0.45,混凝土单位水泥用量为:

$$m_{c0}=\frac{m_{w0}}{\frac{W}{C}}=\frac{195}{0.45}=433\text{kg/m}^3$$

②按耐久性校核单位水泥用量。根据混凝土所处环境属于寒冷地区,查表 3-43,最小水泥用量不得小于 280kg/m³,按强度计算单位水泥用量符合耐久性要求。采用单位水泥用量 433kg/m³。

(5)选定砂率 β_s。按已知集料采用碎石,最大粒径 31.5mm,水灰比为 0.45,查表 3-46,选取砂率为 0.32。

(6)计算砂、碎石用量。

①采用质量法。已知单位水泥用量为 433kg/m³,单位用水量为 195kg/m³,查表 3-47,混凝土拌和物湿表观密度为 2 400kg/m³,砂率为 0.32,由此可得:

$$\begin{cases}m_{s0}+m_{g0}=\rho_{cp}-m_{c0}-m_{w0}=(2\,400-433-195)\text{kg/m}^3\\ \dfrac{m_{s0}}{m_{s0}+m_{g0}}=\beta_s=0.32\end{cases}$$

解得 $m_{s0}=567\text{kg/m}^3$,$m_{g0}=1\,205\text{kg/m}^3$。

按质量法计算得初步配合比为 $m_{c0}:m_{w0}:m_{s0}:m_{g0}=433:195:567:1\,205$。

②采用体积法。已知水泥密度为 $3.15\times10^3\text{kg/m}^3$,砂的表观密度为 $2.65\times10^3\text{kg/m}^3$,碎石表观密度为 $2.70\times10^3\text{kg/m}^3$。

$$\begin{cases}\dfrac{m_{s0}}{\rho_s}+\dfrac{m_{g0}}{\rho_g}=1\,000-\dfrac{m_{c0}}{\rho_c}-\dfrac{m_{w0}}{\rho}-10\alpha\\ \dfrac{m_{s0}}{m_{s0}+m_{g0}}=\beta_s\end{cases}$$

非引气混凝土 $\alpha=1$,则:

$$\begin{cases}\dfrac{m_{s0}}{2.65}+\dfrac{m_{g0}}{2.70}=\left(1\,000-\dfrac{433}{3.15}-\dfrac{195}{1}-10\right)\text{kg/m}^3\\ \dfrac{m_{s0}}{m_{s0}+m_{g0}}=0.32\end{cases}$$

解得砂用量为 564k/m³,碎石用量为 1 200kg/m³。

按体积法计算得初步配合比为 $m_{c0}:m_{w0}:m_{g0}:m_{g0}=433:195:564:1\,200$。

两种方法计算结果相近。

2)调整工作性、提出基准配合比

(1)计算试样材料用量。按计算初步配合比取样 15L,则各种材料的用量为:

水泥: (433 ×0.015)kg = 6.50kg

砂: (564 ×0.015)kg = 8.46kg

碎石: (1 200 ×0.015)kg = 18.00kg

水: (195 ×0.015)kg = 2.93kg

(2)调整工作性。按计算材料用量拌制混凝土拌和物,测定其坍落度为45mm,不满足资料所给的施工和易性要求。为此,保持水灰比不变,增加2%水泥浆,即水泥用量增至6.63kg,水用量增至2.99kg,再经搅拌后测得坍落度为58mm,黏聚性、保水性均良好。

(3)提出基准配合比。可得出基准配合比为 $m_{c1}:m_{w1}:m_{s1}:m_{g1}=442:199:564:1\,200$。

3)检验强度、确定试验室配合比

(1)检验强度

以0.45为基准,选用0.40、0.45和0.50三个水灰比,基准用水量不变,相应调整水泥、砂、碎石用量,分别拌制三组水泥混凝土试样,其中对水灰比为0.40和0.50的两组混凝土拌和物作工作性调整,满足设计要求。按三个水灰比分别做成试块,实测28d抗压强度。

与0.40、0.45和0.50三个水灰比相应的28d抗压强度结果分别为44.34MPa、38.11MPa、31.52MPa。

按图3-20方法绘制强度——水灰比曲线,确定与混凝土配制强度36.58MPa对应的水灰比为0.46。

(2)混凝土试验室配合比

①按强度试验结果计算配合比1m³各材料用量

水:$195\times(1+2\%)\text{kg}=199\text{kg}$

水泥:$199\div0.46=433\text{kg}$

砂、碎石用量按体积法计算得砂 = 564kg;碎石 = 1 200kg

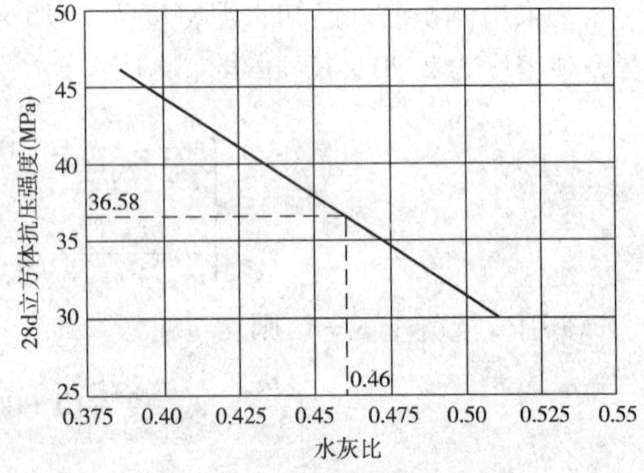

图3-20 混凝土28d抗压强度与水灰比关系

②根据实测拌和物湿表观密度修正配合比

计算湿表观密度为:$(433+199+564+1\,200)=2\,396\text{kg/m}^3$

实测湿表观密度为:$2\,456\text{kg/m}^3$

修正系数为:$2\,456/2\,396=1.025$

③按实测湿表观密度修正各种材料用量

水泥:$433\times1.025=444\text{kg/m}^3$

水:$199\times1.025=204\text{kg/m}^3$

砂:$564\times1.025=578\text{kg/m}^3$

碎石:$1\,200\times1.025=1\,230\text{kg/m}^3$

试验室配合比为 $m'_{c2}:m'_{w2}:m'_{s2}:m'_{g2}=444:204:578:1\,230$ 或 $1:1.30:2.77:0.46$

④换算工地配合比

根据工地实测,砂的含水率为3%,碎石的含水率为1%,计算各种材料的用量。

水泥:444kg/m^3

砂:$578\times(1+3\%)=595\text{kg/m}^3$

碎石:$1\,230\times(1+1\%)=1\,242\text{kg/m}^3$

水:$204-(578\times3\%+1\,230\times1\%)=174\text{kg/m}^3$

工地配合比为 $m_c:m_w:m_s:m_g=444:174:595:1\,242$

第七节 建筑砂浆的技术性质与配合比设计

按砂浆用途,建筑砂浆可分为砌筑砂浆和抹面砂浆两类。

一、砌筑砂浆

砌筑砂浆是将砖、石或水泥混凝土砌块等黏结成为整体的砂浆。

1. 砂浆的组成材料

砂浆的组成材料除了不含粗集料外,基本上与水泥混凝土的组成材料要求相同,但亦有差异。

(1)水泥。常用的各种品种水泥均可作为砂浆的结合料。但由于砂浆的强度等级较低,所以水泥的强度等级不宜太高,否则会由于水泥用量不足导致砂浆的保水性不良。水泥砂浆中所用水泥的强度宜为砂浆强度等级的4~5倍,其强度等级不宜超过32.5级。在水泥混合砂浆中,所掺加的消石灰膏会降低砂浆强度,因此所采用的水泥强度等级可适当提高,但不宜大于42.5级。

(2)细集料。细集料为砂浆的集料,常用天然砂。砂的质量应符合水泥混凝土用砂的要求。由于砂浆多铺成薄层,砂的最大粒径应不超过灰缝的1/4~1/5。对于砖砌体,粒径不得大于2.36mm;对于石砌体,砂的最大粒径为4.75mm。对砂中泥和泥块含量常作如下限制:砂的含泥量不应超过5%。强度等级为M2.5的水泥混合砂浆,砂的含泥量不应超过10%。

(3)掺加料。为改善砂浆的和易性,除了水泥外,还掺入各种掺加料(如石灰膏、黏土膏和粉煤灰等)作为结合料,配制成各种混合砂浆,以改善砂浆的工艺性能和降低成本。

(4)外加剂。为使砂浆具有良好的和易性和其他施工性能,可以在砂浆中掺入外加剂(如引气剂、早强剂、缓凝剂、防冻剂等),外加剂的品种和掺量及物理性能等都应通过试验确定。

(5)水。拌制砂浆用水与水泥混凝土用水相同。

2. 砂浆技术性质

1)新拌砂浆的和易性

新拌砂浆的和易性是指其是否便于施工并保证质量的综合性质。和易性良好的砂浆易在粗糙的砖、石表面铺成均匀的薄层且能与底面紧密黏结,既便于施工,又能提高生产效率和保证工程质量。新拌砂浆的和易性可以根据其流动性和保水性来综合评定。

(1)流动性

流动性是指新拌砂浆在自重或外力作用下产生流动性能、能在粗糙的砖、石基面上铺筑成均匀的薄层并能与底面很好黏结的性能。它实际上反映了砂浆的稠度,用砂浆稠度测定仪测定。试验时,将按预定配合比拌制的砂浆装入圆锥体容器中,使标准的试锥自由下沉,用10s的沉入量作为流动性的指标,以“mm”计。

砂浆的流动性受胶结材料的品种和用量、用水量、混合材料及外加剂掺量、砂粒粗细、砂粒形状和级配以及搅拌时间的影响。砂浆流动性的选择与砌体种类、施工方法以及天气情况有关,可参考表3-49选用。

砌筑砂浆的稠度　　表 3-49

砌体种类	砂浆稠度(mm)	砌体种类	砂浆稠度(mm)
烧结普通砖砌体	70~90	烧结普通砖平拱式过梁	50~70
轻集料混凝土小型空心砖砌体	60~90	空心墙、筒拱	
烧结多孔砖、空心砖砌体		普通混凝土小型空心砖砌体	
石砌体	30~50	加气混凝土砌块砌体	

(2)保水性

保水性是指新拌砂浆保持水分不流失的能力,也表示各组成材料不易分离的性质。保水性不好的砂浆,其塑性差,储运过程中水分容易离析,砌筑时水分易被砖石吸收,施工较为困难,对砌体质量将会带来不利影响。

砂浆保水性用分层度表示。用砂浆分层度测量仪测定。试验时,将已测定稠度的砂浆装入圆筒中,静置30min后取圆筒底部1/3砂浆再测稠度,两次稠度的差值即为分层度,以mm计。保水性好的砂浆,其分层度应为10~20mm。分层度大,表明砂浆的分层离析现象严重,保水性不好。分层度过小,表明砂浆干缩较大,影响黏结力。

砂浆的保水性与胶结材料的类型和用量、细集料的级配、用水量等有关。为了改善砂浆的保水性,常掺入石灰膏、粉煤灰等。

2)硬化后砂浆的强度

砂浆硬化后成为砌体的组成材料之一,应能承受和传递各种外力,因此砂浆应具有一定的抗压强度。砂浆抗压强度是确定其强度等级的重要依据。

砂浆强度等级是以边长为70.7mm的六个立方体试块,按规定方法成型并养护至28d后测定的抗压强度平均值(MPa)来表示的。砂浆强度等级分为M20、M15、M10、M7.5、M5和M2.5六个等级。

砂浆在砌筑时的实际强度主要决定于所砌筑的基层材料的吸水性,可分为下述两种情况。

(1)基层为不吸水材料(如致密的石材)。影响砂浆强度的因素与影响水泥混凝土强度的因素基本相同,主要有水泥强度与水灰比,可用式(3-37)表示。

$$f_{m0,28}=0.29f_{ce}\left(\frac{C}{W}-0.4\right) \tag{3-37}$$

式中:$f_{m0,28}$——砂浆28d的抗压强度,MPa;

f_{ce}——水泥28d的实际强度,MPa;

$\frac{C}{W}$——灰水比。

(2)基层为吸水材料(如砖或其他多孔材料)。由于基层吸水性强,即使砂浆用水量不同,经基层吸水后,保留在砂浆中的水分也大致相同。因此,砂浆的强度主要决定于水泥强度及用量,而与水灰比无关。强度按式(3-38)计算。

$$f_{m0,28}=\frac{\alpha\cdot Q_c\cdot f_{ce}}{1\,000}+\beta \tag{3-38}$$

式中:$f_{m0,28}$——砂浆28d的抗压强度,MPa;

f_{ce}——水泥28d的实际强度,MPa;

Q_c——每立方米砂浆的水泥用量，kg/m^3；

α、β——砂浆的特征系数，其中 $\alpha = 3.03$，$\beta = -15.09$。

注：各地区也可用本地区试验资料确定 α、β 值，统计用的试验组数不得少于 30 组。

3）黏结力

由于砖、石等砌体是依靠砂浆黏结成整体的，因而要求砂浆与基材之间应有一定的黏结力。砂浆的黏结力与其强度密切相关，通常砂浆强度越高则黏结力越大。此外，黏结力也与基材的表面状态、清洁程度、湿润状况及施工养护条件等有关系。

4）耐久性

圬工砂浆经常受环境水的作用，故除强度外，还应考虑抗冻、抗渗、抗侵蚀等性能。提高砂浆的密实度可提高其耐久性。

二、砌筑砂浆的配合比

1. 水泥混合砂浆配合比计算

1）确定砂浆的试配强度

由式（3-39）计算砂浆的试配强度：

$$f_{m,0} = f_2 + 0.645\sigma \tag{3-39}$$

式中：$f_{m,0}$——砂浆的试配强度，MPa；

f_2——砂浆的设计强度，MPa；

σ——砂浆现场抗压强度标准差，MPa，当有统计资料时，应通过计算确定，当没有近期统计资料时，砂浆现场强度标准差可按表 3-50 取用。

砂浆强度标准差 σ 限用值（单位：MPa） 表 3-50

施工水平	砂浆强度等级					
	M2.5	M5	M7.5	M10	M15	M20
优良	0.50	1.00	1.50	2.00	3.00	4.00
一般	0.62	1.25	1.88	2.50	3.75	5.00
较差	0.75	1.50	2.25	3.00	4.50	6.00

2）确定水泥用量

每立方米水泥混合砂浆的水泥用量由式（3-40）求得：

$$Q_c = \frac{1\,000(f_{m,0} - \beta)}{\alpha f_{ce}} \tag{3-40}$$

式中：Q_c——每立方米砂浆中的水泥用量，精确至 1kg；

α、β——砂浆的特征系数，其值可由试验确定，或参考表 3-49；

$f_{m,0}$——砂浆的试配强度，MPa；

f_{ce}——水泥的实测强度，MPa，在无法取得水泥的实测强度时，可按下式计算：

$$f_{ce} = \gamma_c f_{ce,k} \tag{3-41}$$

式中：$f_{ce,k}$——水泥强度等级对应的强度值，MPa；

γ_c——水泥强度的富余系数，该值按实际统计资料确定，无统计资料时，取 $\gamma_c = 1.0$。

3）确定掺和料用量

配制水泥石灰混合砂浆按式(3-42)计算石灰膏的用量:

$$Q_D = Q_A - Q_c \tag{3-42}$$

式中:Q_D——每立方米砂浆中掺加料用量,精确至1kg;石灰膏、黏土膏使用时的稠度为120±5mm;

Q_A——每立方米砂浆中水泥与掺和料的总量,kg/m³,宜在300~350kg/m³之间;

Q_c——每立方米砂浆中的水泥用量,kg/m³。

4)确定砂的用量

砂浆中的水、胶结料和掺和料用于填充砂的空隙,因此1m³干燥状态砂的堆积密度值也就是1m³砂浆所用的干砂用量。砂在干燥状态时体积恒定,而当砂含水5%~7%时,体积将膨胀30%左右,当砂含水处于饱和状态时,体积比干燥状态要减少10%左右。所以必须按照砂的干燥状态为基准进行计算。

5)确定用水量

应根据施工和易性所需稠度选择用水量。水泥混合砂浆用水量通常小于水泥砂浆。当采用中砂时,砂浆用水量范围可选用240~310kg/m³;当采用细砂或粗砂时,用水量分别取该范围的上限或下限。当砂浆稠度小于70mm时,用水量可取该范围的下限。当施工现场气候炎热或在干燥季节,可酌量增加用水量。

2. 水泥砂浆的配合比确定

若按照水泥混合砂浆配合比设计方法计算水泥砂浆配合比,由于水泥强度太高,而砂浆强度太低,会造成计算水泥用量偏少,因此通过计算得到的配合比不太合理。

为了避免计算带来的不合理情况,水泥砂浆的配合比可以根据工程类别及砌体部位确定砂浆的设计强度等级,查阅表3-51选用。表中水泥强度等级为32.5级。水泥强度等级大于32.5级时,水泥用量应取表中的下限值。用水量的选用原则见水泥混合砂浆。

水泥砂浆材料用量 表3-51

砂浆强度等级	水泥用量	砂子用量	用水量(kg/m³)
M2.5~M5	200~230	1m³ 砂子的堆积密度	270~330
M7.5~M10	220~280		
M15	280~340		
M20	340~400		

3. 砂浆配合比设计示例

原始资料:某工程砌筑用混合砂浆,强度等级为M7.5级,稠度70~100mm。采用42.5级普通水泥,堆积密度1 450kg/m³的中砂,稠度120mm的石灰膏配制。施工水平一般。

试进行砂浆配合比设计。

设计步骤:

(1)确定砂浆的试配强度

由资料可知f_2=7.5MPa,查表3-50(按实际编号)得σ=1.88MPa,则:

$$f_{m,0} = f_2 + 0.645\sigma = (7.5 + 0.645 \times 1.88) = 8.7\text{MPa}$$

(2)确定水泥用量

$\alpha=3.03$，$\beta=-15.09$。

$$Q_C=\frac{1\,000(f_{m,0}-\beta)}{\alpha\cdot f_{ce}}=\frac{1\,000\times(8.7+15.09)}{3.03\times42.5}=200\text{kg/m}^3$$

(3)确定石灰膏用量

每立方米砂浆中水泥与掺和料的总量采用300kg，则：

$$Q_D=Q_A-Q_C=300-200=100\text{kg/m}^3$$

(4)确定砂用量

砂的堆积密度为1 450kg/m^3，故砂的用量为：

$$Q_S=1\,450\text{kg/m}^3$$

(5)选择用水量

现场采用的砂为中砂，根据施工经验，用水量取300kg/m^3。

(6)确定初步配合比(质量比)

水泥∶石灰膏∶砂∶水＝200∶100∶1 450∶300＝1∶0.50∶7.25∶1.50。

三、抹面砂浆

以薄层涂抹于建筑物或构筑物表面的砂浆称为抹面砂浆。

对抹面砂浆，要求其具有良好的和易性，容易抹成均匀平整的薄层，便于施工，还要有较高的黏结力，砂浆层要能与底面黏结牢固，避免干裂脱落。

根据抹面砂浆功能的不同，一般可将抹面砂浆分为普通抹面砂浆和防水砂浆等。

普通抹面砂浆对砌体起保护作用，通常分两层或三层施工，各层的成分和稠度要求各不相同。底层砂浆的作用是使其能与底面牢固地黏结，因此要求砂浆具有良好的和易性及较高的黏结力，稠度较稀，其组成材料常随基底而异；中层砂浆：主要是为了找平，有时可省去不用，较底层砂浆稍稠；面层砂浆主要起保护作用，一般要求用较细的砂，且易于涂抹平整。

抹面水泥砂浆常用配合比为水泥∶砂＝1∶2～1∶3(体积比)。

水泥石灰混合砂浆可用水泥∶掺和料∶砂＝1∶(0.5～1)∶(4.5～6.0)。

防水砂浆是一种具有高抗渗性能的砂浆，主要用于隧道和地下工程。配制防水砂浆的基本方法是合理选择配合比。用普通水泥砂浆多层抹面作为防水层时，要求水泥强度不低于32.5级，砂宜采用中砂或粗砂，配合比控制在水泥∶砂＝(1∶2)～(1∶3)，水灰比控制在0.40～0.50。用膨胀水泥或无收缩水泥配制防水砂浆时，由于水泥具有微膨胀或补偿性能，提高了砂浆的密实性，砂浆的抗渗性提高，并具有良好的防水效果，配合比(体积比)为水泥∶砂＝1∶2.5，水灰比为0.40～0.50。

配制防水砂浆的另一个方法是掺防水剂。常用防水剂有硅酸钠(水玻璃)类防水剂、氯化物金属盐类防水剂和金属皂类防水剂。

四、本节实验

1. 砂浆拌和物的拌制

1)一般规定

试验用材料要求提前运入室内，试验室的温度应保持在20±5℃。试验用水泥和其他材料应与现场使用材料一致。水泥应通过0.9mm方孔筛，细集料应采用干砂或饱和面干砂，通过4.75mm筛，砌筑砖砌体用砂浆，所用细集料须筛去大于2.36mm的颗粒。

2）拌和方法

（1）机械搅拌。将称好的水泥、砂及其他材料装入砂浆搅拌机，开动搅拌机干拌均匀后，再逐渐加入水，观察砂浆的和易性符合要求时，停止加水。搅拌时间不宜少于2min。搅拌量不宜少于搅拌机容量的20%。

（2）人工拌和。按选定的砂浆配合比，称取各种材料，先在拌锅或拌盘上干拌均匀，在中间做一凹槽，将水逐渐加入，观察砂浆的和易性符合要求时，停止加水；若拌制混合砂浆，则先将称好的石灰膏或黏土膏倒入凹槽中，再倒入一部分水，将石灰膏或黏土膏稀释，然后充分拌和，并逐步加水，直至混合料色泽一致，和易性凭观察符合要求为止，拌和时间不小于5min。

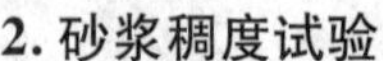

2. 砂浆稠度试验

1）目的及适用范围

本试验用于测定砂浆在自重或外力作用下的流动性能。

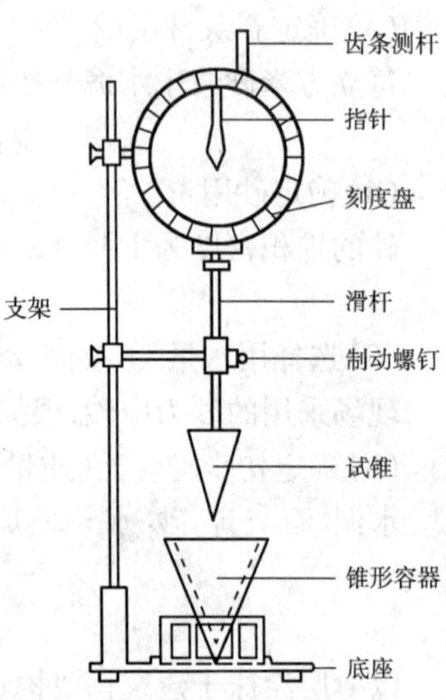

图3-21 砂浆稠度测定仪

2）仪器设备

（1）砂浆稠度仪：由试锥、锥形容器和支座三部分组成，如图3-21所示。试锥由钢材或铜材制成，试锥高度为145mm，锥底直径为75mm，试锥连同滑杆的质量应为300g；盛砂浆的锥形容器由钢板制成，筒高180mm，锥底内径150mm；支座分底座、支架及稠度显示三个部分，由铸铁、钢及其他金属制成。

（2）钢制捣棒：直径10mm，长350mm，端部磨圆。

（3）其他：秒表、抹布、润滑油等。

3）试验步骤

（1）用湿布将锥形容器内壁和试锥表面擦干净，并用少量润滑油轻擦滑杆，将滑杆上多余的油用吸油纸擦净，使滑杆能自由滑动。

（2）将拌好的砂浆一次装入容器，使砂浆表面低于锥形容器口约10mm，用捣棒自容器中心向边缘插捣25次，然后轻轻地将容器摇动或敲击5～6下，使砂浆表面平整，随后将容器置于砂浆稠度测定仪的底座上。

（3）拧开试锥滑动杆的制动螺钉，向下移动滑杆，当试锥尖端与砂浆表面刚接触时，拧紧制动螺钉，使齿条测杆下端与滑杆的上端接触，并将指针调至刻度盘零点。

（4）放松制动螺钉（同时记时间），使试锥自由沉入砂浆中，待10s时立即固定螺钉，将齿条测杆下端接触滑杆上端，从刻度盘上读出试锥下沉的深度，即为砂浆的稠度值（精确至1mm）。

（5）锥形容器内的砂浆，只允许测定一次稠度，重复测定时应重新取样。

4）结果计算

取两次试验结果的算术平均值作为砂浆的稠度值，精确至1mm。如两次试验结果之差大

于 20mm，则应另取砂浆拌和后重新测定。试验记录表见表 3-52。

砂浆稠度试验记录表　　表 3-52

试验次数	试锥下沉深度(mm)	稠度(mm)	备　注
1			
2			

试验者______　计算者______　校核者______　试验日期______

3. 砂浆的分层度试验

1)目的及适用范围

本试验用于评定砂浆保持水分及整体均匀一致的能力。

2)仪器设备

(1)砂浆分层度仪：圆形筒，内径 150mm，上节高度 200mm（无底），下节带底，净高度为 100mm，上下两节连接处设有橡胶垫圈，并用连接螺栓拼接在一起，如图 3-22 所示。

(2)砂浆稠度测定仪。

(3)搅拌锅、木锤、抹刀等。

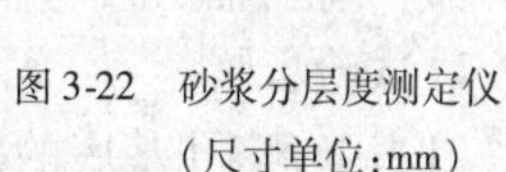

图 3-22　砂浆分层度测定仪
（尺寸单位：mm）

3)试验步骤

(1)按砂浆稠度试验方法测定砂浆的稠度值 K_1。

(2)将砂浆拌和物一次装入分层度测定仪内，待装满后用木锤在容器周围距离大致相等的四个不同地方轻轻敲击 1～2 下，若砂浆沉落到低于筒口的位置，则应随时添加，然后刮去多余的砂浆并用抹刀抹平。

(3)静置 30min 后，去掉上部 200mm 厚的砂浆，将剩余的砂浆倒出放在拌和锅中拌 2min，然后，再测其稠度值 K_2。

4)结果计算

(1)砂浆的分层度 K 按式(3-43)计算，精确至 1mm。

$$K = K_1 - K_2 \tag{3-43}$$

式中：K——砂浆的分层度，mm；

K_1——分层度测定前的砂浆稠度，mm；

K_2——静置 30min 后测定的稠度，mm。

(2)取两次试验结果的算术平均值作为该砂浆的分层度值。如两次的试验结果之差大于 20mm，应重新试验。

试验记录表见表 3-53。

砂浆的分层度试验表　　表 3-53

试验次数	稠度 K_1(mm)	稠度 K_2(mm)	分层度 K(mm)	
			个别值	平均值
1				
2				

试验者______　计算者______　校核者______　试验日期______

4. 砂浆的抗压强度试验

1)目的及适用范围

本试验用于测定砂浆的抗压强度,作为评定砂浆质量的一项依据。

2)仪器设备

(1)压力试验机:压力试验机的上、下承压板应有足够的刚度,其中一个承压板上应具有球形支座,为了便利试件对中,球形支座最好位于上承压板上。压力机的精确度(示值的相对误差)应在 ±1% 以内。要求试件破坏时的读数不小于全量程的 20%,也不大于全量程的 80%。

(2)试模:为 70.7mm×70.7mm×70.7mm 的立方体试模,分有底和无底两种,由铸铁或钢制成,应具有足够的刚度,并拆装方便。

(3)捣棒:直径 10mm、长 350mm 的钢棒,端部磨圆。

(4)垫板:试验机上、下压板及试件之间可以垫钢板,尺寸应大于试验的承压面,其不平度每 100mm 不应超过 0.02mm。

(5)养护箱:温度能控制在 20±3℃。

(6)其他:油灰刀、直尺、黏土砖、新闻纸等。

3)试验步骤

(1)用于多孔基底的砂浆,应采用无底试模制作试件;用于密实基底的砂浆,应使用有底试模。试模内壁涂刷薄层机油或脱模剂。如用无底试模将其放在铺有湿纸的普通黏土砖上(砖的吸水率不小于 10%,含水率不大于 20%)。

(2)放于砖上的湿纸,应为湿的新闻纸(或其他未粘过胶凝材料的纸),纸的大小要以能盖过砖的四边为准,砖的使用面要求平整,砖的四个垂直面如粘过水泥或其他胶凝材料,则不允许使用。

(3)若使用无底试模,将砂浆一次装入无底试模,用捣棒由外向里沿螺旋线方向均匀插捣 25 次,为了防止低稠度砂浆插捣后可能留下孔洞,可用油灰刀沿模壁插捣数次,使砂浆高出试模顶面 6~8mm。若使用有底试模则应将砂浆分两层装入,每层插捣 12 次,并用油灰刀沿试模壁插捣数次,然后抹平。

(4)当砂浆表面开始出现麻斑状态时(约 15~30min),将高出部分的砂浆沿试模顶面削去并抹平顶面。

(5)试件成型后应在 20±5℃ 温度条件下养护 24±2h,然后对试件进行编号并拆模。拆模后在标准养护条件下继续养护至 28d,进行抗压试验。

(6)标准养护的条件是:水泥混合砂浆为温度 20±3℃,相对湿度 60%~80%;水泥砂浆和微沫砂浆为温度 20±3℃,相对湿度 90% 以上;养护期间,试件彼此间隔不少于 10mm。

(7)试件从养护地点取出后应尽快进行试验。试验前先将试件表面擦拭干净,检查外观并测量其尺寸(精确至 1mm),以此计算试件的承压面积。如实测尺寸与公称尺寸之差不超过 1mm,可按公称尺寸进行计算。

(8)以试件的侧面作为承压面,将试件安放在试验机压板的正中,试件中心与试验机的压板中心对准。开动试验机,当上压板与试件或垫板接近时,调整球座,使接触面均衡受压。以 0.5~1.5kN/s 的加荷速度连续而均匀地加荷(砂浆强度小于或等于 5MPa 时,取下限为宜,砂浆强度大于5MPa时,取上限为宜),当试件接近破坏而开始迅速变形时,停止调整试验机油门,直至试件破坏,记录破坏荷载。

4)结果计算

砂浆抗压强度按式(3-44)计算,精确至0.1MPa。

$$f_{m,cu}=\frac{F_u}{A} \tag{3-44}$$

式中:$f_{m,cu}$——砂浆立方体抗压强度,MPa;

F_u——破坏荷载,N;

A——试件承压面积,mm^2。

以六个试件测值的算术平均值作为该组试件的抗压强度值,精确至0.1MPa。

当六个试件的最大值或最小值与平均值的差超过20%时,以中间四个试件的算术平均值作为该组试件的抗压强度值。

试验记录表见表3-54。

砂浆抗压强度试验记录表 表3-54

试样编号				试样来源				
试样名称				试验用途				
试验编号	拌制日期	试验日期	龄期(d)	最大荷载(kN)	试件尺寸(mm)	受压面积(mm^2)	抗压强度(MPa)	
							单值	平均值
①	②	③	④	⑤	⑥	⑦	⑧	⑨

试验者＿＿＿＿ 计算者＿＿＿＿ 校核者＿＿＿＿ 试验日期＿＿＿＿

习 题

1. 常用水泥有哪几项主要技术要求?如何区别废品和不合格品?

2. 何谓水泥的初凝和终凝?凝结时间对道路与桥梁施工有什么影响?

3. 水泥的安定性对道路与桥梁工程混凝土有什么实际意义?按现行国家标准用什么方法来评价水泥安定性?安定性不良的水泥应如何处理?

4. 试述六大常用水泥的组成、特性和应用范围。

5. 简述高铝水泥的特性及如何正确使用。

6. 判断下列说法是否正确:

(1)储存期超过三个月的水泥,使用时应重新测定其强度。

(2)水泥熟料矿物中,水化反应速度最快的是C_2S。

(3)水泥标准稠度用水量是国家标准规定的。

(4)水泥技术性质中,凡氧化镁、三氧化硫、终凝时间、体积安定性中的任一项不符合国家标准规定均为废品水泥。

(5)生产水泥时掺入适量的石膏的主要目的是提高强度。

(6)水泥的初凝不能过早,终凝不能过迟。

(7)水泥颗粒越细,水化速度越快,早期强度越高。

(8)国家标准规定,以标准维卡仪的试杆沉入水泥净浆距底板6±1mm时的净浆稠度为标准稠度。

(9)安定性不合格的水泥应降级使用。

(10)按现行规范,水泥胶砂强度是评定水泥强度等级的依据。

7. 简述钢材的化学成分对钢材性能的影响。

8. 碳素结构钢、低合金结构钢的牌号是如何表示的?

9. 弹性模量、屈服比的含义是什么?它们反映钢材的什么性能?

10. 热轧钢筋根据什么性能划分等级?分为哪几级?并说明各级钢筋的用途。

11. 含碳量对钢材性能有什么影响?锰、硅、硫、磷元素对钢材性能又有什么影响?

12. 桥梁建筑用钢有哪些技术要求?

13. 预应力混凝土用热处理钢筋、钢丝和钢绞线应检验哪些力学性能项目?

14. 什么是水泥混凝土?水泥混凝土为什么能够在路面和桥梁工程中得到广泛应用?

15. 试述新拌混凝土工作性的含义。施工中如何选择混凝土的稠度大小?如达不到施工要求时,有哪些改善措施?

16. 何谓水泥混凝土立方体强度标准值?它与强度等级有什么关系?

17. 试述影响水泥混凝土强度的主要因素及提高其强度的主要措施。

18. 试述我国现行的混凝土配合比设计方法及其内容和步骤。

19. 新拌砂浆和易性的含意是什么?

20. 砂浆的保水性不良对工程质量有何影响?

21. 配制砂浆时,为什么除水泥外还常常要加入一定量的其他胶结材料?

22. 试设计某桥梁预应力混凝土T形梁用混凝土的配合比组成。

设计资料

(1)按设计图样,水泥混凝土强度等级C40,施工要求坍落度30~50mm。

(2)可供选择的组成材料及性质如下。

水泥:硅酸盐水泥Ⅰ型42.5级,实测28d抗压强度48.5MPa,密度$\rho_a=3.1g/cm^3$。

碎石:一级石灰岩轧制的碎石,最大粒径31.5mm,表观密度$\rho_a=2.78g/cm^3$,现场含水率为1.0%。

砂:清洁河砂,属于中砂,表观密度ρ_a=2.68g/cm^3,现场含水率为5.0%。

水:饮用水,符合水泥混凝土拌和水要求。

减水剂:采用UNF-5,用量0.8%,减水率12%。

(3)设计要求如下:

①确定水泥混凝土配制强度,并选择适宜的组成材料。

②计算初步配合比。

③通过试验室试样调整和强度试验,确定试验室配合比。

④按提供的现场材料含水率折算为工地配合比。

第四章

无机结合料稳定材料

教学要点

1. 无机结合料稳定类材料的定义、分类、特点及用途；
2. 石灰、粉煤灰、工程用土、矿质集料及水的技术性质指标；
3. 无机结合料稳定类材料的强度形成原理；
4. 无机结合料稳定类材料的技术性质指标；
5. 操作石灰、工程用土、无机结合料稳定类材料技术性质常规试验仪器；
6. 进行无机结合料稳定类材料的配合比设计。

●第一节 概 述●

一、无机结合料稳定材料

在集料或粉碎的(或原来松散的)土中掺入一定量的无机结合料(包括水泥、石灰或粉煤灰等)和水,经拌和得到的混合料经压实与养生后,其抗压强度符合规定的要求时,称为无机结合料稳定类材料。以此修筑的路面结构层称为无机结合料稳定类材料结构层。

无机结合料稳定类材料结构层的刚度介于沥青路面材料和水泥混凝土路面材料之间。因此,采用无机结合料稳定集料或土类材料铺筑的基层称为半刚性基层。以此修筑的底基层亦称为半刚性底基层。无机结合料稳定类材料亦称为半刚性材料。

二、无机结合料稳定材料的分类

无机结合料稳定材料的种类很多,其物理、力学性质各有特点,其分类方法也不尽相同。

1. 根据所稳定的材料类型分类

根据无机结合料所稳定的材料类型分为两大类:

(1)无机结合料稳定集料。无机结合料稳定集料中的集料包括级配碎石、未筛分碎石、级配砂砾、天然砂砾等。

(2)无机结合料稳定土。无机结合料稳定土中所用的土,按照土中单个颗粒(指碎石、砾石和砂颗粒)的粒径大小和组成,将其分为下列三种:

细粒土:颗粒的最大粒径小于9.5mm,且其中小于2.36mm的颗粒含量不少于90%;

中粒土：颗粒的最大粒径小于26.5mm，且其中小于19mm的颗粒含量不少于90%；

粗粒土：颗粒的最大粒径小于37.5mm，且其中小于31.5mm的颗粒含量不少于90%。

2. 根据无机胶结材料的种类分类

按无机胶结材料的种类可分为以下四大类：

(1)水泥稳定类材料。在集料或粉碎的(或原来松散的)土中，掺入足量的水泥和水，经拌和、摊铺、压实及养生后得到的混合料，当其抗压强度符合规定的要求时，称为水泥稳定类材料。用水泥稳定级配碎石、未筛分碎石所得到的混合料称为水泥稳定碎石(简称水泥碎石)；用水泥稳定级配砂砾、天然砂砾所得到的混合料称为水泥稳定砂砾(简称水泥砂砾)；用水泥稳定粗粒土所得到的混合料称为水泥碎石土，用水泥稳定中粒土所得到的混合料称为水泥砾石土，用水泥稳定细粒土所得到的混合料称为水泥土。

(2)石灰稳定类材料。在集料或粉碎的(或原来松散的)土中，掺入适量的石灰和水，经拌和、摊铺、压实及养生后得到的混合料，当其抗压强度符合规定要求时，称为石灰稳定类材料。石灰稳定类材料包括石灰稳定碎石土(简称石灰碎石土)、石灰稳定砾石土(简称石灰砾石土)、石灰稳定细粒土(石灰土)、石灰土稳定碎石(石灰土碎石)等。

(3)石灰工业废渣稳定类材料。目前常用的工业废渣主要是粉煤灰。一定数量的石灰和粉煤灰与其他集料(或土)相结合，加入适量的水(通常为最佳含水率)，经拌和、摊铺、压实及养生后得到的混合料，当其抗压强度符合规定要求时，称为石灰粉煤灰稳定类材料，简称二灰稳定类材料。用二灰稳定级配碎石、未筛分碎石所得到的混合料称为二灰稳定碎石(简称二灰碎石)；用二灰稳定级配砂砾、天然砂砾所得到的混合料称为二灰稳定砂砾(简称二灰砂砾)；用二灰稳定粗粒土所得到的混合料称为二灰碎石土，用二灰稳定中粒土所得到的混合料称为二灰砾石土，用二灰稳定细粒土所得到的混合料称为二灰土。

(4)综合稳定类材料。用水泥、石灰或水泥、粉煤灰或水泥、石灰、粉煤灰作胶结材料稳定形成的混合料称为综合稳定类材料，如综合稳定土、综合稳定砂砾等。无机结合料稳定类材料种类较多，其物理、力学性质各有特点，使用时应根据结构要求、掺加结合料剂量和原材料的供应情况及施工条件进行综合技术、经济比较后选定。

三、无机结合料稳定材料的工程特点

无机结合料稳定材料结构层按其混合料结构状态分为骨架密实型、骨架空隙型、悬浮密实型和均匀密实型四种结构类型。这类结构层具有稳定性好、结构本身自成板体、抗冻性能较好等特点，但其容易产生干缩和温缩裂缝，耐磨性差。因此被广泛用于路面结构的基层或底基层。

1. 干缩特性

无机结合料稳定类材料经拌和压实后，由于水分挥发和混合料内部的水化作用，混合料的水分会不断减少。由此发生的毛细管作用、吸附作用、分子间力的作用、材料矿物晶体或凝胶体间层间水的作用和碳化收缩作用等会引起无机结合料稳定类材料的体积收缩。通常称为干缩。

2. 温缩特性

无机结合料稳定类材料是由固相(组成其空间骨架的原材料的颗粒和其间的胶结物)、液相（存在于固相表面与空隙中的水和水溶液）和气相（存在于空隙中的气体）组成，所以，无机结合料稳定类材料的外观胀缩性是三相的不同的温度收缩性的综合效应的结果。一般气相大部分与大气贯通，在综合效应中影响较小，可以忽略。原材料中砂粒以上颗粒的温度收缩系数较小，粉粒以下的颗粒温度收缩性较大。

半刚性材料温度收缩的大小与结合料类型和用量、被稳定材料的类别、粒料含量、龄期等有关。

无机结合料稳定类材料一般在高温季节修建，成形初期基层内部含水率大，且尚未被面层封闭，基层内部的水分必然要蒸发，从而发生由表及里的干燥收缩。同时，环境温度也存在昼夜温度差，因此，修建初期的半刚性基层同时受到干燥收缩和温度收缩的综合作用，必须注意养生保护。经过一定龄期的养生，无机结合料稳定类结构层上铺筑面层后，基层内相对湿度略有增大，使材料的含水率趋于平衡，这时半刚性基层的变形以温度收缩为主。

无机结合料稳定类基层产生的收缩裂缝会反射到沥青面层上，导致沥青面层开裂，应当采取措施予以防治。

3. 无机结合料稳定材料的用途

由于石灰稳定类材料的收缩裂缝多、抗冲刷能力较差，石灰稳定类材料宜用于各级公路的底基层以及三级、四级公路的基层。

水泥稳定类材料的强度、水稳性和抗冲刷能力都较石灰稳定类材料好，暴露的水泥稳定类材料因干缩和温缩也易产生裂缝。水泥土与水泥砂砾、水泥碎石相比有下述三个不利的特征：水泥土容易产生严重的收缩裂缝，并影响沥青面层；水泥土的强度没有充分形成时其表层遇水会发生软化；水泥土的抗冲刷能力小，表面水由面层裂缝渗入后易产生唧泥现象。

水泥稳定集料类材料适用于各级公路的基层和底基层。水泥土用于三级、四级公路的基层或二级及二级以上公路的底基层。

石灰粉煤灰稳定集料类材料适用于各级公路的基层和底基层。二灰土用于三级、四级公路的基层或二级及二级以上公路的底基层。

● 第二节　石灰与工业废渣的技术性质与检验 ●

一、石灰的技术性质与检验

石灰是一种气硬性无机胶结材料，就硬化条件而言，石灰只能在空气中硬化，其强度也只能在空气中保持并连续增长。

1. 石灰的技术性质

1）石灰的化学性质

石灰中产生黏结性的有效成分是活性氧化钙 f-CaO 和氧化镁 f-MgO，它们的含量是评价石灰质量的主要指标。氧化钙和氧化镁的含量愈多，石灰的活性愈高，质量也愈好。生石灰在空气中存放时间过长，会吸收水分而消化成消石灰粉，再与空气中的 CO_2 作用形成失去胶凝作用的 $CaCO_3$ 粉末，将降低石灰的使用质量。

石灰中的 CO_2 含量反映了石灰中“欠火石灰”数量，CO_2 含量越高，表示石灰中未完全分解的碳酸钙比例越高，将影响石灰的胶结性能。

2）石灰的物理性质

对建筑石灰或路用石灰的质量要求主要由以下几项：

（1）未消化残渣含量。未消化残渣含量综合反映生石灰中的“过火石灰”和“欠火石灰”数量。是将生石灰按标准方法消化后，用过筛后存留在5mm圆孔筛上残渣占试样的百分率表示。

（2）细度。细度与消石灰的活性有关，消石灰粉越细，石灰的活性越大。消石灰粉中较大的颗粒包括：未消化的“过烧”石灰颗粒，含有大量钙盐的石灰颗粒以及“欠火石灰”或未燃尽的煤渣等。现行标准以0.71mm和0.125mm筛余百分率控制磨细石灰粉和消石灰粉的细度。

（3）游离水含量。游离水含量指消石灰粉中化学结合水以外的含水率。理论上，石灰中氧化钙消化用水量约是氧化钙质量的32%左右。而实际消化加水量一般是理论值的一倍左右，多加的水残留于氢氧化钙中。在石灰硬化过程中，这些水分的蒸发将引起体积显著收缩，易出现干缩裂缝，从而影响其使用质量。

2. 石灰的技术标准

无机结合料稳定材料中采用的石灰通常是消石灰粉或生石灰粉，对高速公路或一级公路宜用磨细生石灰粉。石灰工业废渣类基层所用的结合料是石灰或石灰下脚料。

在道路工程上，块状生石灰的技术指标为“有效钙＋氧化镁含量、未消化残渣含量”；消石灰粉的技术指标为“有效钙＋氧化镁含量、含水率和细度”。对于用来调制砌筑砂浆的消石灰，还要评价其CO_2含量和产浆量。石灰的技术标准见表4-1。

石灰的技术标准

表4-1

类别指标 / 项目		钙质生石灰			镁质生石灰			钙质消石灰			镁质消石灰		
		等级											
		I	II	III	I	II	III	I	II	III	I	II	III
有效钙加氧化镁含量（%）		≥85	≥80	≥70	≥80	≥75	≥65	≥65	≥60	≥55	≥60	≥55	≥50
未消化残渣含量（5mm圆孔筛的筛余，%）		≤7	≤11	≤17	≤10	≤14	≤20						
含水率（%）								≤4	≤4	≤4	≤4	≤4	≤4
细度	0.71mm方孔筛的筛余（%）							0	≤1	≤1	0	≤1	≤1
	0.125mm方孔筛的累计筛余（%）							≤13	≤20	—	≤13	≤20	—
钙镁石灰的分类界限，氧化镁含量（%）		≤5			>5			≤4			>4		

注：①硅、铝、镁氧化物含量之和大于5%的生石灰，有效钙加氧化镁含量指标，I等≥75%，II等≥70%，III等≥60%；
②未消化残渣含量指标与镁质生石灰指标相同。

各种化学组成的石灰均可用于稳定土，但石灰质量应符合表4-1规定的III级以上的技术指标。在石灰用量不大的情况下，钙质石灰比镁质石灰稳定土的初期强度高，镁质石灰稳定土在石灰用量大时，后期强度优于钙质石灰稳定土。

在同等石灰用量下，质量好的石灰，无机结合料稳定材料的稳定效果好。如采用质量差的石灰，为了满足石灰稳定材料的技术要求，就得适当增加石灰用量。

二、工业废渣的技术性质

道路工程中常用的工业废渣包括粉煤灰、煤渣、高炉煤渣、钢渣、煤矸石等，在这类工业废渣中均含有较多的活性氧化硅、氧化铝和活性氧化钙等，这些化合物可与饱和的氢氧化钙溶液发生火山灰反应，具有水硬性特征。在上述工业废渣中，目前使用广泛的是粉煤灰。

1. 粉煤灰的技术性质

1）粉煤灰的化学成分

粉煤灰中的活性氧化物 SiO_2、$A1_2O_3$、Fe_2O_3 等在消石灰 $Ca(OH)_2$ 的化学激发作用下，生成稳定的水化硅酸钙和水化铝酸钙等胶凝物质，这是二灰稳定类材料获得稳定性和强度的前提条件。化学成分中硅、铝和铁的氧化物的含量是评定粉煤灰在稳定类材料中应用的主要指标。粉煤灰的化学成分与煤粉的品种和燃烧条件有关，一级燃烧烟煤和无烟煤锅炉排出的粉煤灰，其 SiO_2 含量为 45% ~60%，Al_2O_3 为 20% ~35%，Fe_2O_3 为 5% ~10%，CaO 含量约为 5%左右。

《公路路面基层施工技术规范》（JTJ 034—2000）中规定，粉煤灰中 SiO_2、$A1_2O_3$ 和 Fe_2O_3 的总含量应大于 70%。

2）粉煤灰的物理性质

（1）细度。粉煤灰的细度对二灰稳定类材料的强度形成有一定影响，粉煤灰的颗粒愈细，其表面积愈大、活性愈强，从而增加混合料的抗压强度。粉煤灰的细度是以 0.3mm 和 0.075mm方孔筛的通过率表示，或以比表面积表示。路面基层施工技术规范中要求，0.3mm 筛的通过率不小于 90%，0.075mm 筛的通过率不小于 70% 或比表面积宜大于 2 500 cm^2/g。

（2）烧失量。烧失量是指粉煤灰在高温灼烧下损失的质量。烧失部分主要为未烧尽固态碳，碳成分的增加，意味有效成分的减少。粉煤灰中的含碳量过多会影响其活性、对混合料强度有明显影响。粉煤灰烧失量试验是取粉煤灰试样约 1g 在 800 ~950℃ 下灼烧至恒量，测其质量损失。粉煤灰的烧失量不应超过 20%。

（3）含水率。干粉煤灰和湿粉煤灰都可以应用。干粉煤灰如堆积在空地上应加水，防止飞扬造成污染。湿粉煤灰含水率过大时易结成团块，不易与其他材料拌和均匀，使用时应将结成团块的粉煤灰打碎或过筛，同时清除有害杂质。湿粉煤灰的含水率不宜超过 35%。

（4）堆积密度。粉煤灰的堆积密度一般在 550 ~700kg/m^3 之间。

2. 煤渣的技术性质

煤渣是煤块经锅炉燃烧后的残渣，它的主要成分是 SiO_2 和 Al_2O_3，它的松干密度在 700 ~1 100kg/m^3 之间。用于稳定土的煤渣的最大粒径不应大于 30mm，颗粒组成宜有一定级配，且不宜含杂质。

三、本节实验：石灰有效 CaO 含量测定试验

1. 目的及适用范围

本方法适用于测定各种石灰的有效氧化钙含量。石灰中的有效氧化钙是指游离的氧化钙，石灰中的有效氧化钙含量，以能溶解于蔗糖溶液中，并能与盐酸作用生成蔗糖钙的钙含量占石灰原试样的质量百分率表示。

2. 仪器设备

（1）筛子：2mm 和 0.15mm 各 1 个。

（2）烘箱：50 ~250℃，1 台。

(3)干燥器:ϕ25cm,1 个。

(4)称量瓶:ϕ30mm×50mm,10 个。

(5)瓷研钵:ϕ12~13cm,1 个。

(6)分析天平:万分之一,1 台。

(7)架盘天平:感量 0.1g,1 台。

(8)电炉:1 500W,1 个。

(9)石棉网:20cm×20cm,1 块。

(10)玻璃球:ϕ3mm,1 袋(0.25kg)。

(11)具塞三角瓶:250mL,20 个。

(12)漏斗:短颈,3 个。

(13)塑料洗瓶:1 个。

(14)塑料桶:20L,1 个。

(15)狭口蒸馏水瓶:5 000mL,1 个。

(16)三角瓶:300mL,10 个。

(17)容量瓶:250mL、1 000mL,各 1 个。

(18)量筒:200mL、100mL、50mL、5 mL,各 1 个。

(19)试剂瓶:250mL、1 000mL,各 5 个。

(20)塑料试剂瓶:1L,1 个。

(21)烧杯:50mL,5 个;250mL(或 300mL),10 个。

(22)棕色广口瓶:60mL,4 个;250mL,5 个。

(23)滴瓶:60mL,3 个。

(24)酸滴定管:50mL,2 支。

(25)滴定台及滴定管夹,各一套。

(26)大肚移液管:25mL、50mL,各 1 个。

(27)表面皿:7cm,10 块。

(28)玻璃棒:8mm×250mm 及 4mm×180mm 各 10 支。

(29)试剂勺:5 个。

(30)吸水管:8mm×150mm,5 支。

(31)洗耳球:大、小各 1 个。

3. 试剂

(1)蔗糖(分析纯)。

(2)酚酞指示剂:称取 0.5g 酚酞溶于 50mL 95% 乙醇中。

(3)0.1% 甲基橙水溶液:称取 0.05g 甲基橙溶于 50mL 蒸馏水中。

(4)0.5N 盐酸标准溶液:将 42mL 浓盐酸(相对密度 1.19)稀释至 1L,经标定后备用。

4. 试验准备

(1)0.5N 盐酸标准溶液标定

称取约 0.800~1.000g(准确至 0.000 2g)已在 180℃烘干 2h 的碳酸钠,置于 250mL 三角瓶中,加 100mL 水使其完全溶解;然后加入 2~3 滴 0.1% 甲基橙指示剂,用待标定的盐酸标准溶液滴定,至碳酸钠溶液由黄色变为橙红色;将溶液加热至微沸,并保持微沸 3min,然后放在冷水中冷却至室温,如此时橙红色变为黄色,则再用盐酸标准溶液滴定,至溶液出现稳定橙红色时为止。

盐酸标准溶液的当量浓度按式(4-1)计算:

$$N=\frac{Q}{V\times 0.053} \tag{4-1}$$

式中:N——盐酸标准溶液当量浓度;

Q——称取碳酸钠的质量,g;

V——滴定时消耗盐酸标准溶液的体积,mL;

0.053——无水碳酸钠的毫克当量。

(2)试样准备

①生石灰试样:将生石灰样品打碎,使颗粒不大于 2mm。拌和均匀后用四分法缩减至 200g 左右,放入瓷研钵中研细;再经四分法缩减几次至剩下 20g 左右;将研磨所得石灰样品通过 0.15mm 的筛;从此细样中均匀挑取 10 余克,置于称量瓶中在 100℃烘干 1h,储于干燥器中,供试验用。

②消石灰试样:将消石灰样品用四分法缩减至 10 余克左右,如有大颗粒存在须在瓷研钵中磨细至无不均匀颗粒存在为止;将试样置于称量瓶中,在 105 ~ 110℃烘干 1h,储于干燥器中,供试验用。

5. 试验步骤

(1)称取约 0.5g(用减量法称准至 0.0005g)试样,放入干燥的 250mL 具塞三角瓶中,取 5g 蔗糖覆盖在试样表面,投入干玻璃珠 15 粒;然后迅速加入新煮沸并已冷却的蒸馏水 50mL,立即加塞振荡 15min(如有试样结块或粘于瓶壁现象,则应重新取样)。

(2)打开瓶塞,用水冲洗瓶塞及瓶壁,加入 2 ~ 3 滴酚酞指示剂,溶液即呈现粉红色,然后用 0.5N 盐酸标准溶液滴定。

(3)滴定时先读出滴定管初读数,然后以每秒 2 ~ 3 滴的速度滴定,至溶液的粉红色显著消失并在 30s 内不再复现即为终点。

(4)读出中和后盐酸消耗的滴定管读数,减去初读数,即为实际消耗的盐酸数量(mL)。

6. 结果整理

有效氧化钙的百分含量(X)按下式计算:

$$X=\frac{V\cdot N\times 0.028}{G}\times 100 \tag{4-2}$$

式中:X——有效氧化钙的百分含量,%;

V——滴定时消耗盐酸标准溶液的体积,mL;

0.028——氧化钙毫克当量;

G——试样质量,g;

N——盐酸标准溶液的当量浓度。

对同一石灰样品至少应做两个试样和进行两次测定,并取两次测定结果的平均值代表最终结果。

记录格式见表4-2。

有效氧化钙的测定试验记录 表4-2

试样来源	试样编号							
试验次数	称量瓶号	空瓶质量(g)	瓶+试样质量(g)	试样质量(g)	盐酸当量浓度(N)	消耗盐酸数量(mL)	石灰中有效CaO含量(%)	
							个别	平均
1								
2								

试验者_________ 计算者_________ 校核者_________ 试验日期_________

●第三节 工程用土的技术性质与检验●

本节介绍的工程用土的技术性质与检验,适用于地基土、路基土和无机结合料稳定土。

一、土的基本物理性质及其指标

土体的三相组成如图4-1所示。土的物理性质是指土的各组成部分(固相、液相和气相)的数量比例、性质和排列方式等所表现的物理状态,如轻重、干湿、松密程度等。土的物理性质是工程地质和工程用土最基本的工程性质。在工程地质中,不仅要结合土的成分、结构、含水、含气的情况来了解其物理性质的特点和变化规律,而且还要通过试验取得其物理性质各项指标的数据,以作为工程设计的依据。

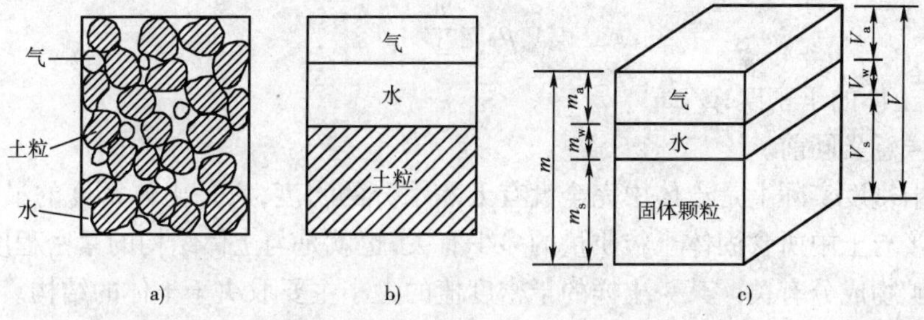

图4-1 土的三相图

a)实际土体;b)土的三相图;c)土的三相比例图

为了便于分析和计算,土体中的三相(各自的质量、体积)与总质量、总体积可表示为:

m、V——土体的总质量(g)和总体积(cm^3);

m_s、V_s——土体中固体颗粒所占的质量(g)和体积(cm^3);

m_w、V_w——土体中水分所占的质量(g)和体积(cm^3);

m_a、V_a——土体中气体所占的质量(g)和体积(cm^3),气体的质量很小可忽略不计,即$m_a=0$;

V_n——土体中孔隙的体积(cm^3),$V_n=V_a+V_w$。

土体的基本物理性质指标可以用各相之间的比例关系表示,通常测试的指标包括土的质量、密度、相对密度和与水有关的指标等。

1. 土体的体积与质量

土体试样的质量包括土粒、孔隙中水和气的质量,土样的总体积可由式(4-3)表示:

$$V = V_a + V_w + V_s \tag{4-3}$$

土体试样的总质量可由式(4-4)表示:

$$m = m_a + m_w + m_s \text{ 或 } m = m_w + m_s \tag{4-4}$$

式中符号意义同前。

2. 土体的密度

土体的密度是指土体试样的总质量与其总体积的比值。根据土体孔隙中水分的情况可将土体的密度分为天然密度(ρ)、干密度(ρ_d)、饱和密度(ρ_f)和水下密度(ρ')。

1)土体的天然密度

土体的天然密度也称湿密度,是指天然状态下土体试样单位体积的质量。

从三相图可知:

$$\rho = \frac{m}{V} = \frac{m_s + m_w}{V} \tag{4-5}$$

式中:ρ——土体的天然密度(湿密度),g/cm^3;其余符号意义同前。

土体的天然密度测定通常采用环刀法、灌砂法。土体的天然密度一般在1.6~2.2 g/cm^{3}之间,砂土约为1.4 g/cm^3,亚砂土和亚黏土约为1.6 g/cm^3,黏土可达2.0~2.2 g/cm^3。

天然状态下土体试样单位体积的重力称为重度,用γ表示,单位为kN/m^3。

2)土体的干密度

干燥状态下土体试样单位体积的质量称为干密度。即土体中固体土粒的质量与土样总体积的比值,按式(4-6)计算:

$$\rho_d = \frac{m_s}{V} \tag{4-6}$$

式中:ρ_d——土体的干密度,g/cm^3。

其余符号意义同前。

土体的干密度实际上是土体中完全没有天然水分的密度,它是土体密度的最小值。土体的干密度直接与土中所含固体土粒质量的多少有关,也就是与土体结构的紧密程度有关,间接的与土粒的矿物成分有关。某一土样的干密度值的大小主要取决于土体的结构。因为它在这一状态下与含水率无关。因此,土体的结构影响着干密度的值,干密度值越大,土体越密实。干密度在一定程度上反映了土粒排列的紧密程度,在工程中常用它作为压实质量(效果)的控制指标。

3)土体的饱和密度

土体的饱和密度是指土体的孔隙中全部被水充满的情况下,土体试样单位体积的质量。即土粒的质量及孔隙中满水的质量之和与土样的总体积的比值:

$$\rho_f = \frac{m_s + m'_w}{V} \tag{4-7}$$

或者:

$$\rho_f = \frac{m_s + V_n \cdot \rho_w}{V} \tag{4-8}$$

式中:ρ_f——土体的饱和密度,g/cm^3;

m'_w——土体的孔隙中满水时水的质量,g;

ρ_w——水的密度，g/cm³，$\rho_w \approx 1g/cm^3$。

其余符号意义同前。

土体的饱和密度的大小，与土中孔隙体积和组成土粒矿物成分及土粒密度有关。土中孔隙体积小，土粒密度大，土的饱和密度就大，反之则小。含有机质较多的淤泥质土，孔隙体积特大，其饱和密度就小，一般只有1.4～1.6 g/cm³。对饱和密度这一指标不用实测，往往用其他指标推导求得。

4)土体的水下密度

土体的水下密度也称浮密度或浸水密度，是指土体在地下水面以下单位体积的质量。因土体处于水面以下，孔隙全被水充满，同时又受到水的浮力作用，使土粒质量被减轻。这时的土体的质量为土粒质量(m_s)加上孔隙中满水的质量($V_n \cdot \rho_w$)再减去土的体积在水下产生的浮重($V \cdot \rho_w$)，所得质量与土的总体积的比值即为水下密度。按式(4-9)计算：

$$\rho' = \frac{m_s + V_n \cdot \rho_w - V \cdot \rho_w}{V} = \frac{m_s + V_n \cdot \rho_w - V_n \cdot \rho_w - V_s \cdot \rho_w}{V} = \frac{m_s - V_s \cdot \rho_w}{V} \tag{4-9}$$

式中：ρ'——土体的水下密度，g/m³。

其余符号意义同前。

因$\rho_w \approx 1g/cm^3$，式(4-9)可写成$\rho' = \rho_f - 1$。

在工程计算中，地下水位以下土层的密度，都要采用浮密度指标。砂性土和卵石土在自由水作用下，便受到同体积水重的浮力；而黏性土的孔隙中有结合水，由于结合水有黏滞性，具有固体特征，它对黏土颗粒就没有浮力作用，因水下黏土所承受的浮力并非同体积水重的浮力，计算时应视紧密程度折减。

3. 土粒的相对密度

土粒的相对密度是指土体固体颗粒本身的密度与水的密度之比。即土在105～110℃下烘至恒重时的质量与同体积4℃时蒸馏水质量的比值。土粒的相对密度可用下列式表达：

$$G_s = \frac{m_s}{m_w} = \frac{m_s}{V_s \rho_w} \tag{4-10}$$

式中：G_s——土粒的相对密度，无量纲；

m_w——4℃时同体积蒸馏水的质量，g。

其余符号意义同前。

土粒相对密度只与组成土粒的矿物成分有关，而与土的孔隙大小及其中所含水分多少无关。由于土颗粒的矿物成分不同，其土粒相对密度也不同。砂土的颗粒相对密度较小，一般在2.65～2.75之间，黏土的颗粒相对密度较大，约在2.75～2.80之间，当土中含有有机质较多时，土粒相对密度下降，约为2.60左右。

4. 与水有关的物理性质指标

土体与水有关的物理性质指标包括含水率、饱和含水率、最佳含水率和饱和度等。

1)土的含水率

土的含水率是指土体孔隙中所含水分的质量与干土颗粒质量的百分比。

$$\omega = \frac{m_w}{m_s} \times 100 \tag{4-11}$$

式中:ω——土体的含水率,%。

其余符号意义同前。

土体的含水率愈大,表明土中的水分也愈多。土体的含水率测定方法常用烘干法或酒精燃烧法直接测定。

2)土的饱和含水率

土体的饱和含水率是假定土体中的孔隙全部被水充满,达到饱和状态时的含水率。即土体的孔隙中充满水分时水的质量与干土颗粒质量的百分比。

$$w_{max} = \frac{V_n \cdot \rho_w}{m_s} \times 100 \tag{4-12}$$

式中:w_{max}——土体的饱和含水率,%。

其余符号意义同前。

饱和含水率实质上就是用水的数量来表示土的孔隙体积的大小。土体的饱和含水率不用实测,可利用有关的物理性质指标导出。

3)土的饱和度

土体的饱和度是指天然土体中所含水分的体积与土体的全部孔隙体积的百分比,用来表示孔隙被水充满的程度。

$$S_r = \frac{V_w}{V_n} \times 100 \quad 或 \quad S_r = \frac{w}{w_{max}} \times 100 \tag{4-13}$$

式中:S_r——土体的饱和度,%。

其余符号意义同前。

饱和度对砂性土有一定的实际意义,它是反映砂性土干湿状态的物理指标。从公式(4-13)中可知:当 $V_w = 0$(孔隙中无水),$S_r = 0$ 时,为干燥土,属二相系(固、气);当 $V_w = V_n$(孔隙中充满水),$S_r = 1$ 时,为饱和土,属二相系(固、液);S_r 介于 0~1 之间时,按照天然砂性土所含水分的多少,可将砂性土划分为三个状态:

稍湿的 $0 \leqslant S_r \leqslant 50\%$;很湿的 $50\% < S_r \leqslant 80\%$;饱和的 $80\% < S_r \leqslant 100\%$。

颗粒较粗的砂性土,对含水率的变化不敏感,当含水率发生某种改变时,它的物理力学性质变化不大,所以对砂性土的物理状态可以用饱和度 S_r 来表示。但黏性土对含水率的变化十分敏感,随着含水率的增加体积膨胀,结构也会发生了改变。当黏性土处于饱和状态时,其力学性质显著降低,同时还因黏粒间多是结合水,而不是普通液态水,这种水的密度大于1,则 S_r 值也偏大,故对黏性土一般不用饱和度这一指标。

二、土体的孔隙性结构指标

土体不是致密无隙的固体,在土粒间存在着较多的孔隙。土体的孔隙性是指孔隙的大小、形状、数量及连通情况等特征。土体的孔隙性决定于土的粒度成分和土体的结构,即土颗粒排列的松紧程度。

土的孔隙性结构指标是土的孔隙比、孔隙度(孔隙率)及相对密度等,它是反映土的结构而与土中含水多少无关,它不仅是状态指标,而且还是结构指标。

下面分别对孔隙性的结构指标作些分析。

1. 土体的孔隙比

孔隙比是指土体中孔隙的体积(V_n)与土粒的体积(V_s)的比值,用小数表示。

$$e = \frac{V_n}{V_s} \tag{4-14}$$

式中:e——土体的孔隙比。

土体的孔隙比是反映土体结构状态的一个指标,它可用来比较土体内孔隙总体的大小,但不能反映土体中单个孔隙的大小。e 越大,土体越松,反之紧密。土体的松密是决定土体强度的主要指标,一般在天然状态下的土体,若 $e<0.6$,可认为是工程性质良好的地基;若 $e>1$,表明土体中 $V_n>V_s$,是工程性质不良的土体。

2. 孔隙度(孔隙率)

在天然状态下,土体中的孔隙体积与整个土体体积的百分比,称为孔隙度或孔隙率。用 n 表示:

$$n = \frac{V_n}{V} \times 100\% \tag{4-15}$$

孔隙度(孔隙率)与孔隙比之间的换算关系为:

$$n = \frac{e}{1+e} \tag{4-16}$$

具有单粒结构的土体,由于颗粒排列松紧不同,孔隙度也有变化,排列紧密的孔隙度小,排列松散的孔隙度大。黏度成分对孔隙度也有很大的影响,不均匀颗粒土的孔隙度要小于均匀颗粒土的孔隙度。

具有絮状结构的黏性土体,单个孔隙很小,但数量很多。水在其中为结合水,所以黏性土的孔隙度可以大于50%,即 V_n 可能大于 V_s。

当土体的结构因受外力而改变时,孔隙度也随之而改变,即 V 和 V_n 都在改变,故往往要用孔隙比来说明。

n 与 e 都是反映孔隙性的指标,但在应用上有所不同。凡是用于与整个土体的体积有关的测试时,一般用 n 较为方便;但若要对比一种土体的变化状态时,则用 e 较为准确。由于 V_s 是不变的,可视为定值,土在荷载作用下引起变化的是 V_n,而 e 的变化直接与 n 的变化成正比,所以 e 能更明显地反映孔隙体积的变化。在工程设计和计算中常用 e 这一指标。

n 与 e 不是直接实测指标,而是利用它们与 G_s、ρ、ω 等三项实测指标的关系导出。

三、砂类土的相对密实度

相对密实度是反映砂类土在天然状态下松密程度的指标。数值上它等于砂类土在最疏松状态和天然状态下孔隙比之差与最疏松状态和最密实状态下孔隙比之差的比值。即:

$$D_r = \frac{e_{max} - e}{e_{max} - e_{min}} \tag{4-17}$$

式中：D_r——相对密实度；

e——砂类土的天然孔隙比；

e_{max}——砂类土最疏松状态的孔隙比；

e_{min}——砂类土最密实状态的孔隙比。

相对密实度可以用来判断砂类土的密实状态及其是否有压密的可能性。当 $D_r=1$ 时，土体为密实的；$D_r=0$ 时，土体为最疏松状态，在外力作用下，土体的压缩性很大。按 D_r 的大小，砂类土可分为4种状态，见表4-3。目前对砂类土的 e_{max}、e_{min} 不能准确测定，主要是取原状砂类土的土样十分困难，故对砂类土 D_r 值的测定误差很大。

砂土密实度划分 表4-3

分级		相对密实度 D_r	标准贯入平均击数 N(63.5kg)
密实		$D_r \geqslant 0.67$	30~50
中密		$0.67 > D_r > 0.33$	10~29
松散	稍松	$0.33 \geqslant D_r \geqslant 0.20$	5~9
	极松	$D_r < 0.20$	<5

在实际工程中，常利用标准贯入试验法或静力触探试验法，在现场测定其近似值，以作为 D_r 分级的参考。标准贯入试验法是用63.5kg的铁锤，悬高76cm自由下落，使之锤击内径35mm、外径51 mm、长500 mm的标准贯入器，向砂类土层中贯入15cm后开始记数，以贯入30cm深处所需的锤击数 N 来划分砂类土的密实程度，按标准贯入次数对砂类土密实程度分级对照见表4-3。

四、黏质土的工程性质指标

黏质土颗粒很细（颗粒粒径<0.002mm），黏质土颗粒带负电荷，周围形成电场，吸引水分子及 Na^+、K^+ 等正电荷离子定向排列，形成强、弱结合水膜。黏质土颗粒与水的相互作用十分显著。

1. 黏质土的稠度

黏质土的含水率不同，它的物理性质和物理状态都不同。稠度是指黏质土随含水率多少而表现出的稀稠程度。黏质土随着含水率的不断增加，土体的状态变化情况为固态→半固态→塑态→液态，相应的地基承载能力逐渐下降，甚至失去承载能力。黏质土在不同稠度时所呈现的固态（干硬状态）、半固态（半干硬状态）、塑态（可塑状态）、液态（流动状态：滞流态、液流态）称为稠度状态。处于固态下的黏质土具有固体性质，力学强度最高；处于塑态（又可分为硬塑态和软塑状态）下的黏质土，具有可塑性，在硬塑态时有较好的力学性质，在软塑状态下的黏质土力学性质较差；处于流态的黏质土，力学性质完全遭到破坏，不能选作地基。

由于含水率的变化，黏质土从一种稠度状态转变为另一种稠度状态的界限，称为稠度界限。稠度界限通常用含水率表示，因此，黏质土的稠度界限称为界限含水率。

2. 黏质土的界限含水率

黏质土由可塑状态转变为流动状态时的分界含水率称为液限含水率，简称液限，用 W_L 表示。液限又称塑性上限或液性下限。

黏质土半干硬状态与可塑状态之间的分界含水率称为塑限含水率，简称塑限，用 W_P 表示。塑限又称塑性下限。

液限和塑限采用液塑限联合测定仪法测定，也可采用替代法——滚搓法（搓土条法）测定。

3. 黏质土的塑性指数及液性指数

黏质土自可塑状态起，逐渐增加含水率到滞流状态出现时止，若增加的含水率幅度大，说明该黏质土的吸水能力很强，有较大的保持塑性状态的能力，通常称这样的黏质土具有高塑性；如果由可塑状态转变到滞流状态所增加的含水率很小，则称这一类黏质土为低塑性。黏质土的塑性高低，通常用塑性指数 I_p 表示。塑性指数是指液限与塑限之差：

$$I_p = \omega_L - \omega_p \tag{4-18}$$

塑性指数大的黏质土具有高塑性，塑性指数小的黏质土具有低塑性。塑性指数是反映黏质土中黏粒和胶粒含量的一个重要指标，塑性指数大的黏质土，表明土中黏粒和胶粒多。在工程地质实践中常用 I_p 值对黏质土进行分类和命名，如表 4-4。

土按塑性指数 I_P 分类　　表 4-4

土的名称	砂土（无塑性土）	亚黏土（低塑性土）	亚黏土（中塑性土）	黏土（高塑性土）
塑性指数	$I_p < 1$	$1 < I_p \leqslant 7$	$7 < I_p \leqslant 17$	$I_p > 17$

黏质土的液限、塑限和塑性指数，都不是测定天然土物理性质的指标，而是评定黏质土物理性质的稠度指标。对于任何状态的黏质土应该用试验方法，先找出稠度状态变化时的含水率液限或塑限，再与它的天然含水率比较，借以判定土的稠度状态。若土的天然含水率大于液限小于塑限，可以判断此土是处于塑性状态。

为了反映黏质土在天然情况下的稠度状态，可以用液性指数（I_L）来表示，即土的天然含水率和塑限之差与塑性指数的比值：

$$I_L = \frac{w - w_p}{I_p} = \frac{w - w_p}{w_L - w_p} \tag{4-19}$$

式中：I_L——土的液性指数；

w——土的天然含水率，%；

w_L——土的液限，%；

w_p——土的塑限，%。

对于某种黏质土，认为其液限 W_L 和塑限 W_P 都是定值，土的天然含水率越大，液性指数越大，土越稀软。在工程中，为了更好的掌握天然土的稠度状态，将液性指数划分为 5 级，见表 4-5。

黏性土相对稠度状态　　表 4-5

<table>
<tr><td>液性指数值</td><td>$I_L \leqslant 0$</td><td>$0 < I_L \leqslant 0.25$</td><td>$0.25 < I_L \leqslant 0.75$</td><td>$0.75 < I_L \leqslant 1$</td><td>$I_L > 1$</td></tr>
<tr><td rowspan="2">稠度状态</td><td>干硬状态</td><td>硬塑状态</td><td>易塑状态</td><td>软塑状态</td><td>流动状态</td></tr>
<tr><td>半固体状态</td><td colspan="3">塑性状态</td><td>液流状态</td></tr>
</table>

用液性指数判断黏质土的干、湿程度或软、硬程度，有助于了解天然土的物理性能。

4. 黏质土的亲水性、收缩与膨胀特性

1）黏质土的亲水性

黏土矿物与水作用的能力，从现象上看，表现为吸水能力和持水能力。黏质土的这一特性，通常称为亲水性。土颗粒的比表面积的大小是黏土亲水能力反映的一个条件，黏土与水作用，使黏土的物理性质发生许多重要的变化，假若选择黏质土做土工结构物或做天然地基，如不考虑水的影响，就会给工程带来麻烦。

2）黏质土的收缩与膨胀性

黏质土中的含水率减少，体积随着减小的现象称为收缩。土中水分减少，可使土粒周围水膜变薄，土粒间的距离变小，孔隙度降低，凝聚力增强，土的力学强度增大。土中含水率降低，致使稠度状态发生改变，可由塑态进入固态。

黏质土因含水率增大而发生体积增大的现象称为膨胀。土的膨胀与收缩相反，因土中含水率增加致使黏土矿物与水的相互作用加强，土粒表面结合水膜变厚，水分子压力迫使土粒间的距离拉开，孔隙度增大，土体出现膨胀现象。土体发生膨胀后，土粒分子引力减弱，凝聚力下降，土的力学强度降低。

五、土的压实特性

在土木工程建设中，如道路路基（路堤）、土坝、基础垫层以及挡土墙回填土等等，大多是以土作为材料，按一定要求和范围进行堆填而成，常常会遇到填土夯实问题。填土不同于天然土层，土体经过挖掘、搬运、堆填，原结构已被破坏，土的含水率也会发生变化，堆填时必然在土团之间留下许多大的孔隙。

未经压实的填土强度低，压缩性大而且不均匀，遇水易发生陷坍、崩解等现象。特别是像道路路堤这样的土工构筑物，在车辆频繁运行和反复动荷载作用下，可能出现不均匀或过大的沉陷或坍落甚至失稳滑动，从而恶化运营条件及增加维修工作量。此外，压实路基土体，提高路基的密实度和强度，也是减少其上面的路面厚度，延长路面使用寿命，降低工程造价的技术措施。所以，道路路堤、机场跑道等填土工程必须按一定的技术标准压实使之具有足够的密实度和强度，以确保行车安全、快速和舒适。

压实的实质是通过外力作用（人工夯击、机械夯击或机械碾压等方式）克服疏松材料之间的内摩擦力和黏结力，使材料颗粒产生位移并互相靠近，从而提高其密度和强度。土的压实过程，既不是静荷载作用下排水固结过程，也不同于一般压缩过程，而是在不排水条件下迫使土的颗粒重新排列，其固相密度增加，气相体积减少的过程。

1. 土的室内标准击实试验

为了摸索土或其他筑路材料的压实特性，通常采用室内标准击实试验的方法模拟施工现场对土或其他疏松材料的压实情况。工程实践发现，水的含量变化对土或无机结合料稳定土的性质影响较大，对材料所能达到的密实度起着非常重要的作用。

室内标准击实试验就是用标准击实试验方法，在一定夯击功能下测定各种细粒土，含碎石（砾石）土等筑路材料的含水率与干密度的关系，从而确定土或无机结合料稳定土的最佳含水率与相应的最大干密度，借以了解土或无机结合料稳定土的压实性能，作为工地施工压实控制的依据。

室内标准击实试验的基本方法是，对于同一种土或无机结合料稳定土，配置成不同含水率的试样（通常不少于5个含水率），试样分层装入标准击实仪的击实筒内，在相同的击实功（击实锤重量、落高、击实次数相同）作用下击实试样，分别测定每种含水率试样对应的干密度，绘制含水率——干密度关系曲线，在含水率——干密度关系曲线上确定其最佳含水率与最大干密度。

室内标准击实试验根据击实锤重量、落高和击实筒内径大小等分轻型击实和重型击实两种，击实试验的方法种类见表4-6。

击实试验方法种类 表4-6

试验方法	类别	锤底直径(cm)	锤重(kg)	落高(cm)	试筒尺寸			层数	每层击数	击实功(kJ/m²)	最大粒径(mm)
					内径(cm)	高(cm)	容积(cm³)				
轻型Ⅰ法	Ⅰ.1	5	2.5	30	10	12.7	997	3	27	598.2	25
	Ⅰ.2	5	2.5	30	15.2	12	2 177	3	59	598.2	38
重型Ⅱ法	Ⅱ.1	5	4.5	45	10	12.7	997	5	27	2 687	25
	Ⅱ.2	5	4.5	45	15.2	12	2 177	3	98	2 677.2	38

以含水率为横坐标，干密度为纵坐标，绘制的干密度与含水率的关系曲线如图4-2所示，曲线上峰值点的纵、横坐标分别为最大干密度和最佳含水率，分别用ρ_0、ω_0表示。如曲线不能绘出明显的峰值点，应进行补点或重做。从图4-2上可以看出，土或无机结合料稳定土等筑路材料只有在最佳含水率的情况下才能达到最大的干密度。需要说明的是：不同类型的土或无机结合料稳定土，其最佳含水率、最大干密度是不相同的；对于同一种土或无机结合料稳定土，施加的击实功不同，其最佳含水率、最大干密度也不同；实际工程中，土或无机结合料稳定土在小于最佳含水率的情况下，通过增加压实功的办法也能够达到较高的干密度，但这样做是不经济的；土或无机结合料稳定土在大于最佳含水率（较多）的情况下，通过增加压实功的办法达到较高的干密度比较困难，而且是不经济的。

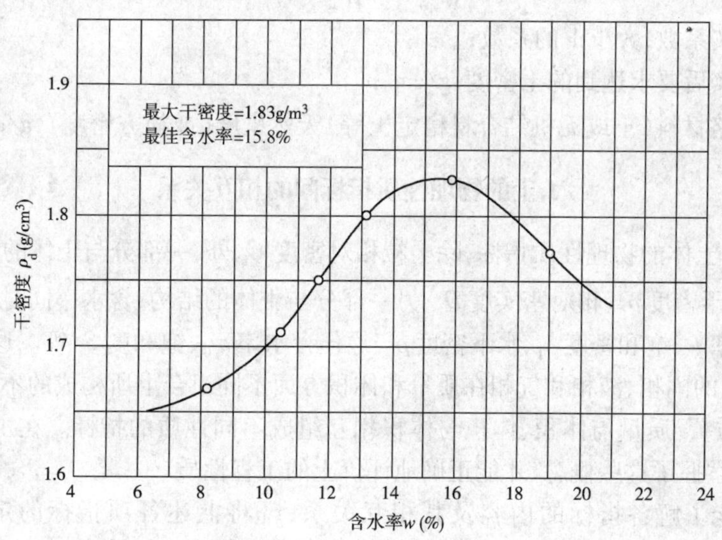

图4-2 含水率与干密度的关系曲线

2. 土或无机结合料稳定土的压实度

压实是指对土或无机结合料稳定土等筑路材料施加动的或静的外力，以提高其密实度的作业。公路工程施工中，为了评价土或无机结合料稳定土等筑路材料的压实质量，通常采用压实度作为压实质量的评价指标。

压实度是指土或无机结合料稳定土等筑路材料压实后的干密度与标准最大干密度的百分比，用 K 表示。按下式计算：

$$K = \frac{\rho_d}{\rho_0} \times 100 \tag{4-20}$$

式中：K——压实度，%；

ρ_d——施工现场（土或无机结合料稳定土等）筑路材料压实后实测的干密度，g/cm^3；

ρ_0——室内标准击实试验测得的最大干密度，g/cm^3。

3. 压实方与天然密实方间的换算系数

路基工程设计图纸上给出的填筑的土、石方数量，是按工程的几何尺寸计算出来的压实方，挖取天然密实的土、石用来填筑路基时，必然存在着天然密实方与压实方之间的量差。

由于土、石方作业的土壤种类、存在形式、天然密实度各不相同，而且设计要求的填方密实度也不相同，所以压实方与天然密实方间的换算系数也不是定值，最好是通过试验分别确定。压实的土、石方数量与天然密实的土、石方数量之间的换算关系用压实系数表示。

压实系数是指筑路材料（土或无机结合料稳定土等）经压实后要求的干密度与该种材料天然密度（或松方密度）的比值，用 K'表示。按下式计算：

$$K' = \frac{\rho_d}{\rho'_d} \tag{4-21}$$

式中：K'——压实系数，大于 1 的系数；

ρ_d——压实后要求达到的干密度，g/cm^3；

ρ'_d——筑路材料（土或无机结合料稳定土等）天然密度（或松方密度），g/cm^3。

六、土的物理性质指标间的相互关系

前面介绍的土体的物理性质指标，除土粒相对密度 G_s 外，一部分与土体的结构有关，如孔隙比、孔隙度 n、干密度 ρ_d、相对密实度 D_r；另一部分与土体的结构、含水率同时有关，如饱和含水率 w_{max}、含水率 w、饱和密度 ρ_f、水下密度 ρ'、最佳含水率 w_0、饱和度 S_r 等。这些物理性质指标实质上就是土的固相、液相和气相在质量和体积方面不同组合上所构成的不同比值，即三者之间的质量与质量、质量与体积、体积与体积相互组成不同性质的指标。在工程地质的测设中，只有准确地掌握了这些概念、才能正确地评价土的工程性质。

为了进一步了解各指标的内容及其相互关系，现将上述各项指标的定义、指标来源以及对指标的实际应用等方面，归纳为“土的物理性质主要指标一览表”，供对照参考，如表 4-7。

土的物理性质主要指标一览表 表4-7

指标名称	表达式	参考数值	指标来源	实际应用
相对密度 G_s（比重）	$G_s=\frac{m_s}{V_s\cdot\rho_w}$	2.65~2.75	由试验确定	1. 换算 n、e、ρ_d； 2. 工程计算
密度 ρ（g/cm³）	$\rho=\frac{m}{V}$	1.60~2.20	由试验确定	1. 换算 n、e； 2. 说明土的密度
干密度 ρ_d（g/cm³）	$\rho_d=\frac{m_s}{V}$	1.30~2.00	$\rho_d=\frac{\rho}{1+w}$	1. 换算 n、e； 2. 粒度分析、压缩试验资料整理
饱和密度 ρ_f（g/cm³）	$\rho_f=\frac{m_s+V_n\rho_w}{V}$	1.80~2.30	$\rho_f=\frac{\rho(G_s-1)}{G_s(1+w)}+1$	
水下密度 ρ'（g/cm³）	$\rho'=\frac{m_s+V_s\rho_w}{V}$	0.8~1.30	$\rho'=\frac{\rho(G_s-1)}{G_s(1+w)}$	1. 计算潜水面以下地基土自重应力； 2. 分析人工边坡稳定
天然含水率 w	$w=\frac{m_w}{m_s}$	0<w<1	由试验确定	1. 换算 s_r、ρ_d、n、e； 2. 计算土的稠度指标
饱和含水率 w_{max}	$w_{max}=\frac{V_n\rho_w}{m_s}$		$w_{max}=\frac{G_s(1+w)-\rho}{G_s\cdot\rho}$	
饱和度 S_r	$S_r=\frac{V_w}{V_n}$	0~1	$S_r=\frac{G_s\cdot\rho\cdot w}{G_s(1+w)-\rho}$	1. 说明土的饱水状态 2. 砂土、黄土计算地基承载力
天然孔隙度 n	$n=\frac{V_n}{V}$		$n=1-\frac{\rho}{G_s(1+w)}$	1. 计算地基承载力； 2. 砂土估计密度和渗透系数； 3. 压缩试验整理资料
天然孔隙比 e	$e=\frac{V_n}{V_s}$		$e=\frac{G_s(1+w)}{\rho}-1$	1. 说明土中孔隙体积； 2. 换算 e 和 ρ'

土的物理性质指标的相互关系，可用三相图法换算，通过试验测得的3个基本物理指标后，就可以计算出其他指标，下面用例题说明换算方法。

【例4-1】 一块原状土样，经试验测得，天然密度 $\rho=1.67\text{g/cm}^3$，含水率 $w=12.9\%$，土粒相对密度 $G_s=2.67$，求土的孔隙比 e，孔隙率 n，饱和度 S_r。

解：给出土的三相图，见图4-3。

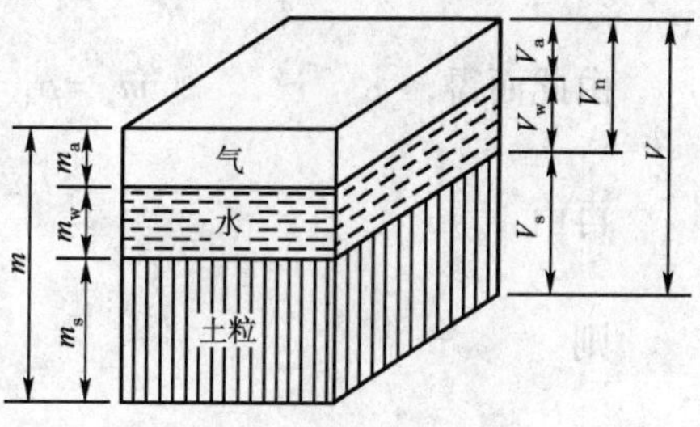

图4-3 土的三相示意图

V-土的总体积（cm³）；V_n-孔隙的体积（cm³）；V_a-气体的体积（cm³）；V_w-水的体积（cm³）；V_s-土粒的体积（cm³）；m_s-土的总质量（g）；m_a-气体的质量（g）；m_w-水的质量（g）；m_s-土粒的质量（g）

（1）设 $V=1\text{cm}^3$，以土的总体积为1作为计算的出发点，事实上由于土的各项物理性质指标都是三相间量的比例关系，不是量的绝对值，取其他的量为1（如 $V_s=1$，$m_s=1$ 等）作为出发点，都可以得出同样的结果。

（2）$\because \rho=\frac{m}{V}$ $\therefore m=\rho\cdot V=1.67\text{g}$

（3）$\because w=\frac{m_w}{m_s}$ $\therefore m_w=0.129m_s$

$$m = m_s + m_w + m_a \qquad m_a = 0 \qquad \therefore m = m_s + m_w$$

$$1.67 = m_s + 0.129 m_s \quad , \qquad m_s = 1.48\text{g}$$

(4) $\because \ G_s = \dfrac{m_s}{V_s} \qquad \therefore V_s = \dfrac{m_s}{G_s} = \dfrac{1.48}{2.67} = 0.554\text{cm}^3$

(5) $\because m_w$ 与 V_w 数值上相等，$\therefore m_w = V_w = 0.129 \times 1.48 = 0.19\text{g}$

(6) $\because V_n + V_s = V = 1 \qquad \therefore V_n = 1 - 0.554 = 0.446\text{cm}^3$

至此，三相图上所有的数据全部求出。根据各项物理性质指标的定义式，求出相应的数值。

$$e = \frac{V_n}{V_s} = \frac{0.446}{0.554} = 0.81$$

$$n = \frac{V_n}{V} \cdot 100\% = \frac{0.446}{1} \times 100\% = 44.6\%$$

$$S_r = \frac{V_w}{V_n} \times 100\% = \frac{0.19}{0.446} \times 100\% = 43\%$$

【例 4-2】 介绍三相图法导出公式的基本思路（见图 4-4）的两种求解法。

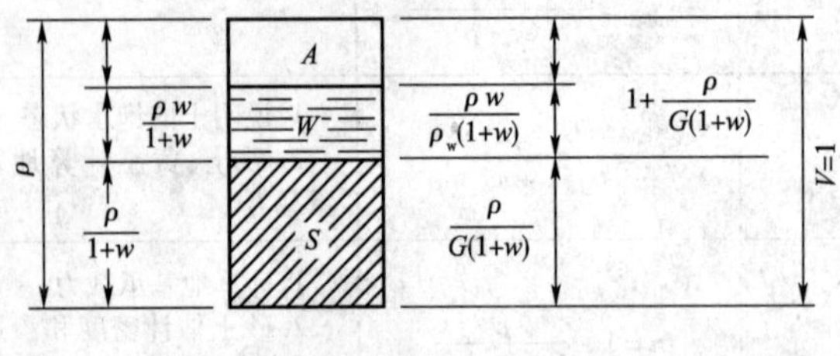

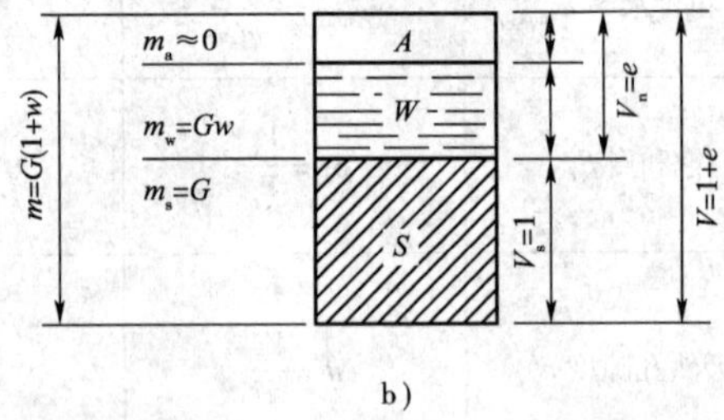

图 4-4 三相图法与导出公式

如图 4-4a）所示：已知 ρ、G_s、w 时，可设土的总体积 $V = 1$，由 $\rho = \dfrac{m}{V}$，得 $m = \rho$。

又由 $$w = \frac{m_w}{m_s} = \frac{\rho - \rho_d}{\rho_d}\left(m_s = \frac{m_s}{V} = \rho_d, m_w = m - m_s = \rho - \rho_d\right)$$

由此而得， $$m_s = \rho_d = \frac{\rho}{1 + w}; m_w = m_s \cdot w = \frac{\rho \cdot w}{1 + w}$$

再由 $$G_s = \frac{m_s}{V_s}, V_s = \frac{m_s}{G_s}$$

则 $$V_s = \frac{\rho}{(1 + w) G_s}$$

$$V_n = V - V_s = 1 - \frac{\rho}{(1 + w) \cdot G_s}$$

到此为止图 4-4a）中的各项质量和体积均已确定，即可导出各指标的换算公式。

如图 4-4b）所示，若已知 G_s、w、e 时，则可令土粒的体积 $V_s = 1$，由 $e = \dfrac{V_n}{V_s}$，得 $e = V_n$，

于是土的总体积为： $V = V_s + V_n = 1 + e$。

又由 $G_s=\frac{m_s}{V_s}$，得 $m_s=G_s$

再由 $w=\frac{m_w}{m_s}$，得 $m_w=w\cdot m_s=w\cdot G_s$

到此为止图 4-4b) 中的各项质量和体积均已确定，也可导出各项指标换算公式。

【例 4-3】 某饱和砂土，已测得其含水率 $w=25\%$，颗粒相对密度 $G_s=2.60$，试求其天然密度 ρ，干密度 ρ_d 及孔隙比 e。

解：从题意知：饱和砂土 $S_r=1$，其含水率为饱和含水率 $w=w_{max}=25\%$，$G_s=2.60$

用换算公式求解：

$$s_r=\frac{G_s\cdot\rho\cdot w}{G_s(1+w)-\rho}$$

$$1=\frac{2.60\times\rho\times0.25}{2.60\times(1+0.25)-\rho}$$

$$\rho=1.97\text{g/cm}^3$$

$$\rho_d=\frac{\rho}{1+w}=\frac{1.97}{1+0.25}=1.58\text{g/cm}^3$$

$$e=\frac{G_s\cdot(1+w)}{\rho}-1=\frac{2.60\times(1+0.25)}{1.97}-1=0.65$$

七、土的透水性与毛细性

土中水并非处于静止不变的状态，而是在运动着。土中水的运动原因和形式很多，例如：在重力的作用下，地下水的流动(土的渗透性问题)；由于表面现象产生的水分移动(土的毛细现象)等。土中水的运动将对土的性质产生影响，在许多工程实践中碰到的问题如流砂、冻胀、渗透固结、渗流时的边坡稳定等，都与土中水的运动有关。本节着重介绍土的透水性、毛细性及土中水的运动规律。

1. 土的透水性

1) 渗透的概念

土中的自由液态水在重力作用下沿孔隙发生运动的现象，称为渗透。土能使水透过孔隙的性能，称为土的透水性。

土的透水性强弱，主要取决于土的粒度成分及其孔隙特征：即孔隙的大小、形状、数量及连通情况等。粗碎屑土和砂土都是透水性良好的土，细粒土为透水性不良的土，而黏质土因有较强的结合水膜，若再加上有机质的存在，则自由水不易透过，则可视为不透水土层。黏质土也不是绝对不透水的，自然界的黏质土层的透水性具有各向异性的特征，如带状结构的黏质土，其水平方向的透水性大于垂直方向；黄土类土，由于垂直节理发育，故在垂直方向的透水性大于水平方向。

土的透水性是实际工程中不可忽视的工程地质问题。例如路基土的疏干、桥墩基坑出水量的计算，饱和黏质土地基稳定时间的计算，河滩路堤填料的渗透性；河岸、小型水库的防水土坝的隔水层的选料等。

2)土的层流渗透定律

水在孔隙中渗透或渗流,其运动状态常随水流的速度不同而分为两种:层流和紊流。在细小孔隙中运动着的水,水流质点彼此不相混杂、干扰,流线大致呈互相平行方式运动,故称为层流。土中水的层流不同于管道或沟壑中的层流,它不可能是顺直、有规律的流线,而是曲折、甚至是迂迴的运动着。由于水在土的孔隙中受重力作用的影响,总是由高水压区流向低水压区,由此产生水头压力。水头压力的大小取决于水力梯度,如图 4-5 所示。水力梯度 J 是指两点之间的水头差($\Delta H = H_1 - H_2$)与单位流程长度 L 之比值:

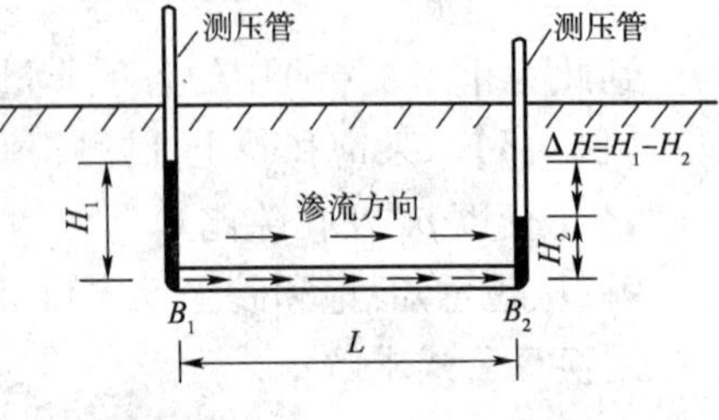

图 4-5 水在土中渗透

$$J = \frac{\Delta H}{L} = \frac{H_1 - H_2}{L} \tag{4-22}$$

关于水在地下岩、土孔隙中渗流的现象,法国水力学家亨利 · 达西于 19 世纪中叶作了长期的观察和实验,其结果下:

$$Q = K \cdot F \cdot \frac{\Delta H}{L} \tag{4-23}$$

式中:Q——单位时间内透过的水量,m^3/s;

F——透过水流的过水截面,m^2;

$\frac{\Delta H}{L}$——水力梯度,单位流程长度上的水头差(%、‰);

K——渗透系数,m/s。

由上式可知,某一过水截面上,单位时间内的渗透水量与水头差成正比,而与渗透流程的长度成反比。

将式(4-22)代入式(4-23)得:

$$Q = K \cdot F \cdot J \tag{4-24}$$

式(4-24)两端除以 F 后,该式左端 $\frac{Q}{F} = v$ 为渗透速度。则式(4-24)变为:

$$v = K \cdot J \tag{4-25}$$

由式(4-25)可知,渗透速度与水力梯度成正比,此系层流渗透定律,或称线性渗透定律,简称达西定律。

可是,由于土孔隙中所渗流的水不是通过土的整个截面,而仅仅是通过该截面内土粒间的孔隙。因此,土中孔隙水的实际流速 v_0 要比公式(4-25)的计算的平均流速 v 要大,它们之间的关系为:

$$v_0 = \frac{v}{n} \tag{4-26}$$

式中:n——土的孔隙率。

由于 n 永远小于 1,所以渗透速度 v 永远小于水在孔隙中运动的实际流速 v_0。但在工程实际计算中,按公式(4-25)计算比较方便。

达西定律中的渗透系数 K,是反映土的透水性的重要指标。一般可选用代表性的土样,在实验室或现场测定。根据某一定时间 t 内所测定的数据，由公式(4-23)导出：

$$K=\frac{Q\cdot L}{\Delta H\cdot F\cdot t} \tag{4-27}$$

或者由式(4-25)导出：

$$K=\frac{v}{J} \tag{4-28}$$

由上式可知，若 $J=1$ 时，则 $v=K$，即渗透系数在数值上等于渗透速度。两者的单位相同，一般用 m/d 或用 cm/s。

渗透系数对于同一类土而言，应为一定值常数，但却因土类不同而异，其规律是：K 值随着土粒的增大而增高，如表 4-8 所示。在实际工程中，常采用最简便的方法就是根据经验数值查表而得。

各种土的渗透系数 表 4-8

土名	渗透系数(m/d)	土名	渗透系数(m/d)	土名	渗透系数(m/d)
黏土	<0.001	粉砂	0.5~1.0	粗砂	15~50
亚黏土	0.001~0.1	细砂	1~5	砾石砂	50~100
亚砂土	0.1~0.5	中砂	5~15	砾石	100~200

注：据《普通水文学》河北师范大学等三校地理系合编。

应当指出，达西定律只适用于层流或线性渗透的情况，故对中砂、细砂及粉砂等土层是适用的。但对粗颗粒土，如粗砂、砾石、卵石之类的土就不适用了，因为这些土层孔隙中的水的渗透速度较大，已不是层流而是紊流。即是说，地下水在岩、土的大孔隙中运动时，当其流速超过一定限度时，就可能出现紊流运动，计算紊流渗透速度的公式应服从于非线性渗透定律：渗透速度与水力梯度的 1/2 次方成正比，其表达式为：

$$v=kJ^{\frac{1}{2}} \tag{4-29}$$

有时岩、土孔隙中的渗透水处于层流与紊流之间，被称之为混流运动，此时，则用下式计算：

$$v=kJ^{\frac{1}{m}} \tag{4-30}$$

式中，m 值的范围界于 1~2 之间。当 $m=1$ 时，即为达西层流运动公式，当 $m=2$ 时，即为紊流渗透公式。

至于黏土中的渗流规律还需将达西定律作些修正。下面将讨论黏质土的透水性问题。

3)黏质土的相对不透水性

在黏质土中，由于黏粒(尤以其中含有胶粒时)的表面能很大，使其周围的结合水具有极大的黏滞性和抗剪强度。结合水的黏滞性对自由水起着黏滞作用，使之不易形成渗流现象，故把黏性土的透水性能相对地称为不透水性。也正由于这种黏滞作用，自由水在黏土层中必须具备足够大的水头差(或水力梯度)，克服结合水的抗剪强度才能发生渗流。我们把克服其抗剪强度所需的一定值的水力梯度，称为黏土的起始水力梯度 J_0。于是，在计算黏土的渗流速度时，应将达西定律的公式修正为：

$$v=K(J-J_0) \tag{4-31}$$

现以砂土和黏土的渗透规律为例来分析。如图 4-6 所示：在 v-J 坐标中，a 线表示砂土，b 线表示黏土。由图中可见，砂土只要 $J>0$ 就开始渗透，并随 J 值的增大，流速也增加；而 b 线，

在 $J < J'_0$ 时,$v = 0$,即没有发生渗流现象,要待水力梯度达到 $J > J_0$ 时,自由水才开始发生渗流。一般常以 b 线交于 J 轴上的直线代替曲线(图中的虚线),即以 J_0 代替 J'_0。于是,从图中可以看出:b 线黏土当 $J > J_0$ 时才开始渗流,自此后,服从于达西定律:随着水力梯度的增高,渗流速度增大。

4)影响土的渗透性的因素

从以上分析的情况中不难看出,影响土的透水性的因素主要有:

(1)土的粒度成分及矿物成分。土的颗粒的大小、形状及级配等影响土中孔隙大小及其形状,因而影响着土的渗透性。土颗粒越粗、越浑圆、越均匀时,其渗透性就大。砂土中混有粉土及黏土时,其渗透系数会大大降低。关于土的矿物成分对粗碎屑土甚至粉土的渗透性影响不大;但黏土中含有亲水性较强的黏土矿物(如蒙脱石)或有机质时,使土粒遇水膨胀,大大降低了透水性;有机质含量较多的淤泥几乎是不透水的。

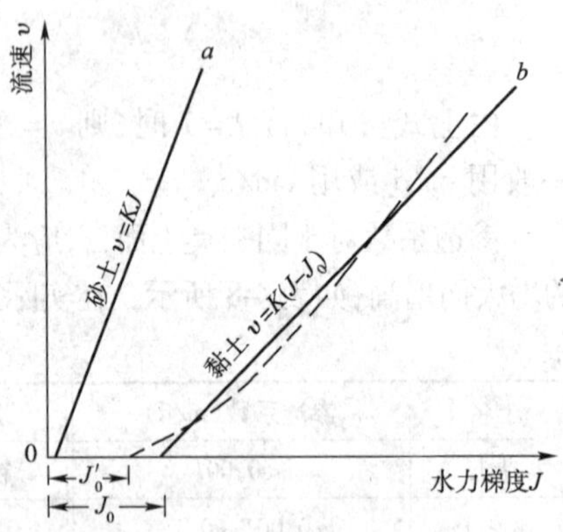

图 4-6　砂土和黏土的渗透规律

(2)土粒表面的结合水膜。黏性土中结合水膜较厚时,会阻塞土的孔隙,降低土的渗透性。如含钠黏土,钠离子使土粒的静电引力场扩大,水化膜增厚,则透水性很低;如黏土加入高价的电解质(如 Al、Fe 等)时,会使水化膜变薄,黏粒凝聚成粒团,土的孔隙增大,则土的透水性也增大。

(3)土的结构构造。天然土层通常不是各向同性的,在渗透方面往往如此。黄土垂直方向的渗透性大于水平方向;带状黏土水平方向的透水性大于垂直方向,其渗透系数相差可达数倍到数十倍。因而,土的结构构造影响着土的透水性。

(4)水的黏滞度与水温。水的黏滞度随水温而变。在天然土层中,因表土层以下的温度变化很小,可不予考虑,但在室内做渗透试验时,同一种土在不同温度下会得到不同的渗透系数值,故应考虑温度的影响。一般以水温为 10℃时的渗透系数 K_{10} 的黏滞度为 1,根据试验证明,水的黏滞度的比值,在水温 -10℃时,为 1.988,水温 40℃时,为 0.502。由此可见,水的黏滞度随水温的降低而增大;反之,水温增高时,则水的黏滞度减小。

(5)土孔隙中的气体。土孔隙中气体的存在可减少土体实际渗透面积,同时气体随渗透水压的变化而胀缩,成为影响渗透面变化的不定因素。当土孔隙中存在密闭气泡时,会阻塞自由水的渗流而降低土的渗透性。有的密闭气泡是由溶解于水中的气体分离出来而形成的,故在室内试验时,规定要用不含溶解有空气的蒸馏水。

2. 土的毛细性

土的毛细性是指土中毛细孔隙能使水产生毛细现象的性质。如果把一块干土的下部与水接触,就会看到水分向土块上部浸润,开始时上升的速度快,后来变慢,达到某一高度时趋于停止,这就是毛细现象。水分在土块中浸润的高度,就是毛细水在土中上升的高度。毛细水的上升可引起道路翻浆、盐渍化、冻害等,会导致路基失稳。

土的毛细现象,主要是土中的孔隙相互连通成微型管道,纵横如网状的分布在土体中,这些微型管道可以吸引水分子克服重力影响向上运动。管道的孔径越小,毛细水上升的高度越大。

八、本节实验

1. 土的含水率试验(酒精燃烧法)

1)目的及适用范围

本试验方法适用于快速简易测定细粒土(含有机质的除外)的含水率。

2)仪器设备

(1)称量盒:定期调整为恒质量。

(2)天平:感量0.0lg。

(3)酒精:纯度95%。

(4)其他:滴管、火柴、调土刀等。

3)试验步骤

(1)称取称量盒质量 m_1,准确至0.01g(如称量盒已知为恒重,则此步骤可省略)。

(2)取具有代表性试样(黏质土5~10g,砂类土20~30g),放入称量盒内,称量湿土与称量盒的质量 m_2,准确至0.01g。

(3)用滴管将酒精注入放有试样的称量盒中,直到盒中出现自由液面为止。为使酒精在试样中充分混合均匀,可将盒底在桌面上轻轻敲击。

(4)点燃盒中酒精,燃至火焰熄灭。

(5)将试样冷却数分钟,按本试验3、4条方法重新燃烧两次。

(6)待第三次火焰熄灭后,盖好盒盖,立即称干土质量与称量盒的质量 m_3,准确至0.01g。

4)结果计算

(1)按式(4-32)计算含水率,精确至0.1%。

$$w = \frac{m_2 - m_3}{m_3 - m_1} \times 100 \tag{4-32}$$

式中:w——含水率,%;

m_1——称量盒质量,g;

m_2——称量盒及湿土质量,g;

m_3——称量盒及干土质量,g。

试验记录表见表4-9。

含水率试验记录表(酒精燃烧法) 表4-9

盒 号						
盒质量(g)	(1)					
盒+湿土质量(g)	(2)					
盒+干土质量(g)	(3)					
水分质量(g)	(4)=(2)-(3)					
干土质量(g)	(5)=(3)-(1)					
含水率(%)	(6)=(4)/(5)×100					
平均含水率(%)	(7)					

试验者______ 计算者______ 校核者______ 试验日期______

(2)精密度和允许差。本试验须进行二次平行测定,取其算术平均值,允许平行差值应符合表4-10规定。

含水率测定的允许平行差值　　表4-10

含水率(%)	允许平行差值(%)	含水率(%)	允许平行差值(%)
5以下	0.3	40以上	≤2
40以下	≤1	对层状和网状结构冻土	<3

2. 土的密度试验(蜡封法)

1)目的及适用范围

(1)本试验用于了解土体内部结构的密实情况。

(2)本试验方法适用于易破裂土和形态不规则的坚硬土。

2)仪器设备

(1)天平:感量0.01g。

(2)其他:烧杯、细线、石蜡及熔蜡设备、针、削土刀等。

3)试验步骤

(1)用削土刀切取体积大于30cm³试件,削除试件表面的松、浮土以及尖锐棱角,在天平上称量,准确至0.01g。取代表性土样进行含水率测定。

(2)将石蜡加热至刚过熔点,用细线系住试件浸入石蜡中,使试件表面覆盖一薄层石蜡,若试件蜡膜上有气泡,需用热针刺破气泡,再用石蜡填充针孔,涂平孔口。

(3)待冷却后,将蜡封试件在天平上称量m_1,准确至0.01g。

(4)用细线将蜡封试件置于天平一端,使其浸浮在盛有蒸馏水的烧杯中,注意试件不要接触烧杯壁,称蜡封试件的水下质量m_2,准确至0.01g。并测量蒸馏水的温度。

(5)将蜡封试件从水中取出,擦干石蜡表面水分,在空气中称其质量,将其与第3步中称量的质量相比,若质量增加,表明水分进入试件中;若浸入水分质量超过0.03g,应重做。

4)结果计算整理

(1)按式(4-33)和式(4-34)计算湿密度及干密度。

$$\rho = \frac{m}{\dfrac{m_1 - m_2}{\rho_{wt}} - \dfrac{m_1 - m}{\rho_n}} \tag{4-33}$$

$$\rho_d = \frac{\rho}{1 + 0.01w} \tag{4-34}$$

式中:m——试件质量,g;

m_1——蜡封试件质量,g;

m_2——蜡封试件水中质量,g;

ρ_{wt}——蒸馏水在t℃时密度,g/cm³,准确至0.001g/cm³;

ρ_n——石蜡密度,g/cm³,应事先实测,准确至0.001g/cm³;

w——含水率,%;

ρ——土的湿密度,g/cm³;

ρ_d——土的干密度,g/cm³。

(2)精密度和允许差。本试验须进行二次平行测定，取其算术平均值，允许平行差值不得大于0.03g/cm³。

土的密度试验记录表(蜡封法)如表4-11所示。

土的密度试验记录表(蜡封法)　　表4-11

土样编号			蜡密度(g/cm³)				
土样来源			试验用途				
湿密度	试样编号						
	试件质量 (g)						
	蜡封试件质量 (g)						
	蜡封试件水中质量 (g)						
	水的温度 (℃)						
	水的密度 (g/cm³)						
	蜡封试件体积(cm³)						
	蜡体积 (cm³)						
	试件体积 (cm³)						
	湿密度 (g/cm³)						
含水率	盒号						
	盒质量 (g)						
	盒+湿土质量 (g)						
	盒+干土质量 (g)						
	水质量 (g)						
	干土质量 (g)						
	含水率 (%)						
	平均含水率 (%)						
干密度 (g/cm³)							
平均干密度 (g/cm³)							

试验者＿＿＿＿　　计算者＿＿＿＿　　校核者＿＿＿＿　　试验日期＿＿＿＿

3. 土的界限含水率试验(液限塑限联合测定法)

1)目的及适用范围

(1)本试验的目的是联合测定土的液限和塑限，为划分土类、计算天然稠度、塑性指数，供公路工程设计和施工使用。

(2)本试验适用于粒径不大于0.5mm、有机质含量不大于试样总质量5%的土。

2)仪器设备

(1)圆锥仪:锥质量为100g或76g,锥角为30°,读数显示形式宜采用数码式、光电式、游标式以及百分表式。

(2)盛土杯:直径50cm,深度40~50cm。

(3)天平:称量200g,感量0.01g。

(4)其他:筛(孔径0.5mm)、调土刀、调土皿、称量盒、研钵(附带橡皮头的研杵或橡皮板、木棒)干燥器、吸管、凡士林等。

3)试验步骤

(1)取有代表性的天然含水率或风干土样进行试验。如土中含大于0.5mm的土粒或杂物时,应将风干土样用带橡皮头的研杵研碎或用木棒在橡皮板上压碎,过0.5mm的筛。

取0.5mm筛下的代表性土样200g,分开放入三个盛土皿中,加不同数量的蒸馏水,土样的含水率分别控制在液限(a点)、略大于塑限(c点)和二者的中间状态(b点)。用调土刀调匀,盖上湿布,放置18h以上。测定a点的锥入深度对于100g锥应为20mm±0.2mm,对于76g锥应为17mm。测定c点的锥入深度应对于100锥应控制在5mm以下对于76锥应控制在2mm以下。对于砂类土,用100g锥测定c点的锥入深度可大于5mm,用76g锥测定c点的锥入深度可大于2mm。

(2)将制备的土样充分搅拌均匀,分层装入盛土杯,用力压密,使空气逸出。对于较干的土样,应先充分搓揉,用调土刀反复压实。试杯装满后,刮成与杯边齐平。

(3)用光电式或数码式液限塑限联合测定仪测定时,接通电源,调平机身,打开开关,提上锥体(此时刻度或数码显示应为零),锥头上涂少许凡士林。

(4)将装好土样的试杯放在联合测定仪的升降座上,转动升降旋钮,待锥尖与土样表面刚好触时,指示灯亮,停止转动旋钮,按下检测按钮,锥体立刻自行下沉,5s时,自动停止下落,读数窗上或数码管上显示锥入深度,记作h_1。

(5)提起锥杆、擦净锥体并涂少许凡士林。

(6)改变锥尖与土接触位置(锥尖两次锥入位置距离不小于1cm),重复步骤(4),得锥入深度h_2,h_1、h_2允许误差为0.5mm,否则应重作。取h_1、h_2平均值作为该点的锥入深度h。

(7)去掉锥尖入土处的凡士林,取10g以上的土样两个,分别装入称量盒内,称质量(准确至0.01g),测定其含水率w_1、w_2(计算到0.1%)。计算含水率平均值w。

(8)重复本试验(2)至(7)步骤,对其他两个含水率土样进行试验,测其锥入度和含水率。

4)结果计算

(1)在双对数坐标纸上,以含水率w为横坐标,锥入深度h为纵坐标,点绘a、b、c三点含水率的h-w图,连此三点,应呈一条直线(图4-7)。如三点不在同一直线上,要通过a点与b、c两点连成两条直线,根据液限(a点含水率)在h_P-w_L图上查得h_P,以此h_P再在h-w图上的ab及ac两直线上求出相应的两个含水率,当两个含水率的差值小于2%时,

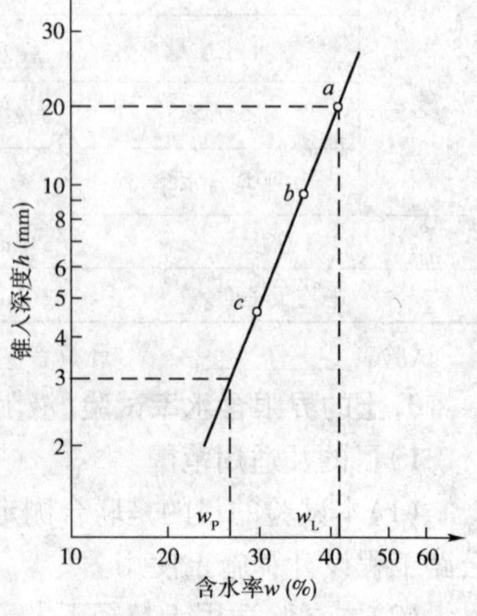

图4-7　锥入度与含水率(h-w)关系图

以该两点含水率的平均值与 a 点连成一直线。当两个含水率的差值大于2%时，应重做试验。

(2)液限的确定方法如下：

①若采用76g锥做液限试验，则在 $h-w$ 图上，查得纵坐标入土深度 $h=17\text{mm}$ 所对应的横坐标含水率 w，即为该土样的液限 w_L。

②若采用100g锥做液限试验，则在 $h-w$ 图上，查得纵坐标入土深度 $h=20\text{mm}$ 所对应的横坐标含水率 w，即为该土样的液限 w_L。

(3)塑限的确定方法如下：

①根据上面(2)①求出的液限，通过76g锥入土深度 h 与含水率 w 的关系曲线(图4-7)，查得锥入深度为2mm所对应的含水率即为该土样的塑限 w_P。

②根据上面(2)②求出的液限，通过液限 w_L 与塑限时入土深度 h_P 的关系曲线(图4-8)，查得 h_P，再由图4-7求出入土深度为 h_P 时所对应的含水率，即为该土样的塑限 w_P。查 w_L-h_P 关系图时，须先通过简易鉴别法及筛分法，把砂类土与细粒土区别开来，再按这两种土分别采用相应的 w_L-h_P 关系曲线；对细粒土，用双曲线确定 h_P 值；对砂类土，则用多项式曲线确定 h_P 值。

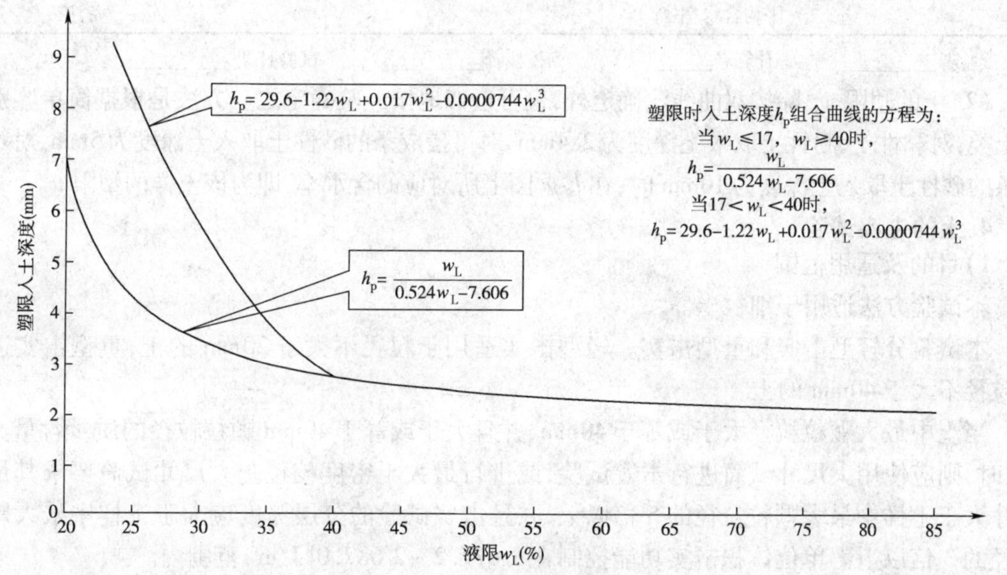

图4-8　w_L-h_P 关系图

若根据上面(2)②求得的液限，当 a 点的锥入深度为20±0.2mm范围内时，应在 ad 线上查得入土深度为20mm处相对应的含水率，此为液限 w_L。再用此液限在图4-8"w_L-h_p 关系曲线"上找出与之对应的塑限入土深度 h_p'，然后在 $h-w$ 图上 ad 直线上查得 h'_p 相对应的含水率，此为塑限 w_p。

(4)试验记录表见表4-12。

5)注意事项

(1)液塑限联合测定时，土体的含水率均匀及密实与否，对试验精度影响极大。土样制备时，三个土样的含水率不宜十分接近，否则不易控制联合测定曲线的走向，影响测定精度。含水率接近塑限的那个土样，对测定影响很大。当含水率等于塑限时，该点控制曲线走向最准。但此时土样很难调制。因此，可先将制备好的土样充分搓揉，再将它紧密地压入盛土杯，然后刮平。为便于操作，根据经验，此时的含水率可略加大，以锥入深度为4～5mm为限。

土的液限塑限联合试验记录表 表 4-12

<table>
<tr><th colspan="2">试验项目 \ 试验次数</th><th colspan="2">1</th><th colspan="2">2</th><th colspan="2">3</th><td rowspan="8">(h-w 图)</td></tr>
<tr><td rowspan="3">入土深度(mm)</td><td>h_1</td><td colspan="2"></td><td colspan="2"></td><td colspan="2"></td></tr>
<tr><td>h_2</td><td colspan="2"></td><td colspan="2"></td><td colspan="2"></td></tr>
<tr><td>$\frac{1}{2}(h_1+h_2)$</td><td colspan="2"></td><td colspan="2"></td><td colspan="2"></td></tr>
<tr><td rowspan="8">含水率(%)</td><td>盒号</td><td></td><td></td><td></td><td></td><td></td><td></td></tr>
<tr><td>盒质量(s)</td><td></td><td></td><td></td><td></td><td></td><td></td></tr>
<tr><td>盒+湿土质量(g)</td><td></td><td></td><td></td><td></td><td></td><td></td></tr>
<tr><td>盒+干土质量(g)</td><td></td><td></td><td></td><td></td><td></td><td></td></tr>
<tr><td>水质量(g)</td><td></td><td></td><td></td><td></td><td></td><td></td><td>液限 w_L =</td></tr>
<tr><td>干土质量(g)</td><td></td><td></td><td></td><td></td><td></td><td></td><td>塑限 w_P =</td></tr>
<tr><td>含水率(%)</td><td></td><td></td><td></td><td></td><td></td><td></td><td>塑性指数 I_P =</td></tr>
<tr><td>平均含水率(%)</td><td colspan="2"></td><td colspan="2"></td><td colspan="2"></td><td>备注:</td></tr>
</table>

试验者__________ 计算者__________ 校核者__________ 试验日期__________

(2)土的塑限 w_P 除按双曲线法确定外,也可近似地按经验确定之。方法是根据简单鉴别确定土类,对黏性土、粉性土取入土深度为2.4mm,对可搓成条的砂性土取入土深度为5mm,对难搓成条的砂性土取入土深度为10mm时,在 h-w 图上所对应的含水率,即为该土样的塑限 w_P。

4. 土的击实试验

1)目的及适用范围

本试验方法适用于细粒土。

本试验分轻型击实和重型击实。轻型击实适用于粒径不大于20mm的土,重型击实适用于粒径不大于40mm的土。

当土中最大颗粒粒径大于或等于40mm,并且大于或等于40mm颗粒粒径的质量含量大于5%时,则应使用大尺寸试筒进行击实试验,或进行最大干密度校正。大尺寸试筒要求其最小尺寸大于土样中最大颗粒粒径的5倍以上,并且击实试验的分层厚度应大于土样中最大颗粒粒径的3倍以上。单位体积击实功能控制在2 677.2~2 687.0kJ/m^{3}范围内。

当细粒土中的粗粒土总含量大于40%或粒径大于0.005mm颗粒的含量大于土总质量的70%(即 $d_{30} \leqslant 0.005$mm)时,还应做粗粒土最大干密度试验,其结果与重型击实试验结果比较,最大干密度取两种试验结果的最大值。

2)仪器设备

(1)标准击实仪(图4-9和图4-10)。轻、重型试验方法和设备的主要参数应符合表4-6的规定。

(2)烘箱及干燥器。

(3)天平:感量0.01g。

(4)台秤:称量10kg,感量5g。

(5)圆孔筛:孔径40mm、20mm和5mm各1个。

(6)拌和工具:400mm×600mm、深70mm的金属盘、土铲。

(7)其他:喷水设备、碾土器、盛土盘、量筒、推土器、铝盒、修土刀、酒精、滴管、平直尺等。

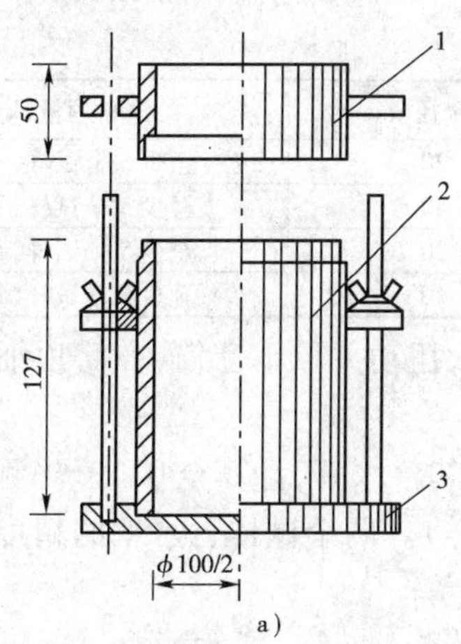

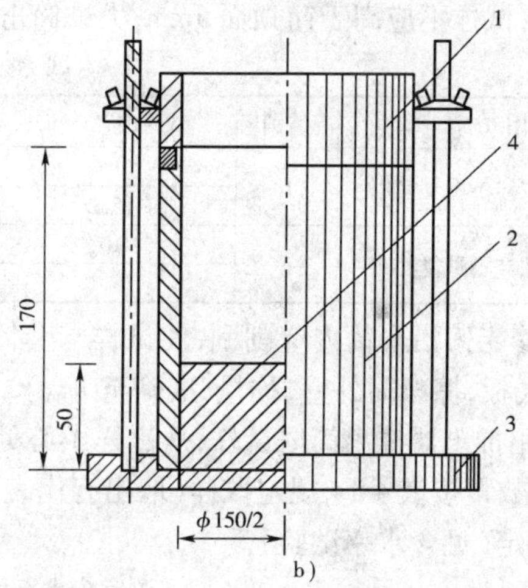

图 4-9　击实筒(尺寸单位:mm)

a)小击实筒;b)大击实筒

1-套筒;2-击实筒;3-底板;4-垫块

3)试验准备

本试验可分别采用不同的方法准备试样,各方法可按表 4-13 准备试样。

(1)干土法(土不重复使用) 按四分法至少准备 5 个试样,分别加入不同水分(按 2% ~ 3% 含水率递增),拌匀后闷料一夜备用。

(2)湿土法(土不重复使用) 对于高含水率土,可省略过筛步骤,用手拣除大于 37.5mm 的粗石子即可。保持天然含水率的第一个土样,可立即用于击实试验。其余几个试样,将土分别风干,使含水率按 2% ~3% 递减。

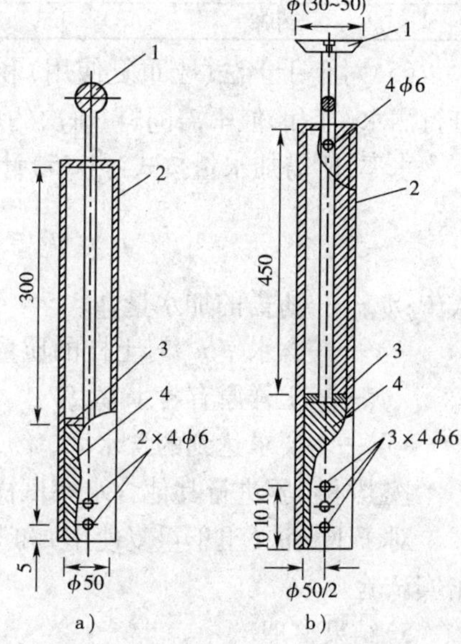

图 4-10　击实锤和导杆(尺寸单位:mm)

a)2.5kg 击锤(落高 30cm);b)4.5kg 击锤(落高 45cm)

1-提手;2-导筒;3-硬橡皮垫;4-击锤

4)试验步骤

(1)根据工程要求,按表 4-6 规定选择轻型或重型试验方法。根据土的性质(含易击碎风化石数量多少、含水率高低),按表 4-13 规定选用干土法(土重复或不重复使用)或湿土法。

(2)将击实筒放在坚硬的地面上,取制备好的土样分 3 ~5 次倒入筒内。小筒按三层法时,每次约 800 ~900g(其量应使击实后的试样等于或略高于筒高的 1/3);按五层法时,每次约 400 ~500g(其量应使击实后的土样等于或略高于筒高的 1/5)。对于大试筒,先将垫块放入筒内底板上,按三层法时,每层需试样 1 700g 左右。整平表面,并稍加压紧,然后按规定的击数进行第一层土的击实,击实时击锤应自由垂直落下,锤迹必须均匀分布于土样表面,第一层击实完后,将试样层面“拉毛”,重复上述方法进行其余各层土的击实。小试筒击实后,试样不应高于筒顶面 5mm;大试筒击实后,试样不应高出筒顶面 6mm。

试 料 用 量　　表 4-13

使用方法	类别	试筒内径(cm)	最大粒径(mm)	试料用量(kg)
干土法,试样不重复使用	b	10	20	至少 5 个试样,每个 3
		15.2	40	至少 5 个试样,每个 6
湿土法,试样不重复使用	c	10	20	至少 5 个试样,每个 3
		15.2	40	至少 5 个试样,每个 6

(3)修土刀沿套筒内壁削刮,使试样与套筒脱离后,扭动并取下套筒,齐筒顶细心削平试样,拆除底板,擦净筒外壁,称量,准确至 1g。

(4)用推土器推出筒内试样,从试样中心处取样测其含水率,计算至 0.1%。测定含水率用试样的数量按表 4-14 规定取样(取出有代表性的土样)。两个试样含水率的精度应符合表 4-10 的规定(见含水率试验)。

测定含水率用试样的数量　　表 4-14

最大粒径(mm)	试样质量(g)	个　数
<5	15~20	2
约 5	约 50	1
约 19	约 250	1
约 38	约 500	1

(5)对于干土法(土重复使用)和湿土法(土不重复使用),将试样搓散,然后按上述方法进行洒水、拌和,但不需闷料,每次约增加 2%~3% 的含水率,其中有两个大于和两个小于最佳含水率,所需加水量按式(4-35)计算。

$$m_w = \frac{m_i}{1+0.01w_i} \times 0.01(w - w_i) \tag{4-35}$$

式中:m_w——所需的加水量,g;

m_i——含水率 w_i 时土样的质量,g;

w_i——土样原有含水率,%;

w——要求达到的含水率,%。

按上述步骤进行其他含水率试样的击实试验。

对于干土法(土不重复使用)和湿土法,按上述方法制备各个试样,分别按上述步骤进行击实试验。

5)结果整理

(1)按式(4-36)计算击实后各点的干密度。

$$\rho_d = \frac{\rho}{1+0.01w} \tag{4-36}$$

式中:ρ_d——干密度,g/cm^3;

ρ——湿密度,g/cm^3;

w——含水率,%。

(2)以干密度为纵坐标,含水率为横坐标,绘制干密度与含水率的关系曲线(见图 4-2),曲线上峰值点的纵、横坐标分别为最大干密度和最佳含水率。如曲线不能绘出明显的峰值点,应进行补点或重做。

6）当试样中有大于40mm的颗粒时，应先取出大于40mm的颗粒，并求得其百分率p，把小于40mm部分做击实试验，按下面公式分别对试验所得的最大干密度和最佳含水率进行校正（适用于大于40mm颗料的含量小于30%时）。

最大干密度按下式校正：

$$\rho'_{dm} = \frac{1}{\frac{1-0.01p}{\rho_{dm}} + \frac{0.01p}{\rho_w G'_s}} \tag{4-37}$$

式中：ρ'_{dm}——校正后的最大干密度，g/cm^3，计算至0.01；

ρ_{dm}——用粒径小于40mm的土样试验所得的最大干密度，g/cm^3；

p——试料中粒径大于40mm颗粒的百分率，%；

G'_s——粒径大于40mm颗粒的毛体积比重，计算至0.01。

最佳含水率按下式校正：

$$w' = w_0(1-0.01p) + 0.01pw_2 \tag{4-38}$$

式中：w'_0——校正后的最佳含水率，%，计算至0.01；

w_0——用粒径小于40mm的土样试验所得的最佳含水率，%；

p——同前；

w_2——粒径大于40mm颗粒的吸水量，%。

7）试验记录（表4-15）

土的击实试验记录表　　表4-15

土样编号		筒号		落距	
土样来源		筒容积		每层击实数	
试验日期		击锤质量		>37.5mm颗粒含量	

	试验次数		1	2	3	4	5
干密度	筒+湿土质量	(g)					
	筒质量	(g)					
	湿土质量	(g)					
	湿密度	(g/cm^3)					
	干密度	(g/cm^3)					
含水率	盒号						
	盒质量	(g)					
	盒+湿土质量	(g)					
	盒+干土质量	(g)					
	水质量	(g)					
	干土质量	(g)					
	含水率	(%)					
	平均含水率	(%)					
最佳含水率=			最大干密度=				

试验者________　计算者________　校核者________　试验日期________

第四节　稳定类材料的其他组成材料技术性质

一、水泥与水

1. 水泥

各类水泥都可以用于稳定土或集料。水泥的矿物成分和分散度对其稳定效果有明显影响，对同一种土或集料，硅酸盐水泥比铝酸盐水泥稳定效果好。在水泥矿物成分相同、硬化条件相似的情况下，水泥稳定土或集料的强度随水泥比表面积和活性的增大而提高。稳定土或集料的强度还与水泥用量有关，不存在最佳水泥用量，而存在一个经济用量。通常在保证土或集料的性质能起根本变化，且能保证稳定土或集料达到所规定的强度和稳定性的前提下，尽可能地降低水泥用量。

普通硅酸盐水泥、矿渣硅酸盐水泥或火山灰硅酸盐水泥都可以用于稳定土或集料，早强、快硬的水泥容易造成水泥稳定土或集料来不及摊铺和碾压就已发生硬化反应，导致水泥石结构破坏，从而降低水泥稳定土或集料的强度和密度。应选用凝结时间较长的水泥（即宜采用强度等级较低的水泥），水泥的初凝时间 3h 以上、终凝时间宜 6h 以上，水泥强度等级宜采用 C32.5 或 C42.5。受潮、变质的水泥不应使用。

2. 水

水分是稳定土或集料的一个重要组成部分，水分可以满足稳定土或集料形成强度的需要，同时使稳定土或集料在压实时具有一定的塑性，以达到所需要的压实度。水分还可以使稳定土或集料在养生时具有一定的湿度。一般饮用水均满足要求，其技术指标符合水泥混凝土用水标准。

二、集料与土

无机结合料稳定类基层、底基层（半刚性基层、底基层）按其混合料结构状态分为骨架密实型、骨架空隙型、悬浮密实型和均匀密实型四种结构类型。水泥稳定集料类、石灰粉煤灰稳定集料类材料适用于各级公路的基层、底基层。冰冻地区、多雨潮湿地区，石灰粉煤灰稳定集料类材料宜用于高速公路、一级公路的下基层、底基层。石灰稳定类材料宜用于各级公路的底基层和三、四级公路的基层。

1. 集料

1）集料的压碎值

用于半刚性基层、底基层的集料压碎值应符合表 4-16 的要求。

半刚性基层、底基层的集料压碎值（%）　　表 4-16

材料类型	结构层位	公路等级		
		高速公路、一级公路	二级公路	三、四级公路
水泥、石灰粉煤灰稳定类		≤30	≤35	≤35
石灰稳定类	基层	—	≤30	≤35
	底基层	≤35	≤40	≤40

2）集料的级配

高速公路、一级公路的基层或上基层宜选用骨架密实型混合料。二级及二级以下公路的基层和各级公路的底基层可采用悬浮密实型混合料。均匀密实型混合料适用于高速公路、一级公路的底基层,二级及二级以下公路的基层。骨架空隙型混合料具有较高的空隙率,适用于需考虑路面内部排水要求的基层。

对于骨架密实型、悬浮密实型水泥稳定类集料基层,集料的最大粒径不大于31.5mm;对于悬浮密实型水泥稳定类集料底基层,集料的最大粒径不大于37.5mm。

对于骨架密实型石灰粉煤灰稳定类集料基层,集料的最大粒径不大于31.5mm;对于悬浮密实型石灰粉煤灰稳定类集料基层、底基层,集料的最大粒径分别不大于31.5mm、37.5mm。

半刚性基层、底基层集料的级配宜符合表4-17、表4-18的要求。

水泥稳定集料类基层、底基层集料的级配　　表4-17

结构类型	层位	通过下列方孔筛(mm)的质量百分率(%)							
		37.5	31.5	19.0	9.5	4.75	2.36	0.6	0.075
骨架密实	基层	—	100	68~86	38~58	22~32	16~28	8~15	0~3
悬浮密实	基层	—	100	90~100	60~80	29~49	15~32	6~20	0~5
	底基层	100	93~100	75~90	50~70	29~50	15~35	6~20	0~5

二灰稳定集料类基层、底基层集料的级配　　表4-18

结构类型	层位	通过下列方孔筛(mm)的质量百分率(%)									
		37.5	31.5	26.5	19.0	9.5	4.75	2.36	1.18	0.6	0.075
骨架密实	基层	—	100	95~100	48~68	24~34	11~21	6~16	2~12	0~6	0~3
悬浮密实（碎石）	基层	—	100	—	88~98	55~75	30~50	16~36	10~25	4~18	0~5
	底基层	100	94~100	—	79~92	51~72	30~50	16~36	10~25	4~18	0~5
悬浮密实（砂砾）	基层	—	100	—	85~98	55~75	39~59	27~47	17~35	10~25	0~10
	底基层	100	85~100	—	65~89	50~72	35~55	25~45	17~35	10~27	0~15

2. 土

土的矿物成分对无机结合料稳定土性质有着重要的影响。试验表明,除有机质或硫酸盐含量高的土以外,各类砂砾土、砂土、粉土和黏土都可以用作无机结合稳定材料。一般规定,用于稳定土的素土的液限不大于40,塑性指数不大于20。级配良好的土用作无机结合稳定料时,既可以节约无机结合料的用量,又可以取得满意的效果。重黏土中黏土颗粒含量多,不易粉碎和拌和,用石灰稳定时,容易使路面造成缩裂。粉质黏土的稳定效果最佳。用水泥稳定重黏土时,同样因不易粉碎和拌和,会造成水泥用量过高,经济性差。

1)水泥稳定土对土的要求

各类砂砾土、砂土、粉土和黏土均可用水泥稳定,但稳定效果不同。试验和生产实践证明:用水泥稳定级配良好的碎(砾)石土和砂砾效果最好,不但强度高,而且水泥用量少;其次是砂性土;再次是粉质土和黏质土。重黏土难以粉碎和拌和,不宜单独用水泥来稳定。

硫酸盐含量超过0.25%的土,不应用水泥稳定;有机质含量超过2%的土,必须先用石灰进行处理,闷料一夜后再用水泥稳定。

(1)二级或二级以下公路水泥稳定土

用水泥稳定土做底基层时,单个颗粒的最大粒径不应超过 53mm,颗粒组成应满足表 4-19 的要求。土的均匀系数(筛分土的颗粒组成时,通过量为 60% 的筛孔尺寸与通过量为 10% 的筛孔尺寸之比值,称为土的均匀系数)应大于 5,细粒土的液限不应超过 40%,塑性指数不应超过 17;对中粒土和粗粒土,如小于 0.6mm 的颗粒含量在 30% 以下,塑性指数可稍大。

用做底基层时水泥稳定土的颗粒组成范围(二级或二级以下公路)　表 4-19

筛孔尺寸(mm)	53	4.75	0.6	0.075	0.002
通过质量百分率(%)	100	50 ~ 100	17 ~ 100	0 ~ 50	0 ~ 30

实际工作中,宜选用均匀系数应大于 10、塑性指数小于 12 的土。塑性指数大于 17 的土,宜采用石灰稳定,或用水泥和石灰综合稳定。

水泥稳定土做基层时,单个颗粒的最大粒径不应超过 37.5mm,颗粒组成应满足表 4-20 要求。

用做基层时水泥稳定土的颗粒组成范围(二级或二级以下公路)　表 4-20

筛孔尺寸(mm)	37.5	26.5	19	9.5	4.75	2.36	1.18	0.6	0.075
通过质量百分率(%)	90 ~ 100	66 ~ 100	54 ~ 100	39 ~ 100	28 ~ 84	20 ~ 70	14 ~ 57	8 ~ 47	0 ~ 30

(2)高速公路和一级公路水泥稳定土

水泥稳定土做底基层时,单个颗粒的最大粒径不应超过 37.5mm,颗粒组成应满足表 4-21 要求。土的均匀系数应大于 5,细粒土的液限不应超过 40%,塑性指数不应超过 17;对于中粒土和粗粒土,如粒径小于 0.6mm 的颗粒含量在 30% 以下,塑性指数可稍大。

用做底基层时水泥稳定土的颗粒组成范围(高速公路和一级公路)　表 4-21

筛孔尺寸(mm)	37.5	4.75	0.6	0.075
通过质量百分率(%)	100	50 ~ 100	17 ~ 100	0 ~ 30

水泥稳定土做基层时,单个颗粒的最大粒径不应超过 31.5mm,颗粒组成应满足表 4-22 要求。

用做基层时水泥稳定土的颗粒组成范围(高速公路和一级公路)　表 4-22

筛孔尺寸(mm)	37.5	31.5	26.5	19	9.5	4.75	2.36	0.6	0.075
通过质量百分率(%)	—	100	90 ~ 100	72 ~ 89	47 ~ 67	29 ~ 49	17 ~ 35	8 ~ 22	0 ~ 7

2)二灰稳定土对土的要求

二灰稳定土宜采用塑性指数为 12 ~ 20 的黏土(亚黏土),有机质含量不应超过 10%,土块最大粒径不应大于 15mm。

二灰稳定土做底基层时,土中碎石、砾石颗粒的最大粒径不应超过 37.5mm。各种细粒土、中粒土和粗粒土都可用二灰稳定后用做底基层。二灰稳定土做基层时,土中碎石、砾石颗粒的最大粒径不应超过 31.5mm,二灰的质量占 15% 左右,最多不超过 20%。

3)石灰稳定土对土的要求

塑性指数为 15 ~ 20 的黏质土以及含有一定数量黏土的中粒土和粗粒土(如天然砂砾土和砾石土、旧级配砾石和泥结碎石路面等)均适宜于用石灰稳定。

塑性指数偏大的黏质土,要加强粉碎,粉碎后土块的最大尺寸不应大于 15mm。可以采用两次拌和法,第一次加部分石灰拌和后,闷放 1 ~ 2d,再加入其余石灰,进行第二次拌和。

塑性指数在10以下的亚砂土和砂土,由于使用石灰较多,难于碾压成型,应采取适当的施工措施,或采用水泥稳定。塑性指数在15以上的黏质土更适宜于用石灰和水泥综合稳定。

用石灰稳定不含黏土或无塑性指数的级配砂砾、级配碎石和未筛分碎石时,应添加15%左右黏土。石灰土稳定集料中碎石、砂砾或其他粒状材料的含量应在80%以上,并应具有良好的级配。

使用石灰稳定土时,应遵守下列规定:

(1)石灰稳定土用做高速公路、一级公路的底基层时,颗粒的最大粒径不应超过37.5mm,用做其他等级公路的底基层时,颗粒的最大粒径不应超过53mm。

(2)石灰稳定土用做基层时,颗粒的最大粒径不应超过37.5mm。

(3)硫酸盐含量超过0.8%的土和有机质含量超过10%的土,不宜用石灰稳定。

• 第五节 无机结合料稳定材料的技术性质与检验 •

一、无机结合料稳定材料的强度形成原理

1. 水泥稳定类材料的强度形成原理

在水泥稳定类材料中,水泥、土(或集料)和水之间发生了多种非常复杂的作用,从而使土(或集料)的性能发生了明显的变化。水泥稳定类材料的强度主要靠硬凝反应、离子交换作用、碳酸化作用、化学激发作用四个方面的作用形成。

1)硬凝反应

在水泥稳定类材料中,首先发生的是水泥自身的水化反应,从而产生出具有胶结能力的水化产物,这是水泥稳定类材料强度的主要来源,也是水泥稳定类材料初期强度较高的主要原因。

水泥水化生成的水化产物(水化硅酸钙、水化铝酸钙等),在土(或集料)的孔隙中相互交织搭接,将土(或集料)颗粒包裹连接起来,使土(或集料)逐渐丧失了原有的塑性等性质,并且随着水化产物的增加,混合料也逐渐坚固起来。由于细土颗粒具有非常高的比表面积、亲水性和水泥稳定土中的水泥含量较少,在水泥稳定土中,水泥的水化、硬化较水泥混凝土中差得多,特别是黏土矿物对水化产物中的$Ca(OH)_2$具有极强的吸附和吸收作用,使溶液中的碱度降低,不但影响水泥水化产物的稳定性,而且影响混合料的性能。必要时还应对水泥稳定土进行“补钙”,以提高混合料中的碱度。

2)离子交换作用

土的微小颗粒具有一定的胶体性质,一般都带有负电荷,表面吸附着一定数量的水和钠、氢、钾等低价阳离子(Na^+、H^+、K^+),形成较厚的结合水膜。水泥水化后所生成的氢氧化钙所占的比例比较高,可达水化产物的25%。大量的氢氧化钙溶于水以后,在土中形成了一个富含Ca^{++}的碱性溶性环境。Ca^{++}取代K^+、Na^+等,使结合水膜变薄,黏土颗粒之间的距离减小,相互靠拢,导致土的凝聚,从而改变土的塑性,使土具有一定的强度和稳定性。

3)碳酸化作用

水泥水化生成的 $Ca(OH)_2$，除了与黏土矿物发生化学反应外，还可以进一步与空气中的 CO_2 发生碳化反应生成碳酸钙晶体。其化学反应式可表示为 $Ca(OH)_2 + CO_2 \rightarrow CaCO_3 + H_2O$。碳酸钙晶体将土颗粒（或集料）胶结在一起，使土（或集料）具有一定的强度和稳定性。由于空气中的 CO_2 含量有限，且 CO_2 进入稳定类材料中比较困难，因此，碳酸化作用是一个缓慢的过程。

4）化学激发作用

化学激发作用也称火山灰作用。水泥水化产物氢氧化钙与土中的活性氧化硅 SiO_2 和氧化铝 Al_2O_3 作用生成含水的硅酸钙和含水的铝酸钙，它们在水分作用下能够逐渐硬结，其反应式为：

$$xCa(OH)_2 + SiO_2 + nH_2O \rightarrow xCaO \cdot SiO_2(n+1)H_2O$$

$$xCa(OH)_2 + Al_2O_3 + nH_2O \rightarrow xCaO \cdot Al_2O_3(n+1)\ H_2O。$$

化学激发作用也是一个缓慢的过程。

试验和生产实践表明，用水泥稳定级配良好的碎（砾）石和砂砾效果最好，不但强度高，而且水泥用量少。水泥用量用水泥剂量表示。水泥剂量是指水泥质量占全部粗细颗粒（即碎石、砾石、砂砾、粉粒、黏粒）干质量的百分率。水泥稳定类材料的强度随水泥剂量的增加而增长，过多的水泥用量，虽能增加强度，在经济上却不一定合理，效果上也不一定显著，且容易产生收缩裂缝。合理的水泥剂量应根据结构层技术要求进行混合料组成设计确定。

当含水率不足时，水泥不能在混合料中完全水化和水解，发挥不了水泥对土或集料的稳定作用，影响强度形成。含水率达不到最佳含水率时还会影响水泥稳定类材料的压实度。

养生条件主要指温度与湿度。养生条件不同，其强度也有差异。当温度高时，物理化学反应、硬化、强度增长快，反之强度增长慢，在负温条件下甚至不增长。因此，要求施工的最低温度应在5℃以上，并在第一次重冰冻（−5 ~ −3℃）到来之前1个月至1个半月完成。

2. 石灰稳定类材料的强度形成原理

石灰与土（或集料）之间的物理与化学作用大致可分为四个方面：离子交换作用、结晶作用、碳酸化作用和火山灰作用。

关于结晶作用，在石灰稳定类材料中只有一部分熟石灰 $Ca(OH)_2$ 进行离子交换作用，绝大部分饱和的 $Ca(OH)_2$ 自行结晶。熟石灰与水作用生成熟石灰结晶网格，其化学反应式为：

$$Ca(OH)_2 + nH_2O \xrightarrow{\text{晶化}} Ca(OH)_2 \cdot nH_2O$$

由于结晶作用，把土粒（或集料）胶结成整体，使石灰稳定类材料的整体强度得到提高。

石灰稳定类材料的初期强度主要由离子交换作用和结晶作用形成，后期强度主要碳酸化作用和火山灰作用形成。由于石灰与土发生了一系列的相互作用，从而使土的性质发生根本的改变。在初期，主要表现为土的结团、塑性降低、最佳含水率和最大密实度减少等，后期表现为结晶结构的形成，从而提高其板体性、强度和稳定性。

生产实践表明，石灰稳定塑性指数高的土，其稳定效果显著，强度也高。当采用塑性指数过高的土时施工不易粉碎，而且增加干缩裂缝；采用塑性指数偏小的土时容易拌和，但难以碾压成型，稳定效果不显著。选用土质，既要考虑其强度，还要考虑到施工时易于粉碎便于碾压成型。一般选用塑性指数为 15 ~ 20 的土。塑性指数小于 12 的土不宜用石灰稳定。

石灰剂量是指石灰质量占全部粗细土颗粒（即砾石、碎石、砂砾、粉粒和粘粒）干质量的百分率。石灰剂量对石灰稳定类材料强度的影响显著，石灰剂量较低（小于3%～4%）时，石灰主要起稳定作用，土的塑性、膨胀、吸水量减小，使土的密实度、强度得到改善。随着剂量的增加，强度和稳定性均提高，但剂量超过一定范围时，强度反而降低。生产实践中常用的最佳剂量范围，对于黏质土及粉质土为8%～14%；对细粒土质砂则为9%～16%。剂量的确定应根据结构层技术要求进行混合料组成设计。

水是石灰稳定类材料的重要组成部分，也是促使石灰稳定类材料发生物理化学变化，形成强度，便于土的粉碎、拌和与压实的必要条件。不同土质的石灰稳定土有不同的最佳含水率，需通过标准击实试验确定，并应当控制施工中的实际加水量。

石灰稳定类材料的强度具有随龄期增长的特点。石灰稳定土初期强度低，随着时间的逐渐增长而趋于稳定。一般情况下石灰稳定土的强度在90d以前增长比较显著，以后就比较缓慢。石灰稳定土的这种特性对施工程序的衔接有相当的灵活性。但为了防止冰冻破坏作用，要求有一个冻前龄期。

3. 二灰稳定类材料的强度形成原理

二灰稳定类材料的强度主要靠离子交换作用、结晶作用、化学激发作用、碳酸化作用四个方面的作用形成。

石灰与粉煤灰加水拌和后，石灰中的氧化钙与粉煤灰中的活性物质二氧化硅和三氧化二铝等相互作用生成含水的硅、铝酸钙和氢氧化钙等，这些新生的胶凝物质晶体具有较强的胶结能力和稳定性。

二灰稳定类材料的初期强度主要是由氢氧化钙的结晶作用和离子交换作用形成；后期强度主要是含水的硅、铝酸钙的作用和碳酸化作用形成。因此，其初期强度较低、后期强度较高。

影响二灰稳定类材料强度的主要因素有石灰质量与用量，粉煤灰质量与用量，土质（集料质量）、含水率、工艺过程和养生条件等。

二灰稳定类材料的用量可表示为石灰∶粉煤灰∶土（或集料），如5∶15∶80。

二、无机结合料稳定材料的技术性质

无机结合稳定类材料应用广泛。由于其耐磨性差，在路面工程中一般不用于路面面层，主要作为路面基层、底基层材料。为满足行车、气候和水文地质条件的要求，稳定材料必须具备一定的强度、抗变形能力和水稳定性。

1. 最佳含水率与最大干密度

适量的水在无机结合稳定材料颗粒之间起着润滑作用，使材料的内摩擦阻力减小，有利于材料的压实；过多的水分，虽然能继续减小材料的内摩擦阻力，但单位材料中空气的体积逐渐减少到最小程度，而水的体积却不断在增加，由于水是不可压缩的，因此在相同的压实功作用下，难于改变材料颗粒的相对位置，故压实效果较差，另外，在材料使用过程中，由于自由水的蒸发在材料中留下大量的孔隙，从而降低了材料的密度和耐久性；当水分含量过少时，由于材料颗粒间缺乏必要的水分润滑，使材料的内摩擦阻力加大，增加了压实的难度，同时因为材料含水率过低，材料的可塑性变差，其塑性变形的能力降低。

密度是衡量无机结合稳定材料内部紧密程度的指标。密度愈大材料愈致密,其空隙愈小,耐久性和强度就愈高。

无机结合料稳定材料的最佳含水率和最大干密度也是通过室内标准击实试验得到。标准击实试验方法与土的标准击实试验基本相同。

2. 压实质量

无机结合料稳定材料的压实质量用压实度来表示。不同稳定类材料和层位的压实度应符合表4-23的规定。

无机结合料稳定材料的压实度标准　表4-23

混合料类型	层位	稳定类型	压实度(%)		
			特重交通	重、中交通	轻交通
水泥稳定类	基层	集料	≥98	≥98	≥97
		细粒土	—	—	≥96
	底基层	集料	≥97	≥97	≥96
		细粒土	≥96	≥96	≥95
石灰粉煤灰稳定类	基层	集料	≥98	≥98	≥97
		细粒土	—	—	≥96
	底基层	集料	≥97	≥97	≥96
		细粒土	≥96	≥96	≥95
石灰稳定类	基层	集料	—	—	≥97
		细粒土	—	—	≥95
	底基层	集料	—	≥97	≥96
		细粒土	—	≥95	≥95

3. 强度

在沥青路面结构中,由于路面面层厚度较薄,传给基层的荷载应力较大,基层和底基层是承受车辆荷载作用的主要结构(一般称为承重层),这就要求无机结合料稳定类材料具有足够的强度。

若面层材料系水泥混凝土,由于刚性板块传递给基层的应力已经很小,基层虽不起主要承重作用,但是,基层是保证路面整体强度、防止水泥混凝土板产生开裂等损坏的重要支承基础,同时对延长路面使用寿命也有明显作用。因此也要求基层材料具有适当的强度,而最重要的是要求材料强度均匀、整体性好、表面密实平整、透水性小。

无机结合料稳定材料的强度主要评价其抗压强度,目前,抗压强度采用7d龄期的标准试件在饱水状态下的无侧限抗压强度表示。对于用做沥青路面基层和底基层的无机结合料稳定材料,还应评价其抗拉强度,采用间接抗拉强度——劈裂强度表示。

1)无侧限抗压强度

(1)试件制作要求

无机结合料稳定材料的抗压强度试件采用的都是高:直径=1:1的圆柱体,不同颗粒大小的土(或集料)应采用不同的试件尺寸,标准试件尺寸见表4-24。

无机结合稳定材料无侧限抗压强度试件尺寸　　表 4-24

土的颗粒大小	颗粒最大粒径(mm)	试件尺寸(直径×高)(mm)
细粒土	≤4.75	50×50
中粒土	≤26.5	100×100
粗粒土	≤37.5	150×150

标准试件的制备应在最佳含水率和要求的密实度(试件的干密度=压实度×最大干密度)的情况进行。试件的成型方法宜采用振动成型法,缺乏试验条件时,可采用静压成型法。

采用静压成型法成型时,按预定的干密度制备一个试件需要的混合料的质量为:

$$m = V \times \rho_0 \times K \times (1 + \overline{w}_0) \tag{4-39}$$

式中:m——一个试件需要的混合料的质量,g;

V——试模的体积,cm^3;

ρ_0——混合料试件的最大干密度,g/cm^3;

K——施工时要求的压实度,%;

$\overline{w}_0$——混合料试件的最佳含水率,%。

作为平行试验的试件数量应不少于表 4-25 中的规定。如试验结果的偏差系数大于表中规定的值,则应重做试验,并找出原因,加以解决。如不能降低偏差系数,则应增加试件数量。

最少试件数量　　表 4-25

稳定土类型	偏差系数		
	<10%	10%~15%	15%~20%
细粒土	6	9	
中粒土	6	9	13
粗粒土		9	13

(2)无侧限抗压强度标准

不同的交通等级、稳定剂类型和路面结构层次,对无机结合料稳定材料的抗压强度要求也不相同,7d 龄期无侧限抗压强度代表值应符合表 4-26 的规定。

无机结合料稳定材料的 7d 无侧限抗压强度标准　　表 4-26

混合料类型	层位	稳定类型	抗压强度(MPa)		
			特重交通	重、中交通	轻交通
水泥稳定类	基层	集料	3.5~4.5	3~4	2.5~3.5
		细粒土	—	—	2.5~3.5
	底基层	集料	≥2.5	≥2.0	≥1.5
		细粒土	≥2.5	≥2.0	≥1.5
石灰粉煤灰稳定类	基层	集料	≥0.8	≥0.8	≥0.6
		细粒土	—	—	≥0.6
	底基层	集料	≥0.6	≥0.6	≥0.5
		细粒土	≥0.6	≥0.6	≥0.5
石灰稳定类	基层	集料	—	—	≥0.8
		细粒土	—	—	≥0.8
	底基层	集料	—	≥0.8	≥0.7
		细粒土	—	≥0.8	≥0.7

例如某二级公路,水泥稳定碎石基层抗压强度设计值取 $R_d = 3MPa$,施工时要求的压实度为98%,试件尺寸采用 $\phi 100mm \times 100mm$,对于同一种水泥剂量的混合料,在相同状态下制备9个试件。试件从试模脱出并称量后,先用塑料薄膜包覆,立即放到密封湿气箱和恒温室内进行保温保湿养生。养生时间为7d,整个养生期间的温度保持20±2℃。养生期最后一天,将试件浸泡在水中,浸水前再次称试件质量。浸水一昼夜的试件从水中取出,用软的旧布吸取试件表面的可见自由水(并称其质量)后,用于无侧限抗压强度测试。无侧限抗压强度试验结果见表4-27。

不同水泥剂量的水泥碎石无侧限抗压强度　　表4-27

水泥剂量(%)	4.0	4.5	5.0	5.5	6.0
平均值 $\overline{R}$(MPa)	4.05	4.46	4.79	5.12	5.49
标准差 S(MPa)	0.34	0.53	0.33	0.54	0.58
偏差系数 Cv(%)	8.40	11.88	6.89	10.55	10.56
$R_d/(1-Z_a Cv)$	3.48	3.73	3.38	3.63	3.63
$R_{0.95}$(MPa)	3.49	3.59	4.25	4.23	4.54

注:取保证率95%,$Z_a = 1.645$。代表值 $R_{0.95} = \overline{R} \times (1 - Z_a Cv)$

从表4-27可以看出,7d龄期无侧限抗压强度代表值均符合要求,水泥碎石的抗压强度随着水泥剂量的增加而增大。

2)劈裂强度

劈裂强度试验是将标准圆柱体试件,在标准养护条件下养生至规定龄期(如养生时间为90d,整个养生期间的温度保持20±2℃,养生期最后一天,将试件浸泡在水中),用加载压条沿圆柱体试件侧面轴线方向均匀施加荷载,直至试件劈裂为止,按有关规定计算试件的极限劈裂强度,用 σ_s(MPa)表示。

对于水泥稳定类材料系指龄期为90d的极限劈裂强度;对于二灰稳定类、石灰稳定类材料系指龄期为180d的极限劈裂强度,对于水泥粉煤灰稳定类材料系指龄期为120d的极限劈裂强度。

4. 干缩与温缩性能

1)缩裂特性

(1)干缩。随着无机结合料稳定材料强度的不断形成,水分逐渐消耗以及蒸发,体积发生收缩,当收缩变形受到约束时,逐渐产生裂缝,称为干缩裂缝。无机结合料稳定材料干缩裂缝的产生与结合料的种类和用量、含细粒土的多少及养护条件有关。试验表明,最佳含水率状态下各种无机结合料稳定材料的干缩系数按由大到小排序为石灰土、石灰砂砾、二灰土、二灰砂砾、水泥砂砾。石灰稳定土比水泥稳定土容易产生干缩裂缝。对于含细粒土较多的无机结合料稳定土,常以干缩为主,故应加强初期养护,保证稳定土表面潮湿,减轻其干缩裂缝。

(2)温缩。无机结合料稳定材料具有热胀冷缩的性质。随着气温的降低,稳定类材料会产生冷却收缩变形,当收缩变形受到约束时,逐渐形成裂缝,称为温缩裂缝。温缩裂缝的产生也与结合料的种类和用量、土的粗细程度与成分以及养护条件有关。试验表明,最佳含水率状态下各种无机结合料稳定材料的温缩系数按由大到小排序为石灰土、石灰砂砾、二灰土、水泥砂砾、二灰砂砾。石灰稳定土比水泥稳定土的温缩大,细粒土比粗粒土的温缩大。掺入一定数量的粉煤灰可以降低温缩系数。早期养生良好的无机结合料稳定材料易于成型,早期强度高,可以减少裂缝的产生。

2)裂缝防治措施

(1)改善土质。稳定土用土愈黏,则缩裂愈严重。所以采用黏性较小的土,或在黏性土中掺入砂土、粉煤灰等,可以降低土的塑性指数。

(2)控制含水率及压实度。稳定土含水率过多产生的干缩裂缝较显著,压实度小时产生的干缩比压实度大时严重。因此,稳定土压实时含水率比最佳含水率略小为好,并尽可能达到最佳压实效果。

(3)掺加粗粒料。掺入一定数量(掺入量60%~70%)的粗粒料,如砂、碎石、砾石等,使混合料满足最佳组成要求,可以提高其强度和稳定性,减少裂缝产生,同时可以节约结合料和改善碾压时的拥挤现象。

5. 疲劳特性

在重复荷载作用下,无机结合料稳定材料的强度与其静力极限强度相比有所下降。荷载重复作用的次数越多,这种强度下降亦越大,即疲劳强度越小。材料从开始至出现疲劳破坏的荷载作用次数称之为材料的疲劳寿命。试验表明,石灰粉煤灰稳定材料的抗疲劳性能优于水泥砂砾。

由于在一定的应力条件下,疲劳寿命决定于材料的强度,故在多数情况下,凡有利于水泥(石灰)类材料强度的因素对提高疲劳寿命也有利。

6. 水稳定性和抗冻稳定性

无机结合料稳定类基层材料除应具有适当的强度,能承受设计荷载以外,还应具备一定的水稳定性和冰冻稳定性。否则,稳定类材料基层由于面层开裂、渗水或者两侧路肩渗水将使稳定类材料的含水率增加,强度降低,从而使路面过早破坏。在冰冻地区,冰冻将加剧这种破坏。评价材料的水稳定性和抗冻稳定性可用浸水强度和冻融循环试验的方法。影响水稳定性和抗冻稳定性的主要因素如下:

(1)土类。细土含量多、塑性指数大的土,水稳定性和抗冻稳定性能差。

(2)结合料种类和剂量。石灰粉煤灰粒料和水泥粒料的水稳定性最好。当结合料剂量不足时,胶结作用弱,透水性大,强度达不到要求,其稳定性也差。

(3)密实度。密实度大时,透水能力降低,水稳定性增强。

(4)龄期。由于无机结合料稳定材料的强度形成需要一定的时间,因此这类材料的水稳定性和抗冻稳定性随龄期的增长而增长。

三、本节实验:无机结合料稳定材料的无侧限抗压强度试验

1. 目的和适用范围

本试验法适用于测定无机结合料稳定土(包括稳定细粒土、中粒土和粗粒土)或集料试件的无侧限抗压强度。对其他稳定材料或综合稳定土的抗压强度试验应参照本试验进行。

2. 仪器设备

(1)方孔筛。孔径37.5mm、26.5mm、19mm、4.75mm的筛各一个。

(2)试模。适用于下列不同土的试模尺寸为:

①细粒土(最大粒径不超过9.5mm):试模的直径×高为50mm×50mm。

②中粒土(最大粒径不超过26.5mm):试模的直径×高为100mm×100mm。

③粗粒土(最大粒径不超过37.5mm):试模的直径×高为150mm×150mm。

(3)脱模器。

(4)反力框架:规格为300kN。

(5)液压千斤顶:200~500kN。

(6)夯锤和导管。

(7)密封湿气箱或湿气池,放在能保持恒温的小房间内。

(8)水槽:深度应大于试件高50mm。

(9)路面材料强度试验仪或其他合适的压力机,如图4-11所示。

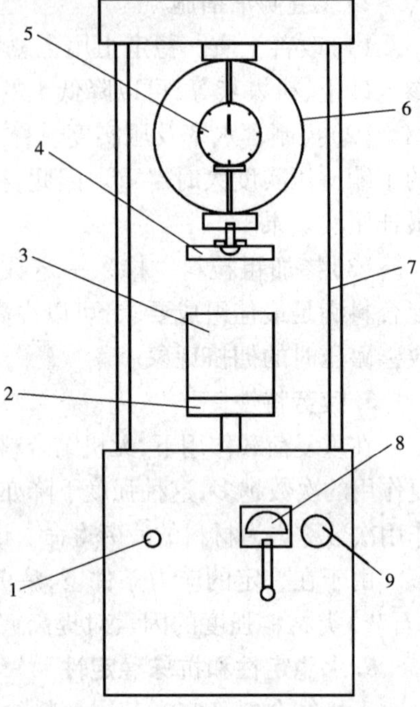

图4-11 路面强度试验仪

1-电源指示灯;2-升降台;3-试件;4-带球座的上压块;5-百分表;6-应力环;7-立柱;8-速度转换开关;9-启动按钮

(10)天平:感量0.01g。

(11)台秤:称量10kg,感量5g。

(12)其他:量筒、拌和工具、搪瓷盘、漏斗、大小铝盒、烘箱、游标卡尺等。

3. 试料准备

(1)将具有代表性的风干土试料(必要时,也可在50℃烘箱内烘干),用木锤或木碾捣碎,但应避免破碎粒料的原粒径。将土过筛并进行分类。如试料为粗粒土,则除去大于37.5 mm的颗粒备用。如试料为中粒土,则除去大于26.5mm或19mm的颗粒备用。如试料为细粒土,则除去大于9.5mm的颗粒备用。

(2)在预定做试验的前一天,取有代表性的试料测定其风干含水率。对于细粒土,试样应不小于100g;对于粒径小于26.5mm的中粒土,试样应不小于1 000g;对于粒径小于37.5mm的粗粒土,试样应不小于2 000g。

4. 用击实试验法确定无机结合料稳定材料的最佳含水率和最大干密度

5. 制备试件

对于同一无机结合料用量的混合料,需要制备相同状态的试件数量(即平行试验的数量)与土类及操作的仔细程度有关,见表4-25。

(1)称取一定数量的风干土或集料,并计算干土或干集料的质量,其数量随试件大小而变。对于50mm×50mm试件,1个试件约需要干土180~210g;对于100mm×100mm试件,1个试件约需要干土1 700~1 900g;对于150mm×150mm试件,1个试件约需要干土5 700~6 000g。

对于细粒土,可以一次称量6个试件的土;对于中粒土,可以一次称量3个试件的土;对于粗粒土,一次只称量1个试件的土;

(2)将称量的土放在长方盘(400mm×600mm×70mm)内。向土中加水,对于细粒土(特别是黏性土)使其含水率较最佳含水率小3%,对于中粒土或粗粒土可按最佳含水率加水。加水量可按式(4-40)估算:

$$Q_W=\left(\frac{Q_n}{1+0.01w_n}+\frac{Q_c}{1+0.01w_c}\right)\times0.01w-\frac{Q_n}{1+0.01w_n}\times0.01w_n-\frac{Q_c}{1+0.01w_c}\times0.01w_c \tag{4-40}$$

式中：Q_W——混合料中应加水的质量，g；

Q_n——混合料中土（或集料）的质量，g；

Q_c——混合料中水泥（或石灰）的质量，g；

w——要求达到的混合料的含水率，%；

w_n——混合料中土或集料的含水率（风干含水率），%；

w_c——混合料中水泥或石灰的原始含水率，%，水泥的原始含水率通常很小，可以忽略不计。

将土或集料和水拌和均匀后，如为石灰稳定土和水泥、石灰综合稳定土，可将石灰和试样一起拌匀后，放在密闭容器内浸润备用。

浸润时间：黏性土 12～24h；粉性土 6～8h；砂性土、砂砾土、红土砂砾等可缩短到 4h 左右；含土很少的未筛分碎石、砂砾及砂可以缩短到 2h。

(3)在浸润过的试样中，加入预定数量的水泥或石灰并拌和均匀。在拌和过程中，应将预留的 3% 水（对于细粒土）加入土中，使混合料含水率达到最佳含水率。拌和均匀的加有水泥的混合料应在 1h 内按下述方法制成试件，超过 1h 的混合料应该作废。其他结合料稳定土除外，但也应尽快制成试件。

(4)按预定干密度制备试件。本试验方法采用反力框架和液压千斤顶制作试件。制备一个预定干密度的试件需要的混合料的数量 m_1(g)随试模型的尺寸而变，可按式(4-39)计算。

将试模的下压柱放入试模的底部（事先在试模的内壁及上下压柱的底面涂一薄层机油），外露 2cm 左右；将称量的规定数量 m_1(g)的稳定土混合料分 2～3 次灌入试模中（利用漏斗），每次灌入后用夯棒轻轻均匀插实。如制的是 50mm×50mm 的小试件，则可以将混合料一次倒入试模中。然后将上压柱放入试模内。应使其也外露 2cm 左右（即上下压柱露出试模外的部分应该相等）。

将整个试模（连同上下压柱）放到反力框架内的千斤顶上，加压直到上下压柱都压入试模为止，维持压力 1min。解除压力后，取下试模，拿去上压柱，并放到脱模器上将试件顶出（利用千斤顶和下压柱），称试件的质量 m_2，小试件准确到 1g，中试件准确到 2g，大试件准确到 5g，然后用游标卡尺量试件的高度 h，准确到 0.1mm。

用击锤制件，步骤同前。只是用击锤（可以利用做击实试验的锤，但压柱顶面需要垫一块牛皮或胶皮，以保护锤面和压柱顶面不要损伤）将上下压柱打入试模内。

(5)养生。试件从试模内脱出并称重后，应立即放到密封湿气箱内进行保湿养生。但中试件和大试件应先用塑料薄膜包裹。有条件时，可采用蜡封保湿养生。在没有上述条件的情况下，也可以将包有塑料薄膜的试件埋在湿砂中进行保湿养生。

养生时间视需要而定，一般可以 7d 或 28d，作为工地控制，通常都只取 7d。整个养生期间的温度，在北方地区应保持 20±2℃，在南方地区以保持 25±2℃ 为合适。

养生期的最后一天，将试件浸泡水中，水的深度应使水面在试件顶上约 2.5cm。在浸泡水中之前，应再次称试件的质量 m_3。在养生期间，试件重量的损失应该符合下列规定：小试件不超过 1g，中试件不超过 4g，大试件不超过 10g。质量损失超过此规定的试件，应该作废。

6. 试验步骤

(1)将已浸水一昼夜的试件从水中取出，用软的旧布吸去试件表面的可见自由水，并称试

件的质量 m_4。

(2)用游标卡尺量试件的高度 h_1,准确到0.1mm。

(3)将试件放到路面材料强度试验仪的升降台上,进行抗压试验。试验过程中,应使试件的形变等速增加,并保持速率约为1mm/min。记录试件破坏时的最大压力 P(N)。

(4)从试件内部取有代表性的样品(经过打破)测定其含水率 w_1

7.结果计算

(1)试件的无侧限抗压强度用下列相应的公式计算:

对于小试件 $R_c = \frac{P}{A} = 0.00051P$

对于中试件 $R_c = \frac{P}{A} = 0.0001273P$ (4-41)

对于大试件 $R_c = \frac{P}{A} = 0.0000566P$

式中:R_c——试件无侧限抗压强度,MPa;

P——试件破坏时的最大压力,N;

A——试件的截面积$\left(A = \frac{\pi}{4}d^2, d\text{ 为试件的直径,mm}\right)$,$mm^2$。

(2)试验精度。

若干次平行试验的偏差系数 Cv(%)应符合下列规定:小试件,不大于10%;中试件,不大于15%;大试件,不大于20%。

(3)试验记录表见表4-28。

无侧限抗压强度试验 表4-28

工程名称			混合料名称		
试件尺寸(mm)			试件压实度(%)		
结合料剂量(%)			养生龄期(d)		
最大干密度(g/cm^3)			加载速度(mm/min)		
试件号		1	2	3	4	5
试件制备方法						
制作日期						
试验日期						
养生前试件质量 m_2	(g)					
浸水前试件质量 m_3	(g)					
浸水后试件质量 m_4	(g)					
养生期间质量损失 $m_2 - m_3$	(g)					
吸水量 $m_4 - m_3$	(g)					
养生前试件高度 h_1	(mm)					
浸水后试件高度 h_2	(mm)					
试验的最大压力 P	(N)					
无侧限抗压强度 R	(MPa)					

试验者______ 计算者______ 校核者______ 试验日期______

8. 报告

（1）材料的颗粒组成。

（2）水泥的种类和强度等级或石灰的等级。

（3）确定最佳含水率时的结合料用量以及最佳含水率（%）和最大干密度（g/cm^3）。

（4）水泥或石灰剂量（%），或水泥（石灰）、粉煤灰、土（集料）的配合比。

（5）试件干密度（g/cm^3），准确到0.01，或压实度（%）。

（6）吸水量以及测抗压强度时的含水率（%）。

（7）抗压强度：小于2.0MPa时，采用两位小数，并用偶数表示；大于2.0MPa时，采用1位小数，并用0或5表示。

（8）若干个试验结果的最大值和最小值、平均值$\overline{R}$、标准差S、偏差系数Cv和95%的概率值$R_{0.95}=\overline{R}-1.645S$。

● 第六节　无机结合料稳定材料的配合比设计 ●

无机结合料稳定类材料的组成设计（也称混合料设计）是根据对某种稳定类材料规定的技术要求，选择合适的原材料、掺配用料（需要时），确定混合料的最佳含水率、最大干密度及结合料的种类和剂量。稳定类材料的组成设计是路面结构设计的重要组成部分。

一、设计依据和原材料选择

1. 混合料组成设计的依据

主要的依据是结构设计要求的7d龄期无侧限抗压强度，具体要求见表4-26。必要时可增加劈裂强度指标。

2. 原材料选择

根据土或集料料场分布情况和结合料（水泥、石灰、粉煤灰）供应情况，结合当地的工程实践经验，选择合适的土或集料料场以及结合料供应厂家，采集原材料样品进行技术性质指标试验。按照现行《公路路面基层施工技术规范》（JTJ 034—2000）的有关规定确定选用的原材料。

二、无机结合料稳定材料的组成设计步骤

1. 水泥稳定土混合料组成设计步骤

（1）制备同一种土或集料试样、不同水泥剂量的混合料。

一般情况参照下列水泥剂量配制：

①做基层用。

中粒土和粗粒土：3%，4%，5%，6%，7%。

塑性指数小于12的细粒土：5%，7%，8%，9%，11%。

其他细粒土：8%，10%，12%，14%，16%。

②做底基层用。

中粒土和粗粒土：3%，4%，5%，6%，7%。

塑性指数小于12的细粒土：4%，5%，6%，7%，9%。

其他细粒土:6%,8%,9%,10%,12%。

在能估计合适剂量的情况下,可以将五个不同剂量缩减到三或四个。

(2)确定各种混合料的最佳含水率和最大干密度。原则上每种水泥剂量的混合料都应做标准击实试验。至少应做三个不同水泥剂量混合料的击实试验,即最小剂量、中间剂量和最大剂量。其他两个剂量混合料的最佳含水率和最大干密度用内插法确定。

(3)确定试件的干密度。按规定的压实度,分别计算不同水泥剂量的试件应有的干密度。

(4)按最佳含水率和计算得到的干密度制备试件。进行抗压强度试验时,作为平行试验的最少试件数量应不少于表4-25中的规定。如试验结果的偏差系数大于表中规定的值,则应重做试验,并找出原因,加以解决。如不能降低偏差系数,则应增加试验数量。

(5)试件在规定温度下保湿养生6d,浸水24h后,进行无侧限抗压强度试验。

(6)计算试验结果的平均值和偏差系数。

(7)根据表4-26的强度标准,选定合适的水泥剂量。

合适的水泥剂量试件室内试验结果的平均抗压强度 $\overline{R}$ 应符合公式(4-42)的要求:

$$\overline{R} \geqslant R_d/(1-Z_\alpha Cv) \tag{4-42}$$

式中:$\overline{R}$——抗压强度标的平均值,MPa;

R_d——设计抗压强度(见表4-26),MPa;

Z_α——标准正态分布表中随保证率(或置信度 α)而变的系数,高速公路和一级公路应取保证率95%,即 $Z_a=1.645$;其他公路应取保证率90%,即 $Z_\alpha=1.282$;

Cv——抗压强度试验结果的偏差系数,以小数计:

$$Cv = \frac{S}{\overline{R}} \tag{4-43}$$

其中:S——抗压强度试验结果的标准差,MPa。

$$S = \sqrt{\frac{\sum(\overline{R}-R_i)^2}{n-1}} \tag{4-44}$$

式中:R_i——每个试件的抗压强度,MPa;

n——试件数量。

(8)确定工地上实际采用的水泥剂量。

工地上实际采用的水泥剂量应比室内试验确定的剂量多0.5%~1.0%。采用集中厂拌法施工时,可只增加0.5%;采用路拌法施工时,宜增加1%。水泥的最小剂量应符合表4-29的规定。

水泥最小剂量 表4-29

土类 \ 拌和方法	路拌法	集中厂拌法
中粒土和粗粒土	4%	3%
细粒土	5%	4%

以水泥为主体的综合稳定土混合料组成设计与上述步骤相同。

【例4-4】 某山区一级公路,路面底基层采用水泥稳定砂砾,试按所提供的设计资料进行水泥稳定砂砾混合料组成设计。

[设计资料]

(1)路线所经地区属暖温带气候区,路面底基层为厚度20cm的水泥稳定砂砾,7d无侧限饱水抗压强度设计值2.0MPa。

(2)水泥要求终凝时间宜在6h以上;当地有天然砂砾,要求砂砾的压碎值不大于30%、塑性指数小于9,砂砾的级配要求见表4-30。

砂砾级配要求范围表 表4-30

筛孔(mm)	37.5	31.5	19.0	9.5	4.75	2.36	0.60	0.075
通过量(%)	100	93~98	74~89	49~69	29~52	18~38	8~22	0~7

(3)施工时混合料采用厂拌,现场用平地机整平,20cm厚摊铺碾压一层成型,碾压时压实度按96%控制。

[设计步骤]

(1)原材料检验:

①水泥。选用当地的42.5级慢凝普硅硅酸盐水泥,慢凝普通硅酸盐水泥的检验结果见表4-31,由表4-31可以看出,各项主要技术指标均符合要求。

水泥材料试验结果表 表4-31

检验项目		规定值	检验结果
细度(%)		<10.0	9.4
安定性(沸煮法)		合格	合格
初凝时间		>45min	2h56 min
终凝时间		<10h	6h15 min
抗压强度(MPa)	3d	16.0	20.8
	28d	42.5	47.0
抗折强度(MPa)	3d	3.5	4.0
	28d	6.5	6.8

②砂砾。当地天然砂砾样品筛分试验结果见表4-32,压碎值检验结果为19.8%,0.6mm以下细料的液限为25.3%,塑性指数检验结果为6.1,砂砾材料天然含水率为2.0%。技术指标符合要求,可以使用。

砂砾材料筛分试验结果表 表4-32

筛孔(mm)	37.5	31.5	19.0	9.5	4.75	2.36	0.6	0.075	底
分计筛余(%)	0	3.68	18.86	25.90	19.45	7.90	4.30	16.86	3.05
累计筛余(%)	0	3.68	22.54	48.44	67.89	75.79	80.09	96.95	100
通过量(%)	100	96.32	77.46	51.56	32.11	24.21	19.91	3.05	—
规定范围(%)	100	93~98	74~89	49~69	29~52	18~38	8~22	0~7	—

(2)选择水泥剂量的掺配范围。对水泥稳定粗粒土,混合料中的水泥剂量按3%、4%、5%、6%、7%五种比例配制,水泥:砂砾为3:100;4:100;5:100;6:100;7:100。

(3)确定最佳含水率和最大干密度。对五种不同水泥剂量的混合料用重型击实试验法做标准击实试验,按规定的试验方法确定出水泥稳定砂砾混合料的最大干密度和最佳含水率,试验结果如表4-33。

标准击实试验结果表 表4-33

水泥剂量(%)	3	4	5	6	7
最佳含水率(%)	5.7	5.7	5.8	5.9	6.0
最大干密度(g/cm^3)	2.280	2.290	2.300	2.320	2.330

(4)测定7d无侧限饱水抗压强度。

①制作试件。对水泥稳定砂砾强度试件制备,按规定采用$\phi150mm \times 150mm$的圆柱体试件,每个试件的体积为2 651cm^3。试件数量按13个制备,工地压实度按96%控制。

每个试件需要的混合料的干质量按公式(4-45)计算:

$$Q_d = V \times \rho_0 \times K \quad (4\text{-}45)$$

式中:Q_d——试件的干质量,g;

V——试件的体积,cm^3;

ρ_0——混合料的最大干密度,g/cm^3;

K——现场要求的压实度,以小数计。

由于每个试件都是在混合料为最佳含水率下制成的,因此,每个试件需要的湿混合料的质量按式(4-46)计算:

$$Q_w = Q_d(1 + w_0) \quad (4\text{-}46)$$

式中:Q_w——试件的湿质量,g;

w_0——混合料的最佳含水率,%。

制备一个试件需要湿混合料的数量。现将水泥剂量为3%的湿混合料试件制作时所需基本参数计算如下:

$$2.280 \times 2\,651 \times (1 + 5.7\%) \times 0.96 = 6\,133g$$

配制一个试件所需各种材料的数量。在选定制作一个试件所需的干土或干集料的质量后,按下列方法计算一个试件所需的结合料(水泥或石灰)和水的质量。

$$Q_{Ld} = Q_{sd} \times C_L \quad (4\text{-}47)$$

$$Q_{Lw} = Q_{Ld} \times (1 + w_L) \quad (4\text{-}48)$$

式中:Q_{Ld}——干结合料(水泥或石灰)的质量,g;

Q_{sd}——干土或干集料的质量,g;

C_L——结合料(水泥或石灰)剂量,以小数计;

Q_{Lw}——含水结合料(水泥或石灰)的质量,g;

w_L——结合料(水泥或石灰)的含水率,以小数计。

每种混合料中应加水的质量Q_w用式(4-49)计算:

$$Q_w = (Q_{sd} + Q_{Ld}) \times w_0 \quad (4\text{-}49)$$

式中:w_0——混合料的最佳含水率,以小数计。

考虑到试验过程的可操作性和配料计算的简便性,配制一个试件的干混合料质量按6 500g计算,其中砂砾材料天然含水率为2.0%,水泥材料含水率取0计算。水泥剂量为3%的各种材料数量为:

水泥： $6\ 500\times3/(100+3)=189.3g$

砂砾：干质量 $6\ 500\times100/(100+3)=6\ 310.7g$；湿质量 $6\ 310.7\times(1+2.0\%)=6\ 436.9g$

需加水量： $(189.3+6\ 436.9)\times5.7\%=377.7\ g$

应加水量： $377.7-6\ 310.7\times2.0\%=251.5\ g$

因此，配制一个3%水泥剂量的试件所各种原材料数量为水泥189.3g，砂砾6436.9g，需加水量251.5g。

用同样的方法对水泥剂量4%、5%、6%、7%混合料的各种原材料数量进行计算，计算结果列入表4-34中。

混合料制件所需各种原材料数量计算结果表　　表4-34

水泥剂量(%)		3	4	5	6	7
试件干密度(g/cm^3)		2.190	2.200	2.210	2.230	2.240
一个试件混合料质量(g)		6 133	6 160	6 193	6 253	6 286
一个试件所需材料质量(g)	水泥	189	250	310	368	425
	砂砾	6 437	6 375	6 314	6 255	6 196
	水	245	246	253	261	269

根据表4-34计算结果制备各种不同水泥剂量的混合料试件，将制备好的试件进行称量，将实测密度与预定密度相差±0.03g/cm³以内的试件进行标准养生。

②测定无侧限饱水抗压强度。五组试件经6d标准养生、1d浸水，按规定方法测得无侧限饱水抗压强度结果见表4-35。

抗压强度试验结果汇总表　　表4-35

水泥剂量(%)	3	4	5	6	7
强度平均值 $\overline{R}$(MPa)	1.91	2.36	3.15	4.93	6.27
强度标准差(MPa)	0.375	0.302	0.415	0.611	0.593
强度偏差系数 Cv(%)	19.6	12.8	13.2	12.4	11.9
$\frac{R_d}{1-Z_\alpha\cdot Cv}$(MPa)	2.95	2.53	2.55	2.51	2.49
是否满足公式 $\overline{R}\geqslant\frac{R_d}{1-Z_\alpha\cdot Cv}$	否	否	是	是	是

(5)确定试验室最佳水泥剂量(目标配合比)。通过以下方法确定最佳水泥剂量：

①比较强度平均值和强度设计值，根据试验结果，水泥剂量取4%、5%、6%、7%时，试件强度平均值均满足不低于2.0MPa设计值要求。

②考虑到试验数据的偏差和施工中的保证率，对水泥剂量4%、5%、6%、7%时的强度数据通过公式 $\overline{R}\geqslant\frac{R_d}{1-Z_\alpha\cdot Cv}$ 验算。对一级公路，取95%的保证率，则系数 $Z_\alpha=1.645$。通过计算，水泥剂量取5%、6%、7%时强度均能满足公式要求。

③最后从工程经济性考虑,5%的水泥剂量为满足强度要求的最小水泥剂量,为最佳水泥剂量。

则试验室配合比为水泥: 砂砾 =5: 100,混合料的最佳含水率为5.8%,最大干密度为2.300g/cm^3,施工时压实度为96%。

(6)确定生产用水泥剂量(生产配合比)。根据施工现场情况,对试验室确定的配合比进行调整,对集中厂拌法施工,水泥剂量要增加0.5%,对粗粒土,混合料含水率要较最佳含水率大0.5% ~1.0%,所以经调整后得到的生产配合比为水泥: 砂砾 =5.5: 100,混合料的含水率6.5%,最大干密度为2.310g/cm^3,施工时压实度为96%。

在施工时可根据工地材料含水率对上述生产配合比进行调整,得出最终的施工配合比。

2. 石灰稳定土混合料组成设计步骤

(1)制备同一种土或集料试样、不同石灰剂量的石灰土混合料。一般情况建议按下列石灰剂量配制:

①做基层用。

砂砾土和碎石土:3%,4%,5%,6%,7%。

塑性指数小于12的黏性土:10%,12%,13%,14%,16%。

塑性指数大于12的黏性土:5%,7%,9%,11%,13%。

②做底基层用。

塑性指数小于12的黏性土:8%,10%,11%,12%,14%。

塑性指数大于12的黏性土:5%,7%,8%,9%,11%。

(2)确定混合料的最佳含水率和最大干密度。原则上每种石灰剂量的混合料都应做标准击实试验。至少应做三个不同石灰剂量混合料的击实试验,即最小剂量、中间剂量和最大剂量,其余两个混合料的最佳含水率和最大干密度用内插法确定。

(3)确定试件的干密度。按规定的压实度,分别计算不同石灰剂量的试件应有的干密度。

(4)按最佳含水率和计算得到的干密度制备试件。进行抗压强度试验时,作为平行试验的试件数量应不少于表4-25中的规定。如试验结果的偏差系数大于表中规定的值,则应重做试验,并找出原因,加以解决。如不能降低偏差系数,则应增加试件数量。

(5)试件在规定温度下保湿养生6d,浸水24h后,进行无侧限抗压强度试验。

(6)计算试验结果的平均值和偏差系数。

(7)根据表4-26的强度标准,选定合适的石灰剂量。

合适的石灰剂量试件室内试验结果的平均抗压强度$\overline{R}$应符合公式(4-42)的要求。

(8)确定工地上实际采用的石灰剂量。工地上实际采用的石灰剂量应比室内试验确定的剂量多0.5% ~1.0%。采用集中厂拌法施工时,可只增加0.5%;采用路拌法施工时,宜增加1%。石灰稳定不含黏性土的级配碎石、未筛分碎石和级配砂砾用作沥青混凝土路面的基层时,碎石和砂的颗粒组成应符合现行《公路路面基层施工技术规范》(JTJ 034—2000)中级配碎石或未筛分碎石或级配砾石的级配范围,并应添加黏性土。石灰和所加土的总质量与碎石或砂砾的质量比宜为1:4 ~1:5,即碎石或砾石在混合料中的质量应不少于80%。

【例4-5】 某地区二级公路路面底基层设计为石灰土,按现行部颁施工技术规范的要求设计石灰稳定土混合料配合比。

[设计资料]

(1)路面石灰土底基层设计厚度为30cm,设计7d无侧限饱水抗压强度为0.8MPa。

(2)公路沿线土质为轻亚黏土,石灰材料应为III级以上。

(3)石灰土混合料生产采用集中厂拌法,分两层铺筑,要求施工压实度为95.0%。

[设计步骤]

(1)原材料检验。

①石灰。该路段沿线盛产钙质石灰,经试验检测(CaO + MgO)含量平均值为74.8%,未消化残渣含量平均值为9.6%。各项技术指标均满足III级生石灰的技术要求。

②土料。取公路沿线土场的土样进行试验,试验检测结果列于表4-36中。土料的各项技术指标符合现行技术规范的要求。

黏土的物理性质试验结果表　　表4-36

颗粒组成(%)			液限(%)	塑限(%)	塑性指数	相对密度
0.05~2mm	0.002~0.05mm	<0.002mm				
19.09	70.30	10.61	31.0	17.2	13.8	2.68

(2)确定石灰剂量的掺配范围。参照当地的经验,石灰土的石灰剂量按8%、10%、12%、14%和16%五种比例配制。

(3)确定最佳含水率和最大干密度。用重型击实试验法确定各种不同石灰剂量的石灰土混合料的最佳含水率和最大干密度,试验结果列于表4-37中。

石灰土的击实试验结果　　表4-37

石灰剂量(%)	最佳含水率(%)	最大干密度(g/cm^3)	石灰剂量(%)	最佳含水率(%)	最大干密度(g/cm^3)
8	14.1	1.84	14	16.1	1.80
10	14.7	1.82	16	16.3	1.79
12	15.6	1.81			

(4)测试7d无侧限饱水抗压强度。

①计算每个试件的石灰土用量。

采用ϕ50mm×50mm的试件,每个试件的体积为98cm^3。施工中对石灰土底基层的压实度要求为95%。

不同石灰剂量的混合料每个试件需要的干质量用公式(4-45)计算,湿混合料的质量用公式(4-46)计算。

如石灰剂量为8%的混合料:

干混合料质量为$98 \times 1.84 \times 0.95 = 171.3$g。

湿混合料质量为$171.3 \times (1 + 0.141) = 195.5$g。

不同石灰剂量的混合料每个试件需要的混合料质量计算结果列于表4-38中。

每个试件需用混合料的质量　　表4-38

石灰剂量(%)	8	10	12	14	16
干混合料质量(g)	171.3	169.4	168.5	167.6	166.6
湿混合料质量(g)	195.5	194.3	194.8	194.6	193.8

②准备混合料。

首先需要测定风干土和消石灰粉的原始含水率。实际测得风干土的含水率 w_s 为 3%，消石灰粉的含水率 w_L 为 2%。

石灰稳定细粒土，每种混合料至少需做 6 个相同的试件。为简单起见，称五份各重 1 236g 的素土（每份干土质量 1 200g），分别放在 5 个长方盘内，并在盘边贴一标签，各自写明 8%、10%、12%、14% 和 16%。

根据不同的石灰剂量，分别计算每盘土中应加的干石灰质量、含水石灰的质量。

如石灰剂量为 8% 的混合料：

干石灰质量为 $1\,200 \times 0.08 = 96$g。

含水石灰质量为 $96 \times (1 + 0.02) = 97.9$ g。

不同石灰剂量的混合料 6 个试件需要的石灰质量计算结果列于表 4-39 中。

每盘土中应加的石灰质量 表 4-39

石灰剂量(g)	8	10	12	14	16
干石灰质量(g)	96.0	120.0	144.0	168.0	192.0
含水石灰质量(g)	97.9	122.4	146.9	171.4	195.8

称五份含水石灰，分别放在贴有相应标签的已存有土的方盘内。

计算每种石灰土混合料中应加的水量。如计算 8% 石灰土混合料中应加的水量为：

需加水量：$(1\,200 + 96) \times 0.141 = 182.7$g。

应加水量：$182.7 - 1\,200 \times 0.03 - 96 \times 0.02 = 144.8$g。

各种石灰土混合料中应加的水量列于表 4-40 中。

石灰土混合料中应加的水量 表 4-40

石灰剂量(%)	8	10	12	14	16
应加水量(g)	144.8	152.1	163.3	169.3	171.4

按表 4-40 中计算的结果，用量筒逐次量取应加的水量，应将量得的水分别倒在贴有相应标签的已存有土和石灰的盘内（宜事先将盘内土和石灰初步拌匀并摊平，然后将水均匀倒在混合料上）。将混合料拌和均匀后，放在密封容器内浸润备用。

③制作试件和保温保湿养生。制作试件和保温保湿养生试件等操作按有关规定进行。

④测试 7d 龄期的无侧限饱水抗压强度。经过 6d 养生、1d 浸水后，测得试件的 7d 龄期抗压强度列于表 4-41 中。

不同石灰土 7d 龄期的饱水无侧限抗压强度表 表 4-41

石灰剂量(%)	8	10	12	14	16
平均抗压强度(MPa)	0.82	0.90	1.09	1.16	1.23
偏差系数(%)	7.0	9.2	6.3	7.8	6.4

(5)确定试验室最佳石灰剂量。对于二级公路，保证率为 90%，Z_α 取 1.282。按公式(4-42)判断符合强度要求的石灰剂量，计算结果列入表 4-42 中。由表 4-42 的计算结果可以看出，8% 石灰剂量的混合料，其抗压强度不能满足要求，石灰剂量为 10%、12%、14%、16% 的混合料，其抗压强度均满足要求。从技术、经济两方面综合分析，石灰的最佳剂量取 10%。

抗压强度判断计算结果表 表 4-42

石灰剂量(%)	8	10	12	14	16
平均抗压强度 (MPa)	0.82	0.90	1.09	1.16	1.23
$\frac{R_d}{1-Z_\alpha \cdot Cv}$(MPa)	0.88	0.71	0.74	0.72	0.73
判断结果	否	是	是	是	是

(6)确定生产用石灰剂量。根据施工现场情况,对试验室确定的石灰剂量进行调整,对集中厂拌法施工,石灰剂量要增加 0.5%,施工中石灰剂量采用 10.5%,混合料的含水率为 14.7%,最大干密度为 1.82g/cm³,施工时压实度为95%。

3. 石灰粉煤灰稳定土混合料组成设计步骤

根据大量的试验研究和工程实践,现行的《公路路面基层施工技术规范》(JTJ 034—2000)对石灰、粉煤灰、土(或集料)的质量比一般规定如下:

(1)对于 CaO 含量为2% ~6% 的硅铝粉煤灰,采用石灰粉煤灰做基层或底基层时,石灰与粉煤灰的比例可以是 1:2 ~1:9。

(2)采用二灰土做基层或底基层时,石灰与粉煤灰的比例可用 1:2 ~1:4(对于粉土以 1:2 为宜),石灰粉煤灰与细粒土的比例可以是 30:70 ~10:90。

(3)采用二灰级配集料做基层时,石灰与粉煤灰的比例可用 1:2 ~1:4,石灰粉煤灰与集料的比例应是 20:80 ~15:85。

为提高石灰粉煤灰稳定土(或集料)的早期强度,可外加 1% ~2% 的水泥。

(1)制备同一种土(或集料)试样的混合料。一般制备 4 ~5 种不同配合比的二灰土或二灰级配集料。其配合比宜在施工技术规范所列的范围内。

(2)确定最佳含水率和最大干密度。每种配合比的混合料,采用重型击实试验法确定其最佳含水率和最大干密度。

(3)确定试件的干密度。按规定的压实度,分别计算不同配合比二灰混合料试件应有的干密度。

(4)按最佳含水率和计算得到的干密度制备试件。进行抗压强度试验时,作为平行试验的试件数量应不少于表 4-25 中的规定。如试验结果的偏差系数大于表中规定的值,则应重做试验,并找出原因,加以解决。如不能降低偏差系数,则应增加试件数量。

(5)进行无侧限抗压强度试验

试件在规定温度下保湿养生 6d,浸水 24h 后,进行无侧限抗压强度试验。

(6)计算试验结果的平均值和偏差系数。

(7)选定合适的混合料配合比

根据表 4-26 的强度标准,选定合适的混合料配合比。

合适的混合料配合比试件室内试验结果的平均抗压强度 $\overline{R}$ 应符合表(4-42)的要求。

【例 4-6】 某平原区一级公路采用石灰粉煤灰稳定砂砾混合料作为路面基层,试按现行技术规范的方法对该种混合料进行配合比设计。

[设计资料]

(1)二灰砂砾基层结构设计厚度为 24cm,设计要求二灰砂砾混合料的 7d 无侧限抗压强度值为0.8MPa。

(2)石灰材料要求采用III级及以上的生石灰或II级及以上的消石灰；要求粉煤灰材料的活性氧化物(SiO_2、Al_2O_3和Fe_2O_3)的总含量应大于70%，烧失量不应超过20%；混合料中的砂砾材料数量建议控制在70% ±2%范围之内，砂砾料的最大粒径不应超过31.5mm，其颗粒组成应符合二灰稳定集料的级配要求，小于0.075mm颗粒含量宜接近零，砂砾集料的压集值不大于30%。

(3)二灰砂砾混合料采用厂拌法，现场采用摊铺机铺筑，24cm厚的基层一次铺筑成型，施工现场压实质量按98%的压实度控制。

[设计步骤]

(1)原材料检测。

①石灰材料。当地可供应钙质石灰，经抽样检测，CaO + MgO的含量为72.5%，未消解残渣含量为8.9%，其主要技术指标均能满足现行技术规范III级生石灰的基本要求。

②粉煤灰材料。某热电厂可供应湿排粉煤灰，该厂的粉煤灰材料经抽样测试，活性氧化物总含量为74.6%，烧失量为9.8%。

③砂砾材料。采用河滩砂砾，其集料压碎值为12.4%，大于31.5mm的颗粒含量为2%，小于0.075mm颗粒含量为1.6%。该河滩砂砾过31.5mm筛后的天然级配不能满足二灰稳定集料的级配范围要求，选用另一砂砾料场的材料经过二次级配，掺配比例为80:20，掺配后的砂砾材料筛分试验结果列入表4-43。

砂砾材料筛分试验结果　　表4-43

筛孔(mm)	31.5	19.0	9.5	4.75	2.36	1.18	0.60	0.075
实测(%)	100	94.6	72.1	48.0	34.8	30.7	13.2	1.6
级配范围(%)	100	85 ~ 100	55 ~ 75	39 ~ 59	27 ~ 47	17 ~ 35	10 ~ 25	0 ~ 10

砂砾材料各项技术指标均能满足有关技术要求。

④水。采用二灰砂砾拌和厂内的机井水，水质洁净，无杂质。

(2)确定二灰砂砾的掺配范围。采用二灰砂砾混合料作基层，设计文件要求砂砾材料占70% ±2%，取70%，而石灰与粉煤灰的比例通常在1:2 ~ 1:4范围之内。结合设计要求和技术规范，二灰砂砾目标配合比按如下比例进行：

石灰:粉煤灰:砂砾的质量配合比分别为6:24:70、7:23:70、8:22:70和10:20:70。

(3)二灰砂砾标准击实试验。对四种不同配合比的二灰砂砾混合料分别进行标准击实试验，击实试验结果列于表4-44。

二灰砂砾混合料击实试验结果　　表4-44

配合比例	6:24:70	7:23:70	8:22:70	10:20:70
最佳含水率(%)	8.6	9.3	10.3	11.0
最大干密度(g/cm^3)	1.913	1.924	1.932	1.940

(4)无侧限饱水抗压强度试验。

①制备试件。以密度控制，按静压法制件的方法制备圆柱体试件，圆柱体试件尺寸为ϕ150mm×150mm，试件数量按13个一组。在养生前检测试件合格数量不得少于9个，试件密度按工地压实度98%控制。

②试件养生。把检测合格的试件按技术规范要求进行标准养生，要求试件养生温度为20±2℃，相对湿度为95%。在标准状态下养生6d，在水中浸泡24±1h后进行无侧限抗压强度试验。

③测试强度。把浸水完成后的合格试件进行无侧限抗压强度试验，试验结果列入表4-45。

二灰砂砾无侧限抗压强度试验结果　　表4-45

石灰:粉煤灰:砂砾	6:24:70	7:23:70	8:22:70	10:20:70
强度平均值(MPa)	0.68	0.82	0.99	1.19
偏差系数(%)	13.2	11.7	10.8	12.1
$\frac{R_d}{1-Z_\alpha \cdot Cv}$(MPa)	1.02	0.99	0.97	1.00

注：在抗压强度计算中取Z_α为1.645，R_d为0.8MPa。

(5)确定目标配合比。根据试验结果可以看出，8:22:70和10:20:70二组配合比均能满足$\overline{R} \geqslant \frac{R_d}{1-Z_\alpha \cdot Cv}$的要求，从技术、经济两方面综合分析，目标配合比采用石灰:粉煤灰:砂砾为8:22:70。

施工时所选原材料必须满足下列基本参数要求：石灰材料的CaO+MgO含量≥72.5%，粉煤灰活性氧化物总含量≥74.6%，砂砾应满足级配范围要求，集料压碎值应小于12.4%，小于0.075mm颗粒含量≤1.6%。施工压实质量控制参数取w_0=10.3%±0.5%，ρ_0=1.932g/cm^3。

(6)注意事项。目标配合比也称为试验室配合比或理论配合比，而试验室所提供的混合料配合比只能作为混合料试拌和铺筑试验路段的依据，该配合比只有经过试拌试铺的验证调整后，才能作为生产配合比，在生产配合比的基础上再对原材料的差异和原材料含水率的变化进行修正，就可得到施工配合比。

综合稳定土和其他无机结合料稳定类材料的组成设计与上述步骤相同。

三、本节试验：水泥或石灰剂量测定方法

1.目的及适用范围

(1)本法适用于在工地快速测定水泥(或石灰)稳定土中水泥(或石灰)的剂量，并可用以检查拌和的均匀性。用于稳定的土可以是细粒土，也可以是中粒土和粗粒土。本法不受水泥或石灰稳定土龄期(7d以内)的影响。工地水泥或石灰稳定土含水率的少量变化(±2%)，实际上不影响测定结果。用本法进行一次剂量测定，只需10min左右。

(2)本法也可以用来测定水泥和石灰综合稳定土中结合料的剂量。

2. 仪具与材料

(1)滴定管(酸式):50mL,1 支。

(2)滴定管支架:1 个。

(3)滴定管夹:1 个。

(4)大肚移液管:10mL,10 支。

(5)锥形瓶(即三角瓶):200mL,20 个。

(6)烧杯:2 000 或 1 000mL,1 只;300mL,1 只。

(7)容量瓶:1 000mL,1 个。

(8)搪瓷杯:容量大于 1 000mL,10 只。

(9)不锈钢搅拌棒或粗玻璃棒:(长 30 ~ 35cm)10 根。

(10)托盘天平:称量 500g,感量 0.5g 一台;称量 100g,感量 0.1g 一台。

(11)精密试纸:pH12 ~ 14,最好用 pH 值测定仪(酸度计)。

(12)量筒:1 000mL、100mL、25mL、5mL 各 1 个。

(13)棕色广口瓶:60mL,1 只(装紫脲酸胺粉或钙红),也可以用有盖塑料瓶。

(14)聚乙烯桶:20L 的 1 个(装蒸馏水),10L 的 1 个(装氯化铵溶液),5L 的 1 个(装氢氧化钠)。

(15)聚乙烯试剂瓶:1L 的 1 个(装 EDTA 二钠溶液)。

(16)玻璃试剂瓶:1 个(盛放三乙醇胺)。

(17)秒表:1 只。

(18)其他:洗耳球 1 个、玻璃棒若干根、毛刷、去污粉、特种铅笔、研钵、表面皿、滴管等。

3. 试剂

(1)0.1mol/m^3 乙二胺四乙酸二钠(简称 EDTA 二钠)标准液。准确称取 EDTA 二钠(分析纯)37.226g,用微热的无二氧化碳(CO_2)的蒸馏水溶解,待全部溶解并冷却至室温后,用容量瓶定容至 1 000mL。

(2)10% 氯化铵(NH_4Cl)溶液。将 500g 氯化铵(分析纯或化学纯)放在 10L 的聚乙烯桶内,加蒸馏水 4 500mL,充分振荡,使氯化铵完全溶解。也可以分批在 1 000mL 的烧杯内配制,然后倒入塑料桶内摇匀。

(3)1.8% 氢氧化钠(内含三乙醇胺)溶液。用 100g 托架天平称 18g 氢氧化钠(分析纯),放入纯洁干燥的 1 000mL 烧杯中,加 1 000mL 蒸馏水使其全部溶解,待溶液冷至室温后,加入 2mL 三乙醇胺(分析纯),搅拌均匀储存于塑料瓶中。

(4)钙红或紫脲酸胺指示剂。将 1g 紫脲酸胺与 19g 干燥氯化钠(分析纯)一起放在研钵中,研成极细粉末,储于棕色磨口广口瓶中,以防紫脲酸胺吸湿结块。

也可用钙红指示剂,将 0.2g 钙(钙红)试剂与 20g 预先在 105℃ 烘箱中烘干的硫酸钾混合。一起放入在研钵中,研成极细粉末,储于棕色广口瓶中,以防吸湿。通常钙红指示剂的终点易辨别。

4. 试验步骤

1)准备标准曲线

(1)取样:取工地用石灰(水泥)和集料,风干后分别过 1.18mm 或 2.36mm 筛,用烘干法或酒精燃烧法测其含水率(如为水泥可假定其含水率为 0%)。

(2)混合料组成的计算:干混合料质量 = 湿混合料质量/(1 + 含水率)

计算步骤为:

①干混合料质量 = 300g/(1 + 最佳含水率)

②干土(干集料)质量 = 干混合料质量/(1 + 石灰或水泥剂量)

③干石灰(或水泥)质量 = 干混合料质量 - 干土(干集料)质量

④湿土(湿集料)质量 = 干土(干集料)质量 ×(1 + 土或集料的风干含水率)

⑤湿石灰质量 = 干石灰质量 ×(1 + 石灰的风干含水率)

⑥石灰(或水泥)稳定土中应加入的水质量 = 300 - 湿土(湿集料)质量 - 湿石灰质量

(3)准备试样。

①必须严格保持所有仪器设备的清洁,应该用蒸馏水洗刷。

②准备 5 种试样,每种 2 个样品(以水泥稳定料为例),具体如下:

第 1 种:称 2 份 300g 集料(如为细粒土,则每份的质量可减为 100g)分别放在 2 个搪瓷杯内。集料或土的含水率应等于工地预期达到的最佳含水率。集料中所加的水应与工地所用的水相同 (300g 为湿质量)。

第 2 种:准备 2 份水泥剂量为 2% 的水泥土混合料试样,每份均重 300g,并分别放在 2 个搪瓷杯中。水泥稳定土混合料的含水率应等于工地预期达到的最佳含水率。混合料中所加水应与工地所用的水相同。

第 3 种、第 4 种、第 5 种:各准备 2 份水泥剂量分别为 4%、6%、8% 的水泥稳定土混合料试样,每份均重 300g,并分别放在 6 个搪瓷杯内,其他要求同第 1 种。

③取一个盛有试样的搪瓷杯,在杯内加 600mL10% NH_4Cl 溶液(当仅用 100g 混合料时,只需 200mL 10% NH_4Cl 溶液)。用不锈钢搅拌棒充分搅拌 3min(110 ~ 120 次/min)。如水泥或石灰稳定土混合料中的土是细粒土,则也可以用 1 000mL 具塞锥形瓶代替搪瓷杯,手握锥形瓶(瓶口向上)用力振荡 3min(120 次/min),以代替搅拌棒搅拌。放置沉淀 4min(如 4min 后,得到的是混浊悬浮液,则应增加放置沉淀时间,直到出现澄清悬浮液为止,并记录所需时间。以后所有该种水泥或石灰稳定土混合料的试验,均应以同一时间为准)。然后将上部清液移到 300mL 烧杯内,搅匀,加盖表面皿待测。

④用移液管吸取上层(液面下 1 ~ 2cm)悬浮液 10mL,放入 200mL 的锥形瓶内,加蒸馏水 75mL 并摇匀。用量筒量取 1.8% 氢氧化钠(内含三乙醇胺)溶液,倒入锥形瓶中,加 5mL 三乙醇胺,此时溶液的 pH 值介于 13.0 ~ 13.5 之间(用 pH 精密试纸或酸度计鉴定)。然后加入钙红或紫脲酸胺指示剂(体积约为黄豆大小),摇匀,溶液呈玫瑰红色。

(4)用 EDTA 二钠标准液滴定到纯蓝色为终点。记录 EDTA 二钠的耗量(以 mL 计,读至 0.1mL)。

(5)对其他几个搪瓷杯中的试样,用同样的方法进行试验,并记录各自的 EDTA 二钠的耗量。

(6)以同一水泥或石灰剂量混合料消耗的 EDTA 二钠毫升数的平均值为纵坐标,以水泥或石灰剂量(%)为横坐标绘制坐标点(制作标准曲线的数据记录见表 4-46),并用曲线连接成来。两者的关系应是一根顺滑的曲线,如图 4-12 所示。如素集料或水泥或石灰改变,必须重做标准曲线。

制作标准曲线数据记录表 表 4-46

稳定剂类型								最佳含水率								
灰剂量	(%)															
试样编号																
湿料质量	(g)															
干混合料质量	(g)															
干土质量	(g)															
干石灰或水泥质量	(g)															
土风干含水率	(%)															
湿土质量	(g)															
石灰风干含水率	(%)															
湿石灰(水泥)质量	(g)															
应加入水质量	(g)															
EDTA 二钠耗量	(mL)															
EDTA 二钠耗量平均	(mL)															

2)工地试验步骤

(1)选取有代表性的水泥稳定土或石灰稳定土混合料,称 300g 放在搪瓷杯中,用搅拌棒将结块搅散,加 600mL10% NH_4Cl 溶液,然后按照前述步骤进行试验。

(2)利用所绘制的标准曲线,根据所消耗的 EDTA 二钠毫升数,确定混合料中的水泥或石灰剂量。

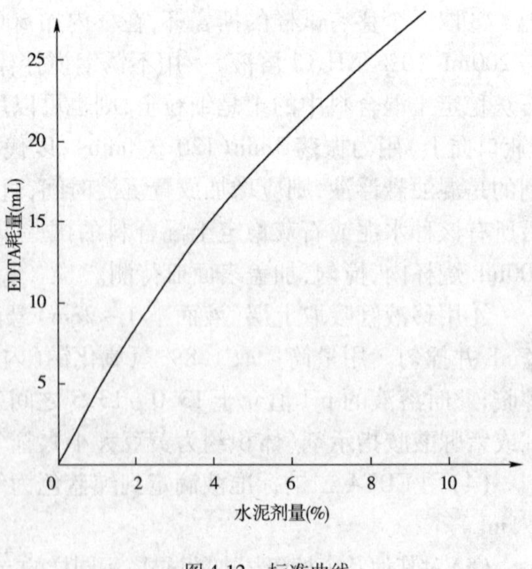

图 4-12 标准曲线

5. 注意事项

(1)每个样品搅拌的时间、速度和方式应力求相同,以增加试验的精度。

(2)做标准曲线时,如工地实际水泥剂量较大,素集料和低剂量水泥的试样可以不做,而直接用较高的剂量做试验,但应有两种剂量大于实际用剂量,以及两种剂量小于实际用剂量。

(3)配制的氯化铵溶液,最好当天用完,不要放置过久,以免影响试验的精度。

试验记录如表 4-47。

水泥或石灰剂量测定试验记录表(EDTA) 表 4-47

混合料名称__________ 结合料剂量(%)__________

最大干密度(g/cm^3)__________ 最佳含水率(%)__________

试 样	试验次数	EDTA 耗量(mL)		查标准曲线结合料剂量(%)
	1			
	2			
	1			
	2			
	1			
	2			

试验者__________ 计算者__________ 校核者__________ 试验日期__________

习 题

1. 什么叫稳定土？它具有什么特点？
2. 对组成稳定土的材料有什么要求？
3. 石灰质量评价的主要指标是什么？
4. 粉煤灰质量评价的主要指标是什么？
5. 简述水泥稳定土、石灰稳定土强度的形成机理，并分析影响强度的主要因素。
6. 水泥稳定土与水泥混凝土在组成材料上、技术性质及用途等方面有何不同？
7. 什么叫水泥剂量？什么叫石灰剂量？
8. 稳定土中集料的最大粒径对其技术性质和施工性质有何影响？为什么要限制集料的最大粒径？
9. 稳定细粒土(如石灰土、二灰土)为什么不宜用作高等级道路的基层？
10. 土和稳定类混合料击实试验的目的是什么？
11. 简述无机结合料稳定类混合料配合比设计的步骤。

第五章

沥青混合料

教学要点

1. 沥青混合料的定义、分类、特点及用途；
2. 沥青、矿质集料的技术性质指标；
3. 沥青混合料的强度形成原理；
4. 沥青混合料的技术性质指标；
5. 操作沥青、沥青混合料技术性质常规试验仪器；
6. 进行沥青混合料的配合比设计；
7. 其他各类沥青混合料的概念、组成材料及其技术性质。

●第一节 概 述●

一、沥青混合料的定义

沥青混合料是由矿料与沥青结合料拌和而成的混合料的总称，其中矿料起骨架作用，沥青与填料（矿粉）起胶结和填充作用。沥青混合料经摊铺、压实成型后成为沥青路面。

二、沥青混合料的分类

1. 按结合料分类

（1）石油沥青混合料。以石油沥青（包括黏稠石油沥青、乳化石油沥青及液体石油沥青）为结合料的沥青混合料。

（2）煤沥青混合料。以煤沥青为结合料的沥青混合料。

2. 按施工温度分类

按沥青混合料拌制和摊铺温度分为：

（1）热拌热铺沥青混合料。加热的沥青与加热的矿料在热态拌和、热态铺筑的混合料，简称热拌沥青混合料。

（2）常温沥青混合料。以乳化沥青或稀释沥青与矿料在常温状态下拌制、铺筑的混合料。

3. 按材料组成及结构分类

（1）连续级配沥青混合料。沥青混合料中的矿料颗粒从大到小各级粒径都有，并按一定的比例相互搭配组成的沥青混合料,称为连续级配混合料。

(2)间断级配沥青混合料。沥青混合料的矿料级配组成中缺少一个或几个粒径档次(或用量很少)而形成的沥青混合料,称为间断级配沥青混合料。

4. 按矿料级配组成和空隙率大小分类

(1)密级配沥青混合料。密级配沥青混合料是指按密实级配原理设计组成的各种粒径颗粒的矿料与沥青结合料拌和而成,设计(剩余)空隙率较小的密实式沥青混合料。又可分为密实式沥青混凝土混合料,简称沥青混凝土,设计空隙率3%~5%,代号AC;密实式沥青稳定碎石混合料,简称沥青稳定碎石,设计空隙率3%~6%,代号ATB。

当前,还采用间断级配设计组成的各种粒径颗粒的矿料与沥青玛蹄脂拌和而成密实式沥青混合料,通常称为沥青玛蹄脂碎石混合料。

确切的讲,沥青玛蹄脂碎石混合料是由沥青结合料与少量的纤维稳定剂、细集料以及较多量的填料(矿粉)组成的沥青玛蹄脂填充于间断级配的粗集料骨架的间隙,组成一体的沥青混合料。简称沥青玛蹄脂碎石,设计空隙率3%~4%,代号SMA。

(2)开级配沥青混合料。开级配沥青混合料是指矿料级配主要由粗集料嵌挤组成,细集料及填料较少,设计空隙率大于18%的沥青混合料。又可分为大空隙开级配排水式沥青磨耗层,简称排水式沥青磨耗层,代号OGFC;铺筑在沥青层底部的排水式沥青稳定碎石混合料,简称排水式沥青碎石基层,代号ATPB。

(3)半开级配沥青混合料。半开级配沥青混合料是由适当比例的粗集料、细集料及少量填料(或不加填料)与沥青结合料拌和而成,设计剩余空隙率为6%~12%的沥青混合料。主要品种为半开式沥青碎石混合料,简称沥青碎石,代号AM。

5. 按矿质集料的公称最大粒径分类

沥青混合料按矿质集料的最大粒径可分为下列5类:

(1)特粗式沥青混合料。公称最大粒径大于31.5mm的沥青混合料。

(2)粗粒式沥青混合料。公称最大粒径为31.5mm或26.5mm的沥青混合料。

(3)中粒式沥青混合料。公称最大粒径为19.0mm或16.0mm的沥青混合料。

(4)细粒式沥青混合料。公称最大粒径为13.2mm或9.5mm的沥青混合料。

(5)砂粒式沥青混合料。公称最大粒径小于9.5mm的沥青混合料。

热拌沥青混合料适用于各种等级公路的沥青路面,按集料的公称最大粒径、矿料级配、空隙率划分的种类见表5-1。

热拌沥青混合料种类 表5-1

混合料类型	密级配			开级配		半开级配	公称最大粒径(mm)	最大粒径(mm)
	连续级配		间断级配	间断级配				
	沥青混凝土	沥青稳定碎石	沥青玛蹄脂碎石	排水式沥青磨耗层	排水式沥青碎石基层	沥青稳定碎石		
特粗式	—	ATB-40	—	—	ATPB-40	—	37.5	53.0
粗粒式	—	ATB-30	—	—	ATPB-30	—	31.5	37.5
	AC-25	ATB-25	—	—	ATPB-25	—	26.5	31.5

续上表

混合料类型	密级配		开级配			半开级配	公称最大粒径（mm）	最大粒径（mm）
	连续级配		间断级配	间断级配		沥青稳定碎石		
	沥青混凝土	沥青稳定碎石	沥青玛蹄脂碎石	排水式沥青磨耗层	排水式沥青碎石基层			
中粒式	AC-20	—	SMA-20	—	—	AM-20	19.0	26.5
	AC-16	—	SMA-16	OGFC-16	—	AM-16	16.0	19.0
细粒式	AC-13	—	SMA-13	OGFC-13	—	AM-13	13.2	16.0
	AC-10	—	SMA-10	OGFC-10	—	AM-10	9.5	13.2
砂粒式	AC-5	—	—	—	—	AM-5	4.75	9.5
设计空隙率（%）	3～5	3～6	3～4	>18	>18	6～12	—	—

注：空隙率可按配合比设计要求适当调整。

三、沥青混合料的特点

沥青混合料是现代道路应用的主要路面材料，它具有以下一些优点：

(1)沥青混合料是一种黏弹性材料，具有良好的力学性质和路用性能，铺筑的路面平整无接缝，汽车在上面行驶振动小、噪声低，行车舒适。

(2)路面平整而具有一定的粗糙度，耐磨性好，无强烈反光，有利于行车安全。

(3)沥青路面可全部采用机械化施工，有利于施工质量控制，施工后能及时开放交通。

(4)路面维修简单，旧沥青混合料可再生利用。

(5)便于分期修建。

但是，沥青混合料路面也存在一些缺点，主要有：

(1)温度稳定性差。夏季高温时沥青易软化，路面易产生车辙、推拥等现象；冬季低温时沥青易脆裂，在车辆荷载重复作用下，路面易产生开裂。

(2)沥青材料易老化。在长期的大气因素(空气、紫外线、雨水等)作用下，随着时间的延续，沥青材料塑性降低、脆性增强、黏聚力减小，导致路面表层产生开裂、松散病害。

• 第二节　石油沥青的技术性质与检验 •

沥青的性质对沥青路面的使用性质有很大的影响，因此应对它的基本性能进行研究。

一、沥青的物理性质

现代沥青路面的研究，对沥青材料的下列物理特征常数极为重视。

1. 密度与相对密度

沥青密度是指沥青试样在规定温度条件下单位体积所具有的质量。用 ρ_b 表示，单位为 g/cm^3 或 t/m^3。沥青的相对密度是指在规定温度条件下沥青质量与同体积的水质量之比值。用 γ_b 表示，无量纲。

我国现行的《公路工程沥青及沥青混合料试验规程》(JTJ 052—2000)规定：沥青的密度与

相对密度利用比重瓶法测定，非经注明，测定沥青密度的标准试验温度为15℃；测定沥青相对密度的标准温度为25℃。

沥青15℃时的密度换算为25℃/25℃时的相对密度，其换算关系是：

沥青与水的相对密度(25℃/25℃)＝沥青的密度(15℃)×0.996

沥青的密度与其化学组成有密切的关系，通过沥青的密度测定，可以大概了解沥青的化学组成。沥青中含硫量大、芳香族含量高、沥青质含量高则相对密度较大；蜡分含量较多则相对密度较小。

2. 体膨胀系数

当温度上升时，沥青材料的体积发生膨胀。这对于沥青与储罐的设计和沥青作为填缝、密封材料是十分重要的数据，与沥青路面的路用性能有着密切的关系，体膨胀系数越大，沥青路面在夏季越容易泛油，冬季因收缩易产生裂缝。

沥青的体膨胀系数可以通过测定不同温度下的密度，由下式计算：

$$A = \frac{\rho_{T2} - \rho_{T1}}{\rho_{T1}(T_1 - T_2)} \tag{5-1}$$

式中：A——沥青的体膨胀系数；

T_1、T_2——密度测试的温度，℃；

ρ_{T1}、ρ_{T2}——分别为温度 T_1 和 T_2 时的密度，g/cm^3。

3. 介电常数

沥青的介电常数与沥青使用的耐久性有关。根据英国道路研究所研究认为，沥青的介电常数与沥青路面抗滑性有很好的相关性。

二、石油沥青的路用技术性质

用于沥青路面的沥青材料，应具备下列主要技术性质：

1. 黏滞性

沥青的黏滞性(简称黏性)是指沥青材料在外力作用下沥青粒子产生相互位移时抵抗剪切变形的能力。它反映沥青内部材料阻碍其相对流动的特性。沥青路面是以沥青作为胶结料，将松散的砂石材料黏结起来形成具有一定强度的结构物，故沥青的黏结性能是非常重要的。

沥青的黏滞性与沥青路面的力学性质联系最为密切，在现代交通条件下，为防止路面出现车辙，沥青的黏滞性是首要考虑的参数。沥青的黏滞性通常用黏度表示。

各种石油沥青的黏滞性与沥青的组分和温度有关，当沥青质含量较高，又含有适量的树脂、少量的油分时，则沥青的黏滞性较大；在一定的温度范围内，当温度升高时，沥青的黏滞性随之降低，反之则增大。

1)沥青黏度的表达方式

(1)动力黏度。溶胶型沥青或沥青在高温条件下，可视为牛顿液体。假设在两块互相平行的金属板中夹一层薄膜沥青，薄膜沥青与金属板的吸附力远大于薄膜内部沥青胶团之间的作用力。当下层金属板平面固定，外力作用于顶层金属板表面发生位移时，按牛顿内摩擦定律可得：

$$F = \eta \cdot A \frac{v}{d} \tag{5-2}$$

式中：F——移动顶层金属板平面的力，等于沥青薄膜内部胶团抵抗变形的能力，N；

A——沥青薄膜层的面积，cm^2；

v——顶层位移的速度，m/s；

d——沥青薄膜层的厚度，cm；

η——反映沥青黏滞性的系数，即沥青动力黏度，Pa·s 。

令 $\tau = F/A$，即沥青薄膜层单位面积的上所受的剪切力，称为剪应变（N/cm^2）；$\gamma = v/d$，即位移速度在 d 方向的变化率，称为剪应变速率（简称剪变率，s^{-1}）。则：

$$\eta = \frac{\tau}{\gamma} \tag{5-3}$$

（2）运动黏度。在运动状态下测定沥青黏度时，考虑到密度的影响，动力黏度可采用运动黏度描述，即沥青在某一温度下的动力黏度与同温度下沥青密度之比。运动黏度表示如下：

$$\nu = \frac{\eta}{\rho} \tag{5-4}$$

式中：ν——运动黏度，$10^{-4}mm^2/s$；

η——动力黏度，Pa·s；

ρ——沥青的密度，g/cm^3。

2）沥青黏度的测定方法

由于沥青的使用温度在很大的范围内变化，当沥青加热熔融至200℃时，沥青黏度小至 10^{-1}Pa·s 数量级，而冬天处于严寒状态下的沥青近于固体，黏度高达 10^{11}Pa·s。可见沥青的黏度变化范围是很大的，不可能用一种方法测定沥青不同温度时的黏度。根据不同温度、不同目的将采用不同的方法测定沥青的黏度。

黏度的大小反映沥青抵抗流动的能力，黏度越大，沥青路面抗车辙的能力越强。很多国家沥青技术标准中，就将沥青60℃黏度作为一个高温指标。为了满足沥青路面高温性能，要求沥青60℃黏度不小于一定值。但为了保证沥青混合料的正常生产，便于沥青的泵送和沥青混合料的拌和，沥青在施工温度（135℃）下黏度不能过大。

沥青黏度的测定方法可分为两类，一类为“绝对黏度”法，另一类为“相对黏度”（或称“条件黏度”）法。由于相对黏度指标测试简便、直观，工程上多测定沥青的相对黏度。

（1）绝对黏度测定方法。我国现行《公路工程沥青及沥青混合料试验规程》（JTJ 052—2000）中规定，沥青绝对黏度的测定方法为沥青运动黏度采用毛细管法；沥青动力黏度采用真空减压毛细管法。

几种类型的毛细管黏度计的基本原理都是以一定量的沥青在一定的温度下，流经玻璃管所需的时间来计算黏度的。

设毛细管的孔径为 r，管的计量长度为 L，在压力差 p 的作用下，液体的流量为 Q，则按式（5-5）计算液体的黏度：

$$\eta = \frac{S}{D} = \frac{\pi r^2 p}{8QL} \tag{5-5}$$

式中：S——沿毛细管处的剪应力，$S = pr/2L$；

D——毛细管内流体的剪变率，$D = 4Q/\pi r^3$。

实际用毛细管黏度计测定沥青黏度时，可以根据标准真空条件下的仪器结构常数按式(5-6)计算黏度：

$$\eta = tK \tag{5-6}$$

式中：t——时间；

K——仪器结构常数。

用毛细管黏度计测定沥青黏度，通常测定温度条件为135℃或60℃。由于60℃时沥青的黏度比较高，所以必须使用真空减压系统，而测定135℃沥青的黏度，则可以不用。测定时温度要严格控制，否则对测试精度有很大影响。

①沥青运动黏度试验（毛细管法）。沥青的运动黏度是一些国家划分黏稠石油沥青（135℃）及液体沥青（60℃）标号的一个指标。另外，现在国外大都按等黏温度决定施工温度，通常需要绘制黏温曲线，这时常以120℃、150℃、180℃作为试验温度。

该法是沥青试样在严密控温条件下，于规定温度，通过选定型号的毛细管黏度计（通常采用的有坎-芬式），流经规定体积，测定所需的时间（以s计），按下式计算运动黏度。

$$v = ct \tag{5-7}$$

式中：v——在温度T℃测定的运动黏度，mm^2/s；

c——黏度计标定常数，mm^2/s^2；

t——流经时间，s。

②沥青动力黏度试验（真空减压毛细管法）。该法是沥青试样在严密控制的真空装置内，保持一定的温度（通常为60℃），通过规定型号的毛细管黏度计（通常采用的有美国沥青学会式，即AI式），流经规定的体积，测定所需要的时间（以s计）。

按下式计算动力黏度：

$$\eta_T = kt \tag{5-8}$$

式中：η_T——在温度T℃测定的动力黏度，Pa·s；

k——黏度计常数，Pa·s/s；

t——流经规定体积的时间，s。

③沥青恩格拉黏度试验（恩格拉黏度计法）。此方法适用于用恩格拉黏度计测定乳化沥青及煤沥青的恩格拉黏度，用恩格拉黏度表示。

试验是沥青试样在规定的温度下，测定由恩格拉黏度计的规定尺寸的流孔，流出50mL所需时间(s)与流出同体积的水所需时间的比值。

④沥青布氏旋转黏度试验（布洛克菲尔德黏度计法）。此方法适用于布洛克菲尔德旋转法测定道路沥青在45℃以上温度范围内的表观黏度，以Pa·s计。通过此法可测定沥青的温度—黏度曲线，用于确定各种沥青混合料的施工温度。

将少量的沥青样品盛于恒温控制的盛样筒中，转子在沥青试样中转动，测定相应的转动阻力所反映出的扭矩。扭矩计读数乘以仪器参数即可得出以Pa·s表示的沥青黏度。

(2)条件黏度测定方法。

①沥青针入度试验。针入度试验是国际上经常用来测定黏稠沥青(固体、半固体)稠度的一种方法。针入度是指沥青材料在规定温度条件下,附加一定质量的标准针经过规定时间垂直贯入沥青试样的深度,以 0.1mm 计。

试验条件以 $P_{T,m,t}$ 表示,其中 P 表示针入度,T 表示试验温度(℃),m 表示标准针(包括连杆及砝码)的质量(g),t 表示贯入时间(s)。我国现行试验法规定,标准的试验条件为:温度 25℃,荷重 100g,贯入时间 5s。

为了描述沥青的温度敏感性(确定针入度指数 PI),针入度试验宜在 15℃、25℃和 30℃等 3 个或 3 个以上温度条件下分别测定,但标准针质量和贯入时间均为 100g 和 5s。

按上述方法测定的针入度值愈大,表示沥青愈软(稠度愈小)。我国现行使用的黏稠沥青技术标准中,针入度是划分沥青技术等级的主要指标。

实质上,针入度是测定沥青稠度的一种间接指标。通常稠度高的沥青,其黏度亦高。但是,由于沥青结构的复杂性,将针入度换算为黏度的一些方法,均不能获得满意结果,所以近年来美国及欧洲某些国家已将沥青针入度分级改为黏度分级。

②沥青标准黏度试验。我国现行试验法规定,测定液体石油沥青、煤沥青和乳化沥青等流动状态时的黏度,采用道路沥青标准黏度计法。试验模式见图 5-1。该试验方法是:液体状态的沥青材料,在标准黏度计中,于规定的温度(20℃、25℃、30℃或 60℃)条件下,通过规定的流孔直径,流出 50mL 体积所需的时间(s),以 $C_{T,d}$ 表示。其中 C 为黏度,T 为试验温度,d 为流孔直径。试验温度和流孔直径根据液体状态沥青的黏度选择,常用的流孔有 3mm、4mm、5mm 和 10mm 等 4 种。

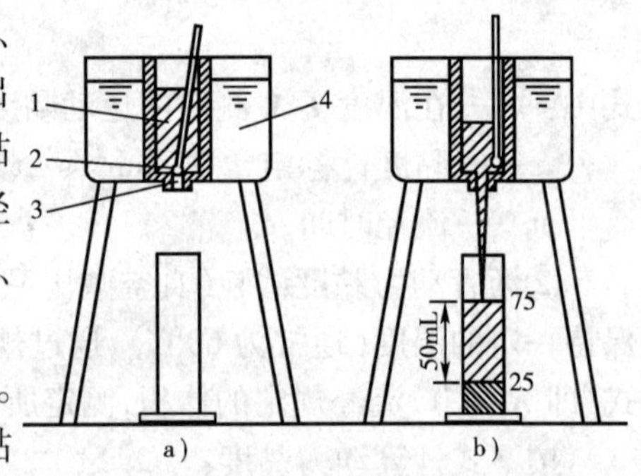

图 5-1 沥青标准黏度试验示意图

1-试样;2-球塞;3-流孔;4-恒温浴

③沥青赛波特黏度试验(赛波特重质油黏度计)。此方法采用赛波特重质油黏度计测定较高温度时的黏稠石油沥青、乳化沥青、液体石油沥青等的条件黏度,并用于确定沥青的施工温度。

试验是沥青试样在规定温度下,测定自赛波特重质油黏度计的规定尺寸的流孔流出 60mL 试样的时间,以 s 计。

按上述方法,在相同温度和相同流孔条件下,流出时间愈长,表示沥青黏度愈大。

我国液体沥青采用黏度划分技术等级。

2. 塑性(延度)

物体在外力作用下产生弹性变形,当外力超过材料的屈服极限时,即使应力不再增加,物体仍继续产生变形,并且在卸载后变形不能恢复而保留所产生的变形,这种不能恢复的变形为物体的塑性变形。沥青的塑性是指沥青在外力作用下发生变形而不被破坏的能力,也称为沥青的延性。沥青的延性是当其受到外力的拉伸作用时,所能承受的塑性变形的总能力,通常用延度指标来表征。沥青的延度是指规定形态的沥青试样,在规定温度下以一定的速率受拉伸至断开时的长度,以 cm 计。

我国现行规范中沥青的塑性采用延度仪来测定,试验温度和拉伸速度可根据要求选用,通常采用的试验温度为25℃、15℃、10℃或5℃,拉伸速度为5±0.25cm/min。《公路沥青路面施工技术规范》(JTG F40—2004)对道路石油沥青延度试验规定的温度分别采用10℃和15℃。

3. 温度稳定性

沥青的温度稳定性又称感温性。沥青的性质随着温度的变化会有较大的变化。当温度升高时,沥青由固态或半固态逐渐软化成黏流状态;当温度降低时,沥青由黏流状态转化成固态或半固态,甚至变脆。因此,沥青的温度稳定性又分为高温稳定性和低温稳定性。沥青作为混合料的胶结料,修筑的沥青路面在不同温度情况下也表现为不同的力学状态。在低温时,沥青路面易出现低温开裂;高温时易出现推挤、壅包、车辙等病害。

1)高温稳定性

沥青材料是一种非晶质高分子材料,它由液态凝结为固态,或由固态熔化为液态时,没有明确的固化点或液化点,通常采用条件的硬化点和滴落点来表示,沥青材料在硬化点至滴落点之间的温度阶段时,是一种黏滞流动状态。在工程实用中,应保证沥青不致由于温度升高而产生流动的状态。

沥青的高温稳定性用软化点表征。软化点是指沥青试样在规定尺寸的金属环内,上置规定尺寸和质量的钢球,放于水或甘油中,以规定的速度加热,至钢球下沉达规定距离时的温度,用$T_{R\&B}$表示,以℃计。

我国现行的测定沥青软化点的试验法为环与球法。该法是将沥青试样注于内径为19.8mm的铜环中,环上置一直径9.53mm、重3.5g的钢球,在规定的加热速度(5℃/min)下进行加热,沥青试样逐渐软化,直至在钢球荷重作用下,使沥青产生25.4mm挠度时的温度,即为软化点。

由此可以认为,针入度是在规定温度下测定沥青的条件黏度,而软化点则是沥青达到规定条件黏度时的温度。所以,软化点既是反映沥青材料热稳定性的一个指标,也是沥青黏度的一种量度。

针入度、延度、软化点是评价黏稠石油沥青路用性能常用的经验指标,通常称为"三大技术指标"。

2)低温稳定性

沥青材料在低温下受到瞬时荷载作用时,常表现为脆性破坏。沥青的低温稳定性与沥青路面的低温抗裂性有密切的关系,沥青的低温延性与低温脆性是重要的性能,多以沥青的低温延度试验和脆点试验来评价。

沥青脆性的测定极为复杂,通常采用A·弗拉斯脆点作为条件脆性指标。

脆点试验的方法是,将沥青试样0.4g在一个标准的金属薄片上摊成薄层,涂有沥青薄膜的金属片置于有冷却设备的脆点仪内,摇动脆点仪的曲柄,使涂有沥青薄膜的金属片产生弯曲。随着冷却设备中制冷剂温度以1℃/min的速度降低,沥青薄膜的温度亦逐渐降低,当降至某一温度时,沥青薄膜在规定弯曲条件下产生断裂时的温度,即为沥青的脆点。因此,脆点是测量沥青在低温时不引起破坏时的条件温度。

3)沥青的感温性

沥青是复杂的胶体结构,黏度随温度的不同而产生明显的变化,这种黏度随温度变化的感应性称为感温性。沥青材料的感温性与沥青路面的施工(如拌和、摊铺、碾压)和使用性能(如高温稳定性和低温抗裂性)都有密切的关系,它是评价沥青技术性质的一个重要指标。

由于沥青胶体结构的差异,沥青的黏度—温度曲线变化是很复杂的。国际上用以表示沥青感温性的指标有多种,常用的方法有针入度指数法、针入度—黏度指数法等。在沥青的常规试验方法中,软化点试验也可以作为反映沥青温度敏感性的方法。

(1)针入度指数

针入度指数用 PI 表示,它是荷兰学者 P·P·h 普费等研究提出的一种评价沥青感温性的指标,应用针入度和软化点的试验结果来表征。

①针入度—温度感应性系数。沥青针入度值的对数 $\lg P$ 与温度具有线性关系,即:

$$\lg P = A \cdot T + K \tag{5-9}$$

式中:P——沥青的针入度,0.1mm;

A——针入度—温度感应性系数,可由针入度和软化点确定;

K——回归系数。

普费等人根据对多种沥青的研究认为,沥青在软化点温度时,针入度在 600 ~ 1 000(0.1mm)之间,假定为 800(0.1mm)。由此建立针入度—温度感应性系数 A 的基本公式:

$$A = \frac{\lg 800 - \lg P_{25℃,100g,5s}}{T_{R\&B} - 25} \tag{5-10}$$

式中:$P_{25℃,100g,5s}$——沥青在 25℃、100g、5s 条件下测定的针入度值,0.1mm;

$T_{R\&B}$——环球法测定的软化点温度,℃。

由于软化点温度时的针入度常与 800 相距甚大,因此斜率 A 应根据不同温度的针入度值确定,常采用的温度为 15℃、25℃、30℃,由式(5-11)计算:

$$A = \frac{\lg P_1 - \lg P_2}{T_1 - T_2} \tag{5-11}$$

②针入度指数的确定。普费等人在制定针入度指数时,为方便起见,作了一些处理,改用针入度指数表示为:

$$A = \frac{20 - PI}{10 + PI} \cdot \frac{1}{50} \tag{5-12}$$

$$即:PI = \frac{30}{1 + 50A} - 10 \tag{5-13}$$

针入度指数 PI 愈大,表示沥青的感温性愈低。按针入度指数 PI 可将沥青分为三种胶体结构类型:$PI < -2$ 者为溶胶型沥青;$PI > +2$ 者为凝胶型沥青;$PI = -2 \sim +2$ 者为溶-凝胶型沥青。一般认为选用 $PI = -1 \sim +1$ 的溶-凝胶型沥青适宜铺筑沥青路面。

(2)针入度—黏度指数

针入度指数 PI 通常仅能表征低于软化点温度的沥青感温性,沥青在道路使用中或在施工时,还需要了解高于软化点温度时的沥青的感温性。

麦克里奥德（Mcleod）提出以25℃针入度和135℃运动黏度确定针入度黏度指数 PVN_{25-135}，其计算式为：

$$PVN_{25-135} = \frac{\lg L - \lg B}{\lg L - \lg M} \times (-1.5) \tag{5-14}$$

式中：$\lg L = 4.25800 - 0.796741 \lg P_{25}$；

$\lg M = 3.46289 - 0.61094 P_{25}$；

B——沥青135℃黏度，mm^2/s。

同样，用25℃针入度和60℃黏度按下式计算：

$$PVN_{25-60} = \frac{X}{Y} \times (-1.5) \tag{5-15}$$

式中：$X = 6.489 - 1.51 \lg P_{25} - \lg \eta_{60}$；

$Y = 1.050 - 0.233 \lg P_{25}$。

针入度—黏度指数愈大，表示沥青的感温性愈低。根据麦克里奥德公式计算所得的针入度—黏度指数值，可按表5-2进行感温性评价。

PVN与沥青感温性分类　　表5-2

针入度—黏度指数	0～-0.5	-0.5～-1.0	-1.0～-1.5
沥青感温性分类	低感温性沥青	中感温性沥青	高感温性沥青

4. 沥青的黏附性

黏附性是沥青材料的主要功能之一。沥青在沥青混合料中以薄膜的形式涂覆在集料颗粒表面，并将松散的矿质集料黏结为一个整体，除了沥青自身的黏结能力外，还需要评价沥青与石料之间的黏附能力，二者有一定的相关性。

我国现行的《公路工程沥青及沥青混合料试验规程》（JTJ 052—2000）中，沥青与粗集料的黏附性试验方法规定，沥青的黏附性测定方法根据沥青混合料的矿料最大粒径决定：矿料最大粒径＞13.2mm者采用水煮法；矿料最大粒径≤13.2mm者采用水浸法。

水煮法是选取粒径为13.2～19mm形态接近正方体的规则集料5个，经沥青裹覆后，在蒸馏水中沸煮3min，按沥青膜剥落的情况分为五个等级来评价沥青与集料的黏附性。

水浸法是选取粒径为9.5～13.2mm的集料100g与5.5g的沥青在规定温度条件下拌和成混合料，冷却后浸入80℃的蒸馏水中保持30min，然后按剥落面积百分率来评价沥青与集料的黏附性。

实践证明，石油沥青与碱性石料的黏附性较好，与酸性石料的黏附性不良，应用酸性石料时，宜掺加抗剥落剂。

5. 沥青的耐久性

1）沥青的老化及其原因

路用沥青在使用过程中受到储运、加热、拌和、摊铺、碾压、交通荷载以及自然因素的作用，使沥青发生一系列的物理化学变化。沥青材料在自然因素作用下逐渐改变其原有的性能而变硬变脆的特性称为沥青的老化。老化后沥青的黏附性、柔性等性质会出现劣化，使沥青的耐久性、水稳性和低温抗裂性降低。沥青路面应具有良好的使用性能和较长的使用年限，要求沥青材料具有较好的抗老化性能，即耐久性。

沥青的老化过程一般分为两个阶段，即施工过程中的热老化和路面在长期使用过程中的长期老化（氧化）。

在沥青路面的施工过程中，沥青的运输与储存、沥青混合料的拌和以及拌和后的施工期间，沥青始终处于高温状态，特别是沥青与矿料的拌和阶段，沥青是在薄膜状态暴露于170～190℃的空气中，在此短暂时间内沥青由于空气氧化以及沥青中挥发成分的丧失，使沥青的性质发生实质性变化，是沥青老化最主要的阶段。把沥青在施工阶段的老化称为短期老化。

沥青路面在长期使用过程中，由于空气、辐射、水与光等作用，特别是路面空隙率较大的情况下，沥青胶结料同样也会发生老化。把沥青在使用过程中发生的老化称为长期老化。

影响沥青耐久性的自然因素有很多，如温度、光、水等对沥青的氧化以及沥青的自然硬化等，在各因素的综合作用下，沥青的氧化硬化是一个不可逆的物理化学过程，从而导致了沥青性能的劣化。

（1）热的影响。热能加速沥青分子的运动，除了引起沥青的蒸发外，并能促进沥青化学反应的加速，最终导致沥青技术性能降低。尤其是在施工加热（160～180℃）时，由于空气中的氧参与共同作用，可使沥青性质产生严重恶化。

（2）氧的影响。空气中的氧，在加热的条件下，能促使沥青组分对其吸收，并产生脱氢作用，发生氧化反应，使沥青的组分发生转化（如芳香分转变为胶质，胶质转变为沥青质）。

（3）光的影响。日光（特别是紫外线）对沥青照射后，能产生光化学反应，促使氧化速率加快；使沥青中羧基和碳氧基等基因增加。

（4）水的影响。水在与光、氧和热共同作用时，能起催化的作用。

由于以上原因，沥青发生老化后，常规指标上表现为沥青的针入度降低，黏度增大；组分上表现为轻组分向重组分转化，沥青的分子量不断增加；物理特性上表现为沥青变得硬、脆，黏性和弹柔性降低。有研究表明，沥青的老化主要发生在路面使用期的前18个月。老化严重的沥青混合料的水稳定性和低温抗裂性差。所以沥青的老化特性是沥青的一个重要品质，采用合适的试验方法评价沥青的老化特性就显得特别重要。

2）耐久性评价方法

（1）热致老化。由于路面施工加热导致沥青性能变化的评价，我国《公路工程沥青路面施工规范》（JTG F40—2004）规定：老化试验以薄膜加热试验（TFOT）为准，也可以旋转薄膜加热试验（RTFOT）代替；对液体沥青应进行"蒸馏试验"。

①沥青蒸发损失试验。该试验方法是将沥青试样50g盛于直径为55mm，深为35mm的器皿中，在163℃的烘箱中加热5h，然后测定其质量损失以及残留物的针入度占原试样针入度的百分率。这种方法由于沥青试样与空气接触面积太小，试样太厚，所以试验效果较差。

②沥青薄膜加热试验。沥青薄膜加热试验简称TFOT，主要是模拟沥青混合料在加热拌和等施工过程中的热老化现象。该试验是将50g沥青试样放入直径（内径）139.7mm、深9.5mm的铝或不锈钢盛样皿中，形成厚度均匀的沥青薄膜（厚度约为3.2mm），在163℃通风烘箱中以5.5r/min的速率水平旋转，经过5h取出试件。用加热前后沥青试样的质量损失、针入度比（加热后沥青试样残留物的针入度与原试样针入度的百分比）、残留物软化点增值等指标来表示沥青的抗老化性能。

薄膜加热试验后的性质与沥青在拌和机中加热拌和后的性质有很好的相关性。沥青在薄膜加热试验后的性质,相当于在150℃拌和机中拌和1.0~1.5min后的性质。

沥青试样的质量损失越小,针入度比越大,残留物软化点增值越小,表明沥青的抗老化性能越好。

③沥青旋转薄膜加热试验。沥青旋转薄膜烘箱加热试验简称RTFOT。烘箱式样如图5-2。该方法与沥青薄膜加热试验一样,是模拟沥青在加热拌和等施工阶段的热老化现象,两种方法可以互相代替。

试验时,在8个高139.7mm、外径64mm、壁厚2.4mm的开口耐热玻璃盛样瓶中分别注入沥青试样35±0.5g,将盛样瓶置于旋转烘箱的环形架中各个瓶位,以15r/min的速度旋转,同时以4 000mL/min流量吹入热空气,持续85min;烘箱的温度应在10 min回升到163℃,在163℃温度下受热时间不少于75min。称量沥青试样老化前后的质量,计算质量损失,并用其老化残留物测试针入度、软化点、延度等。根据老化后各测试参数的变化评价老化特性。

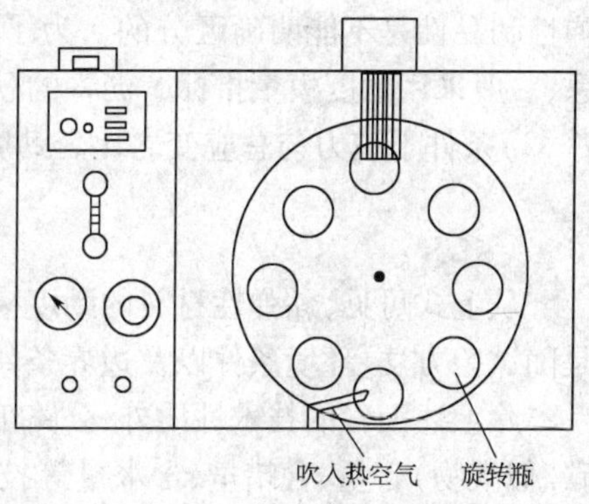

图5-2 沥青旋转薄膜加热试验

这种试验方法的优点是:试样在垂直方向旋转,沥青膜较薄;能连续鼓入热空气,以加速老化,使试验时间缩短为75min,并且试验结果精度较高。

④蒸馏试验。此试验方法是在标准蒸馏器内进行加热,将沸点范围接近、同时具有相近特性和物理化学性质的油分划分为几个馏程。为使馏分范围标准化,道路液体沥青划分至225℃、315℃和360℃等3个馏程。为了确定360℃挥发性油排出沥青的性质,残留沥青应进行25℃延度和浮漂度试验,用以说明残留沥青在道路路面中的性质。

(2)长期老化。以上试验方法都是用以模拟沥青在施工期间的热老化现象的,但沥青在长期使用过程中也会发生老化。评价沥青在气候因素(光、氧、热和水)的综合作用下,路用性能衰降的程度,可以采用"自然老化"和"人工老化"试验。人工加速老化试验,是在由计算机程序控制有氙灯光源和自动调温、鼓风、喷水设备的耐候仪中进行的,通常只有在科研时才进行耐候性试验。

近年美国战略公路研究计划(SHRP)通过多年的研究,提出了评价沥青在长期使用过程中由于气候因素以及交通等的作用而引起的长期老化性能的试验方法——压力老化试验(简称PAV)。

压力老化试验是在压力老化容器中进行。在试验盘中放入规定用量的沥青,并放入压力老化容器中,温度保持为90~110℃(随沥青结合料的标号而不同),容器内的充气压力保持2.0MPa,老化20h。该试验条件模拟路面7~10年所受的长期老化的影响。

经压力老化试验后的沥青结合料用于动态剪切试验、弯梁流变试验和直接拉伸试验,以评价长期老化对沥青性能的影响。

6. 沥青的黏弹性

物体在外力作用下既产生弹性变形又产生黏性流动变形的性质,称之为黏弹性性质。沥青是一种典型的黏弹性材料。

当沥青在低温或瞬间荷载作用下，沥青表现为明显的弹性性质；而当沥青在高温或长时间荷载作用下，沥青又表现为较强的黏性性质。在常温下沥青既非完全的虎克弹性体，也非完全的黏性体，而是表现为复杂的黏弹性性质。沥青在外力作用下产生形变，但形变滞后于作用力，作用力去除后形变并不完全消除，经过一段时间才逐渐恢复，表现为复杂的黏弹性性质，蠕变和松弛现象就是这种特性的表现。

沥青的黏弹性性质不仅与温度有关，而且也与荷载作用时间有关。在一般情况下，沥青的弹性和黏性是不能明确区分的。为了表征沥青在某一温度和某一荷载时间的应力与应变关系，一般采用劲度模量指标。沥青的劲度模量 S_b(MPa)是指在一定荷载作用时间 t(s)和温度 T(℃)条件下应力与总应变之比。劲度模量可表示为：

$$S_b = \left(\frac{\sigma}{\varepsilon}\right)_{t,T} \tag{5-16}$$

从上式可见，黏弹性材料的劲度模量并不是常数，而是随着温度和时间而改变的。因而它是随试验方法、环境条件以及边界条件的变化而变化的。

除上述沥青的技术性质外，公路工程中有时还要评价沥青的加热安全性、有害物质(沥青碳、似碳物)含量、含蜡量、含水量等技术性能。沥青的加热安全性用闪点、燃点表示：闪点是指沥青加热时产生的可燃气体和空气组成的混合气体与火接触发生闪光的沥青温度；燃点是指沥青加热时产生的可燃气体和空气组成的混合气体与火接触持续燃烧5s以上的沥青温度。有害物质的含量用沥青在三氯乙烯中溶解的百分率(溶解度)表示，溶解度越大，表明沥青中有害物质的含量越小。

三、我国道路石油沥青的技术要求

沥青是沥青混合料中最重要的组成材料，其性能直接影响沥青混合料的各种技术性质。沥青路面所用沥青等级应根据气候条件和沥青混合料类型、道路等级、交通性质、路面类型、施工方法以及当地使用经验等，经技术论证后确定。

在使用条件相同的情况下，黏度较大的黏稠沥青所配制的沥青混合料具有较高的力学强度和稳定性，但如黏度过高，则沥青混合料的低温变形能力较差，沥青路面容易产生裂缝。反之，采用黏度较低的沥青所配制的沥青混合料在低温时具有较好的变形能力，但在夏季高温时往往会由于稳定性不足使沥青路面产生较大的变形。为此，在选择沥青等级时，必须考虑环境温度对沥青混合料的作用。在夏季温度高或高温持续时间长的地区，应采用黏度高的沥青，即提高高温气候分区的温度水平来选择沥青；而在冬季寒冷的地区，则宜采用稠度低、低温劲度较小的沥青。对于日温差较大的地区还应选择针入度指数较大、感温性较低的沥青。

对于重载交通路段、高速公路等实行渠化交通的路段、山区及丘陵区上坡路段、服务区、停车场等行车速度慢的路段，为了提高沥青混合料的强度和承载能力，应选用稠度大的沥青，即提高高温气候分区的温度水平来选择沥青。对于交通小、公路等级低的路段可选用稠度略小的沥青。

我国现行的《公路沥青路面施工技术规范》(JTG F40—2004)中规定：道路石油沥青的质量应符合表5-3规定的技术要求。各个沥青等级的适用范围应符合表5-4的规定。经建设单位同意，沥青的 PI 值、60℃动力黏度、10℃延度可作为选择性指标。

道路石油沥青技术要求 表 5-3

指标	单位	等级	沥青标号																	试验方法①
			160 号④	130 号④	110 号			90 号					70 号③					50 号	30 号④	
针入度(25℃,5s,100g)	dmm		140~200	120~140	100~120			80~100					60~80					40~60	20~40	T 0604
适用的气候分区⑥			注④	注④	2-1	2-2	3-2	1-1	1-2	1-3	2-2	2-3	1-3	1-4	2-2	2-3	2-4	1-4	注[4]	附录 A⑤
针入度指数 PI②		A	-1.5~+1.0																	T 0604
		B	-1.8~+1.0																	
软化点(R&B) 不小于	℃	A	38	40	43			45			44		46		45			49	55	T 0606
		B	36	39	42			43			42		44		43			46	53	
		C	35	37	41			42					43					45	50	
60℃动力黏度② 不小于	Pa·s	A	—	60	120			160			140		180		160			200	260	T 0620
10℃延度② 不小于	cm	A	50	50	40			45	30	20	30	20	20	15	25	20	15	15	10	T 0605
		B	30	30	30			30	20	15	20	15	15	10	20	15	10	10	8	
15℃延度 不小于	cm	A、B	100															80	50	
		C	80	80	60			50					40					30	20	
蜡含量(蒸馏法) 不大于	%	A	2.2																	T 0615
		B	3.0																	
		C	4.5																	
闪点 不小于	℃		230					245					260							T 0611
溶解度 不小于	%		99.5																	T 0607
密度(15℃)	g/cm³		实测记录																	T 0603
TFOT(或 RTFOT)后⑤																				T 0610 或 T 0609
质量变化 不大于	%		±0.8																	
残留针入度比 不小于	%	A	48	54	55			57					61					63	65	T 0604
		B	45	50	52			54					58					60	62	
		C	40	45	48			50					54					58	60	
残留延度(10℃) 不小于	cm	A	12	12	10			8					6					4	—	T 0605
		B	10	10	8			6					4					2	—	
残留延度(15℃) 不小于	cm	C	40	35	30			20					15					10	—	T 0605

注:①试验方法按照现行《公路工程沥青及沥青混合料试验规程》(JTJ 052—2000)规定的方法执行。用于仲裁试验求取 *PI* 时的 5 个温度的针入度关系的相关系数不得小于 0.997;
②经建设单位同意,表中 *PI* 值、60℃动力黏度、10℃延度可作为选择性指标,也可不作为施工质量检验指标;
③70 号沥青可根据需要要求供应商提供针入度范围为 60~70 或 70~80 的沥青,50 号沥青可要求提供针入度范围为 40~50 或 50~60 的沥青;
④30 号沥青仅适用于沥青稳定基层;130 号和 160 号沥青除寒冷地区可直接在中低级公路上直接应用外,通常用作乳化沥青、稀释沥青、改性沥青的基质沥青;
⑤老化试验以 TFOT 为准,也可以 RTFOT 代替;
⑥气候分区见表 5-24。

道路石油沥青的适用范围　　表5-4

沥青等级	适 用 范 围
A级沥青	各个等级的公路,适用于任何场合和层次
B级沥青	①高速公路、一级公路沥青下面层及以下的层次,二级及二级以下公路的各个层次; ②用作改性沥青、乳化沥青、改性乳化沥青、稀释沥青的基质沥青
C级沥青	三级及三级以下公路的各个层次

四、本 节 试 验

1. 沥青针入度试验

1)目的与适用范围

(1)本试验适用于测定道路石油沥青、改性沥青针入度以及液体石油蒸馏或乳化沥青蒸发后残留物的针入度。标准的试验条件为温度25℃,荷重100g,贯入时间5s。用本方法评定聚合物改性沥青的改性效果时,仅适用于融混均匀的样品。

(2)针入度指数用以描述沥青的温度敏感性,宜在15℃、25℃、30℃三个温度条件下测定,若30℃的针入度值过大,可采用5℃代替。

2)仪具与材料

(1)针入度仪:凡能保证针和针连杆在无明显摩擦下垂直运动,并能使指示针贯入深度准确至0.1mm的仪器均可使用。针和针连杆组合件总质量为50±0.05g,另附50±0.05g砝码一只,试验时总质量为100±0.05g。当采用其他试验条件时,应在试验结果中注明。针入度仪如图5-3所示。

(2)标准针:由硬化回火的不锈钢制成,洛氏硬度HRC54~60,表面粗糙度$Ra0.2\sim0.3\mu m$,针及针杆总质量2.5±0.05g,针杆上应打印有号码标志。其尺寸及针头如图5-4。

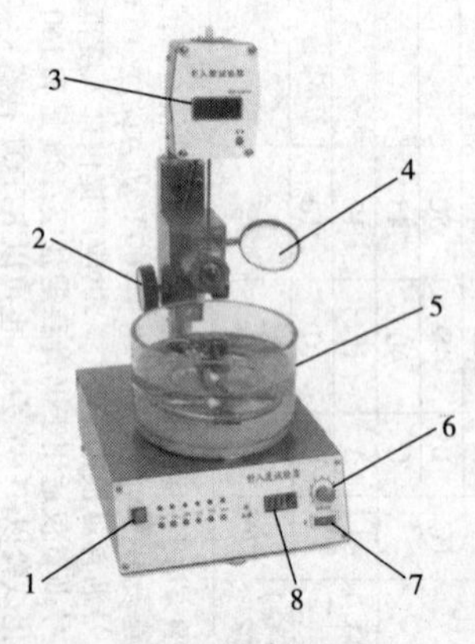

图5-3　自动式针入度仪

1-启动按钮;2-升降螺旋;3-针入度显示窗;4-反光镜;5-带加热的平底玻璃皿;6-温控旋钮;7-电源开关;8-温度显示窗口

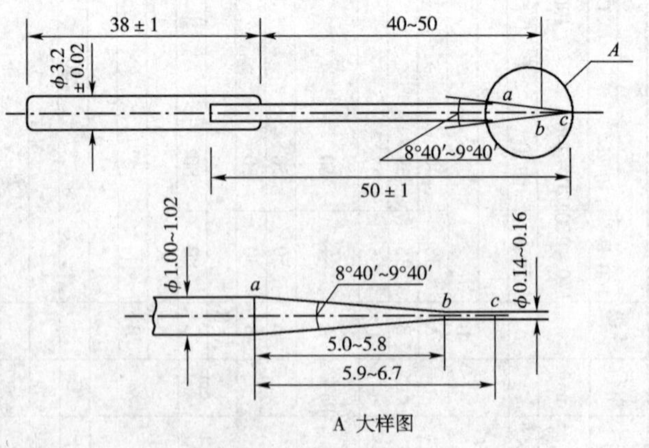

图5-4　针入度标准针(尺寸单位:mm)

(3)盛样皿:金属制,圆柱形平底。小盛样皿的内径55mm,深35mm(适用于针入度小于200);大盛样皿内径70mm,深45mm(适用于针入度200~350);对针入度大于350的试样需使用特殊盛样皿,其深度不小于60mm,试样体积不少于125mL。

(4)恒温水槽:容量不少于10L,控温的准确度为0.1℃。水槽中应设有一带孔的搁架,位于水面下不得少于100mm,距水槽底不得少于50mm处。

(5)平底玻璃皿:容量不少于1L,深度不少于80mm,内设有一不锈钢三脚支架,能使盛样皿稳定。自动式带有加热恒温装置,控温的准确度为0.1℃。

(6)温度计:0~50℃,分度为0.1℃。

(7)秒表:分度0.1s。(自动针入度仪不用)

(8)盛样皿盖:平板玻璃,直径不小于盛样皿开口尺寸。

(9)溶剂:三氯乙烯等。

(10)其他:电炉或砂浴、石棉网、金属锅等。

3)试验准备

(1)按试验要求将恒温水槽调节到要求的试验温度25℃、15℃或30℃(5℃)等,保持稳定。

(2)按规定的方法制备试样。

(3)将试样注入盛样皿中,试样高度应超过预计针入度值10mm,并盖上盛样皿盖,以防落入灰尘。盛有试样的盛样皿在15~30℃室温中冷却1~1.5h(小盛样皿)、1.5~2h(大盛样皿)或2~2.5h(特殊盛样皿)后,移入保持规定试验温度±0.1℃的恒温水槽中1~1.5h(小盛样皿)、1.5~2h(大盛样皿)或2~2.5h(特殊盛样皿)。

(4)调整针入度仪使之水平。检查针连杆和导轨,以确认无水和其他外来物,无明显摩擦。用三氯乙烯或其他溶剂清洗标准针,并拭干。将标准针插入针连杆,用螺钉固紧。按试验条件加上附加砝码。

4)试验步骤

(1)取出达到恒温的盛样皿,并移入水温控制在试验度±0.1℃(无加热装置时可用恒温水槽里的水)的平底玻璃皿中的三脚支架上,试样表面以上的水层深度不少于10mm。

(2)将盛有试样的平底玻璃皿置于针入度仪的平台上。慢慢放下针连杆,用适当位置的反光镜或灯光反射观察,使针尖恰好与试样表面接触。拉下刻度盘的拉杆,使与针连杆顶端轻轻接触,按"置零"按钮使读数为零。

(3)开动秒表,在指针正指5s的瞬间,用手按下"启动"按钮,使标准标准针自动下落贯入试样,至规定时间(5s)停压按钮使针停止移动。

注:当采用自动针入度仪时,计时与标准针落下贯入试样同时开始,至5s时自动停止。

(4)拉下刻度盘拉杆与针连杆顶端接触,读取刻度盘指针读数或位移指示器的读数,精确至0.5(读数窗读取针入度值,准确至0.1mm)。

(5)同一试样平行试验至少3次,各测试点之间及与盛样皿边缘的距离不应少于10mm。每次试验后应将盛样皿的平底玻璃皿放入恒温水槽,使平底玻璃皿中水温保持试验温度。每次试验应换一根干净标准针或将标准针取下用蘸有三氯乙烯溶剂的棉花或布揩净,再用干棉花或布擦干。

(6)测定针入度大于200的沥青试样时,至少用3支标准针,每次试验后将针留在试样中,直到3次平行试验完成后,才能将标准针取出。

(7)测定针入度指数 *PI* 时,按同样的方法在15℃、25℃和30℃(或5℃)3个或3个以上温度条件下分别测定沥青的针入度。用于仲裁试验的温度条件应为5个。

5)结果整理

(1)同一试样3次平行试验结果的最大值和最小值之差在表5-5允许偏差范围内时,计算3次试验结果的平均值,取整数作为针入度试验结果,以0.1mm为单位。当试验值不符合表5-5的要求时,试验应重新进行。

沥青针入度试验精度要求 表5-5

针入度(0.1mm)	0~49	50~149	150~249	250~500
允许差值(0.1mm)	2	4	12	20

(2)精密度和允许差。

①当试验结果小于50(0.1mm)时,重复性试验的允许差为2(0.1mm),复现性试验的允许差为4(0.1mm)。

②当试验结果等于或大于50(0.1mm)时,重复性试验的允许差为平均值的4%,复现性试验的允许差为平均值的8%。

(3)试验记录表见表5-6。

沥青针入度试验记录表 表5-6

<table>
<tr><td>试样名称</td><td colspan="3"></td><td>试样来源</td><td colspan="2"></td></tr>
<tr><td rowspan="2">试件编号</td><td rowspan="2">试验次数</td><td rowspan="2">试验温度(℃)</td><td rowspan="2">试验时间(s)</td><td rowspan="2">试验荷载(g)</td><td colspan="2">针入度(0.1mm)</td></tr>
<tr><td>测定值</td><td>平均值</td></tr>
<tr><td rowspan="3"></td><td>1</td><td></td><td></td><td></td><td></td><td rowspan="3"></td></tr>
<tr><td>2</td><td></td><td></td><td></td><td></td></tr>
<tr><td>3</td><td></td><td></td><td></td><td></td></tr>
<tr><td rowspan="3"></td><td>1</td><td></td><td></td><td></td><td></td><td rowspan="3"></td></tr>
<tr><td>2</td><td></td><td></td><td></td><td></td></tr>
<tr><td>3</td><td></td><td></td><td></td><td></td></tr>
<tr><td rowspan="3"></td><td>1</td><td></td><td></td><td></td><td></td><td rowspan="3"></td></tr>
<tr><td>2</td><td></td><td></td><td></td><td></td></tr>
<tr><td>3</td><td></td><td></td><td></td><td></td></tr>
</table>

试验者________ 计算者________ 校核者________ 试验日期________

6)报告

(1)沥青的种类;

(2)沥青的稠度状态;

(3)针入度值。

2. 沥青软化点试验(环球法)

1)目的与适用范围

本方法适用于测定道路石油沥青、煤沥青的软化点,也适用于测定液体石油沥青经蒸馏或乳化沥青破乳蒸发后残留物的软化点。

2)仪具与材料

(1)软化点试验仪如图5-5所示,由下列部件组成:

①钢球:直径9.53mm,质量3.5±0.05g。

②试样环:黄铜或不锈钢等制成,形状尺寸符合标准要求。

③钢球定位环:黄铜或不锈钢制成,形状尺寸符合标准要求。

④金属支架:由两个主杆和三层平行的金属板组成。上层为一圆盘,直径略大于烧杯直径,中间有一圆孔,用以插放温度感应器或温度计。中层板上有两个孔,各放置一个金属环,中间有一小孔可支持温度传感器或温度计的测温端。一侧立杆距环上面51mm处刻有水高标记。环下面距下层底板为25.4mm,而下底板距烧杯底不少于12.7mm,也不得大于19mm。三层金属板和主杆由两螺母固定在一起。

⑤耐热玻璃烧杯:容量800~1 000mL,直径不小于86mm,高不小于120mm。

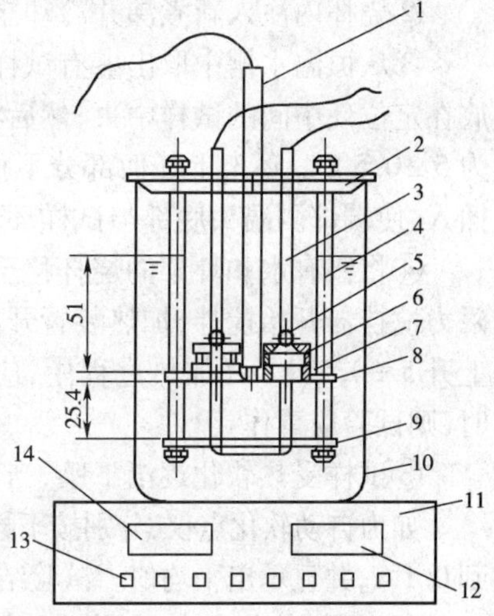

图5-5 自动软化点试验仪(尺寸单位:mm)
1-温度传感器;2-上盖板;3-热器装置;4-立杆;5-钢球;6-钢球定位环;7-金属环;8-中层板;9-下底板;10-烧杯;11-带磁力搅拌的控制器;12-温度显示窗;13-各种控制按钮;14-时间显示窗

⑥温度传感器或温度计:0~80℃,温度传感器精度为0.1℃,温度计分度为0.5℃。

(2)环夹:由薄钢条制成,用以夹持金属环,以便刮平表面。

(3)装有温度调节器的电炉:应采用带有振荡搅拌器的加热电炉,振荡器置于烧杯底部。自动软化点试验仪自带加热装置和磁力搅拌装置。

(4)试样底板:金属板(表面粗糙度 Ra 应达0.8μm)或玻璃板。

(5)恒温水槽:控温的准确度为0.5℃。

(6)平直刮刀。

(7)甘油滑石粉隔离剂(甘油与滑石粉的比例为质量比2:1)。

(8)新煮沸过的蒸馏水。

(9)其他:石棉网。

3)试验准备

(1)将试样环置于涂有甘油滑石粉隔离剂的试样底板上。按规定方法将准备好的沥青试样徐徐注入试样环内至略高出环面为止。如估计试样软化点高于120℃,则试样环和试样底板(不用玻璃板)均应预热至80~100℃。

(2)试样在室温冷却30min后,用环夹夹着试样环,并用热刮刀刮除环面上的试样,务使与环面齐平。

4)试验步骤

(1)试样软化点在80℃以下者。

①将装有试样的试样环连同试样底板置于5±0.5℃水的恒温水槽中至少15min,同时将金属支架、钢球、钢球定位环等亦置于相同水槽中。

②烧杯内注入新煮沸并冷却至5℃的蒸馏水，水面略低于立杆上的深度标记。

③从恒温水槽中取出盛有试样的试样环放置在支架中层板的圆孔中，套上定位环，将钢球放在定位环中间的试样中央；然后将整个环架放入烧杯中，调整水面至深度标记，并保持水温为5±0.5℃。环架上任何部分不得附有气泡。将温度传感器或温度计由上盖板中心孔垂直插入，使端部测温头底部与试样环下面齐平。

④将盛有水和环架的烧杯移至放有石棉网的带磁力搅拌器的加热电炉上，按下启动按钮，磁力搅拌器开始搅拌，加热装置开始加热。加热时应使杯中水温在3min内调节至维持每分钟上升5±0.5℃。在加热过程中，应记录每分钟上升的温度值。如温度上升速度超出此范围时，则试验应重作。

⑤试样受热软化逐渐下坠，当与下层底板表面接触时，立即读取温度，准确到0.5℃。

如为自动软化点仪，分别按下控制面板上的按钮试件Ⅰ和试件Ⅱ，仪器自动记录温度，准确到0.1℃，并显示出平均值。试验结束后按下按钮试件Ⅰ和试件Ⅱ可分别显示各试件的软化点。

(2)试样软化点在80℃以上者。

①将装有试样的试样环连同试样底板置于装有32±1℃甘油的恒温槽中至少15min；同时将金属支架、钢球、钢球定位环等亦置于甘油中。

②在烧杯内注入预先加热至32℃的甘油，其液面略低于立杆上的深度标记。

③从恒温槽中取出装有试样的试样环，按上述方法进行测定，准确至0.1℃。

5)结果整理

同一试样平行试验两次，当两次测定值的差值符合重复性试验精密度要求时，取其平均值作为软化点试验结果，准确至0.5℃或0.1℃。

(1)当试样软化点小于80℃时，重复性试验的允许差为1℃，复现性试验的允许差为4℃。

(2)当试样软化点等于或大于80℃时，重复性试验的允许差为2℃，复现性试验的允许差为8℃。

(3)试验记录格式见表5-7。

沥青软化点试验记录表 表5-7

试样编号											试样来源									
试样名称											初拟用途									
试验次数	室内温度(℃)	烧杯内液体种类	开始加热液体温度(℃)	烧杯中液体在下列各分钟末温度上升记录(℃)															软化点(℃)	
				1	2	3	4	5	6	7	8	9	10	11	12	13	14	15	个别	平均
1																				
2																				
准确度校核																				

试验者________ 计算者________ 校核者________ 试验日期________

6)报告

沥青的种类；沥青的稠度状态；软化点。

3. 沥青延度试验

1）目的与适用范围

（1）本方法适用于测定道路石油沥青、液体沥青蒸馏残留物和乳化沥青蒸发残留物等材料的延度。

（2）沥青延度的试验温度与拉伸速率可根据要求采用，通常采用的试验温度为25℃、15℃、10℃、或5℃，拉伸速度为5 ±0.25cm/min。当低温采用1 ±0.05cm/min拉伸速度时，应在报告中注明。

2）仪具与材料

（1）延度仪：将试件浸没于水中，能保持规定的试验温度及按照规定拉伸速度拉伸试件，且试验时无明显振动的延度仪均可使用，其组成如图5-6所示。

（2）试模：黄铜制，由两个端模和侧模组成，其形状及尺寸如图5-7所示。试模内侧表面粗糙度 *Ra* 0.2μm，当装配完好后可浇铸试样。

（3）试模底板：玻璃板或磨光的铜板、不锈钢板（表面粗糙度 *Ra* 0.2μm）。

（4）恒温水槽：容量不少于10L，控制温度的准确度为0.1℃，水槽中应设有带孔搁架，搁架距水槽底不得少于50mm。试件浸入水中深度不小于100mm。

（5）温度计：0 ~50℃，分度为0.1℃。

（6）砂浴或其他加热炉具。

（7）甘油滑石粉隔离剂（甘油与滑石粉的质量比2:1）。

（8）其他：平刮刀、石棉网、酒精、食盐等。

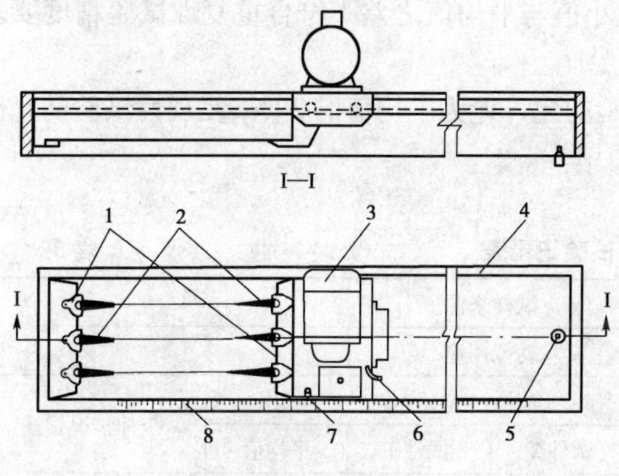

图5-6 延度仪

1-试模；2-试样；3-电机；4-水槽；5-泄水孔；6-开关；7-指针；8-标尺

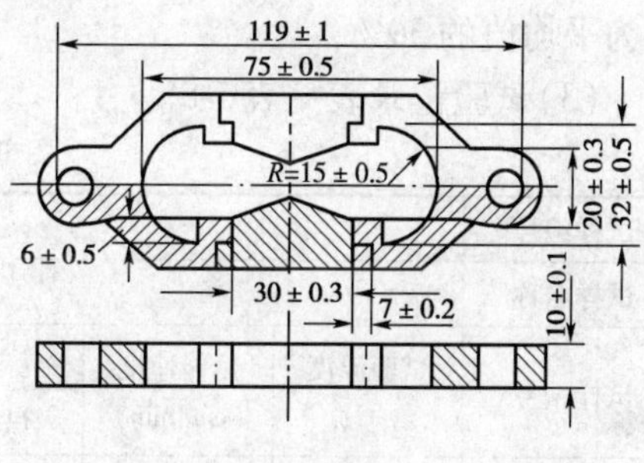

图5-7 延度度模

3）试验准备

（1）将隔离剂拌和均匀，涂于清洁干燥的试模底板和两个侧模的内侧表面，并将试模在试模底板上装妥。

（2）按规定的方法准备试样，然后将试样仔细自试模的一端至另一端往返数次缓缓注入模中，最后略高出试模，灌模时应注意勿使气泡混入。

（3）试件在室温中冷却30 ~40min，然后置于规定试验温度（偏差 ±0.1℃）的恒温水槽中，保持30 min后取出，用热刮刀刮除高出试模的沥青，使沥青面与试模面齐平。沥青的刮法应自试模的中间刮向两端，且表面应刮得平滑。将试模连同底板再浸入规定的试验温度的水槽中1～1.5h。

(4)检查延度仪延伸速度是否符合规定要求，然后移动滑板使其指针正对标尺的零点。将延度仪注水，并保温达试验温度(偏差±0.5℃)。

4)试验步骤

(1)将保温后的试件连同底板移入延度仪的水槽中，然后将盛有试样的试模自玻璃板或不锈钢板上取下，将试模两端的孔分别套在滑板及槽端固定板的金属柱上，并取下侧模。水面距试件表面应不小于25mm。

(2)开动延度仪，并注意观察试样的延伸情况。此时应注意，在试验过程中，水温应始终保持在试验温度规定范围内，且仪器不得有振动，水面不得有晃动，当水槽采用循环水时，应暂时中断循环，停止水流。在试验中，如发现沥青细丝浮于水面或沉入槽底时，则应在水中加入酒精或食盐，调整水的密度至与试样相近后，重新试验。

(3)试件拉断时，读取指针所指标尺上的读数，以厘米表示，在正常情况下，试件延伸时应成锥尖状，拉断时实际断面接近于零。如不能得到这种结果，则应在报告中注明。

5)结果整理

(1)同一试样，每次平行试验不少于3个，如3个测定结果均大于100cm，试验结果记作“>100cm”；特殊需要也可分别记录实测值。

如3个测定结果中，有一个以上的测定值小于100cm时，若最大值或最小值与平均值之差满足重复性试验精密度要求，则取3个测定结果的平均值的整数作为延度试验结果，若平均值大于100cm，记作“>100cm”；若最大值或最小值与平均值之差不符合重复性试验精度要求时，试验应重新进行。

(2)当试验结果小于100cm时，重复性试验的允许差为平均值的20%；复现性试验的允许差为平均值的30%。

(3)试验记录表见表5-8。

沥青延度试验记录表　　表5-8

试样编号				试样来源			
试样名称				初拟用途			
试样编号	试验温度(℃)	延伸速度(cm/min)	延度(cm)				拉伸情况描述
			试件1	试件2	试件3	平均值	
准确度校核							

试验者＿＿＿＿　计算者＿＿＿＿　校核者＿＿＿＿　试验日期＿＿＿＿

6)报告

(1)沥青的种类。

(2)沥青的稠度状态。

(3)沥青延度。

•第三节 其他品种沥青的技术性质•

一、改性沥青的技术性质

1. 改性沥青的生产工艺

改性沥青是将改性剂采用一定的工艺加入基质沥青,使之均匀稳定地分散于沥青之中,因此改性工艺是改性剂发挥改性效果的保证,改性工艺根据改性剂的种类而有所不同。

对于高分子聚合物,改性工艺主要有以下几类。

(1)机械搅拌法。直接将改性剂加入到热的沥青中去,在机械产生的剪切、对流和势能的综合作用下,使改性剂最终很细,均匀地分布于沥青当中。这是一种最为常用的办法,技术要求不高,但增加了设备和工序,如果对沥青加热时间过长,会引起沥青的老化。

(2)溶剂法。将聚合物溶于有机溶剂中,再掺入热的沥青中,搅拌均匀后,回收溶剂,聚合物就以细小颗粒分布于沥青中。该法搅拌时间短,但要使用大量溶剂,技术要求程度高,生产中的安全性也要慎重考虑,不可能大范围推广,只适合于工厂的集中化生产。

(3)胶粉法。将橡胶磨成粉状,然后采用干法或湿法制成橡胶改性沥青。干法是将胶粒直接加入矿料中,然后将沥青加入并经搅拌而生产出改性沥青混合料;湿法是将橡胶粉预先加入沥青中并经搅拌制成改性沥青,再与矿料拌和。研究证明,干法和湿法对橡胶粉的要求如粒径、剂量等是不相同的。

(4)胶体磨和剪切法。胶体磨和剪切法是现在改性沥青的两种主要加工方式,是将聚合物与沥青一同加入间隙可以精密调节的胶体磨中混磨,从而形成均匀细分布的改性沥青。剪切法核心设备一般是由转子和定子构成,转子和定子之间的间隙很小,转子高速旋转,沥青和改性剂通过间隙,受到机械研磨、剪切、冲击等作用,使改性剂变得越来越细,从而制成改性沥青。

(5)胶乳法。包括两种产品,即改性乳化沥青和胶乳改性沥青。改性乳化沥青是将聚合物乳液加入乳化沥青中,最后破乳而形成改性乳化沥青(注意聚合物乳液中的乳化剂与沥青中的乳化剂的配伍性),这属于冷法生产。而胶乳改性沥青是将胶乳加入到热的沥青中,并不断搅拌排出胶乳中的水分(类同于溶剂法生产改性沥青),这属于热法生产。

(6)二次掺配法。对生产技术要求高的改性沥青,可以工厂集中化生产出高剂量的改性沥青母体,然后在施工时视使用需要在沥青中加入适量母体,制成不同比例要求的改性沥青。该法免去了生产现场的长时间加工,因而便于大范围的推广。

除了以上先将改性剂加入沥青中形成改性沥青,再加入混合料拌和机与矿料拌和之外,也有先将改性材料与矿料在拌和机上拌和,然后将普通沥青加入拌和,形成改性沥青混合料。如废胶粉的干法改性方法。另外如纤维类改性材料,为了保证纤维材料的均匀分布,都是在沥青加入之前,将其加入到混合料拌和机并与矿料拌和。

2. 改性沥青的技术性质评价方法

由于改性沥青具有不同的技术特点,除沥青常规试验(如针入度、软化点、延度等)外,还采用了另外几项技术指标,如聚合物改性沥青离析试验,沥青弹性恢复试验,黏韧性试验以及测力延度试验等。

1)聚合物改性沥青离析试验

聚合物改性沥青在停止搅拌,冷却过程中,聚合物可能从沥青中离析,当聚合物改性沥青在生产后不能立即使用,而需经过储运再加热等过程使用时,需进行离析试验,以评价改性剂与基质沥青的相溶性。

不同的改性沥青离析的状况不同,SBR、SBS类改性沥青,离析时表现为聚合物上浮。采用的试验是将试样约为50g置于规定条件的盛样管中,并在163℃烘箱中放置48h后从聚合物改性沥青的顶部和底部分别取样,测定其环球法软化点之差来判定;对PE、EVA类聚合物改性沥青,用改性沥青在135℃存放24h过程中是否结皮、凝聚在容器表面四壁的情况进行判定。

2)沥青弹性恢复试验

对于SBS等热塑性橡胶类聚合物(弹性体)改性沥青,弹性恢复能力是其显著的特点。由于弹性恢复性能好,路面在荷载作用下产生的变形,能在荷载通过后迅速恢复,从而留下的残余变形小,或者说有良好的自愈性。

目前最通用弹性恢复试验适用于评价热塑性橡胶类(SBS类)聚合物改性沥青的弹性恢复性能,采用延度试验所用试模,但中间部分换为直线侧模,制作的试件截面积为1cm²。

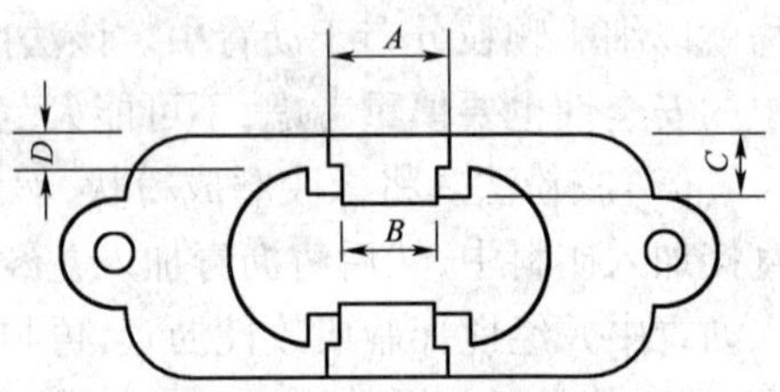

图5-8　弹性恢复试验用试模

$A = 36.5 \pm 0.1mm$;$B = 30 \pm 0.1mm$;$C = 17 + 0.1mm$;$D = 10 \pm 0.1mm$

改性沥青弹性恢复试验用直线延度试模如图5-8所示,采用延度试验仪,在试验温度25±0.5℃、拉伸速率5cm/min的条件下,拉伸10cm时停止,用剪刀在中间将沥青试样剪成两部分,原封不动地保持试样在水中1h,然后将两个半截试样对至尖端刚好接触,测量试件的长度为X,按下式计算弹性恢复,即延度试验拉长至10cm后的可恢复变形的百分率,用弹性恢复率D表示。

$$D = \frac{10 - X}{10} \times 100\% \tag{5-17}$$

3)黏韧性试验

国外的研究表明,沥青黏韧性试验的结果是评价橡胶类改性沥青效果一种比较好的方法。近年来,国内也有许多单位开始进行此项试验。

沥青黏韧性试验时测定沥青在规定温度条件下高速拉伸时与金属半球的粘韧性及韧性。非经注明,试验温度为25℃,拉伸速度为500mm/min。它最早由Benson于1955年提出,1974年日本橡胶协会作为标准,并收入日本道路协会铺装试验法便览。现在日本沥青路面铺装要纲的改性沥青标准中正式列入了粘韧性指标,用以评价沥青掺加改性剂后的改性效果。

4)测力延度试验

测力延度试验是在普通的延度仪上附加测力传感器,试验用的试模与沥青弹性恢复试验相同。试验温度通常采用5℃,拉伸速度5cm/min,传感器最大负荷≥100kg即可。试验结果可由x-y函数纪录仪记录拉力-变形(延度)曲线。曲线的形状和面积对评价改性沥青的性能具有重要的意义。

3. 改性沥青的技术要求

我国聚合物改性沥青性能评价方法基本沿用了道路石油沥青质量标准体系，增加了一些评价聚合物性能指标，如弹性恢复、黏韧性和离析（软化点差）等技术指标。首先根据聚合物类型将改性沥青分为Ⅰ、Ⅱ、Ⅲ类，按照软化点的不同，将聚合物改性沥青分为A、B、C、D四个等级，以适应不同的气候条件。同一类型中的A、B、C或D主要反映基质沥青标号及改性剂含量的不同，由A到D表示改性沥青的针入度减小，黏度增加，即高温性能提高，但低温性能下降。等级划分以改性沥青的针入度作为主要依据。各类聚合物改性沥青的质量应符合表5-9的技术要求，其中*PI*值可作为选择性指标。当使用表列以外的聚合物及复合改性沥青时，可通过试验研究制定相应的技术要求。

聚合物改性沥青技术要求

表5-9

指标	单位	SBS类（Ⅰ类）				SBR类（Ⅱ类）			EVA、PE类（Ⅲ类）				试验方法
		Ⅰ-A	Ⅰ-B	Ⅰ-C	Ⅰ-D	Ⅱ-A	Ⅱ-B	Ⅱ-C	Ⅲ-A	Ⅲ-B	Ⅲ-C	Ⅲ-D	
针入度25℃，100g，5s	0.1mm	>100	80~100	60~80	40~60	>100	80~100	60~80	>80	60~80	40~60	30~40	T 0604
针入度指数*PI* 不小于		−1.2	−0.8	−0.4	0	−1.0	−0.8	−0.6	−1.0	−0.8	−0.6	−0.4	T 0604
延度5℃，5cm/min 不小于	cm	50	40	30	20	60	50	40	—				T 0605
软化点 $T_{R\&B}$ 不小于	℃	45	50	55	60	45	48	50	48	52	56	60	T 0606
运动黏度①135℃，不大于	Pa·s	3											T 0625 T 0619
闪点 不小于	℃	230				230			230				T 0611
溶解度 不小于	%	99				99			—				T 0607
弹性恢复，25℃ 不小于	%	55	60	65	75	—			—				T 0662
黏韧性 不小于	N·m	—				5			—				T 0624
韧性 不小于	N·m	—				2.5			—				T 0624
储存稳定性②													
离析，48h软化点差 不大于	℃	2.5				—			无改性剂明显析出、凝聚				T 0661
TFOT（或RTFOT）后残留物													
质量变化 不大于	%	±1.0											T 0610或 T 0609
针入度比25℃ 不小于	%	50	55	60	65	50	55	60	50	55	58	60	T 0604
延度5℃ 不小于	cm	30	25	20	15	30	20	10	—				T 0605

注：①表中135℃运动黏度可采用《公路工程沥青及沥青混合料试验规程》（JTJ 052—2000）中的"沥青布氏旋转黏度试验方法（布洛克菲尔德黏度计法）"进行测定。若在不改变改性沥青物理力学性质并符合安全条件的温度下易于泵送和拌和，或经证明适当提高泵送和拌和温度时能保证改性沥青的质量，容易施工，可不要求测定。

②储存稳定性指标适用于工厂生产的成品改性沥青。现场制作的改性沥青对储存稳定性指标可不作要求，但必须在制作后，保持不间断的搅拌或泵送循环，保证使用前没有明显的离析。

二、乳化沥青的技术性质

乳化沥青就是将沥青热融，经过机械的作用，沥青以细小的微粒状态分散于含有乳化剂的水溶液中，形成水包油状的沥青乳液，这种乳状液在常温下呈液态。

1. 乳化沥青的技术性质评价方法

1)筛上剩余量试验

筛上剩余量试验是为了检验乳液中沥青微粒的均匀程度，用来评价沥青乳液的质量。检测方法为：待乳化完的沥青乳液完全冷却或基本消泡后（通常在乳化后，将乳液密封存放24h)，称取沥青乳液试样500g，通过1.18mm筛孔，求出筛上残留物占过筛乳液的质量百分率，以此来判定乳液的质量。

在乳化完成后，沥青颗粒应分布均匀和稳定，不应含有大量的粗颗粒及结块。如果乳化质量不高，乳液中含有大量的粗颗粒及结块，就会使乳液产生结皮或沉淀，这就会影响乳液中的沥青含量。另外，在用此乳液施工时，容易造成喷洒设备的堵塞，或与矿料拌和不匀影响施工质量。

2)蒸发残留物含量试验

乳化沥青的蒸发残留物含量试验是将一定量(300g)的乳化沥青试样加热脱水后，求出其蒸发残留物占乳液的百分比，用于检验乳液中实际的沥青含量。

乳液中沥青含量过高，就会使乳液黏度变大，储存稳定性不好，不利于施工和储存。而乳液中沥青含量过低，就会使乳液黏度变小，施工时容易流失，不能保证要求的油石比，同时也增加了乳液的运输费用，相对地提高了乳化剂用量，也就得不到理想的经济效益。因此，乳液保持适当的沥青含量是很重要的。

3)黏度试验

对于不同的施工方法、施工季节和路面结构，对乳化沥青有不同的黏度要求。乳化沥青黏度不适当造成路面过早破坏的教训是不少的。因此对于乳液的黏度要求会越来越高。我国采用道路沥青标准黏度计或恩式黏度计测定乳化沥青的黏度。

4)乳化沥青与矿料的黏附性试验

乳化沥青与矿料的黏附性试验是测定乳液薄膜与石料表面的黏附性，以评定其黏结力及抗水损害的性能。此试验对阳离子和阴离子乳化沥青采用了不同的方法。阳离子乳化沥青的黏附性试验为：先将干净的矿料在水中浸泡1min，然后再放入乳化沥青中浸泡1min，取出于空气中存放约20min，再于水中摆洗3min。摆洗后观测乳化沥青与矿料表面的黏附情况。阴离子乳化沥青的黏附性试验为：将干净的13.2～31.5mm碎石50g排列在滤筛上，将滤筛连同石料一起浸入阴离子乳化沥青1min，取出在室温下放置24h，然后在温度为40℃温水中浸泡5min，观察石料颗粒表面沥青膜的裹覆面积，做出综合评定。

5)储存稳定性试验

储存稳定性试验是检验乳化沥青的存放稳定性。乳化沥青储存稳定性试验是将试样在沥青乳液稳定性试验管中静置储存规定时间（一般为5昼夜；当生产的乳液计划在5d内用完时，也可静置1昼夜），经常观察乳液有否分层、沉淀或变色等情况，最后检测试验管上、下支管中乳化沥青的蒸发残留物含量。用上、下支管中乳化沥青的蒸发残留物含量之差表示其储存稳定性。

2. 乳化沥青的技术标准

乳化沥青的质量应符合表5-10的规定。在高温条件下宜采用黏度较大的乳化沥青，寒冷条件下宜使用黏度较小的乳化沥青。

道路用乳化沥青技术要求 表5-10

试验项目		单位	品种及代号										试验方法
			阳离子				阴离子				非离子		
			喷洒用			拌和用	喷洒用			拌和用	喷洒用	拌和用	
			PC-1	PC-2	PC-3	BC-1	PA-1	PA-2	PA-3	BA-1	PN-2	BN-1	
破乳速度			快裂	慢裂	快裂或中裂	慢裂或中裂	快裂	慢裂	快裂或中裂	慢裂或中裂	慢裂	慢裂	T 0658
粒子电荷			阳离子(+)				阴离子(-)				非离子		T 0653
筛上残留物(1.18mm筛) 不大于		%	0.1				0.1				0.1		T 0652
黏度	恩格拉黏度计E_{25}		2~10	1~6	1~6	2~30	2~10	1~6	1~6	2~30	1~6	2~30	T 0622
	道路标准黏度计$C_{25.3}$	s	10~25	8~20	8~20	10~60	10~25	8~20	8~20	10~60	8~20	10~60	T 0621
蒸发残留物	残留分含量 不小于	%	50	50	50	55	50	50	50	55	50	55	T 0651
	溶解度，不小于	%	97.5				97.5				97.5		T 0607
	针入度(25℃)	dmm	50~200	50~300	45~150		50~200	50~300	45~150		50~300	60~300	T 0604
	延度(15℃)，不小于	cm	40				40				40		T 0605
与粗集料的黏附性，裹覆面积 不小于			2/3			—	2/3			—	2/3	—	T 0654
与粗、细粒式集料拌和试验			—			均匀	—			均匀	—		T 0659
水泥拌和试验的筛上剩余 不大于		%	—				—				—	3	T 0657
常温储存稳定性： 1d 不大于 5d 不大于		%	1 5				1 5				1 5		T 0655

注：①P为喷洒型，B为拌和型，C、A、N分别表示阳离子、阴离子、非离子乳化沥青；

②黏度可选用恩格拉黏度计或沥青标准黏度计之一测定；

③表中的破乳速度、与集料的黏附性、拌和试验的要求与所使用的石料品种有关，质量检验时应采用工程上实际的石料进行试验，仅进行乳化沥青产品质量评定时可不要求此三项指标；

④储存稳定性根据施工实际情况选用试验时间，通常采用5d，乳液生产后能在当天使用时也可用1d的稳定性；

⑤当乳化沥青需要在低温冰冻条件下储存或使用时，尚需按T 0656进行-5℃低温储存稳定性试验，要求没有粗颗粒、不结块；

⑥如果乳化沥青是将高浓度产品运到现场经稀释后使用时，表中的蒸发残留物等各项指标指稀释前乳化沥青的要求。

三、煤沥青的技术性质

1. 煤沥青的技术性质评价方法

1）黏度

黏度是评价煤沥青质量最主要的指标，它表示煤沥青的黏结性。煤沥青的黏度取决于液相组分和固相组分在其组成中的数量比例，当煤沥青中油分含量减少、固态树脂及游离碳含量增加时，则煤沥青的黏度增高。由于煤沥青的温度稳定性和大气稳定性均较差，故当温度变化或“老化”后其黏度即显著地变化。煤沥青的黏度测定方法与液体沥青相同，亦是用标准黏度计测定。黏度是确定煤沥青标号的主要指标。根据标号不同，常用的温度和流孔有 $C_{30.5}$、$C_{30.10}$、$C_{50.10}$ 和 $C_{60.10}$ 等四种。

2）蒸馏试验

煤沥青中含有各种沸点的油分，这些油分的蒸发将影响其性质，因而煤沥青的起始黏滞度并不能完全表达其在使用过程中黏结性的特征。为了预估煤沥青在路面中使用过程的性质变化，在测定其起始黏度的同时，还必须测定煤沥青在各蒸馏程中所含馏分及其蒸馏后残留物的性质。

煤沥青蒸馏试验是用煤沥青分馏仪，按我国交通行业标准《公路工程沥青及沥青混合料试验规程》（JTJ 052—2000）规定采用短颈蒸馏瓶。煤沥青各馏分含量的测定，是为了控制其由于蒸发而老化的安全性。煤沥青残渣性质试验，是为了保证其残渣具有适宜的黏结性。

3）含水率

煤沥青中含有水分，在施工加热时易产生泡沫或爆沸现象，不易控制。同时，煤沥青作为路面结合料，如含有水分会影响煤沥青与集料的黏附，降低路面强度，因此对其在煤沥青中的含量，必须要加以限制。含水率的测定，是煤沥青样品在水分测定器中，用甲苯为溶剂，使水分抽提而截留于接受管中，根据水分体积，计算含水率。

4）甲苯不溶物含量

甲苯不溶物含量是煤沥青中不溶于热甲苯的物质的含量。这些不溶物主要为游离碳，并含有氧、碳和硫等结构复杂的大分子有机物，以及少量的灰分。这些物质含量过多会降低煤沥青黏结性，因此必须加以限制。甲苯不溶物测定，按我国现行《公路工程沥青及沥青混合料试验规程》（JTJ 052—2000）规定，是将煤沥青试样在滤纸筒内，放于脂肪抽提仪中，用热甲苯连续洗涤，直至透明无色，最后烘干称出残渣质量，计算甲苯不溶物含量。

5）萘含量

萘在煤沥青中，低温时易结晶析出，使煤沥青失去塑性，导致路面冬季易产生裂缝。在常温条件下，萘易挥发、升华，加速煤沥青“老化”，并且挥发出的气体，对人体有害，因此，煤沥青中的萘含量，必须加以限制。萘含量的测定，按我国现行《公路工程沥青及沥青混合料试验规程》（JTJ 052—2000）规定可采用色谱柱法或抽滤法。

2. 煤沥青的技术标准

道路用煤沥青的标号根据气候条件、施工温度、使用目的选用，其质量应符合表 5-11 的规定。

道路用煤沥青技术要求 表 5-11

试验项目		T-1	T-2	T-3	T-4	T-5	T-6	T-7	T-8	T-9	试验方法
黏度(s)	$C_{30.5}$	5 ~ 25	26 ~ 70								T 0621
	$C_{30.10}$			5 ~ 25	26 ~ 50	51 ~ 120	121 ~ 200				
	$C_{50.10}$							10 ~ 75	76 ~ 200		
	$C_{60.10}$									35 ~ 65	
蒸馏试验,馏出量(%)	170℃前,不大于	3	3	3	2	1.5	1.5	1.0	1.0	1.0	T 0641
	270℃前,不大于	20	20	20	15	15	15	10	10	10	
	300℃前,不大于	15 ~ 35	15 ~ 35	30	30	25	25	20	20	15	
300℃蒸馏残留物软化点(环球法)(℃)		30 ~ 45	30 ~ 45	35 ~ 65	35 ~ 65	35 ~ 65	35 ~ 65	40 ~ 70	40 ~ 70	40 ~ 70	T 0606
水分,不大于(%)		1.0	1.0	1.0	1.0	1.0	0.5	0.5	0.5	0.5	T 0612
甲苯不溶物,不大于(%)		20	20	20	20	20	20	20	20	20	T 0646
萘含量,不大于(%)		5	5	5	4	4	3.5	3	2	2	T 0645
焦油酸含量,不大于(%)		4	4	3	3	2.5	2.5	1.5	1.5	1.5	T 0642

•第四节 沥青混合料的其他组成材料技术性质•

沥青混合料中除了沥青结合料外,粗、细集料和填料的技术性质也对沥青混合料有着重要的影响。

一、粗 集 料

1. 粗集料的物理力学性质

用作沥青路面的粗集料应洁净、干燥、表面粗糙,且无风化、不含杂质,并且具有足够的强度、耐磨耗性。粗集料的颗粒应为立方形,且富有棱角。在路面中粗集料起着支承荷载的作用,其质量,尤其是针片状颗粒含量、风化石含量,对路面使用性能有很大的影响。针片状颗粒含量高的混合料,其空隙率会增大,而在车辆荷载作用下颗粒非常容易被压碎。集料中针片状颗粒含量不仅与岩石的品质有关,而且与加工的工艺、所用的机械设备以及质量管理水平也有关。要严格限制针片状颗粒含量,除要选择质地好的岩石外,选择合适的设备并严于管理也是很重要的。

我国现行《公路沥青路面施工技术规范》(JTG F40—2004)对粗集料的技术要求见表5-12。沥青路面用粗集料针片状颗粒含量试验采用游标卡尺法。

沥青混合料用粗集料质量技术要求　　表 5-12

指　　标	单位	高速公路及一级公路		其他等级公路	试验方法
		表面层	其他层次		
石料压碎值，不大于	%	26	28	30	T 0316
洛杉矶磨耗损失，不大于	%	28	30	35	T 0317
表观相对密度，不小于	—	2.60	2.50	2.45	T 0304
吸水率，不大于	%	2.0	3.0	3.0	T 0304
坚固性，不大于	%	12	12	—	T 0314
针片状颗粒含量（混合料） 其中粒径大于 9.5mm，不大于 其中粒径小于 9.5mm，不大于	% % %	15 12 18	18 15 20	20 — —	T 0312
水洗法 <0.075mm 颗粒含量，不大于	%	1	1	1	T 0310
软石含量，不大于	%	3	5	5	T 0320

注：①坚固性试验可根据需要进行；

②用于高速公路、一级公路时，多孔玄武岩的视密度可放宽至 $2.45t/m^3$，吸水率可放宽至 3%，但必须得到建设单位的批准，且不得用于 SMA 路面；

③对 S14 即 3～5mm 规格的粗集料，针片状颗粒含量可不予要求，<0.075mm 含量可放宽到 3%。

为了控制碎石材料中的含泥量，关键是采石场在生产过程中必须彻底清除泥土覆盖层及泥土夹层，同时扎制碎石用的块石不得含有土块、杂物。集料成品要堆放在经过硬化处理的地坪上，而不要直接堆放在泥地上。这样虽然增加很多工作量，但对保证碎石料表面的清洁性将起到重要作用。试验和实践都已证明碎石表面严重污染将影响与沥青的有效黏附，当遇水时沥青则很容易剥落下来，使混合料失去黏结而松散。所以，决不能忽视碎石料被泥土、粉尘污染的危害性。

用于高速公路、一级公路、城市快速道路、主干路沥青路面表面层的粗集料应该采用坚硬、耐磨、抗冲击性好的碎石或破碎砾石，不得使用筛选砾石、矿渣及软质集料。高速公路、一级公路沥青路面的表面层（或磨耗层）粗集料的磨光值应符合表 5-13 的要求。除 SMA、OGFC 路面外，当坚硬石料来源缺乏时，允许掺加一定比例较小粒径的普通粗集料，掺加比例根据实验确定。在以骨架原则设计的沥青混合料中不得添加其他粗集料。

粗集料与沥青的黏附性、磨光值的技术要求　　表 5-13

雨量气候区	1（潮湿区）	2（湿润区）	3（半干区）	4（干旱区）	试验方法
年降雨量（mm）	>1000	1000～500	500～250	<250	
粗集料的磨光值 PSV，不小于 高速公路、一级公路表面层	42	40	38	36	T 0321
粗集料与沥青的黏附性，不小于 高速公路、一级公路表面层 高速公路、一级公路的其他层次及其他等级公路的各个层次	 5 4	 4 4	 4 3	 3 3	T 0616 T 0663

2. 粗集料与沥青的黏附性

碱性石料轧制的碎石与石油沥青的黏附性较好，酸性石料轧制的碎石与石油沥青的黏附性不良。粗集料与沥青的黏附性应符合表 5-13 的要求，当使用不符合要求的粗集料时，宜掺加消石灰、水泥或用饱和石灰水处理后使用,必要时可同时在沥青中掺加耐热、耐水、长期性能好的抗剥落剂,也可采用改性沥青的措施,使沥青混合料的水稳定性检验达到要求。掺加外加剂的剂量由沥青混合料的水稳定性检验确定。

3. 粗集料的表面纹理构造

碎石颗粒的表面纹理构造是集料的又一重要特性,它对集料颗粒间的摩阻力有重要影响。对于当地盛产河砾石,为了充分利用当地材料,可以将砾石破碎后使用。用于破碎的砾石应选用粒径大于50mm、含泥量不大于1%的砾石轧制,破碎砾石的破碎面应符合表5-14的要求。然而为保证高速公路沥青路面的高温稳定性,用于沥青面层的沥青混合料应尽量不采用破碎砾石作为集料。

粗集料对破碎面的要求 表5-14

路面部位或混合料类型	具有一定数量破碎面颗粒的含量(%)		试验方法
	1个破碎面	2个或2个以上破碎面	
沥青路面表面层			T 0346
高速公路、一级公路	100	90	
其他等级公路	80	60	
沥青路面中下面层、基层			
高速公路、一级公路	90	80	
其他等级公路	70	50	
SMA混合料	100	90	
贯入式路面	80	60	

经过破碎且存放期超过6个月以上的钢渣可作为粗集料使用。除吸水率允许适当放宽外,各项质量指标应符合表5-12的要求。钢渣在使用前应进行活性检验,要求钢渣中的游离氧化钙含量不大于3%,浸水膨胀率不大于2%。一般来说,钢渣扎制的碎石材料只适合应用于二级及二级以下道路的沥青路面。

4. 粗集料的粒径规格

粗集料应符合一定的级配要求,以便在沥青混合料生产时能保证集料级配始终符合设计要求而不致偏差过大。对于集料粒径分布不均衡的碎石料,应进行过筛处理。粗集料的粒径规格应按照表5-15进行生产和选用。如某一挡粗集料不符合表5-15的规格,但确认与其他集料组配后的合成级配符合设计级配的要求时,也可以采用。

沥青混合料用粗集料规格 表5-15

规格名称	公称粒径(mm)	通过下列筛孔(mm)的质量百分率(%)												
		106	75	63	53	37.5	31.5	26.5	19.0	13.2	9.5	4.75	2.36	0.6
S1	40~75	100	90~100	—	—	0~15	—	0~5						
S2	40~60		100	90~100	—	0~15	—	0~5						
S3	30~60		100	90~100	—	—	0~15	—	0~5					
S4	25~50			100	90~100	—	—	0~15	—	0~5				

续上表

规格名称	公称粒径(mm)	通过下列筛孔(mm)的质量百分率(%)												
		106	75	63	53	37.5	31.5	26.5	19.0	13.2	9.5	4.75	2.36	0.6
S5	20~40				100	90~100	—	—	0~15	—	0~5			
S6	15~30					100	90~100	—	—	0~15	—	0~5		
S7	10~30					100	90~100	—	—	—	0~15	0~5		
S8	10~25						100	90~100	—	0~15	—	0~5		
S9	10~20							100	90~100	—	0~15	0~5		
S10	10~15								100	90~100	0~15	0~5		
S11	5~15								100	90~100	40~70	0~15	0~5	
S12	5~10									100	90~100	0~15	0~5	
S13	3~10									100	90~100	40~70	0~20	0~5
S14	3~5										100	90~100	0~15	0~3

二、细 集 料

1. 细集料的物理力学性能要求

沥青路面结构层用的细集料包括天然砂、机制砂、石屑。细集料应洁净、干燥、无风化、无杂质，并有适当的级配范围，其质量应符合表5-16的规定。细集料的洁净程度，天然砂以小于0.075mm含量的百分数表示，石屑和机制砂以砂当量(适用于0~4.75mm)或亚甲蓝值(适用于0~2.36mm或0~0.15mm)表示。细集料应与沥青有良好的黏结能力，在高速公路、一级公路、城市快速路、主干路沥青面层使用与沥青黏结性能差的天然砂或用花岗岩、石英岩等酸性岩石破碎的人工砂及石屑时，应采取前述粗集料的抗剥落措施对细集料进行处理。

在高速公路、一级公路、城市快速路、主干路沥青面层及抗滑磨耗层中，所用石屑总量不宜超过天然砂或机制砂的用量。

沥青混合料用细集料质量要求 表5-16

项　　目	单位	高速公路、一级公路	其他等级公路	试验方法
表观相对密度　不小于	—	2.50	2.45	T 0328
坚固性(>0.3mm部分)　不小于	%	12	–	T 0340
含泥量(小于0.075mm的含量)　不大于	%	3	5	T 0333
砂当量　不小于	%	60	50	T 0334
亚甲蓝值　不大于	g/kg	25	–	T 0346
棱角性(流动时间)　不小于	s	30	–	T 0345

注：坚固性试验可根据需要进行。

2. 细集料的粒径规格

1)天然砂

天然砂可采用河砂或海砂,通常宜采用粗、中砂,其规格应符合表5-17的规定,砂的含泥量超过规定时应水洗后使用,海砂中的贝壳类材料必须筛除。热拌密级配沥青混合料中天然砂的用量通常不宜超过集料总量的20%。SMA和OGFC混合料不宜使用天然砂。

沥青混合料用天然砂规格 表5-17

筛孔尺寸(mm)	通过各孔筛的质量百分率(%)		
	粗 砂	中 砂	细 砂
9.5	100	100	100
4.75	90~100	90~100	90~100
2.36	65~95	75~90	85~100
1.18	35~65	50~90	75~100
0.6	15~30	30~60	60~84
0.3	5~20	8~30	15~45
0.15	0~10	0~10	0~10
0.075	0~5	0~5	0~5

2)石屑

石屑是采石场破碎石料时通过4.75mm或2.36mm的筛下部分,它与机制砂有着本质的不同,是石料加工破碎过程中表面剥落或撞下的边角,强度一般较低,且针片状含量较高,在沥青混合料的使用过程中还会进一步细化。所以在生产石屑的过程中应特别注意,避免山体覆盖层或夹层的泥土混入石屑。

石屑规格应符合表5-18的要求。不得使用泥土、细粉、细薄碎片颗粒含量高的石屑,砂当量应符合表5-16的要求。

沥青混合料用机制砂或石屑规格 表5-18

规格	公称粒径(mm)	水洗法通过各筛孔的质量百分率(%)							
		9.5	4.75	2.36	1.18	0.6	0.3	0.15	0.075
S15	0~5	100	90~100	60~90	40~75	20~55	7~40	2~20	0~10
S16	0~3	—	100	80~100	50~80	25~60	8~45	0~25	0~15

注:当生产石屑采用喷水抑制扬尘工艺时,应特别注意含粉量不得超过表中要求。

细集料的级配在沥青混合料中的适用性,应将其与粗集料及填料配制成矿质混合料后,在判定其是否符合矿料设计级配的要求后再作决定。当一种细集料不能满足级配要求时,可采用两种或两种以上的细集料掺和使用。

三、填　　料

填料在沥青混合料中的作用非常重要，沥青混合料主要依靠沥青与矿粉的交互作用形成较高黏结力的沥青胶浆，将粗、细集料结合成一个整体。用于沥青混合料的填料必须采用石灰岩或者岩浆岩中的强基性岩石等憎水性石料经磨细得到的矿粉，生产矿粉的原石料中泥土杂质应清除。矿粉应干燥、洁净，能自由地从矿粉仓流出，其质量应符合表 5-19 的要求。

沥青混合料用矿粉质量要求　　表 5-19

项　目	单位	高速公路、一级公路	其他等级公路	试验方法
表观密度　不小于	t/m^3	2.50	2.45	T 0352
含水量　不大于	%	1	1	T 0103 烘干法
粒度范围　<0.6mm <0.15mm <0.075mm	% % %	100 90～100 75～100	100 90～100 70～100	T 0351
外观	—	无团粒结块		
亲水系数	—	<1		T 0353
塑性指数	—	<4		T 0354
加热安定性	—	实测记录		T 0355

拌和机的粉尘可作为矿粉的一部分回收使用。但每盘用量不得超过填料总量的 25%，掺有粉尘填料的塑性指数不得大于 4。

粉煤灰作为填料使用时，用量不得超过填料总量的 50%，粉煤灰的烧失量应小于 12%，与矿粉混合后的塑性指数应小于 4，其余质量要求与矿粉相同。高速公路、一级公路的沥青面层不宜采用粉煤灰作填料。

为了改善沥青混合料的水稳性，可以采用干燥的磨细生石灰粉、消石灰粉或水泥作为填料，其用量不宜超过矿料总量的 1%～2%。

四、本节试验：粗集料针片状颗粒含量试验（游标卡尺法）

1. 目的及适用范围

（1）本试验适用于测定粗集料的针状及片状颗粒含量，以百分率表示。

（2）本方法测定的针片状颗粒，是指用游标卡尺测定的粗集料颗粒的最大长度（或宽度）方向与最小厚度（或直径）方向的尺寸之比大于 3 倍的颗粒。有特殊要求采用其他比例时，应在试验报告中注明。

（3）本方法测定的粗集料中针片状颗粒的含量，可用于评价集料的形状和抗压碎的能力，以评定石料生产厂的生产水平及该材料在工程中的适用性。

2. 仪具与材料

（1）标准筛：方孔筛 4.75mm。

（2）游标卡尺：精密度为 0.1mm，如图 5-9 所示。

(3)天平:感量不大于1g。

3. 试验步骤

(1)将采集的集料试样按分料器法或四分法选取1kg左右的试样。对每一种规格的粗集料,应按照不同的公称粒径,分别取样检验。

(2)用4.75mm标准筛将试样过筛,取筛上部分供试验用,称取试样的总质量,准确至1g,试样数量应不少于800g,并不少于100颗。

对2.36~4.75mm级粗集料,由于卡尺量取有困难,故一般不作测定。

(3)将试样平摊于桌面上,首先用目测挑出接近立方体的颗粒,剩下可能属于针状(细长)和片状(扁平)的颗粒。

(4)按图5-10所示的方法将欲测量的颗粒放在桌面上成一稳定的状态(较大面积的面作为底面),图中颗粒平面方向的最大长度为L,侧面厚度的最大尺寸为t,颗粒最大宽度为w($t<w<L$),用卡尺逐颗测量石料的长度L及厚度t,将$L/t \geqslant 3$的颗粒(即最大长度方向与最大厚度方向的尺寸之比大于3的颗粒)分别挑出作为针片状颗粒。称取针片状颗粒的质量m_1,准确至1g。

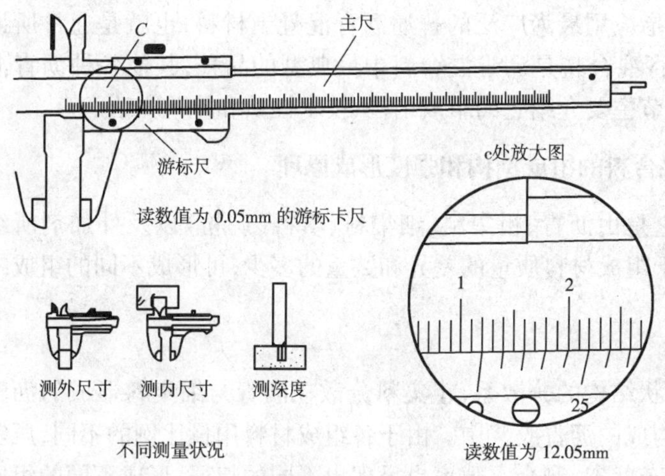

图5-9 游标卡尺及读数

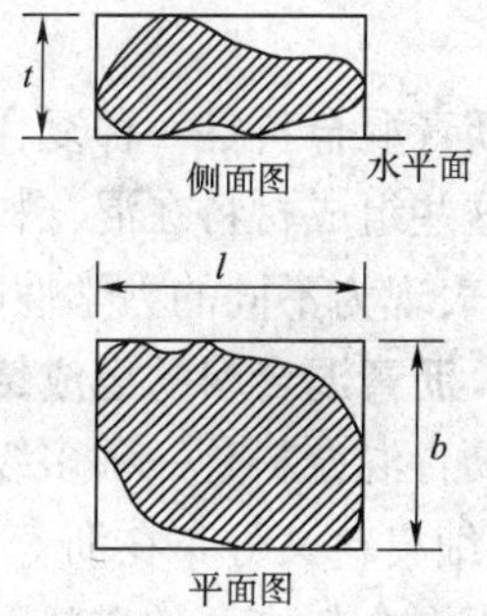

t
侧面图
水平面
l
b
平面图

图5-10 针片状颗粒稳定状态

4. 结果计算

(1)按公式(5-18)计算针片状颗粒含量。

$$Q_e = \frac{m_1}{m_0} \times 100 \tag{5-18}$$

式中:Q_e——针片状颗粒含量,%;

m_0——试验用的集料总质量,g;

m_1——针片状颗粒的质量,g。

(2)报告

试验要平行测定两次,计算两次结果的平均值。如两次结果之差小于平均值的20%,取平均值为试验值;如大于或等于20%,应追加测定一次,取三次结果的平均值为测定值。

试验报告应报告集料的种类、产地、岩石名称、用途。记录表见表5-20。

粗集料针片状颗粒含量试验记录表(游标卡尺法)　　表 5-20

集料种类			产地		
岩石名称			集料用途		
筛孔直径(mm)	试验次数	试样总质量(g)	针片状颗粒的总质量(g)	针片状颗粒含量(%)	
				个别	平均值

试验者__________　计算者__________　校核者__________　试验日期__________

•第五节　热拌沥青混合料的技术性质与检验•

热拌沥青混合料是经人工组配的矿质混合料与黏稠沥青在专门设备中加热拌和而成，用保温运输工具运送至施工现场，并在热态下进行摊铺和压实的混合料，通称“热拌热铺沥青混合料”，简称“热拌沥青混合料”。

本节论述的热拌沥青混合料是指应用最为广泛的普通沥青混凝土材料，也就是通常所说密级配 AC 类沥青混合料。热拌沥青混合料是沥青混合料中最典型的品种，其他各种沥青混合料均为由其发展而来的亚种。本节主要介绍它的组成结构、技术性质和检验方法。

一、沥青混合料的组成结构和强度形成原理

沥青混合料是一种复合材料，它是由沥青、粗集料、细集料、填料(矿粉)以及外加剂所组成。这些组成材料在混合料中，由于组成材料质量的差异和数量的多少，可形成不同的组成结构，并表现为不同的力学性能。

1. 沥青混合料的组成结构

沥青混合料是一种多级空间网状结构的分散系，粗集料分散在沥青与细集料形成的沥青砂中，细集料又分布在沥青与矿粉构成的沥青胶浆中。由于各组成材料用量比例的不同，压实后沥青混合料内部的矿料颗粒的分布状态、剩余空隙率也呈现出不同的特征，形成不同的组成结构，而具有不同组成结构特征的沥青混合料在使用时则表现出不同的性能。按照沥青混合料的矿料级配组成特点，将沥青混合料分为下列 3 类。

1)悬浮—密实结构

当采用连续型密级配矿质混合料(如图 5-11 中曲线 a)与沥青组成的沥青混合料时，矿料颗粒由大到小连续存在，粒径较大的颗粒被小一档的颗粒挤开，不能直接接触形成嵌挤骨架结构，彼此分离悬浮于较小颗粒和沥青胶浆之间，而较小颗粒与沥青胶浆较为密实，形成所谓悬浮—密实结构(如图 5-12 中 a)。这种结构的沥青混合料，虽然具有较高的黏聚力，但摩阻角 φ 较低，因此此结构的沥青混合料经压实后，密实度较大，水稳定性、低温抗裂性和耐久性较好，但高温条件下受沥青性质影响较大，会导致混合料的强度和稳定性降低。我国传统的 AC-I 型沥青混合料就是典型的悬浮—密实结构。

2)骨架—空隙结构

当采用连续型开级配矿质混合料(如图 5-12 中曲线 b)与沥青组成的沥青混合料时，粗集

料所占的比例较高，粗集料彼此接触形成互相嵌挤的骨架，而细集料数量较少，不足以填充骨架空隙，形成所谓的骨架—空隙结构（如图5-12中b）。这种结构的沥青混合料，虽然具有较高的内摩阻角 φ，但黏聚力 c 较低，因此此结构的沥青混合料具有较好的高温稳定性，但由于压实后混合料中剩余空隙率仍较大，在使用过程中，水分易进入混合料内部，引发沥青老化或使沥青从集料表面剥落，因此这种结构的沥青混合料的耐久性较差。开级配排水式磨耗层混合料（OGFC）是典型的骨架—空隙结构。

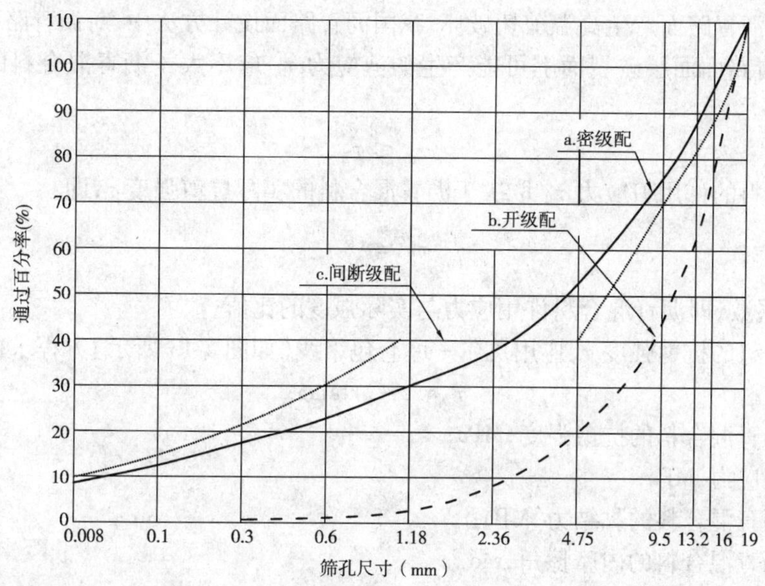

图5-11　三种类型矿质混合料级配曲线

3）骨架—密实结构

当采用间断型密级配矿质混合料（如图5-11中曲线c）与沥青组成的沥青混合料时，在沥青混合料中既有较多数量的粗集料可形成空间骨架，同时又有相当数量的细集料可填密骨架的空隙，因此形成了具有较高密实度的骨架结构（如图5-12中c）。这种结构的沥青混合料，不仅具有较高的黏聚力 c，而且具有较高的内摩阻角 φ，因此具有较好的高温稳定性和耐久性。沥青玛蹄脂碎石SMA是一种典型的骨架—密实结构。

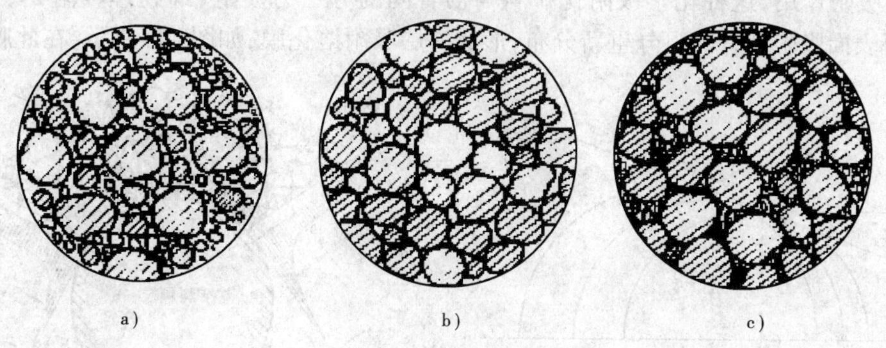

图5-12　沥青混合料的典型组成结构

a）悬浮—密实结构；b）骨架—空隙结构；c）骨架—密实结构

2. 沥青混合料的结构强度及其影响因素

1)沥青混合料结构强度的构成

沥青混合料在路面结构中产生破坏的情况,主要是发生在高温时由于抗剪强度不足或塑性变形过剩而产生推挤等现象,以及低温时抗拉强度不足或变形能力较差而产生裂缝现象。目前沥青混合料强度和稳定性理论,主要是要求沥青混合料在高温时必须具有一定的抗剪强度和抵抗变形的能力。

为了防止沥青路面产生高温剪切破坏,我国沥青路面设计方法中,对沥青路面抗剪强度验算,要求在沥青路面面层破裂面上可能产生的剪应力 τ_α 应不大于沥青混合料的许用剪应力 τ_R。即:

$$\tau_\alpha \leqslant \tau_R \tag{5-19}$$

沥青混合料的许用剪应力 τ_R 取决于沥青混合料的实际抗剪强度 τ,即:

$$\tau_R = \frac{\tau}{k_2} \tag{5-20}$$

式中:k_2——系数,即沥青混合料许用应力与实际强度的比值。

沥青混合料的抗剪强度 τ,应用莫尔—库仑包络线(如图 5-13 所示)方程求得:

$$\tau = c + \sigma\tan\varphi \tag{5-21}$$

式中:τ——沥青混合料的抗剪强度,MPa;

σ——正应力,MPa;

c——沥青混合料的黏结力,MPa;

φ——沥青混合料的内摩擦角,rad。

由式(5-21)可知,沥青混合料的抗剪强度主要取决于黏聚力 c 和内摩擦角 φ 两个参数。

2)沥青混合料结构强度的影响因素

(1)沥青黏度的影响。沥青的黏度反映沥青自身的内聚力。在其他因素固定的条件下,沥青混合料的黏聚力 c 是随着沥青黏度的提高而增加的。沥青的黏度愈大,则沥青混合料黏结力愈大,并可以保持矿质集料的相对嵌锁作用,沥青混合料的强度愈大,抗变形能力愈强。

(2)沥青与矿料在界面上的交互作用。沥青混合料黏结力除了与沥青材料自身的黏聚力有关外,还取决于沥青与矿料的交互作用。矿质集料颗粒对于包裹在表面的沥青分子具有一定的化学吸附作用,这种化学吸附比矿料与沥青间的分子力吸附(即物理吸附)要强得多,并使矿料表面吸附沥青的组分重新分布,形成一层吸附溶化膜,如图5-14所示。在此膜厚度以

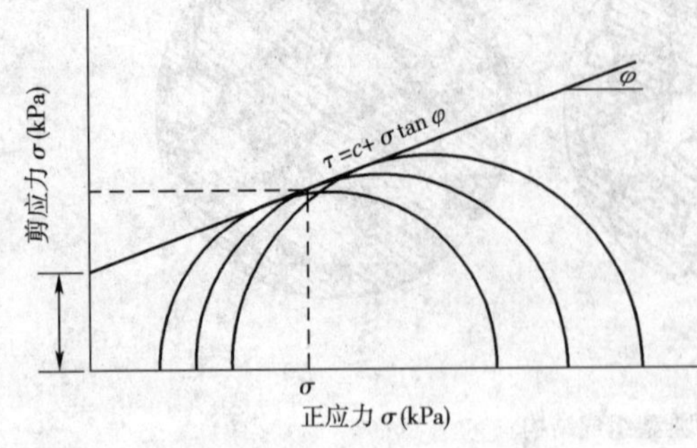

图 5-13　莫尔—库仑包络线图

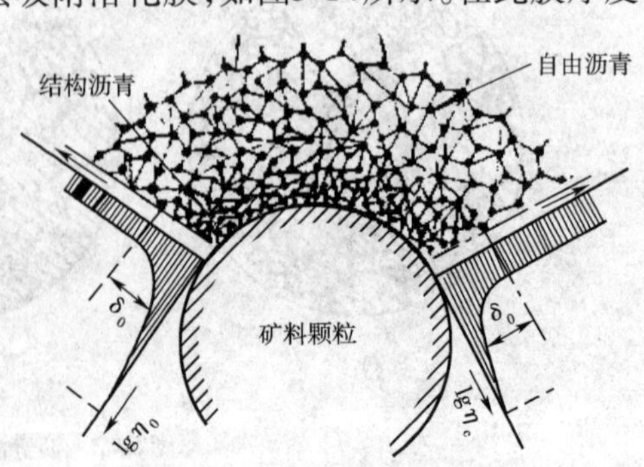

图 5-14　沥青与矿粉交互作用示意图

内的沥青称为"结构沥青",在此膜厚度以外的沥青称为"自由沥青"。"结构沥青"膜层较薄,黏度较高,与矿料之间有着较强的黏结力。如果矿料颗粒之间接触处是由结构沥青膜所联结,这样的沥青混合料具有较高的黏结力。反之,如果矿料颗粒以"自由沥青"相互联结,则沥青混合料的黏结力较低。沥青与矿料表面交互作用不仅与沥青的化学性质有关,而且与矿料的岩石学特征有关。试验表明,碱性石料(如石灰石)对石油沥青的吸附性较强,而酸性石料(如石英石)对石油沥青的吸附性较弱。

(3)矿料比面和沥青用量的影响。根据沥青与矿料交互作用原理,沥青混合料的黏结力既取决于"结构沥青"的比例,也取决于矿料颗粒之间的距离。不同的矿料比面和沥青用量,将导致沥青膜厚度的不同,所产生的"结构沥青"和"自由沥青"的比例也不同。所以在相同的沥青用量条件下,与沥青产生交互作用的矿料表面积愈大,形成的沥青膜愈薄,则在沥青中"结构沥青"所占的比率愈大,促使矿质颗粒能够黏结牢固,构成较高的整体强度。通常在工程应用上,以单位质量集料的总表面积来表示表面积的大小,称为"比表面积"(简称"比面")。而矿粉的比面比粗集料大得多,在密实型沥青混合料中矿粉用量虽只有7%左右,但其表面积却占矿质混合料的总表面积的80%以上,所以矿粉的性质和用量对沥青混合料的强度影响非常大。在沥青混合料中保持一定的矿粉数量,对于减薄沥青膜厚度,增加"结构沥青"的比例有着非常重要作用。当沥青用量很少时,沥青不足以形成结构沥青薄膜来黏结矿料颗粒。随着沥青用量的增加,结构沥青逐渐形成,沥青更为完满地包裹在矿料表面,使沥青与矿料间的黏附力随着沥青的用量增加而增加。当沥青用量足以形成薄膜并充分黏附矿粉颗粒表面时,沥青胶浆具有最优的黏聚力。随后,如果沥青用量继续增加,则由于沥青用量过多,逐渐将矿料颗粒推开,在颗粒间形成未与矿粉交互作用的"自由沥青",并对矿料颗粒间可能产生的位移起着润滑剂的作用,致使沥青混合料的黏结力降低。沥青膜厚度对黏结力的影响如图5-15所示。

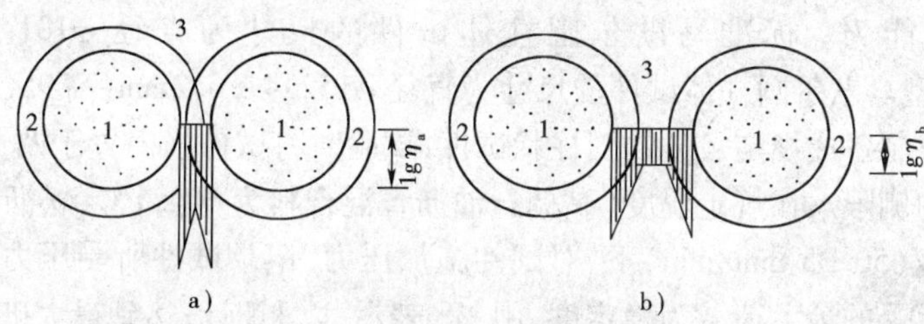

图5-15 沥青膜层厚度对黏结力的影响

1-矿料;2-结构沥青;3-自由沥青

(4)矿质混合料的级配类型、颗粒形状和表面性质的影响。一般来说,连续密级配的沥青混合料是悬浮密实结构,其结构强度主要依靠沥青与矿料的黏结力和沥青的内聚力,而矿料颗粒间的内摩阻力相对较小。骨架空隙结构的沥青混合料以嵌锁为主,沥青内聚力为辅形成结构强度。而在以嵌挤原则设计的骨架密实结构中,既有以粗集料为主的嵌锁骨架,又有细集料和沥青胶浆填充空隙,形成很强的黏结力,故沥青混合料整体强度高,稳定性好。

与采用粒径较小且不均匀的矿料集料所组成的沥青混合料相比,粒径较大且均匀的矿质集料可以提高沥青混合料的嵌锁力与内摩阻角。通常砂粒式、细粒式、中粒式和粗粒式沥青混凝土的内摩阻角依次递增。有棱角且表面粗糙的集料由于颗粒间相互嵌锁紧密,要比滚圆颗粒间的摩擦作用大得多,对沥青混合料内摩阻角构成较大的贡献。

(5)使用条件的影响。环境温度和荷载条件是影响沥青混合料强度的主要外界因素。随着温度的升高,沥青的黏度降低,沥青混合料的黏结力也随之降低,内摩阻角同时受温度变化的影响,但变化幅度小些。

在其他条件相同的情况下,沥青混合料的黏结力与荷载作用时间或变形速率之间关系密切。由于沥青的黏度随着变形速率增加而增加,沥青混合料的黏结力也随着变形速率的增加而显著提高,而内摩阻角随变形速率的变化相对较小。

二、沥青混合料的技术性质和检验

沥青混合料作为沥青路面的结构层材料,在使用过程中直接承受车辆荷载的作用以及环境因素的作用,因此必须具备足够的高温稳定性、低温抗裂性、水稳定性、抗老化性、抗滑性等技术性能,以保证沥青路面优良的服务性能,经久耐用。为了便利施工还应具备施工和易性。

1. 沥青混合料的高温稳定性

沥青混合料高温稳定性是指沥青混合料在高温条件下,能够抵抗车辆荷载的反复作用,不发生显著永久变形,保证路面平整度的特性。沥青混合料是典型的黏-弹-塑性材料,沥青路面在夏季高温条件下或长时间承受荷载作用时会产生显著的变形,其中不能恢复的部分成为永久变形,这种特性是导致沥青路面产生车辙、波浪及壅包等病害的主要原因。

1)高温稳定性的评价方法和评价指标

沥青混合料的高温稳定性的检验方法较多,下面主要介绍工程中常用的两个试验及其评价指标。

(1)沥青混合料马歇尔稳定度试验。马歇尔稳定度试验自美国密西西比州公路局布鲁斯·马歇尔提出,迄今已半个多世纪。马歇尔稳定度试验用于测定沥青混合料试件的破坏荷载和抗变形能力。标准马歇尔圆柱体试件的尺寸为直径 $\phi 101.6 \pm 0.2$mm,高 63.5 ± 1.3mm,大型马歇尔圆柱体试件的尺寸为直径 $\phi 152.4 \pm 0.2$mm,高 95.3 ± 2.5mm。

将沥青混合料制备成规定尺寸的圆柱状试件,试验时将试件横向置于两个半圆形压头中,使试件受到一定的侧限。在规定温度(黏稠石油沥青混合料为 60 ±1℃,煤沥青混合料为 33.8 ±1℃)和加荷速度(50 ±5 mm/min)下,对试件施加压力,记录试件所受压力与变形曲线。试件受压至破坏时承受的最大荷载为稳定度,用 MS 表示,以 kN 计;达到最大破坏荷载时试件的垂直变形称为流值,用 FL 表示,以 mm 计。

马歇尔稳定度与流值的比值称为马歇尔模数,用 T(kN/mm)表示,即:

$$T = \frac{\mathrm{MS}}{\mathrm{FL}} \tag{5-22}$$

根据 J. M. 爱德华兹的研究认为,马歇尔模数与车辙深度有一定的相关性,马歇尔模数愈大,车辙深度愈小。也有研究者对这一结论有不同的看法。马歇尔稳定度是沥青混合料配合比设计和沥青路面施工质量检验的主要控制指标。

(2)沥青混合料车辙试验。车辙试验方法首先是由英国运输与道路研究试验所(TRRL)开发的,后经过了多个国家道路工作者的研究改进。车辙试验是一种模拟车辆轮胎在路面上滚动形成车辙的试验方法,试验结果较为直观,且与沥青路面车辙深度之间有着较好的相关性。

车辙试验的试件可以是轮碾成型机成型，也可以是现场切割路面制作。轮碾成型试件的尺寸为长300mm、宽300mm、厚50mm；切割成型试件的尺寸为长300mm、宽150mm、厚50mm。沥青混合料试件在60℃（寒冷地区也可采用45℃，高温条件下可采用70℃）的温度条件下，标准试验轮以0.7MPa轮压在同一轨迹上作一定时间的反复行走，以产生1mm车辙变形所需要的行走次数，即为动稳定度，用DS表示，以次/mm计。

$$DS = \frac{(t_2 - t_1) \cdot N}{d_2 - d_1} \cdot C_1 \cdot C_2 \tag{5-23}$$

式中：DS——沥青混合料的动稳定度，次/mm；

t_1、t_2——试验时间，通常为45min和60min；

d_1、d_2——与试验时间t_1和t_2对应的试件表面的变形量，mm；

N——试验轮往返碾压速度，通常为42次/min；

C_1——试验机类型修正次数，曲柄连杆驱动试件的变速行走方式为1.0，链驱动试验轮的等速方式为1.5；

C_2——试件系数，试验室制备的试件为1.0，现场切割的试件为0.8；

动稳定度是沥青混合料配合比设计高温稳定性检验的技术指标。

2）影响高温稳定性的主要因素

沥青混合料高温稳定性的形成主要来源于矿质集料颗粒间的嵌锁作用及沥青的高温黏度。

在沥青混合料的组成材料中，矿料性质对沥青混合料高温性能影响是至关重要的。采用表面粗糙、多棱角、颗粒接近正方体的碎石集料，经压实后集料颗粒间能够形成紧密的嵌锁作用，增大沥青混合料的内摩阻角，有利于增强沥青混合料的高温稳定性。

沥青的高温黏度越大，与集料的黏附性越好，相应的沥青混合料的抗高温变形能力就越强。可以使用合适的改性剂来提高沥青的高温黏度，降低感温性，提高沥青混合料的黏结力，从而改善沥青混合料的高温稳定性。

沥青用量的影响可能超过沥青本身特性的影响，随着沥青用量的增加，矿料表面的沥青膜增厚，自由沥青比例增加，在高温条件下，这部分沥青在荷载作用下发生明显的流动变形，从而导致沥青混合料抗高温变形能力的降低，因此，进行沥青混合料配合比设计时宜选择最佳沥青用量。

但是，在高温条件下，即使是采用了高黏度的改性沥青，仅仅依靠沥青还是无法承受车辆荷载对路面强大的水平剪切作用，因此，采用合理的矿料级配可以增加内摩擦角和矿料颗粒间的嵌锁作用，提高沥青混合料的高温稳定性。

2. 沥青混合料的低温抗裂性

沥青混合料不仅应具备高温的稳定性，同时还要具有低温的抗裂性，以保证路面在冬季低温时不产生裂缝。

1）低温抗裂性的评价方法和评价指标

目前用于研究和评价沥青混合料低温抗裂性的方法可以分为三类：预估沥青混合料的开裂温度；评价沥青混合料的低温变形能力或应力松弛能力；评价沥青混合料断裂能。相关的试验主要包括:低温弯曲试验、低温蠕变弯曲试验、间接拉伸试验等。

(1)沥青混合料弯曲试验。弯曲试验用于测定热拌沥青混合料试件在规定温度和加载速率时弯曲破坏的力学性质,以评价沥青混合料的抗弯拉能力。试验温度和加载速率根据试验目的需要选用,如无特殊规定,采用试验温度为15℃。用于评价沥青混合料的低温拉伸性能时,采用试验温度为-10℃。加载速率通常为50mm/min。试件采用轮碾成型后切割制成的长250mm、宽30mm、高35mm的棱柱体小梁,其跨径为200mm。低温弯曲试验是评价沥青混合料低温变形能力的常用方法之一。在试验温度-10±0.5℃的条件下,以50mm/min速率,对沥青混合料小梁试件跨中施加集中荷载至断裂破坏,记录试件跨中荷载与挠度的关系曲线,如图5-16所示。由破坏时的跨中挠度计算沥青混合料的破坏弯拉应变。沥青混合料在低温下破坏弯拉应变越大,低温柔韧性越好,抗裂性越好。

试件破坏时的抗弯拉强度R_B(MPa):

$$R_B = \frac{3LP_B}{2bh^2} \tag{5-24}$$

试件破坏时梁底最大弯拉应变ε_B:

$$\varepsilon_B = \frac{6hd}{L^2} \tag{5-25}$$

式中:L——试件的跨径,mm;

P_B——试件破坏时的最大荷载,N;

b、h——跨中断面试件的宽度、高度,mm;

d——试件破坏时的跨中挠度,mm。

(2)沥青混合料弯曲蠕变试验。弯曲蠕变试验用于测定热拌沥青混合料试件在规定温度和加载应力水平条件下弯曲蠕变的应变速率,以评价沥青混合料的变形能力。试验温度根据试验目的需要选用,如无特殊规定,试验沥青混合料的低温性能时宜采用0℃;试验沥青混合料的高温性能时宜采用30~40℃。试件采用轮碾成型后切割制成的长250mm、宽30mm、高35mm的棱柱体小梁,其跨径为200mm。在规定温度下,对规定尺寸的沥青混合料小梁试件的跨中施加恒定的集中荷载,测定试件随时间不断增长的蠕变变形,试验时间—跨中挠度曲线如图5-17所示,以蠕变稳定阶段的蠕变速率评价沥青混合料的低温变形能力。蠕变速率越大,沥青混合料在低温下的变形能力越大,松弛能力越强,低温抗裂性能越好。

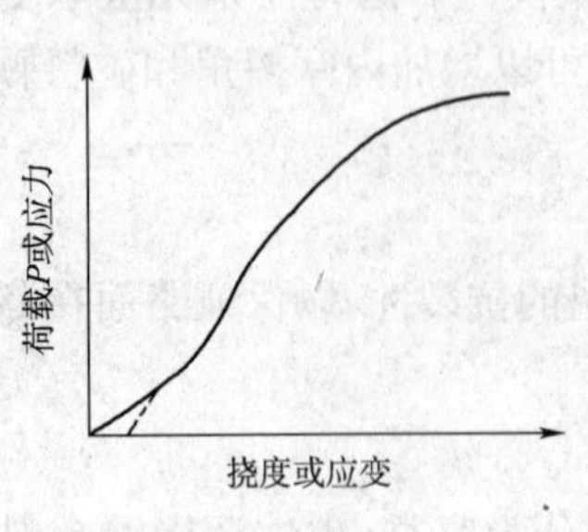

图5-16 低温弯曲试验曲线

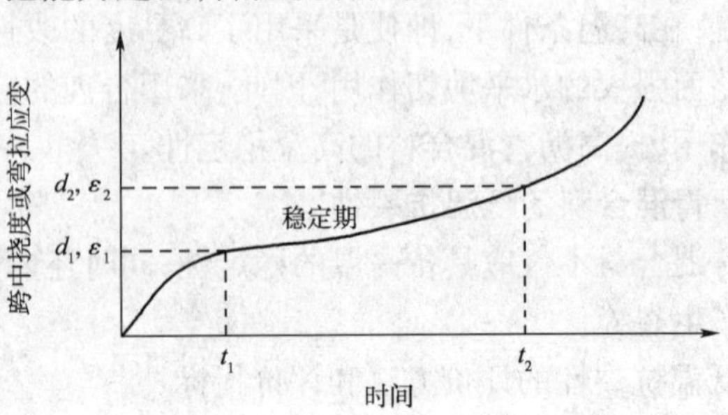

图5-17 沥青混合料蠕变变形曲线

$$\varepsilon_s = \frac{\varepsilon_2 - \varepsilon_1}{(t_2 - t_1)/\sigma_0} \tag{5-26}$$

式中：ε_s——沥青混合料的弯曲蠕变速率，1/s·MPa；

σ_0——沥青混合料小梁试件跨中梁底的蠕变弯拉应力，MPa；

t_1、t_2——分别为蠕变稳定期的初始时间和终止时间，s；

ε_1、ε_2——分别与时间 t_1、t_2 对应的跨中梁底应变。

(3)沥青混合料劈裂试验。沥青混合料劈裂试验是对规定尺寸的圆柱体试件，通过一定宽度的圆弧形压条施加荷载，将试件劈裂直至破坏的试验。由于沥青混合料的弯曲试验、弯曲蠕变试验费工、费时，且试验精度不易控制，因此劈裂试验是目前路面工程中常用的间接评价沥青混合料抗拉强度等指标的方法。劈裂试验的试验温度和加载速率根据试验目的需要选用，如无特殊规定，采用试验温度为15℃，加载速率为50mm/min；用于评价沥青混合料的低温抗裂性能时，宜采用试验温度为－10℃，加载速率为1mm/min。圆柱体试件采用马歇尔标准击实法成型时尺寸为直径 ϕ101.6±0.2mm、高63.5±1.3mm；从轮碾成型的板块试件或从道路现场钻取芯样得到的试件尺寸为直径 ϕ100±2mm 或 ϕ150±2.5mm、高40±5mm。

试件直径为 ϕ100mm 或 ϕ101.6mm 时，压条宽度为12.7mm，内侧曲率半径50.8mm；试件直径为 ϕ150mm 时，压条宽度为19mm，内侧曲率半径75mm。试验时上、下压条垂直对准圆柱体试件的中轴线，逐级施加荷载至试件破坏，试件的劈裂抗拉强度 R_T(MPa)为：

压条宽度为12.7mm 时，

$$R_T = 0.006\,287 P_T / h \tag{5-27}$$

压条宽度为19mm 时，

$$R_T = 0.004\,25 P_T / h \tag{5-28}$$

式中：P_T——试件破坏时的最大荷载，N；

h——试件的高度，mm。

2)影响沥青混合料低温性能的主要因素

在低温条件下，沥青混合料的变形能力越强，抗裂性能就越好，而沥青混合料的变形能力与其低温劲度模量成反比。也就是说，为了提高沥青混合料的低温抗裂性，应选用低温劲度较低的混合料。影响沥青混合料的低温劲度的最主要因素是沥青的低温劲度，而沥青黏度和温度敏感性是决定沥青劲度的主要指标。对同一油源的沥青，针入度较大、温度敏感性较低的沥青低温劲度较小，抗裂能力较强。所以在寒冷地区，可采用稠度较低、劲度较低的沥青，或选择松弛性能较好的橡胶类改性沥青来提高沥青混合料的低温抗裂性。

通常，密级配沥青混合料的低温抗拉强度高于开级配的沥青混合料，但是粒径大、空隙率大的沥青混合料内部微空隙发达，应力松弛能力略强，温度应力有所减小，两方面的影响相互抵消，故沥青混合料的这两种级配类型与沥青路面开裂程度之间没有显著关系。

3. 沥青混合料的耐久性

沥青混合料在路面中长期受自然因素的作用，为保证路面具有较长的使用年限，必须具备有较好的耐久性。耐久性是指沥青混合料在使用过程中抵抗环境因素及行车荷载反复作用的能力，它包括沥青混合料的抗老化性、水稳定性、抗疲劳性等综合性质。目前主要评价沥青混合料的水稳定性。

沥青混合料的水稳定性不足会出现所谓的沥青路面“水损害”，即由于水或水汽的作用，促使沥青从集料颗粒表面剥离，降低沥青混合料的黏结强度，松散的集料颗粒被滚动的车轮带走，在路表形成独立的大小不等的坑槽。

1)沥青混合料的水稳定性及其评价方法

(1)沥青与集料的黏附性试验。黏附性试验是将沥青裹覆在矿料表面，浸入水中，根据矿料表面沥青的剥落程度，判断沥青与集料的黏附性，其中水煮法或水浸法是目前工程中的常用方法。

(2)沥青混合料浸水马歇尔试验。浸水马歇尔试验方法与标准马歇尔试验方法的不同之处在于，试件在已达规定温度(60℃)恒温水槽中的保温时间为48h，然后测定试件浸水后的稳定度 MS_1。试件浸水后的稳定度与浸水前的稳定度的百分比称为浸水残留稳定度，用 MS_0 表示。浸水残留稳定度越大，表明沥青混合料的水稳定性越好。也可用浸水前后试件劈裂强度比值的大小来评价沥青混合料的水稳定性。

(3)沥青混合料冻融劈裂试验。冻融劈裂试验是将沥青混合料圆柱体(ϕ101.6±0.2mm、高63.5±1.3mm)试件分为两组，一组试件测定常规状态下的劈裂强度，另一组试件经过真空饱水15min、-18℃恒温冰箱冷冻16h、60℃恒温水槽保温24h等一系列冻融过程后进行劈裂试验。试件浸水冻融后的劈裂强度与浸水冻融前的劈裂强度的百分比称为冻融劈裂强度比，用 *TRS* 表示。冻融劈裂强度比越大，表明沥青混合料的水稳定性、抗冻性越好。

2)沥青混合料耐久性的影响因素

影响沥青混合料耐久性的因素很多，诸如：沥青的化学性质、矿料的矿物成分、沥青混合料的组成结构(残留空隙、沥青填隙率)等。

沥青混合料的空隙率的大小与矿质骨料的级配、沥青材料的用量以及压实程度等有关。从耐久性角度出发，希望沥青混合料空隙率尽量减少，以防止水的渗入和日光紫外线对沥青的老化作用等，但是一般沥青混合料中应残留3%～6%空隙，以备夏季沥青材料膨胀。

沥青混合料空隙率与水稳定性有关。空隙率大，且沥青与矿料黏附性差的混合料，在饱水后石料与沥青黏附力降低，易发生剥落，同时颗粒相互推移产生体积膨胀以及出现力学强度显著降低等现象，引起路面早期破坏。

此外，沥青路面的使用寿命还与混合料中的沥青含量有很大的关系。当沥青用量较正常的用量减少时，则沥青膜变薄，混合料的延伸能力降低，脆性增加；如沥青用量偏少，将使混合料的空隙率增大，沥青膜暴露较多，加速了老化作用。同时增加了渗水率，促使了水对沥青的剥落作用。

4. 沥青混合料的抗滑性

沥青路面的抗滑性能对于保障道路交通安全至关重要，而沥青路面的抗滑性能必须通过合理地选择沥青混合料组成材料、正确地设计与施工来保证。

沥青路面的抗滑性能与所用矿质集料的表面构造深度、颗粒形状与尺寸、抗磨光性有着密切的关系。为保证长期高速行车的安全，应特别注意粗集料的耐磨光性，应选用表面粗糙、硬质有棱角的集料。通常，坚硬耐磨的矿料多为酸性石料，与沥青的黏附性较差，为了保证沥青混合料的水稳定性，应采取有效的抗剥落措施。

沥青路面的抗滑性除了取决于矿料自身的表面构造外，还取决于矿料级配所确定的表面构造深度，由压实后路表构造深度试验评价。

此外应严格控制沥青混合料中的沥青含量,特别是应选用含蜡量低的沥青,以免沥青表层出现滑溜现象。

5. 施工和易性

要保证室内配料在现场施工条件下顺利的实现,沥青混合料除了应具备前述的技术要求外,还应具备适宜的施工和易性,以保证在拌和、摊铺与碾压过程中,集料颗粒保持分布均匀,表面被沥青膜完整地裹覆,并能被压实到规定的密度。影响沥青混合料施工和易性的因素很多,诸如当地气温、施工条件及混合料性质等。

单纯从混合料材料性质而言,影响沥青混合料施工和易性的首先因素是混合料的级配情况,如粗、细集料的颗粒大小相距过大,缺乏中间尺寸,混合料容易离析;如细集料太少,沥青层就不容易均匀地分布在粗颗粒表面;细集料过多,则使拌和困难。此外当沥青用量过少,或矿粉用量过多时,混合料容易产生疏松不易压实。反之,如沥青用量过多,或矿粉质量不好,则容易使混合料黏结成团块,不易摊铺。

三、本 节 试 验

1. 沥青混合料试件制作方法(击实法)

1)目的与适用范围

(1)本方法适用于标准击实法或大型击实法制作沥青混合料试件,以供试验室进行沥青混合料物理力学性质试验使用。

(2)标准击实法适用于马歇尔试验、间接抗拉试验(劈裂法)等所使用的 ϕ101.6mm × 63.5mm圆柱体试件的成型。大型击实法适用于 ϕ152.4mm ×95.3mm 的大型圆柱体试件的成型。

(3)沥青混合料试件制作时矿料规格及试件数量应符合如下规定:

①沥青混合料配合比设计及在试验室人工配制沥青混合料制作试件时,试件尺寸应符合试件直径不小于集料公称最大粒径的4倍,厚度不小于集料公称最大粒径的1~1.5倍的规定。

对直径 ϕ101.6mm 的试件,集料公称最大粒径应不大于26.5mm。对粒径大于26.5mm 的粗粒式沥青混合料,其大于26.5mm 的集料应用等量的13.2~26.5mm 集料代替(替代法)。也可采用直径 ϕ152.4mm 的大型圆柱体试件。大型圆柱体试件适用于集料公称最大粒径不大于37.5mm 的情况。试验室成型的一组试件的数量不得少于4个,必要时宜增加至5~6个。

②用拌和厂及施工现场采集的拌和沥青混合料成品试样制作直径 ϕ101.6mm 的试件时,按下列规定选用不同的方法及试件数量:当集料公称最大粒径小于或等于26.5mm 时,可直接取样(直接法),一组试件的数量通常为4个;当集料公称最大粒径大于26.5mm,但不大于31.5mm,宜将大于26.5mm 的集料筛除后使用(过筛法),一组试件数量仍为4个,如采用直接法,一组试件的数量应增加至6个;当集料公称最大粒径大于31.5mm 时,必须采用过筛法。过筛的筛孔为26.5mm,一组试件仍为4个。

2)仪具与材料

(1)标准击实仪:由击实锤、ϕ98.5mm 平圆形压实头及带手柄的导向棒组成。用人工或机械将击实锤举起,从457.2±1.5mm 高度沿导向棒自由落下击实,标准击实锤质量4 536±9g。

大型击实仪:由击实锤、ϕ149.5mm 平圆形压实头及带手柄的导向棒组成。用机械将击实锤举起,从457.2±2.5mm 高度沿导向棒自由落下击实,大型击实锤质量10 210±10g。

(2)标准击实台:用以固定试模,在200mm×200mm×457mm的硬木墩上面有一块305mm×305mm×25mm的钢板,木墩用4根型钢固定在下面的水泥混凝土板上。木墩采用青冈栎、松或其他干密度为0.67~0.77g/cm^{3}的硬木制成。人工击实或机械击实均必须有此标准击实台。

自动击实仪是将标准击实锤及标准击实台安装一体并用电力驱动使击实锤连续击实试件且可自动记数的设备,击实速度为60±5次/min,如图5-18所示。大型击实法电动击实的功率不小于250W。

(3)试验室用沥青混合料拌和机:能保证拌和温度并充分拌和均匀,可控制拌和时间,容量不小于10L,如图5-19所示。搅拌叶自转速度70~80r/min,公转速度40~50r/min。

(4)脱模器:电动或手动,可无破损地推出圆柱体试件,备有标准圆柱体试件尺寸的推出环。

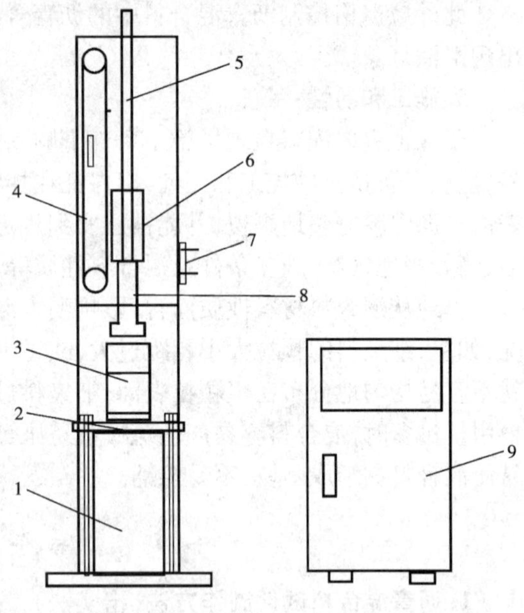

图5-18 自动击实仪

1-木墩;2-钢板;3-底座、试模、套筒;4-链条;5-击实锤导杆;6-击实锤;7-压头升降手柄;8-压头;9-控制柜

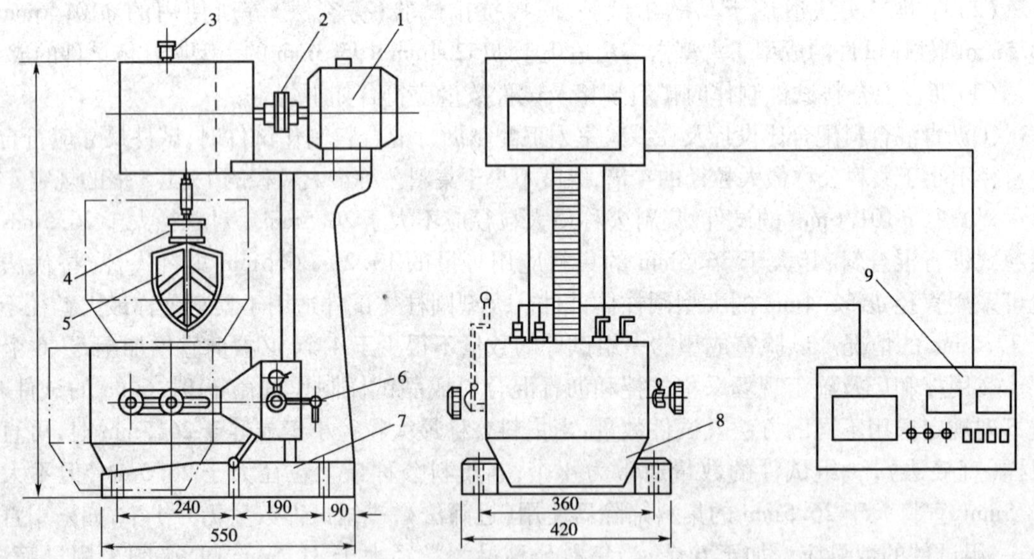

图5-19 实验室用沥青混合料拌和器

1-电机;2-联轴器;3-变速器;4-弹簧;5-拌和叶片;6-拌和叶片升降手柄;7-底座;8-加热拌和锅;9-温度时间控制仪

(5)试模:由高碳钢或工具钢制成,每组包括内径101.6±0.2mm,高87mm的圆柱形金属筒、底座(直径约120.6mm)和套筒(内径101.6mm,高70mm)各1个。

大型圆柱体试件的试模也应符合有关规定。

(6)烘箱:大、中型各一台,装有温度调节器。

(7)天平或电子秤:用于称量矿料的,感量不大于0.5g;用于称量沥青的,感量不大于0.1g。

(8)沥青运动黏度测定设备:毛细管黏度计、赛波特重油黏度计或布洛克菲尔德黏度计。

(9)插刀或大螺丝刀。

(10)温度计:分度为1℃。宜采用有金属插杆的热电偶沥青温度计,金属插杆的长度不小于300mm。量程0~300℃,数字显示或度盘指针的分度0.1℃,且有留置读数功能。

(11)其他:电炉或煤气炉、沥青熔化锅、拌和铲、标准筛、滤纸(或普通纸)、胶布、卡尺、秒表、粉笔、棉纱等。

3)试验准备

(1)确定制作沥青混合料试件的拌和与压实温度。当缺乏沥青黏度测定条件时,试件的拌和与压实温度可按表5-21选用,并根据沥青品种和标号作适当调整。针入度小、稠度大的沥青取高限,针入度大、稠度小的沥青取低限,一般取中值。对改性沥青,应根据改性剂的品种和用量,适当提高混合料的拌和和压实温度,对大部分聚合物改性沥青,需要在基质沥青的基础上提高15~30℃,掺加纤维时,尚需再提高10℃左右。常温沥青混合料的拌和及压实在常温下进行。

沥青混合料拌和及压实温度参考表 表5-21

沥青混合料种类	拌和温度(℃)	压实温度(℃)
石油沥青	130~160	120~150
煤沥青	90~120	80~110
改性沥青	160~175	140~170

(2)在试验室人工配制沥青混合料时,材料准备按下列步骤进行:

①将各种规格的矿料置于105±5℃的烘箱中烘干至恒量(一般不少于4~6h)。根据需要,粗集料可先用水冲洗干净后烘干,也可将粗细集料过筛后用水冲洗再烘干备用。

②按规定试验方法分别测定不同粒径规格粗、细集料及填料(矿粉)的各种密度,测定沥青的密度。

③将烘干分级的粗、细集料,按每个试件设计级配要求称其质量,在一金属盘中混合均匀,矿粉单独加热,置烘箱中预热至沥青拌和温度以上约15℃(采用石油沥青时通常为163℃;采用改性沥青时通常需180℃)备用。一般按一组试件(每组4~6个)备料,但进行配合比设计时宜对每个试件分别备料。当采用替代法时,对粗集料中粒径大于26.5mm的部分,以13.2~26.5mm粗集料等量代替。常温沥青混合料的矿料不应加热。

④将规定方法采集的沥青试样,用恒温烘箱或油浴、电热熔化加热至规定的沥青混合料拌和温度备用,但不得超过175℃。当不得已采用燃气炉或电炉直接加热进行脱水时,必须使用石棉垫隔开。

(3)用沾有少许黄油的棉纱擦净试模、套筒及击实座等置于100℃左右烘箱中加热1h备用。常温沥青混合料用试模不加热。

4)试验步骤

(1)将沥青混合料拌和机预热至拌和温度以上10℃左右备用(对试验室试验研究、配合比设计及采用机械拌和施工的工程，严禁用人工炒拌法热拌沥青混合料）。

(2)将每个试件预热的粗、细集料置于拌和机中，用小铲子适当混合；再加入需要数量的已加热至拌和温度的沥青(如沥青已称量在一专用容器内时，可在倒掉沥青后用一部分热矿粉将沾在容器壁上的沥青擦拭一起倒入拌和锅中)，开动拌和机一边搅拌一边将拌和叶片插入混合料中拌和1～1.5min；然后暂停拌和，加入单独加热的矿粉，继续拌和至均匀为止，并使沥青混合料保持在要求的拌和温度范围内。标准的总拌和时间为3min。

(3)将拌好的沥青混合料，均匀称取一个试件所需的用量(标准马歇尔试件约1 200g；大型马歇尔试件约4 050g)。当已知沥青混合料的密度时，可根据试件的标准尺寸计算并乘以1.03得到要求的混合料数量。当一次拌和几个试件时，宜将其倒入经预热的金属盘中，用小铲适当拌和均匀分成几份，分别取用。在试件制作过程中，为防止混合料温度下降，应连盘放在烘箱中保温。

(4)从烘箱中取出预热的试模、套筒及底座，用沾有少许黄油的棉纱擦拭试模、套筒、底座及击实锤底面，将试模装在底座上，垫一张圆形的吸油性小的纸，按四分法从四个方向用小铲将混合料铲入试模中，用插刀或大螺丝刀沿周边插捣15次，中间10次。插捣后将沥青混合料表面整平成凸圆弧面。对于大型马歇尔试件，混合料分两次加入，每次插捣次数同上。

(5)插入温度计，至混合料中心附近，检查混合料温度。

(6)待混合料温度符合要求的压实温度后，将试模连同底座一起放在击实台上固定，在装好的混合料上面垫一张吸油性小的圆纸；再将装有击实锤及导向棒的压实头插入试模中；然后开启电动机或人工将击实锤从457mm的高度自由落下击实规定的次数(75、50或35次)。对于大型马歇尔试件，击实次数为75次(相应于标准击实50次的情况)或112次(相应于标准击实75次的情况)。

(7)试件击实一面后，取下套筒，将试模掉头，装上套筒，然后以同样的方法和次数击实另一面。

(8)试件击实结束后，卸去套筒和底座，立即用镊子取掉上下面的纸，用卡尺量取试件离试模上口的高度并由此计算试件高度，如高度不符合要求时，试件应作废，并按下式调整试件的混合料质量，以保证高度符合63.5±1.3mm(标准试件)或95.3±2.5mm(大型试件)的要求。

$$\text{调整后混合料质量} = \frac{\text{要求试件高度} \times \text{原用混合料质量}}{\text{所得试件的高度}}$$

(9)将装有试件的试模横向放置冷却至室温后(不少于12h)，置脱模机上脱出试件。用于作现场马歇尔指标检验的试件，在施工质量检验过程中如急需试验，允许采用电风扇吹冷1h或浸水冷却3min以上的方法脱模，但浸水脱模法不能用于测量密度、空隙率等各项物理指标。

(10)将试件仔细置于干燥洁净的平面上，供试验用。

5)试验记录

试验记录表见表5-22。

沥青混合料试件制作试验记录表(击实法) 表 5-22

路段桩号			试样来源			
试样名称			初拟用途			
级配组成	组成材料名称		配合时所需质量(g)		配合比(%)	
试件编号	制备日期	拌和温度 T(℃)	击实温度 T(℃)	试件尺寸(mm)		试件用途
				高度 h	直径 d	

试验者________ 计算者________ 校核者________ 试验日期________

2. 沥青混合料马歇尔稳定度试验

1)目的与适用范围

本方法适用于马歇尔稳定度试验和浸水马歇尔稳定度试验,以进行沥青混合料的配合比设计或沥青路面施工质量检验。

浸水马歇尔稳定度试验供检验沥青混合料受水损害时抵抗剥落的能力。

2)仪具与材料

(1)沥青混合料马歇尔试验仪:如图 5-20 所示,符合国家标准《沥青混合料马歇尔试验仪》(GB/T 11823)技术要求的产品,对用于高速公路和一级公路的沥青混合料宜采用自动马歇尔试验仪,用计算机或 X-Y 记录仪记录荷载-位移曲线,并具有自动测定荷载与试件垂直变形的传感器、位移计,能自动显示或打印试验结果。

对 ϕ63.5mm 的标准马歇尔试件,试验仪最大荷载不小于 25kN,读数准确度 100N,加载速率应能保持 50 ± 5mm/min。钢球直径 16mm,上下压头曲率半径为 50.8mm。当采用 ϕ152.4mm 的大型马歇尔试件时,试验仪最大荷载不小于 50kN,读数准确度 100N,上下压头曲率半径为 152.4mm,上下压头间距 19.05mm。

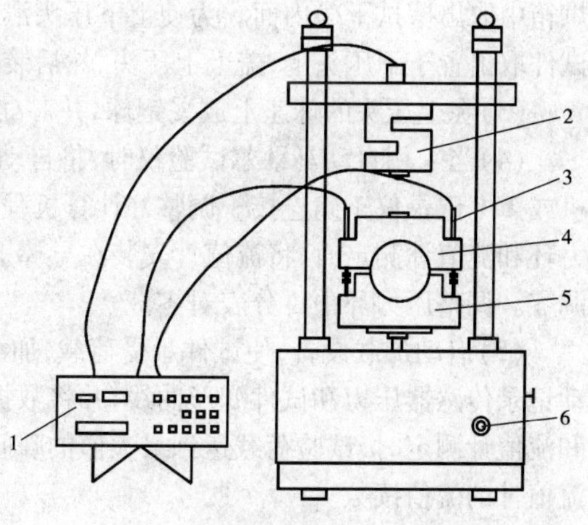

图 5-20 沥青混合料马歇尔稳定度试验仪

1-控制器;2-压力传感器;3-位移传感器;4-上压头;5-下压头;6-电源开关

(2)恒温水槽:控温准确度为1℃,深度不小于150mm。

(3)真空饱水容器:包括真空泵及真空干燥器。

(4)烘箱。

(5)天平:感量不大于0.1g。

(6)温度计:分度为1℃。

(7)卡尺。

(8)其他:棉纱、黄油等。

3)试验准备

(1)按标准击实法成型马歇尔试件,标准马歇尔试件尺寸应符合直径101.6±0.2mm、高63.5±1.3mm的要求。大型马歇尔试件尺寸应符合直径152.4±0.2mm、高95.3±2.5mm的要求。一组试件的数量最少不得少于4个,并符合有关规定。

(2)量测试件的直径及高度:用卡尺测量试件中部的直径,用马歇尔试件高度测定器或用卡尺在十字对称的4个方向量测离试件边缘10mm处的高度,准确至0.1mm,并以其平均值作为试件的高度。如试件高度不符合63.5±1.3mm或95.3±2.5mm的要求或两侧高度差大于2mm时,此试件应作废。

(3)按规定的方法测定试件的密度、空隙率、沥青体积百分率、沥青饱和度、矿料间隙率等物理指标。

(4)将恒温水槽调节至要求的试验温度,对黏稠石油沥青或烘箱养生过的乳化沥青混合料为60±1℃,对煤沥青混合料为33.8±1℃。

4)试验步骤

(1)将试件置于已达规定温度的恒温水槽中保温。保温时间:标准马歇尔试件需30~40min;大型马歇尔试件需45~60min;浸水马歇尔试验应将马歇尔试件保温48h。试件之间应有间隔,底下应垫起,离容器底部不小于5cm。

(2)将马歇尔试验仪的上下压头放入水槽或烘箱中达到同样温度。将上下压头从水槽或烘箱中取出擦拭干净内面。为使上下压头滑动自如,可在下压头的导棒上涂少量黄油。再将试件取出置于下压头上,盖上上压头,然后装在加载设备上。

(3)在上压头的球座上放妥钢球,并对准荷载测定装置的压头。

(4)当采用自动马歇尔试验仪时,将自动马歇尔试验仪的压力传感器、位移传感器与计算机或*X-Y*记录仪正确连接。调整好计算机程序或将*X-Y*记录仪的记录笔对准原点。当采用压力环和流值计测定时,将流值计安装在导棒上,使导向套管轻轻的压住上压头,同时将流值计调零。调整压力环中百分表对零。

(5)启动加载设备,使试件承受荷载,加载速度为50±5mm/min。计算机或*X-Y*记录仪自动记录传感器压力和试件变形曲线,并将数据自动存入计算机或*X-Y*记录仪。当采用压力环和流值计测定时,试验荷载达到最大值的瞬间,取下流值计,同时读取压力环中百分表读数和流值计的流值读数。

(6)从恒温水槽中取出试件至测出最大荷载值的时间,不得超过30s。浸水马歇尔试验除在规定温度恒温水槽中的保温时间为48h外,其余均与标准马歇尔试验相同。

5)结果整理

(1)试件的稳定度及流值。

①当采用自动马歇尔试验仪时,将计算机采集的数据绘制成压力和试件变形曲线,或由 *X-Y* 记录仪自动记录的荷载——变形曲线,按规定的方法对坐标原点进行修正,从修正的坐标原点 0_1 起量取相应于荷载最大值时的变形作为流值 FL,准确至 0.1mm;最大荷载即为稳定度 MS,准确至 0.01kN。

②当采用压力环和流值计测定时,根据压力环标定曲线,将压力环中百分表读数换算为荷载值即为稳定度 MS,准确至 0.01kN;由流值计读取的最大读数即为流值 FL,准确至 0.1mm。

③计算测定值的平均值、标准差。

(2)数据取舍。当一组测定值中某个测定值与平均值之差大于标准差的 k 倍时,该测定值应予舍弃,并以其余测定值的平均值作为试验结果。当试件数量 n 为 3、4、5、6 时,k 值分别为 1.15、1.45、1.67、1.82。

(3)试件的马歇尔模数按式(5-29)计算:

$$T=\frac{\mathrm{MS}}{\mathrm{FL}} \tag{5-29}$$

式中:T——马歇尔模数,kN/mm;

MS——试件的稳定度,kN;

FL——试件的流值,mm。

(4)试件的浸水残留稳定度按式(5-30)计算:

$$\mathrm{MS}_0=\frac{\mathrm{MS}_1}{\mathrm{MS}}\times 100 \tag{5-30}$$

式中:MS_0——试件的浸水残留稳定度,%;

MS_1——试件浸水 48h 后的稳定度,kN。

6)试验记录

试验记录表见表 5-23。

沥青混合料标准马歇尔稳定度试验记录表　　表 5-23

<table>
<tr><td>路段桩号</td><td colspan="5"></td><td colspan="2">试样来源</td><td colspan="2"></td></tr>
<tr><td>试样名称</td><td colspan="5"></td><td colspan="2">初拟用途</td><td colspan="2"></td></tr>
<tr><td>试件数目</td><td colspan="5"></td><td colspan="2">k 值</td><td colspan="2"></td></tr>
<tr><td rowspan="3">试件编号</td><td colspan="3">稳定度(kN)</td><td colspan="5">流值(mm)</td><td rowspan="3">马歇尔模数(kN/mm)</td></tr>
<tr><td rowspan="2">测定值</td><td rowspan="2">标准差</td><td rowspan="2">平均值</td><td colspan="3">测定值</td><td rowspan="2">标准差</td><td rowspan="2">平均值</td></tr>
<tr><td>测值 1</td><td>测值 2</td><td>平均值</td></tr>
<tr><td></td><td></td><td rowspan="6"></td><td rowspan="6"></td><td></td><td></td><td></td><td rowspan="6"></td><td rowspan="6"></td><td rowspan="6"></td></tr>
<tr><td></td><td></td><td></td><td></td><td></td></tr>
<tr><td></td><td></td><td></td><td></td><td></td></tr>
<tr><td></td><td></td><td></td><td></td><td></td></tr>
<tr><td></td><td></td><td></td><td></td><td></td></tr>
<tr><td></td><td></td><td></td><td></td><td></td></tr>
</table>

试验者＿＿＿＿　　计算者＿＿＿＿　　校核者＿＿＿＿　　试验日期＿＿＿＿

第六节 热拌沥青混合料的配合比设计

一、概 述

沥青混合料的配合比设计结果与沥青路面的使用性能、材料用量及工程造价关系密切。沥青混合料配合比设计的基本任务有两个：一是矿质混合料的配合比设计；二是确定最佳的沥青含量。其目的是通过目标配合比设计、生产配合比设计及生产配合比验证三个阶段，确定沥青混合料的材料品种及配合比、矿料级配、最佳沥青含量。

我国幅员辽阔，气候变化大，各个地区对沥青路面的使用性能的要求应有差别。在选择沥青胶结料等级、进行沥青混合料配合比设计和检验沥青混合料的使用性能时，应考虑沥青路面工程的环境因素，尤其是温度和湿度条件。我国为此提出了"沥青及沥青混合料气候分区指标"及相应的分区图。气候分区指标分别为高温指标、低温指标和雨量指标。气候分区情况见表5-24。

气候分区种类、气候因子指标汇总表 表5-24

设计高温分区指标		一级区划分为3个区		
高温气候区		1	2	3
气候区名称		夏炎热区	夏热区	夏凉区
最热月平均日最高气温(℃)		>30	30~20	<20
设计低温分区指标		二级区划分为4个区		
低温气候区	1	2	3	4
气候区名称	冬严寒区	冬寒区	冬冷区	冬温区
极端最低气温(℃)	<-37	-37.0~-1.5	-21.5~-9	>-9
设计雨量分区指标		三级区划分为4个区		
雨量气候区	1	2	3	4
气候区名称	潮湿区	湿润区	半干区	干旱区
年降雨量(mm)	>1 000	1 000~500	500~250	<250

沥青路面温度分区由高温和低温组合而成，第一个数字代表高温分区，第二个数字代表低温分区，数字越小表示气候因素越严重；温度和雨量组成的气候分区由高温—低温—雨量组合而成，第三个数字代表雨量分区。

我国现行《公路沥青路面施工技术规范》(JTG F40—2004)中采用马歇尔试验法进行沥青混合料的配合比设计；对于高速公路、一级公路路面应用的热拌沥青混合料还应检验其动稳定度和水稳定性。

沥青面层集料的最大粒径宜从上至下逐渐增大，并应与压实层厚度相匹配。对热拌热铺密级配沥青混合料，沥青层一层的压实厚度不宜小于集料公称最大粒径的2.5~3倍，对SMA和OGFC等嵌挤型混合料不宜小于公称最大粒径的2~2.5倍，以减少离析，便于压实。各层沥青混合料应满足所在层位的功能性要求，便于施工，不容易离析。各层应连续施工并联结成为一个整体。当发现混合料结构组合及级配类型的设计不合理时应进行修改、调整，以确保沥青路面的使用性能。

本节主要介绍热拌密级配沥青混合料的目标配合比设计过程,其步骤宜按图5-21进行。

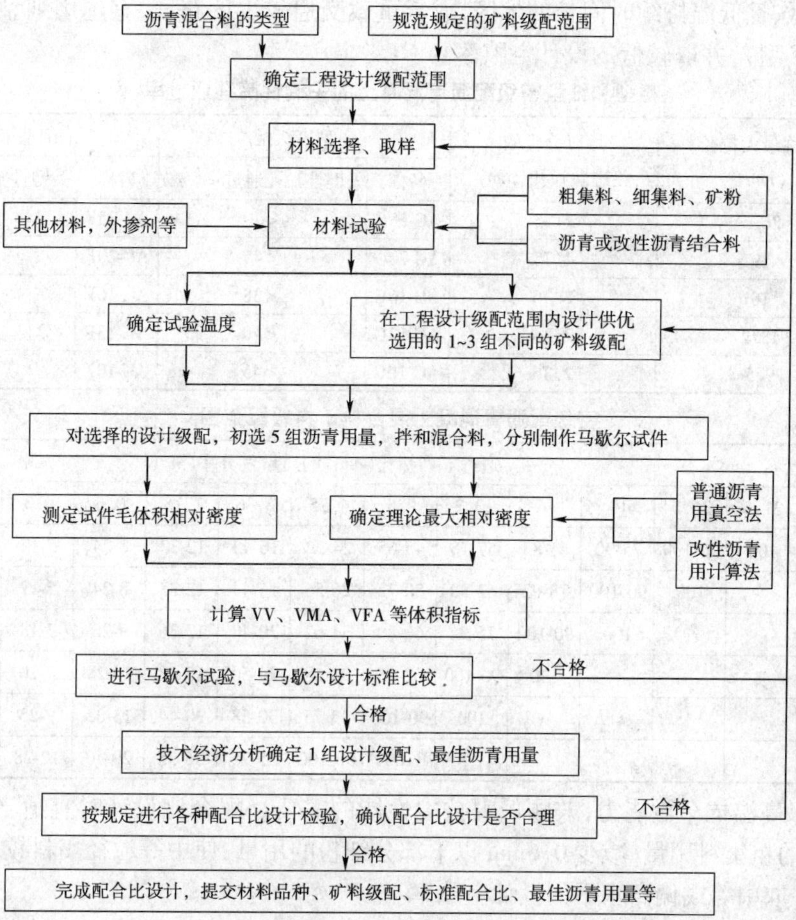

沥青混合料的类型
规范规定的矿料级配范围
确定工程设计级配范围
材料选择、取样
其他材料，外掺剂等
材料试验
粗集料、细集料、矿粉
沥青或改性沥青结合料
确定试验温度
在工程设计级配范围内设计供优选用的1~3组不同的矿料级配
对选择的设计级配，初选5组沥青用量，拌和混合料，分别制作马歇尔试件
测定试件毛体积相对密度
确定理论最大相对密度
普通沥青用真空法
改性沥青用计算法
计算VV、VMA、VFA等体积指标
进行马歇尔试验，与马歇尔设计标准比较
不合格
合格
技术经济分析确定1组设计级配、最佳沥青用量
按规定进行各种配合比设计检验，确认配合比设计是否合理
不合格
合格
完成配合比设计，提交材料品种、矿料级配、标准配合比、最佳沥青用量等

图5-21 密级配沥青混合料目标配合比设计流程图

二、热拌沥青混合料配合比设计方法

沥青混合料必须在对同类公路配合比设计和使用情况调查研究的基础上,充分借鉴成功的经验,选用符合要求的材料,进行配合比设计。

1. 确定工程设计级配范围

沥青路面工程的混合料设计级配范围由工程设计文件或招标文件规定,沥青混合料的矿料级配应符合公路工程规定的设计级配范围。密级配沥青混合料宜根据公路等级、气候及交通条件按表5-25选择采用粗型(C型)或细型(F型)混合料,并在表5-26范围内确定工程设计级配范围,通常情况下工程设计级配范围不宜超出表5-26的要求。经确定的工程设计级配范围是配合比设计的依据,不得随意变更。

通过对条件大体相当的工程的使用情况进行调查研究后,可以调整设计级配范围,必要时允许超出规范级配范围。调整工程设计级配范围宜遵循下列原则:

(1)按表5-25确定采用粗型(C型)或细型(F型)的混合料。对夏季温度高、高温持续时间长，重载交通多的路段，宜选用粗型密级配沥青混合料（AC-C 型），并取较高的设计空隙率。对冬季温度低、且低温持续时间长的地区，或者重载交通较少的路段，宜选用细型密级配沥青混合料（AC-F 型），并取较低的设计空隙率。

粗型和细型密级配沥青混凝土的关键性筛孔通过率 表 5-25

混合料类型	公称最大粒径（mm）	用以分类的关键性筛孔（mm）	粗型密级配		细型密级配	
			名称	关键性筛孔通过率（%）	名称	关键性筛孔通过率（%）
AC-25	26.5	4.75	AC-25C	<40	AC-25F	>40
AC-20	19	4.75	AC-20C	<45	AC-20F	>45
AC-16	16	2.36	AC-16C	<38	AC-16F	>38
AC-13	13.2	2.36	AC-13C	<40	AC-13F	>40
AC-10	9.5	2.36	AC-10C	<45	AC-10F	>45

密级配沥青混凝土混合料矿料级配范围 表 5-26

级配类型		通过下列筛孔（mm）的质量百分率（%）												
		31.5	26.5	19	16	13.2	9.5	4.75	2.36	1.18	0.6	0.3	0.15	0.075
粗粒式	AC-25	100	90-100	75-90	65-83	57-76	45-65	24-52	16-42	12-33	8-24	5-17	4-13	3-7
中粒式	AC-20		100	90-100	78-92	62-80	50-72	26-56	16-44	12-33	8-24	5-17	4-13	3-7
	AC-16			100	90-100	76-92	60-80	34-62	20-48	13-36	9-26	7-18	5-14	4-8
细粒式	AC-13				100	90-100	68-85	38-68	24-50	15-38	10-28	7-20	5-15	4-8
	AC-10					100	90-100	45-75	30-58	20-44	13-32	9-23	6-16	4-8
砂粒式	AC-5						100	90-100	55-75	35-55	20-40	12-28	7-18	5-10

（2）确保高温抗车辙能力，兼顾低温抗裂性能的需要。配合比设计时宜适当减少公称最大粒径附近的粗集料用量，减少 0.6mm 以下部分细粉的用量，使中等粒径集料较多，形成 S 型级配曲线，并取中等或偏高水平的设计空隙率。

（3）确定各层的工程设计级配范围时应考虑不同层位的功能需要，经组合设计的沥青路面应能满足耐久、稳定、密水、抗滑等要求。

（4）根据公路等级和施工设备的控制水平，确定的工程设计级配范围应比规范级配范围窄，其中 4.75mm 和 2.36mm 通过率的上下限差值宜小于 12%。

（5）沥青混合料的配合比设计应充分考虑施工性能，使沥青混合料容易摊铺和压实，避免造成严重的离析。

2. 材料选择与准备

配合比设计的各种矿料必须按现行《公路工程集料试验规程》（JTG E41—2005）规定的方法，从工程实际使用的材料中取代表性样品。所用的各种材料必须符合气候和交通条件的需要。根据现场取样，测定粗集料、细集料及矿粉的密度，并进行筛分试验，确定各种规格集料的级配组成。

3. 矿料配合比设计

矿质混合料的组成设计的目的是选配一个具有足够密实度、并且有较高内摩阻力的矿质混合料。根据各档集料的筛分结果，采用图解法或试算法，确定符合要求级配范围的各档集料的用量比例，计算矿质混合料的合成级配。高速公路和一级公路沥青路面矿料配合比设计宜借助电子计算机的电子表格用试配法进行。

矿料级配曲线按《公路工程沥青及沥青混合料试验规程》(JTJ 052—2000)T 0725 方法绘制,如图 5-22 所示。以坐标原点与集料最大粒径、通过率 100% 的点的连线作为沥青混合料的最大密度线。泰勒曲线筛孔尺寸对应的横坐标计算结果见表 5-27,矿料级配设计计算表示例见表 5-28。按表 5-28 计算结果绘制的矿料级配曲线见图 5-22。

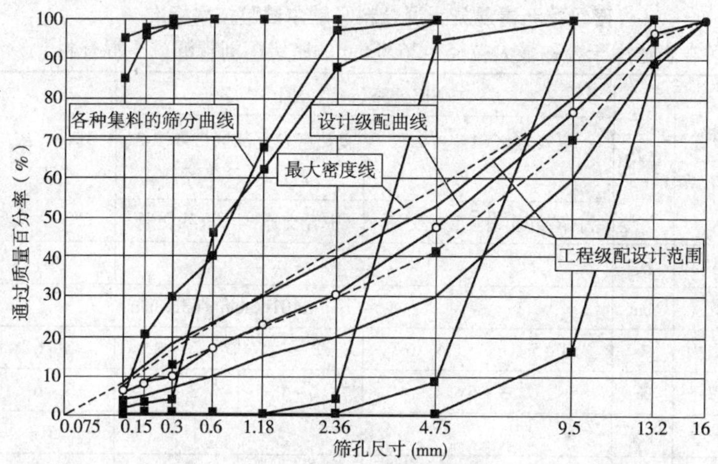

图 5-22 矿料级配曲线示例

泰勒曲线的横坐标 表 5-27

d_i	0.075	0.15	0.3	0.6	1.18	2.36	4.75	9.5
$x=d_i^{0.45}$	0.312	0.426	0.582	0.795	1.077	1.472	2.016	2.754
d_i	13.2	16	19	26.5	31.5	37.5	53	63
$x=d_i^{0.45}$	3.193	3.482	3.762	4.370	4.723	5.109	5.969	6.452

矿料级配设计计算表示例(通过率) 表 5-28

筛孔(mm)	10~20 碎石(%)	5~10 碎石(%)	3~5 碎石(%)	石屑(%)	黄砂(%)	矿粉(%)	消石灰(%)	合成级配	工程设计级配范围		
									中值	下限	上限
16	100	100	100	100	100	100	100	100.0	100	100	100
13.2	88.6	100	100	100	100	100	100	96.7	95	90	100
9.5	16.6	99.7	100	100	100	100	100	76.6	70	60	80
4.75	0.4	8.7	94.9	100	100	100	100	47.7	41.5	30	53
2.36	0.3	0.7	3.7	97.2	87.9	100	100	30.6	30	20	40
1.18	0.3	0.7	0.5	67.8	62.2	100	100	22.8	22.5	15	30
0.6	0.3	0.7	0.5	40.5	46.4	100	100	17.2	16.5	10	23
0.3	0.3	0.7	0.5	30.2	3.7	99.8	99.2	9.5	12.5	7	18
0.15	0.3	0.7	0.5	20.6	3.1	96.2	97.6	8.1	8.5	5	12
0.075	0.2	0.6	0.3	4.2	1.9	84.7	95.6	5.5	6	4	8
配比(%)	28	26	14	12	15	3.3	1.7	100.0			

对高速公路和一级公路,宜在工程设计级配范围内计算 1~3 组粗、细不同的配合比,绘制设计级配曲线,分别位于工程设计级配范围的上方、中值及下方。设计合成级配不得有太多的

锯齿形交错,且在0.3~0.6mm范围内不出现“驼峰”。当反复调整不能满意时,宜更换材料设计。根据当地的实践经验选择适宜的沥青用量,分别制作几组级配的马歇尔试件,测定矿料的间隙率VMA,初选一组满足或接近设计要求的级配作为设计级配。

4. 沥青混合料马歇尔试验

采用马歇尔试验配合比设计方法,密级配沥青混凝土混合料技术要求应符合表5-29的规定。

密级配沥青混凝土混合料马歇尔试验技术标准 表5-29

(本表适用于公称最大粒径≤26.5mm的密级配沥青混凝土混合料)

试验指标		单位	高速公路、一级公路				其他等级公路	行人道路
			夏炎热区(1-1、1-2、1-3、1-4区)		夏热区及夏凉区(2-1、2-2、2-3、2-4、3-2区)			
			中轻交通	重载交通	中轻交通	重载交通		
击实次数(双面)		次	75				50	50
试件尺寸		mm	ϕ101.6mm×63.5mm					
空隙率VV	深约90mm以内	%	3~5	4~6	2~4	3~5	3~6	2~4
	深约90mm以下	%	3~6		2~4	3~6	3~6	—
稳定度MS不小于		kN	8				5	3
流值FL		mm	2~4	1.5~4	2~4.5	2~4	2~4.5	2~5

试验指标	设计空隙率(%)	相应于以下公称最大粒径(mm)的最小VMA及VFA技术要求(%)					
		26.5	19	16	13.2	9.5	4.75
矿料间隙率VMA(%)不小于	2	10	11	11.5	12	13	15
	3	11	12	12.5	13	14	16
	4	12	13	13.5	14	15	17
	5	13	14	14.5	15	16	18
	6	14	15	15.5	16	17	19
沥青饱和度VFA(%)		55~70	65~75			70~85	

注:①对空隙率大于5%的夏炎热区重载交通路段,施工时应至少提高压实度1%;

②当设计的空隙率不是整数时,由内插确定要求的VMA最小值;

③对改性沥青混合料,马歇尔试验的流值可适当放宽。

沥青混合料马歇尔试验的主要目的是确定最佳沥青含量。沥青混合料中沥青含量通常采用油石比或沥青用量表示。油石比是指沥青混合料中沥青质量占矿料总质量的百分比,代号P_a;沥青用量是指沥青混合料中沥青质量占沥青混合料总质量的百分比,代号P_b。最佳沥青含量以OAC表示。

马歇尔试验法确定沥青最佳含量按下列步骤:

(1)按确定的矿质混合料配合比,计算各种规格集料的用量。

(2)根据经验估计适宜的油石比(或沥青用量)。

①计算矿料混合料的合成毛体积相对密度γ_{sb}

$$\gamma_{sb}=\frac{100}{\frac{P_1}{\gamma_1}+\frac{P_2}{\gamma_2}+\cdots+\frac{P_n}{\gamma_n}} \tag{5-31}$$

式中：P_1、P_2、…、P_n——各种矿料成分的配合比，其和为 100；

γ_1、γ_2、…、γ_n——各种矿料相应的毛体积相对密度。

②计算矿料混合料的合成表观相对密度 γ_{sa}

$$\gamma_{sa}=\frac{100}{\frac{P_1}{\gamma'_1}+\frac{P_2}{\gamma'_2}+\cdots+\frac{P_n}{\gamma'_n}} \tag{5-32}$$

式中：P_1、P_2、…、P_n——各种矿料成分的配合比，其和为 100；

γ'_1、γ'_2、…、γ'_n——各种矿料相应的表观相对密度。

③预估沥青混合料适宜的油石比 P_a 或沥青用量 P_b

$$P_a=\frac{P_{a1}\times\gamma_{sb1}}{\gamma_{sb}} \quad 或 \quad P_b=\frac{P_a}{100+P_a}\times100 \tag{5-33}$$

式中：P_{a1}——已建类似工程沥青混合料的标准油石比，%；

γ_{sb1}——已建类似工程沥青混合料的合成毛体积相对密度。

(3)确定合成矿料的有效相对密度 γ_{se}。

对于非改性沥青混合料，宜以预估的最佳油石比拌和 2 组混合料，采用真空法实测最大相对密度 γ_t，取其平均值。按式(5-34)反算合成矿料的有效相对密度 γ_{se}。

$$\gamma_{se}=\frac{100-P_b}{\frac{100}{\gamma_t}-\frac{P_b}{\gamma_b}} \tag{5-34}$$

式中：P_b——试验采用的沥青用量，%；

γ_b——沥青的相对密度(25℃/25℃)，无量纲。

对于改性沥青及 SMA 等难以分散的混合料，合成矿料的有效相对密度 γ_{se} 宜直接由矿料的合成毛体积相对密度 γ_{sb} 与合成表观相对密度 γ_{sa} 按式(5-35)计算确定。

$$\gamma_{se}=C\times\gamma_{sa}+(1-C)\times\gamma_{sb} \tag{5-35}$$

式中：C——合成矿料的沥青吸收系数，$C=0.033\omega_x^2-0.2936\omega_x+0.9339$；

ω_x——合成矿料的吸水率，$\omega_x=\left(\frac{1}{\gamma_{sb}}-\frac{1}{\gamma_{sa}}\right)\times100$。

(4)以预估的油石比(或沥青用量)为中值，按一定的间隔取 5 个或 5 个以上不同的油石比(或沥青用量)分别成型马歇尔试件。对密级配沥青混合料油石比间隔通常为 0.5%，对沥青碎石混合料可适当缩小间隔为 0.3% ~0.4%。每一组试件的试样数按现行试验规程的要求确定，对粒径较大的沥青混合料，宜增加试件数量。

(5)测定压实沥青混合料试件的毛体积相对密度 γ_f 和吸水率，取平均值。通常采用表干法测定毛体积相对密度 γ_f；对吸水率大于 2% 的试件，宜改用蜡封法测定毛体积相对密度 γ_f。

(6)确定沥青混合料的最大理论相对密度 γ_t。对于非改性沥青混合料，在成型马歇尔试件的同时，以选用的油石比拌和 2 组混合料，采用真空法实测各组沥青混合料的最大理论相对密度 γ_t。当只对非改性沥青混合料其中的一组油石比测定最大理论相对密度时，或改性沥青及 SMA 混合料，按式(5-36)计算不同油石比 P_{ai} 的沥青混合料的最大理论相对密度 γ_{ti}。

$$\gamma_{ti}=\frac{100+P_{ai}}{\frac{100}{\gamma_{se}}+\frac{P_{ai}}{\gamma_b}} \quad 或 \quad \gamma_{ti}=\frac{100}{\frac{P_{si}}{\gamma_{se}}+\frac{P_{bi}}{\gamma_b}} \tag{5-36}$$

式中：γ_{ti}——沥青含量为 P_{ai} 或 P_{bi} 时沥青混合料的最大理论相对密度，无量纲；

P_{bi}——所计算的沥青混合料的沥青用量，$P_{bi}=P_{ai}/(1+P_{ai})$，%；

P_{si}——所计算的沥青混合料的矿料含量，$P_{si}=100-P_{bi}$，%。

其他符号意义同前。

(7)计算沥青混合料试件的空隙率、矿料间隙率、有效沥青的饱和度。

$$VV=\left(1-\frac{\gamma_f}{\gamma_t}\right)\times 100 \tag{5-37}$$

$$VMA=\left(1-\frac{\gamma_f}{\gamma_{sb}}\times P_s\right)\times 100 \tag{5-38}$$

$$VFA=\frac{VMA-VV}{VMA}\times 100 \tag{5-39}$$

式中：VV——试件的空隙率，%；

VMA——试件的矿料间隙率，%；

VFA——试件的有效沥青的饱和度（有效沥青含量占 VMA 的体积比例），%；

γ_f——试件的毛体积相对密度，无量纲；

γ_t——沥青混合料的最大理论相对密度，无量纲；

γ_{sb}——矿料混合料的合成毛体积相对密度，无量纲；

P_s——各种矿料占沥青混合料的总质量的百分率之和，即 $P_s=100-P_b$，%。

(8)进行马歇尔试验，测定马歇尔稳定度 MS 和流值 FL。

5. 确定最佳油石比或最佳沥青用量

(1)以油石比或沥青用量为横坐标，马歇尔试验的各项指标为纵坐标，绘制 γ_f—P_a(P_b)、VV—P_a(P_b)、VMA—P_a(P_b)、VFA—P_a(P_b)、MS—P_a(P_b)、FL—P_a(P_b)关系曲线图。将试验结果点入图中，连成圆滑的曲线，如图 5-23 所示。

确定各项指标均符合技术标准规定的沥青混合料的油石比或沥青用量范围 OAC_{min}—OAC_{max}（不包括 VMA）。

(2)在曲线图上求出相应于毛体积密度最大值、稳定度最大值、目标空隙率（或中值）、沥青饱和度范围（中值）的油石比或沥青用量 a_1、a_2、a_3、a_4。

(3)计算最佳油石比或最佳沥青用量 OAC。

①取 a_1、a_2、a_3、a_4 的平均值作为初始值 OAC_1：

$$OAC_1=\frac{a_1+a_2+a_3+a_4}{4} \tag{5-40}$$

如果在所选择的沥青用量范围未能涵盖沥青饱和度的要求范围，按式(5-41)求取三者的平均值作为 OAC_1：

$$OAC_1=\frac{a_1+a_2+a_3}{3} \tag{5-41}$$

对所选择试验的沥青用量范围，密度或稳定度没有出现峰值（最大值经常在曲线的两端）时，可直接以目标空隙率所对应的沥青含量 a_3 作为 OAC_1，但 OAC_1 必须介于 OAC_{min}—OAC_{max}的范围内。否则应重新进行配合比设计。

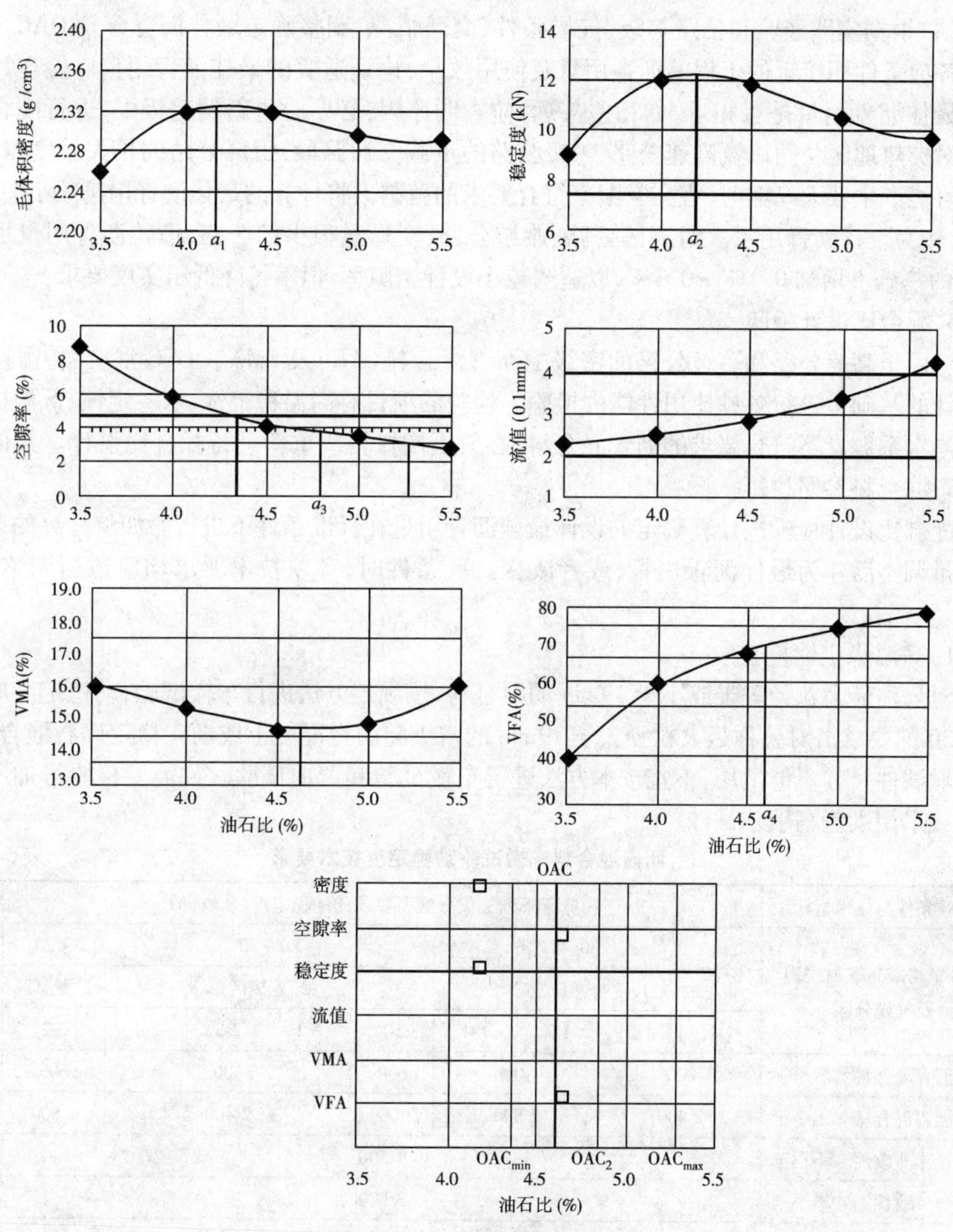

图 5-23 马歇尔试验结果示例

注：图中 $a_1=4.2\%$，$a_2=4.25\%$，$a_3=4.8\%$，$a_4=4.7\%$；$OAC_1=4.49\%$（由 4 个平均值确定），$OAC_{min}=4.3\%$，$OAC_{max}=5.3\%$，$OAC_2=4.8\%$，$OAC=4.64\%$。此例中相对于空隙率4%的油石比为4.6%。

②确定沥青含量范围 $OAC_{min}\sim OAC_{max}$ 的中值 OAC_2：

$$OAC_2=\frac{OAC_{min}+OAC_{max}}{2} \tag{5-42}$$

③计算最佳沥青含量。最佳油石比或最佳沥青用量 OAC 取 OAC_1、OAC_2 平均值：

$$OAC=\frac{OAC_1+OAC_2}{2} \tag{5-43}$$

(4)根据实践经验和公路等级、气候条件、交通情况，调整确定最佳沥青含量 OAC。调查当地各项条件相接近的工程的沥青用量及使用效果，论证适宜的最佳沥青用量。检查计算得到的最佳沥青用量是否相近，如相差甚远，应查明原因，必要时重新调整级配，进行配合比设计。对炎热地区公路以及高速公路、一级公路的重载交通路段，山区公路的长大坡度路段，预计有可能产生较大车辙时，宜在空隙率符合要求的范围内将计算的最佳沥青用量减小0.1% ~ 0.5%作为设计沥青用量。对寒区公路、旅游公路、交通量很少的公路，最佳沥青用量可以在 OAC 的基础上增加 0.1% ~0.3%，以适当减小设计空隙率，但不得降低压实度要求。

6. 配合比设计检验

对用于高速公路和一级公路的密级配沥青混合料(AC)及 SMA、OGFC 混合料，需在配合比设计的基础上进行各种使用性能的检验。检验的项目有高温稳定性、水稳定性、低温抗裂性能和渗水系数。不符合要求的沥青混合料，必须更换材料或重新进行配合比设计。其他公路的沥青混合料参照执行。

配合比设计检验按计算确定的设计最佳沥青用量在标准条件下进行。如将计算的设计沥青用量调整后作为最佳沥青用量，或者改变试验条件时，各项技术要求均应适当调整，不宜照搬。

1)高温稳定性检验

对公称最大粒径等于或小于 19mm 的混合料，按规定方法进行车辙试验，动稳定度应符合表 5-30 的要求。对公称最大粒径大于 19mm 的密级配沥青混凝土或沥青稳定碎石混合料，由于车辙试件尺寸不能适用，不宜按本方法进行车辙试验和弯曲试验。如需要检验可加厚试件厚度或采用大型马歇尔试件。

沥青混合料车辙试验动稳定度技术要求 表 5-30

气候条件与技术指标			相应于下列气候分区所要求的动稳定度(次/mm)									试验方法
七月平均最高气温(℃)及气候分区			>30				20 ~ 30				<20	
			1. 夏炎热区				2. 夏热区				3. 夏凉区	
			1-1	1-2	1-3	1-4	2-1	2-2	2-3	2-4	3-2	
普通沥青混合料		不小于	800		1 000		600	800			600	T 0719
改性沥青混合料		不小于	2 400		2 800		2 000	2 400			1 800	
SMA 混合料	非改性	不小于	1 500									
	改性	不小于	3 000									
OGFC 混合料			1 500(一般交通路段)、3 000(重交通量路段)									

注：①如果其他月份的平均最高气温高于七月时，可使用该月平均最高气温；

②在特殊情况下，如钢桥面铺装、重载车特别多或纵坡较大的长距离上坡路段、厂矿专用道路，可酌情提高动稳定度的要求；

③对因气候寒冷确需使用针入度很大的沥青(如大于 100)，动稳定度难以达到要求，或因采用石灰岩等不很坚硬的石料，改性沥青混合料的动稳定度难以达到要求等特殊情况，可酌情降低要求；

④为满足炎热地区及重载车要求，在配合比设计时采取减少最佳沥青用量的技术措施时，可适当提高试验温度或增加试验荷载进行试验，同时增加试件的碾压成型密度和施工压实度要求；

⑤车辙试验不得采用二次加热的混合料，试验必须检验其密度是否符合试验规程的要求；

⑥如需要对公称最大粒径等于和大于 26.5mm 的混合料进行车辙试验，可适当增加试件的厚度，但不宜作为评定合格与否的依据。

2)水稳定性检验

按规定的试验方法进行浸水马歇尔试验和冻融劈裂试验,残留稳定度及残留强度比均必须符合表5-31的规定。

沥青混合料水稳定性检验技术要求 表5-31

气候条件与技术指标		相应于下列气候分区的技术要求(%)				试验方法
年降雨量(mm)及气候分区		>1 000	500~1 000	250~500	<250	
		1. 潮湿区	2. 湿润区	3. 半干区	4. 干旱区	
浸水马歇尔试验残留稳定度(%) 不小于						
普通沥青混合料		80		75		T 0709
改性沥青混合料		85		80		
SMA混合料	普通沥青	75				
	改性沥青	80				
冻融劈裂试验的残留强度比(%) 不小于						
普通沥青混合料		75		70		T 0729
改性沥青混合料		80		75		
SMA混合料	普通沥青	75				
	改性沥青	80				

3)低温抗裂性检验

对公称最大粒径等于或小于19mm的混合料,按规定方法在温度-10℃、加载速率50mm/min的条件下进行低温弯曲试验,测定破坏强度、破坏应变、破坏劲度模量,并根据应力应变曲线的形状,综合评价沥青混合料的低温抗裂性能。其中沥青混合料的破坏应变宜不小于表5-32的要求。

沥青混合料低温弯曲试验破坏应变(με)技术要求 表5-32

气候条件与技术指标	相应于下列气候分区所要求的破坏应变(με)									试验方法
年极端最低气温(℃)及气候分区	< -37.0		-21.5~-37.0			-9.0~-21.5		> -9.0		
	1. 冬严寒区		2. 冬寒区			3. 冬冷区		4. 冬温区		
	1-1	2-1	1-2	2-2	3-2	1-3	2-3	1-4	2-4	
普通沥青混合料 不小于	2 600		2 300			2 000				T 0728
改性沥青混合料 不小于	3 000		2 800			2 500				

沥青混合料的生产配合比设计参照目标配合比设计的方法进行。

三、热拌沥青混合料配合比设计例题

【例5-1】 设计某高速公路沥青路面面层用沥青混合料的配合比组成。

【原始资料】

(1)道路等级:高速公路。

(2)路面类型:沥青混凝土。

(3)结构层位:三层式沥青混凝土面层的中面层。

(4)气候条件:7 月份平均最高气温为 31℃,年极端最低气温为 -7℃,年降雨量为 1 400mm。

(5)材料性能:

沥青材料:沥青密度 1.016g/cm^3,经检验各项技术性能均符合要求。

矿质材料:4 档集料的级配组成见表 5-33,洛杉矶磨耗率 13%,黏附性等级 5 级,粗集料 A 和 B 毛体积相对密度分别为 2.825、2.784,细集料表观相对密度 2.962。矿粉采用石灰石磨细石粉,粒度范围符合技术要求,无团粒结块,表观密度 2.810 g/cm^3。

矿质集料级配与设计级配范围　　表 5-33

材料名称	各筛孔(mm)的通过百分率(%)										
	19.0	16.0	13.2	9.5	4.75	2.36	1.18	0.6	0.3	0.15	0.075
集料 A	99.8	81.9	53.6	12.1	0.1	0	0	0	0	0	0
集料 B	100	100	100	98.5	21.4	0.1	0	0	0	0	0
集料 C	100	100	100	100	98.7	78.0	55.6	46.9	23.1	19.0	8.2
集料 D	100	100	100	100	98.5	81.1	49.9	38.5	8.9	6.1	2.6
矿粉 E	100	100	100	100	100	100	100	99.9	99.5	99.4	92
AC-16 级配范围	100	90~100	76~92	60~80	34~62	20~48	13~36	9~26	7~18	5~14	4~8

【设计要求】

(1)确定沥青混合料类型,并进行矿质混合料的配合比设计。

(2)确定最佳沥青用量。

(3)根据高速公路用沥青混合料要求,检验沥青混合料的水稳定性和抗车辙能力。

解:1. 矿质混合料配合比设计

(1)确定沥青混合料类型以及矿质混合料的级配范围。根据设计资料选用 AC-16 型沥青混凝土混合料,相应的设计级配范围查表 5-25 确定,设计级配范围见表 5-33。

(2)利用计算机的电子表格用试配法进行矿质混合料配合比计算,计算结果见表 5-34,级配曲线见图 5-24。从图 5-24 可以看出,计算结果的合成级配曲线接近设计级配中值。

2. 确定最佳沥青用量

1)马歇尔试验

(1)试件成型。根据经验 AC-16 型沥青混合料的沥青用量范围为 4.0%~6.0%,采用 0.5% 间隔变化,拌制 5 组试件,按规定每面各击实 75 次的方法成型。

(2)试件物理力学指标的测定。按照规范,采用真空法实测试件的理论最大密度,采用表干法测定试件的毛体积相对密度,计算试件的空隙率、矿料间隙率 VMA、有效沥青的饱和度 VFA 等体积指标,结果见表 5-35。测定物理指标后的试件,在 60℃ 温度下测定其马歇尔稳定度和流值,马歇尔试验结果见表 5-35。

(3)绘制沥青用量与物理-力学指标关系图。根据表 5-35 马歇尔试验结果汇总表,绘制沥青用量与毛体积相对密度、空隙率、饱和度、矿料间隙率、稳定性、流值的关系图如图 5-25

所示。

矿质混合料组成配合计算表　　表5-34

筛孔尺寸(mm)	集料A(%)	集料B(%)	集料C(%)	集料D(%)	矿粉E(%)	合成级配	工程设计级配范围		
							中值	下限	上限
19	99.8	100	100	100	100	99.92	100	100	100
16	81.87	100	100	100	100	92.93	95	90	100
13.2	53.59	100	100	100	100	81.9	84	76	92
9.5	12.11	98.47	100	100	100	65.4	70	60	80
4.75	0.09	21.35	98.71	98.45	100	44.03	48	34	62
2.36	0	0.11	78.04	81.05	100	32.82	34	20	48
1.18	0	0	55.57	49.94	100	23.55	24.5	13	36
0.6	0	0	46.9	38.49	99.92	20.07	17.5	9	26
0.3	0	0	23.05	8.93	99.53	10.78	12.5	7	18
0.15	0	0	19.03	6.09	99.36	9.56	9.5	5	14
0.075	0	0	8.19	2.63	92	6.58	6	4	8
配合比	39	21	19	16	5	100	—	—	—

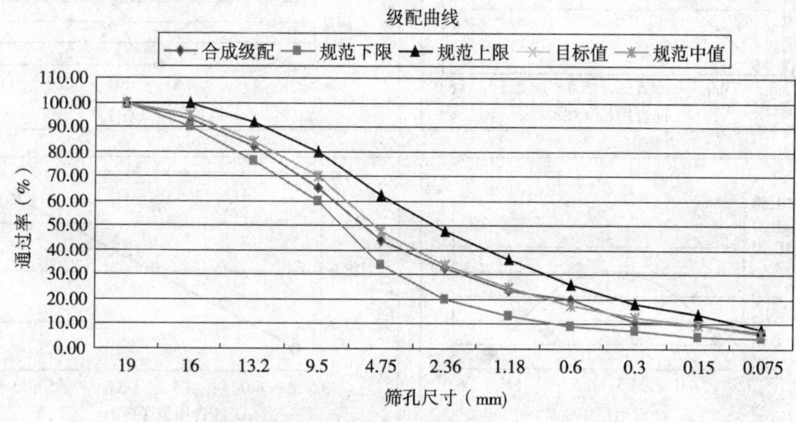

图5-24　AC－16型矿料级配组成合成曲线

马歇尔试验结果　　表5-35

沥青用量(%)	4.0	4.5	5.0	5.5	6.0
毛体积相对密度	2.389	2.408	2.413	2.415	2.408
最大理论相对密度	2.5491	2.5299	2.5111	2.4927	2.4749
稳定度(kN)	8.58	9.41	10.77	8.80	8.37
流值(0.1mm)	20.1	24.8	28.4	30.4	36.0
空隙率(%)	6.28	4.81	3.47	2.76	1.97
饱和度(%)	56.2	65.7	72.8	78.8	85.6
矿料间隙率(%)	14.9	14.3	14.0	14.6	14.9

2)最佳沥青用量的确定

(1)确定沥青用量初始值 OAC_1。从图 5-25 得,相应于密度最大值的沥青用量 a_1 = 4.96%,稳定度最大值 a_2 = 4.65%,目标空隙率(或中值) a_3 = 4.50%,沥青饱和度范围的中值的沥青用量 a_4 = 4.49%。

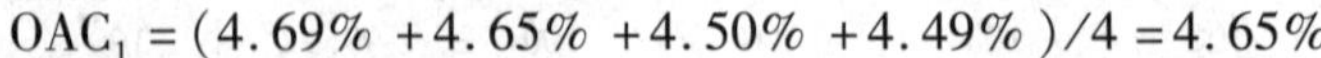

$$OAC_1 = (4.69\% + 4.65\% + 4.50\% + 4.49\%)/4 = 4.65\%$$

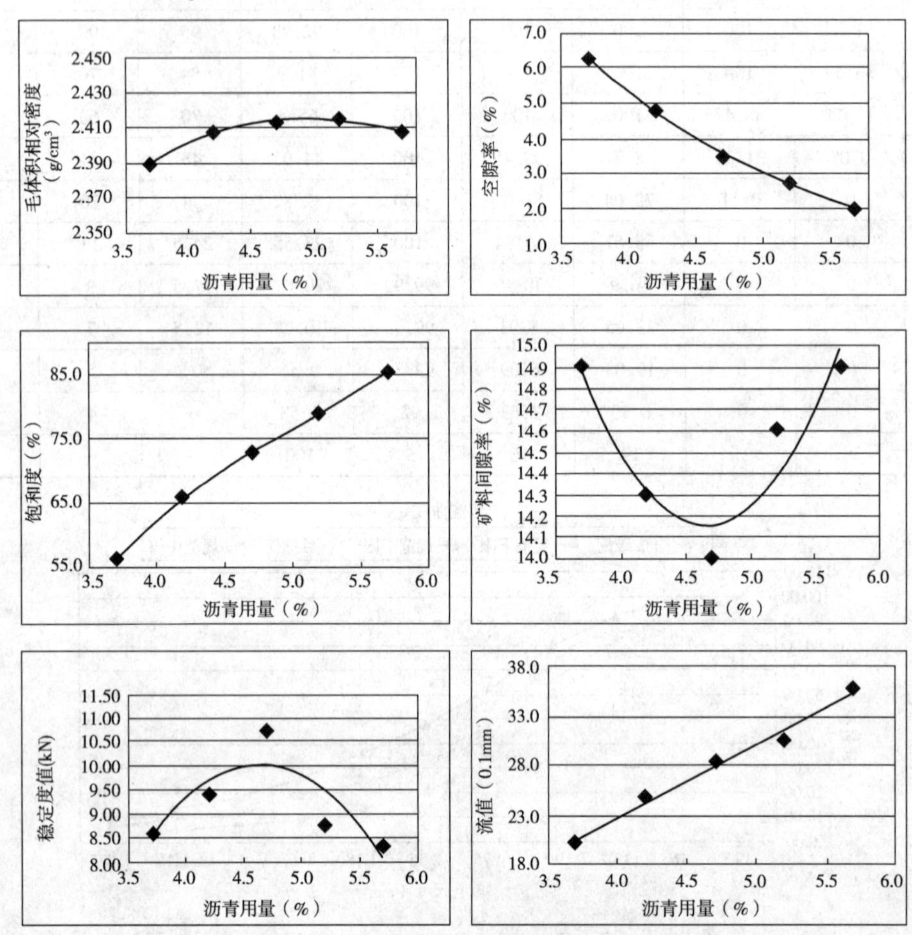

图 5-25　马歇尔试验结果

(2)确定沥青用量初始值 OAC_2。由图 5-25 得,各指标符合沥青混合料技术指标的沥青用量范围: OAC_{min} = 4.15%, OAC_{max} = 4.88%

$$OAC_2 = (4.15\% + 4.88\%)/2 = 4.52\%$$

(3)综合确定最佳沥青用量 OAC。由 OAC_1 和 OAC_2 综合确定沥青最佳用量取 OAC = 4.58%。

3. 水稳定性和抗车辙能力检验

1)水稳定性检验

采用沥青用量 4.58% 制备沥青混合料试件,按照规定方法进行浸水马歇尔试验和冻融劈裂试验,试验结果见表 5-36。

沥青混合料水稳定性试验结果 表5-36

沥青用量(%)	浸水残留稳定度 MS_0(%)	冻融劈裂强度比 TSR(%)
4.58	90.27	80.54
规范要求	≮80%	≮75

从表5-36试验结果可知,OAC=4.58%的沥青混合料的水稳定性符合规范要求。

2)抗车辙能力检验

以沥青用量4.58%进行抗车辙试验,试验结果见表5-37。

沥青混合料车辙试验结果 表5-37

沥青用量(%)	动稳定度 DS(次/mm)	沥青用量(%)	动稳定度 DS(次/mm)
4.58	2 810.2	规范要求	>1 000

从表5-37中试验结果可知,OAC=4.58%的沥青混合料的动稳定度符合高速公路抗车辙的要求。

•第七节 其他沥青混合料的技术性质•

一、SMA 混合料

SMA是沥青玛蹄脂碎石(Stone Matrix Asphalt)的缩写,是一种由沥青结合料与少量的纤维稳定剂、细集料以及较多的填料(矿粉)组成的沥青玛蹄脂,填充于间断级配的粗集料骨架间隙中组成一体所形成的沥青混合料,简称SMA。SMA混合料属于骨架密实结构,具有耐磨抗滑、密实耐久、抗疲劳、抗高温车辙、减少低温开裂等优点,适用于高等级道路沥青路面的上面层使用。

1. SMA混合料的组成材料及其技术要求

由于SMA混合料的骨架结构特性以及对它较高的性能要求,其组成材料的质量除了应该满足普通热拌沥青混合料组成材料的基本要求外,还应满足一些特殊要求。

1)沥青结合料

在SMA混合料中,要求沥青具有较高的黏度,与集料有良好的黏附性。SMA所用沥青质量必须符合我国"重交通道路沥青技术要求",并应采用比当地常用普通热拌沥青混合料所用沥青硬一级的沥青。对于高速公路、承受繁重交通的重大工程道路、夏季特别炎热或冬季特别寒冷地区的道路,最好采用改性沥青配制SMA混合料。

2)集料与填料

用于SMA混合料中的粗集料应是高质量的轧制碎石,其岩石应坚韧,具有较高的强度和刚度,如玄武岩、砂岩、花岗岩等石料。应严格控制集料中的针片状颗粒含量,集料的颗粒形状应接近立方体,富有棱角,纹理粗糙。当粗集料与沥青的黏附性等级不能满足要求时,必须采取有效的抗剥落剂。

细集料最好使用坚硬的机制砂,也可以从洁净的石屑中筛取粒径范围0.5~3mm部分作为机制砂使用。当采用普通石屑作为细集料时,宜采用石灰岩石屑,石屑中不得含有泥土类杂物。

填料必须采用石灰石等碱性岩石磨细的矿粉，矿粉质量应满足普通热拌沥青混合料对矿粉的要求。其他要求同普通热拌沥青混合料。

3）纤维

SMA 混合料中的常用纤维材料有：木质素纤维、矿物纤维、腈纶纤维、涤纶纤维、玻璃纤维等聚合物化学纤维。纤维在 SMA 混合料中作用是吸油、稳定、增强，并提高 SMA 混合料高温下的抗剪强度。

2. SMA 混合料的技术性质

1）高温稳定性

SMA 混合料由相互嵌挤的粗集料骨架和沥青玛蹄脂两个部分组成，在材料组成上，粒径≥4.75mm 的粗集料高达70% ~80%，矿粉用量为10%左右，细集料较少。粗颗粒之间有着良好的嵌锁作用，沥青玛蹄脂起胶结作用并填充粗集料的骨架空隙，所以 SMA 混合料抵抗荷载变形的能力较强，即使在高温条件下，沥青玛蹄脂的黏度下降，对混合料抗变形能力的影响不大，因而 SMA 混合料有着较强的高温抗车辙能力。

2）低温抗裂性

在低温条件下，沥青混合料的抗裂性能主要由结合料的性质决定，由于在 SMA 混合料中有着相当数量的沥青玛蹄脂，当温度下降混合料收缩使集料颗粒被拉开时，沥青玛蹄脂具有较高的黏结能力，它的韧性和柔性使得混合料具有较好的低温变形能力。

3）耐久性

在 SMA 混合料中，粗集料骨架空隙被富含沥青的沥青玛蹄脂密实填充，并将集料颗粒黏结在一起，沥青在集料表面形成较厚的沥青膜。此外，SMA 混合料空隙率较小，沥青与水或空气的接触较少，因而 SMA 混合料的水稳定性和抗老化性较普通沥青混合料为好；又由于 SMA 混合料基本是不透水的，对中、下面层和基层有着较好的保护作用和隔水作用，使沥青路面保持较高的整体强度和稳定性。

4）表面特征

SMA 混合料一方面要求使用坚硬、粗糙、耐磨的高质量碎石，另一方面采用间断级配的矿料，压实后表面形成的构造深度大，一般超过 1mm，这使得沥青面层具有良好的抗滑性和耐磨性，还能减少溅水，减少噪声，提高道路行驶质量。

二、常温沥青混合料

常温沥青混合料是指常温下拌和，常温下铺筑的沥青混合料，也可称作冷铺沥青混合料，这类混合料所用的结合料为液体沥青或乳化沥青。为了节约能源、保护环境，我国较少采用液体沥青。本节主要介绍以乳化沥青为结合料的几种常温沥青混合料的技术性质。

1. 乳化沥青混合料

乳化沥青混合料是采用乳化沥青与矿质混合料在常温状态下拌和的，经铺筑与压实成型后形成沥青路面，根据矿料的级配类型分为乳化沥青碎石混合料与乳化沥青混凝土混合料。乳化沥青混合料适用于沥青路面的维修和养护，如铺筑封层、罩面、修补坑槽等，主要目的是封闭路面表面，使空气和水不致侵入路面结构内部，并抑制路表结构中混合料松散，改善道路的表面外观，是一种节约能源、保护环境、方便施工的路面养护维修材料。

1)乳化沥青混合料的强度形成特性

乳化沥青混合料的强度形成过程与热拌沥青混合料有着明显的不同。乳化沥青混合料的乳化沥青必须经过与矿料界面黏附、分解破乳、排水、蒸干等过程才能完全恢复其中沥青的原有黏结性能。由于分散在混合料中的水分不能立即排净，在铺筑初期，这些水分大部分呈游离状态占据着混合料中的空隙，而水的黏度远低于沥青的黏度，在混合料中的“润滑”的作用大大高于沥青，从而降低了矿料颗粒间的内摩阻力，使沥青混合料的强度和稳定性下降。因此，经碾压后的乳化沥青混合料，需要经过比热拌沥青混合料成型过程长得多的时间，才能达到一定的强度。随着乳化沥青混合料的摊铺、碾压及行车压实，水分将逐渐蒸干，乳化沥青混合料的密实度随之增加，强度也随时间而提高。

由于乳化沥青混合料的早期强度较低，应注意做好路面的早期养护，并采用适当的措施提高乳化沥青混合料的早期强度。

2)乳化沥青混合料的组成材料和技术要求

在乳化沥青混合料中，对集料和填料的质量和规格要求与热拌沥青混合料基本相同。乳化沥青碎石混合料路面采用的乳化沥青的类型为 BC-1 BA-1、BC-2 BA-2 或 BC-3 BA-3。乳化沥青混凝土混合料中的乳化沥青可用 BC-2 BA-2 或 BC-3 BA-3。

3)乳化沥青混合料的配合比设计

由于乳化沥青混合料与热沥青混合料具有不同的成型机理，因此，在配合比设计试验中也需要考虑乳化沥青的这些特性，采取相应的成型和养生措施，尽可能模拟现场实际情况，使室内试验结果具有指导现场施工的意义。所以，乳化沥青混合料的马歇尔稳定度试验方法需要在热拌沥青混合料试验方法的基础上进行修正，修正的要点在于试件的击实和养生，其余的饱和度、密度、空隙率、流值、稳定度的测定方法同热拌沥青混合料。

2. 乳化沥青稀浆封层与混合料

稀浆封层混合料是用适当级配的石屑或砂、填料(水泥、石灰、粉煤灰、石粉等)与乳化沥青、外掺剂和水，按一定比例拌和而成的流动状态的沥青混合料，将其均匀地摊铺在路面上形成的沥青封层。微表处混合料是用适当级配的石屑或砂、填料(水泥、石灰、粉煤灰、石粉等)与聚合物改性乳化沥青、外掺剂和水，按一定比例拌和而成的流动状态的沥青混合料，将其均匀地摊铺在路面上形成的沥青封层。

沥青稀浆封层和微表处混合料可以用于沥青路面的养护维修，也可以用于路表加铺抗滑层或磨耗层。

1)稀浆封层和微表处的组成材料和技术要求

(1)结合料。稀浆封层和微表处中起黏结作用的是所用乳化沥青中的沥青材料，因此，乳化沥青中的沥青应符合相关的技术要求。作为用于稀浆封层和微表处的乳化沥青，还要满足稀浆封层级配矿料的拌和要求，也就是乳液和矿料在拌和、摊铺过程中，稀浆混合料必须均匀、不破乳、不离析、处于良好流动状态。微表处必须采用改性乳化沥青，稀浆封层可采用普通乳化沥青或改性乳化沥青。稀浆封层和微表处的混合料中乳化沥青及改性乳化沥青的用量应通过配合比设计确定。

(2)矿料。矿料要有一定的颗粒级配组成，使其形成密实而又稳定的沥青混合料，在集料中要有一定数量的粗粒料起骨架作用,其最大粒径决定稀浆封层的厚度。为保持沥青稀浆的密实性、耐久性、与稀浆拌和摊铺时的和易性,集料中要有一定数量的细粒料,如细料过少,稀浆混合料施工拌和摊铺时会离析分散,大颗粒沉淀不易摊铺。矿料可采用石屑、天然砂、机制砂等,最大粒径为9.5mm、4.75mm或2.36mm。稀浆封层和微表处一般是铺在路面的表面,直接与车轮接触,为提高乳化沥青稀浆封层的抗滑耐磨性能,延长封层使用寿命,最好选择坚硬、粗糙、耐磨、洁净的集料。细集料宜采用碱性石料生产的机制砂或洁净的石屑。对集料中的超粒径颗粒必须筛除。

(3)水。水是构成稀浆混合料的重要组成部分,用量的大小是决定稀浆稠度和密实度的主要因素。稀浆混合料的水相是由矿料中的水、乳液中的水和拌和时的外加水构成的。为润湿集料,使稀浆混合料具有要求的流动度掺加适量的水。

(4)填料。稀浆混合料中填料的作用不仅是填充混合料的空隙,还可以改善稀浆混合料的施工和易性。填料可分为具有化学活性的填料和不具有化学活性的填料。不具有化学活性的填料一般指矿粉等,具有化学活性的填料包括水泥、石灰粉、粉煤灰等。最常用的矿物填料是水泥,其次是石灰。

(5)添加剂。为调节稀浆混合料的和易性和凝结时间需添加各种具有辅助功能的材料,如氯化铵、氯化钠、硫酸铝等。

2)稀浆封层混合料的类型及其适用性

根据乳化沥青特性和使用目的,稀浆封层混合料分为普通沥青稀浆封层(简称普通稀浆封层,代号ES)和改性乳化沥青稀浆封层(简称改性稀浆封层),用于精细表面处治封层的改性稀浆封层又简称作微表处,代号MS。

稀浆封层一般用于二级及二级以下公路的预防性养护,也适用于新建公路的下封层。稀浆封层混合料按矿料级配尺寸可分为三种类型。

(1)ES-1型细粒式稀浆封层混合料。这种类型的乳化沥青稀浆封层,其矿料级配非常细,沥青用量较高,具有较好渗透性,适用于填补裂缝。

(2)ES-2型中粒式稀浆封层混合料。是最常用级配,可形成中等粗糙度,用于一般道路路面的磨耗层,也适用于旧高等级路面的修复路罩面。

(3)ES-3型粗粒式稀浆封层混合料。其表面粗糙,适用作抗滑层,亦可作二次抗滑处理,可用于高等级路面。

3)微表处混合料的类型及其适用性

微表处主要用于高速公路及一级公路的预防性养护以及填补轻度车辙,也适用于新建公路的抗滑磨耗层。微表处混合料分为MS-2和MS-3两种类型,见表5-38。

4)稀浆混合料的技术性质

(1)可拌和时间。通过拌和试验可预测稀浆混合料破乳前的可拌和时间,为了模拟稀浆混合料施工现场的工作状态,试验温度应考虑施工中可能遇到的最高温度。

(2)稀浆混合料的稠度。稀浆混合料的稠度应满足和易性的要求。在进行稀浆封层施工时,若稀浆混合料稠度过大,不便于摊铺成型;而稀浆混合料太稀,封层的稳定性较差,摊铺后容易离析。稀浆混合料的稠度采用稠度试验确定。

稀浆封层和微表处的矿料级配 表 5-38

筛孔尺寸(mm)	不同类型通过各筛孔的百分率(%)				
	微表处		稀浆封层		
	MS—2 型	MS—3 型	ES—1 型	ES—2 型	ES—3 型
9.5	100	100		100	100
4.75	95~100	70~90	100	95~100	70~90
2.36	65~90	45~70	90~100	65~90	45~70
1.18	45~70	28~50	60~90	45~70	28~50
0.6	30~50	19~34	40~65	30~50	19~34
0.3	18~30	12~25	25~42	18~30	12~25
0.15	10~21	7~18	15~30	10~21	7~18
0.075	5~15	5~15	10~20	5~15	5~15
一层的适宜厚度(mm)	4~7	8~10	2.5~3	4~7	8~10

(3)稀浆混合料的可操作时间。稀浆混合料的可操作时间包括初凝时间和固化时间。初凝时间是指拌和后至沥青乳液破乳完成的时间,为了保证有足够的时间对稀浆混合料进行拌和与铺筑操作,初凝时间不宜太短,但初凝时间过长,将延迟开放交通时间,给施工的管理带来困难。固化时间是指混合料摊铺后开放交通时间,固化时间不宜太长,否则将给施工和管理带来困难,延误交通。通过掌握稀浆混合料凝结固化速度,从而指导稀浆封层的施工操作。稀浆混合料的凝结时间可以采用黏结力试验确定。

(4)稀浆混合料的耐磨耗性能。当稀浆混合料成型后,应具备一定的耐磨耗性,以抵抗车辆荷载的磨耗作用。稀浆混合料的耐磨耗性采用湿轮磨耗试验评价。

(5)稀浆混合料的碾压试验。碾压试验模拟交通形式条件,测定稀浆混合料中是否有过多沥青,用以控制稀浆混合料中的最大沥青用量。

(6)黏附性。乳化沥青与矿料的黏附性是在规定的试验条件下,以沥青在矿料表面的裹覆面积表示,用以评价稀浆混合料的抗剥落性能。

3. 其他常温沥青混合料

袋装常温沥青混合料是采用具有级配的矿料与适量的特种结合料,加入适量的软化剂或添加剂,在常温下拌和并袋装密封储存的一种路面养护材料。这种材料可以库存,并可在常温下施工,操作简单,适用于临时性修补工程,或无法采用热拌沥青混合料进行修补的紧急抢修工程。

根据所采用的结合料,袋装常温沥青混合料有溶剂型和乳剂型两类。溶剂型采用液体石油沥青作为结合料,乳剂型采用乳化沥青作为结合料。袋装常温沥青混合料组成材料的质量应符合热拌沥青混合料对组成材料的要求。由于常温沥青混合料成型速度慢,初期强度较低,成型后渗水系数大,不宜选用粗级配或开级配的矿料级配。

1)乳剂型袋装常温沥青混合料

乳化沥青是决定袋装常温沥青混合料质量和储存期的关键材料,宜选用慢裂型乳化沥青作为结合料,并选择高质量沥青材料配制乳化沥青。为保证常温沥青混合料在拌和、储存、摊铺等施工阶段的稳定性,需要加入适量的添加剂,其种类和剂量应通过室内试验确定。

乳剂型袋装常温沥青混合料的配制和储存过程为:按照矿质混合料级配组成,将各种规格的集料按比例输送到搅拌机中,拌和3~6s。按照设计沥青用量,将乳化沥青泵入搅拌机,同时加入添加剂,拌和40~50s。将拌和均匀的混合料装入储存袋中,每袋质量以30g左右为宜,用封口机将储存袋封好,不得混入空气,入库储存。不同期生产的混合料要分别堆放,堆放高度以3~4层为宜,并定期检查储存室温度、湿度及混合料储存稳定性。

2)溶剂型袋装常温沥青混合料

采用乳化沥青配制的袋装沥青混合料不适宜长期储存,大多为随伴随用。同时乳化沥青混合料需要较长时间才能成型,所修补的坑洞容易松散,一般只适合于轻交通道路使用。采用液体沥青拌制的溶剂型袋装常温沥青混合料的适用性较强,既可铺成2~3cm的薄层,修补较小的坑洞,也可用于修补5~10cm较深的坑槽。用溶剂型袋装常温沥青混合料所修补的路面在行车作用下会进一步压密,强度逐渐提高。经过压实成型的袋装常温沥青混合料,使用性能与热铺沥青路面基本相同,所以这种混合料即可用于高等级道路路面坑槽修补,也可在一般道路养护中使用。

按照使用季节的不同,溶剂型袋装常温沥青混合料可分为夏秋季用和冬春季用两种规格,也可分成夏季用、秋季用和冬季用三种规格。在气温较高季节使用的袋装常温沥青混合料,采用黏度较低液体沥青拌制。

按照矿料的最大公称尺寸,袋装常温沥青混合料的级配组成可以是细粒式或砂粒式,较少采用中粒式或粗粒式。这是由于所修补的对象通常在沥青路面的上面层,结构厚度在4cm左右,不需要较大颗粒的粗粒式混合料。又由于袋装常温沥青混合料的初期黏结性能较差,大颗粒集料容易脱落,降低修补效果。此外,路面上的坑槽有深有浅,较细的混合料既适用于深的坑槽,也适合于浅的坑槽,所以颗粒较小的细粒式或砂粒式袋装常温沥青混合料既有较大的适用性。

三、其他沥青混合料

1. 桥面铺装材料

桥面铺装是铺筑于桥面上的结构层,它的作用是保护桥面板,防止车轮荷载直接磨耗桥面,并避免各种环境因素对桥面板的直接作用,以提高桥面板,尤其是钢桥桥面板的耐久性。桥面铺装有水泥混凝土铺装和沥青混合料铺装两类,本节简要介绍沥青混合料铺装。

1)水泥混凝土桥面的沥青混合料铺装

(1)基本要求。铺筑于大中型的水泥混凝土桥面上的沥青铺装层,应能与混凝土桥面板很好地黏结,并具有防止渗水、抗滑及较高的抗振动冲击能力,这类桥面铺装应进行专门的设计。

小跨径桥面沥青铺装层的各项要求与相接路段的行车道路面结构相同。

(2)桥面沥青铺装层构造。桥面沥青铺装层由防水层、保护层及沥青面层组成,总厚度为60~100mm。

①防水层。对立交桥、防水要求高或桥面板位于结构受拉区而可能出现裂缝的桥面上,为了提高桥面的使用年限、减少维修养护,应在桥面上采用防水层。桥面防水层厚度约1.0~

5.0mm,主要类型有沥青涂胶类防水层、高聚物涂胶类防水层或沥青卷材防水层。

沥青涂胶类防水层是采用改性乳化沥青、沥青或改性沥青,洒布总用量为1.6~2.0kg/m^2,然后撒布一层洁净中砂或小碎石,经碾压成下封层;高聚物涂胶类防水层是采用聚氨酯胶泥、环氧树脂、阳离子乳化沥青、聚丁橡胶等高分子高聚物,这类防水层由于施工方便,目前用得较多;沥青卷材防水层是采用改性沥青卷材或浸渍沥青无纺布(土工布)通过沥青粘层与桥面黏结。

②保护层。为了保护防水层,在其上应加铺保护层。保护层可以采用AC-10或AC-5型沥青混凝土,沥青石屑铺筑,厚度约10mm。

③面层。面层分承重层和抗滑层。承重层宜采用高温稳定性好的AC-16或AC-20型热拌沥青混凝土混合料,厚度40~60mm。抗滑层或磨耗层宜采用抗滑表层结构,厚度20~25mm。为提高桥面铺装的高温稳定性,承重层和抗滑层结合料宜采用高聚物改性沥青。

2)钢桥的沥青混凝土铺装

钢桥面铺装应满足防水性好、稳定性好、抗裂性好、耐久性好以及层间黏结性好的使用性能要求。钢桥桥面铺装由防锈层、防水层和铺装结构层组成,应根据不同地区道路等级以及铺装的功能要求,选择单层式或双层式铺装结构层。当钢桥桥面铺装厚度小于40mm时,应采用单层式沥青铺装层;铺装厚度为40~80mm时,宜分两层铺筑。

钢桥铺装的沥青混合料类型有:沥青玛蹄脂碎石混合料SMA、浇注式沥青混凝土GA以及密级配沥青混凝土混合料AC。沥青铺装层混合料的选择应充分考虑钢桥面受力特点、沥青铺装层的功能以及气候环境因素。采用双层式铺装结构时,铺装下层的沥青混合料应具有较好的变形能力,能适应钢桥面板的各种变形,同时还应满足耐久、抗车辙、抗水损害、防水性能要求。而铺装上层的沥青混合料应具有较好的热稳定性,抗车辙能力,同时还应满足耐久、抗裂、抗水损害、抗滑性能要求。采用单层式铺装时,沥青混合料应满足耐久、抗裂、抗车辙、防水、抗水损害、抗滑性能等多方面要求。

2. 水泥混凝土路面接缝材料

水泥混凝土面层必须修筑纵向接缝和横向接缝,将面层划分为较小尺寸的板,以减少因伸缩变形和翘曲变形受到约束而产生的内应力,并满足施工的需要。各类接缝的槽口必须采用接缝材料予以填封,以避免杂物和水分的渗入,否则落入接缝的硬质杂物会导致水泥混凝土板边角崩裂,渗入的水分会降低基层的稳定性。水泥混凝土路面接缝材料有接缝板和填缝料类。

1)胀缝接缝板

接缝板是指为了防止水泥混凝土路面面板膨胀压屈置放在胀缝中的预制板,所以接缝板应能适应混凝土板膨胀收缩,施工时不变形,复原率高,耐久性良好。接缝板由杉木板、软木板、泡沫树脂板、泡沫橡胶类和沥青纤维板类等材料制作。高速公路和一级公路路面混凝土胀缝处宜采用泡沫橡胶板、沥青纤维板作为接缝板。其他公路可采用泡沫橡胶板、沥青纤维板、杉木板、杨木板、松木板、纤维板、泡沫树脂板等。

2)填缝料

(1)填缝料的技术要求。填缝料是指为防止雨水及砂、石等杂物进入水泥混凝土路面面板各种接缝内部,在接缝槽口上部灌入的材料。作为水泥混凝土路面接缝的填缝料,要求它与混凝土接缝槽壁能够很好地黏结,回弹性好,适应于缝隙间距的变化,在低温时有较大的延性以适应混凝土板的收缩而不开裂，不溶于水，不渗水，在高温时有较好的热稳定性，不软化、不渗水、不流淌。此外，还要具有一定的抗砂石嵌入的能力，并且能抵抗自然因素的老化作用，不溶于水、不渗水、便于施工操作等性能。

(2)填缝料的主要技术指标。

①填缝料的流动度。流动度表征填缝料在夏季高温时抗流动的能力。测定方法是在平滑的钢板上，将填缝料灌注成三个60mm×40mm×4mm的试样，置于75°倾角的支架上，在60±1℃的恒温箱中保持5h，测定其长边的流动变形值，即为流动度，以mm计。

②填缝料的拉伸量。低温拉伸量用于表征填缝料在低温时，能适应混凝土板的收缩变形且能与板保持黏结的最大延伸能力。测定方法是将填缝料灌注在两个尺寸120mm×60mm×35mm水泥砂浆块之间，其间放一块接缝板，并在两端放上挡板，使两水泥砂浆块之间形成尺寸15mm×40mm×100m的空槽，将填缝料灌入该空槽中，挂平后在15~30℃条件下养生24h。拆除挡板和接缝板，将试件放入-10±1℃的冰箱中冷冻4h后，以0.05mm/min的速度均匀拉伸两个水泥砂浆块，观察拉伸情况，当填缝料从砂浆块表面脱落，或填缝料自身出现裂纹时停止拉伸，记录拉伸长度，以mm计。

③填缝料的弹性复原率。弹性复原率用于评定填缝料适应混凝土板胀缩的弹性恢复能力。测定方法是，在25±1℃条件下，使总质量为75g的球针自由贯入试样5s，然后在10s内将球针压入试样10mm深度并稳定5s，然后放开球针让其自由回弹20s，测定其回弹值。该值与10mm之比，即为弹性复原率。

④常温施工式填缝料的失黏时间和流动度。失黏时间是测定填缝料的凝固时间，特别是双组分聚氨酯类填缝料的固化时间和固化过程。试验时将准备好的填缝料灌入模框中，刮平后盖上聚乙烯薄膜，并压上一块压重板，水平地置于20±3℃养护室中。养护至填缝料不再黏聚乙烯薄膜为止，总养护时间即为失黏时间，以h计。

失黏时间试验完成后，可按照上述方法进行流动度试验。

习　题

1. 沥青的体膨胀系数与沥青的路用性能有何关系？

2. 沥青常用的技术指标有哪些，反映沥青的哪些性能？

3. 表征沥青黏滞性的试验方法有哪些？

4. 沥青的三大指标指的是什么？

5. 沥青针入度、延度、软化点试验反映沥青的哪些性能？简述主要试验条件。

6. 沥青的低温性能可采用哪些指标来测试？

7. 沥青的感温性最常采用哪些指标来表征？

8. 影响沥青与集料黏附性的因素有哪些？

9. 改性沥青有哪些技术要求？

10. 沥青在10℃和25℃下测定的针入度分别为24和79(0.1mm)，求出沥青的针入度-温度敏感性系数A，由此计算沥青的针入度指数PI，并判断沥青的胶体结构类型。

11. 沥青混合料按其组成结构可分为哪几种类型,各种结构类型沥青混合料的路用特性?

12. 符号 AC-13、AM-20、SMA-16、OGFC-16 分别表示哪种类型的沥青混合料?

13. 简述沥青混合料应具备的路用性能及其主要影响因素。

14. 简述沥青混合料高温稳定性的评定方法和评定指标。

15. 对沥青混合料组成材料主要有哪些主要技术要求?这些技术要求对沥青混合料的技术性质有什么影响?

16. 试述我国现行热拌沥青混合料配合组成的设计方法。矿质混合料的组成和沥青最佳用量是如何确定的?

17. 采用马歇尔法设计沥青混合料配合比后,为什么还要进行浸水马歇尔试验和车辙试验?

18. 与连续密级配热拌沥青混合料相比,SMA 混合料材料组成特点是什么?

19. 什么是常温沥青混合料?它是由什么材料组成的,在技术性能上有何特性?

20. 简述稀浆封层混合料的主要技术要求。

21. 稀浆混合料的用水量对其性能有何影响?

22. 水泥混凝土桥面沥青铺装、钢桥面沥青铺装包括有哪些结构层次?各自的功能是什么?

附录一

道路材料的其他常规试验项目

试验一、岩石密度试验

1. 目的和适用范围

岩石的密度(颗粒密度)是选择建筑材料、研究岩石风化、评价地基基础工程岩体稳定性及确定围岩压力等必需的计算指标。

本法用洁净水做试液时适用于不含水溶性矿物成分的岩石的密度测定,对含水溶性矿物成分的岩石应使用中性液体如煤油做试液。

2. 仪器设备

(1)密度瓶:短颈量瓶,容积100mL。

(2)天平:感量0.001g。

(3)轧石机、球磨机、瓷研钵、玛瑙研钵、磁铁块和孔径为0.315mm(0.3mm)的筛子。

(4)砂浴、恒温水槽(灵敏度±1℃)及真空抽气设备。

(5)烘箱:能使温度控制在105~110℃。

(6)干燥器:内装氯化钙或硅胶等干燥剂。

(7)锥形玻璃漏斗和瓷皿、滴管、中骨匙和温度计等。

3. 试样制备

取代表性岩石试样在小型轧石机上初碎(或手工用钢锤捣碎),再置于球磨机中进一步磨碎,然后用研钵研细,使之全部粉碎成能通过0.315mm筛孔的岩粉。

4. 试验步骤

(1)将制备好的岩粉放在瓷皿中,置于温度为105~110℃的烘箱中烘至恒量,烘干时间一般为6~12h,然后再置于干燥器中冷却至室温(20±2℃)备用。

(2)用四分法取两份岩粉,每份试样从中称取15g(m_1),精确至0.001g(本试验称量精度皆同),用漏斗灌入洗净烘干的密度瓶中,并注入试液至瓶的一半处,摇动密度瓶使岩粉分散。

(3)当使用洁净水作试液时,可采用沸煮法或真空抽气法排除气体。当使用煤油作试液时,应采用真空抽气法排除气体。采用沸煮法排除气体时,沸煮时间自悬液沸腾时算起不得少于1h;采用真空抽气法排除气体时,真空压力表读数宜为100kPa,抽气时间维持1~2h,直至无气泡逸出为止。

(4)将经过排除气体的密度瓶取出擦干,冷却至室温,再向密度瓶中注入排除气体且同温条件的试液,使接近满瓶,然后置于恒温水槽(20±2℃)内。待密度瓶内温度稳定,上部悬液澄清后,塞好瓶塞,使多余试液溢出。从恒温水槽内取出密度瓶,擦干瓶外水分,立即称其质量m_3。

(5)倾出悬液,洗净密度瓶,注入经排除气体并与试验同温度的试液至密度瓶,再置于恒温水槽内。待瓶内试液的温度稳定后,塞好瓶塞,将逸出瓶外试液擦干,立即称其质量 m_2。

5. 结果整理

(1)按式(试 1-1)计算岩石密度值(精确至 0.01g/cm³):

$$\rho_t = \frac{m_1}{m_1 + m_2 - m_3} \times \rho_{wt} \quad (试1\text{-}1)$$

式中:ρ_t——岩石的密度,g/cm³;

m_1——岩粉的质量,g;

m_2——密度瓶与试液的合质量,g;

m_3——密度瓶、试液,与岩粉的总质量,g;

ρ_{wt}——与试验同温度试液的密度,g/cm³,洁净水的密度由附录查得,煤油的密度按式(试 1-2)计算:

$$\rho_{wt} = \frac{m_5 - m_4}{m_6 - m_4} \times \rho_w \quad (试1\text{-}2)$$

m_4——密度瓶的质量,g;

m_5——瓶与煤油的合质量,g;

m_6——密度瓶与经排除气体的洁净水的合质量,g;

ρ_w——经排除气体的洁净水的密度(由附录查得),g/cm³。

(2)以两次试验结果的算术平均值作为测定值,如两次试验结果之差大于 0.02 g/cm³ 时,应重新取样进行试验。

(3)试验记录。密度试验记录应包括岩石名称、试验编号、试样编号、试液温度、试液密度、烘干岩粉试样质量、瓶和试液合质量以及瓶、试液和岩粉试样总质量、密度瓶质量。

记录格式示例见试表 1-1。

岩石密度试验记录　　试表 1-1

试验次数	岩粉的质量 m_1(g)	密度瓶与试液的合质量 m_2(g)	密度瓶、试液与岩粉的总质量 m_3(g)	密度 ρ_t(g/cm³)		备注
				个别	平均	
1						
2						

试验者________　计算者________　校核者________　试验日期________

试验二、水泥凝结时间检验方法

1. 目的与适用范围

本方法适用于硅酸盐水泥、普通硅酸盐水泥、矿渣硅酸盐水泥、粉煤灰硅酸盐水泥、火山灰硅酸盐水泥、复合硅酸盐水泥、道路硅酸盐水泥及指定采用本方法的其他品种水泥。

2. 仪器设备

(1)水泥净浆搅拌机:符合 JC/T 729 的要求。

(2)标准法维卡仪:见本教材第三章试验部分,标准稠度测定用试杆(见图3-3)有效长度为50±1mm、由直径为ϕ10±0.05mm的圆柱形耐腐蚀金属制成。测定凝结时间时取下试杆,用试针[见图3-3d)、3-3e)]代替试杆。试杆由钢制成,其有效长度初凝针为50±1mm、终凝针为30±1mm、直径为ϕ1.13±0.05mm的圆柱体。滑动部分的总质量为300±1g。与试杆、试针联结的滑动杆表面应光滑,能靠重力自由下落,不得有紧涩和旷动现象。

盛装水泥净浆的试模(见图3-3a)应由耐腐蚀的、有足够硬度的金属制成。试模深40±0.2mm、顶内径ϕ65±0.5mm、底内径ϕ75±0.5mm的截顶圆锥体,每只试模应配备一个大于试模、厚度大于等于2.5mm的平板玻璃底板。

(3)代用法维卡仪:符合JC/T 727的要求。

(4)量水器:分度值为0.1mL,精度1%。

(5)天平:量程1 000g,感量1g。

3.准备工作

(1)水泥试样应充分拌匀,通过0.9mm方孔筛并记录筛余物情况,但要防止过筛时混进其他水泥。

(2)试验用水必须是洁净的淡水,如有争议时可用蒸馏水。

(3)实验室温度、相对湿度:

①实验室的温度为20±2℃,相对湿度大于50%。

②水泥试样、拌和水、仪器和用具的温度应与实验室内温度一致。

4.试验步骤

(1)调整凝结时间测定仪的试针接触玻璃板,使指针对准零点。

(2)以标准稠度用水量制成标准稠度净浆(记录水泥全部加入水中的时间作为凝结时间的起始时间)一次装满试模,振动数次刮平,立即放入湿气养护箱中。

(3)初凝时间测定:

①记录水泥全部加入水中至初凝状态的时间作为初凝时间,用“min”计。

②试件在湿气养护箱中养护至加水后30min时进行第一次测定。测定时,从湿气养护箱中取出试模放到试针下,降低试针与水泥净浆表面接触。拧紧螺钉1~2s后,突然放松,使试杆垂直自由地沉入水泥净浆中。观察试针停止沉入或释放试针30s时指针的读数。

③临近初凝时,每隔5min测定一次。当试针沉至距底板4±1mm时,为水泥达到初凝状态。

④达到初凝状态时,应立即重复测一次,当两次结论相同时才能定为达到初凝状态。

(4)终凝时间的测定:

①由水泥全部加入水中至终凝状态的时间为水泥的终凝时间,用“min”计。

②为了准确观察试件沉入的状况,在终凝针上安装了一个环行附件(见图3-3e)。在完成初凝时间测定后,立即将试模连同浆体以平移的方式从玻璃下翻转180°,直径大端向上、小端向下放在玻璃板上,在放入湿气养护箱中继续养护。

③临近终凝时间每隔15min测定一次,当试针沉入试件0.5mm时,即环形附件开始不能在试件上留下痕迹时,为水泥达到终凝状态。

④达到终凝时应立即重复测一次,当两次结论相同时才能定为达到终凝状态。

(5)测定时应注意,在最初测定的操作时应轻轻扶持金属柱,使其徐徐下降,以防止试针撞弯,但结果以自由下落为准;在整个测试过程中试针沉入的位置至少要距试模内壁10mm。每次测定不能让试针落入原针孔,每次测定完毕须将试针擦净并将试模放回湿气养护箱内,整个测试过程要防止试模振动。

5. 试验记录见试表2-1。

水泥标准稠度用水量、凝结时间、安定性试验记录表　　　　试表2-1

试验次数	标准稠度用水量试验		凝结时间试验		安定性试验	
	试锥下沉深度 S	标准稠度用水量	初凝时间 T_1	终凝时间 T_2	雷氏法	试饼法
1						
2						
备注						

试验者________　计算者________　校核者________　试验日期________

试验三、水泥安定性检验方法

1. 目的与适用范围

由于水泥中含有游离氧化钙、氧化镁及三氧化硫等,这些成分在水泥硬化过程中熟化缓慢,当混凝土产生强度后,仍继续熟化,引起混凝土膨胀而使建筑物开裂。本试验可检定由于游离氧化钙而引起水泥体积变化,以表示水泥体积安定性是否合格。

安定性的测定方法可以用试饼法,也可以用雷氏法,有争议时以雷氏法为准。试饼法是观察水泥净浆试饼沸煮后的外形变化来检验水泥的体积安定性;雷氏法是测定水泥净浆在雷氏夹中沸煮后的膨胀值。

2. 仪器设备

(1)沸煮箱:有效容积约为410mm×240mm×310mm,箅板结构应不影响试验结果,箅板与加热器之间的距离大于50mm。箱的内层由不易锈蚀的金属材料制成,能在30±5min内将箱内的试验用水由室温升至沸腾并可保持沸腾状态3h以上,整个试验过程中不需补充水量。

(2)雷氏夹膨胀仪:由铜质材料制成,其结构见试图3-1。当一根指针的根部先悬挂在一根金属丝或尼龙丝上,另一根指针的根部再挂上300g质量的砝码时,两根指针的针尖距离增加应在17.5±2.5mm范围以内,当去掉砝码后针尖的距离能恢复至挂砝码前的状态。雷氏夹受力示意图见试图3-2。

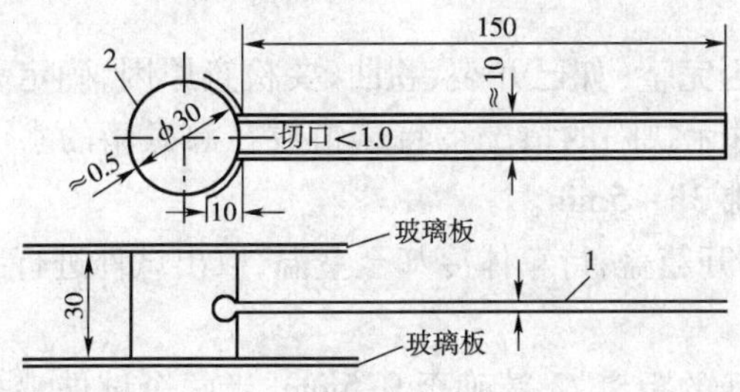

试图3-1　雷氏夹示意图(尺寸单位:mm)

1-指针;2-环模

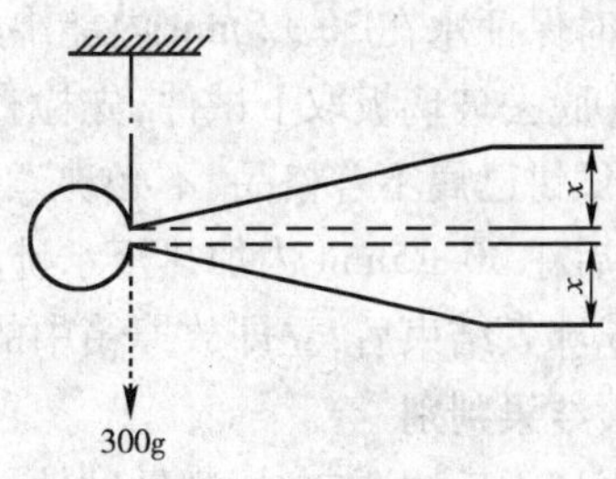

试图3-2　雷氏夹受力示意图

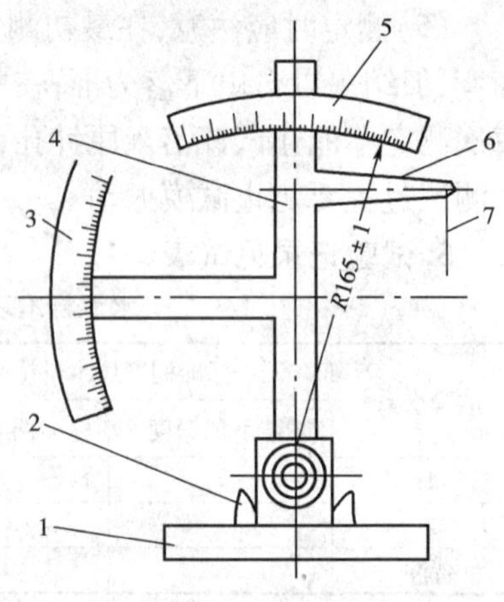

试图 3-3　雷氏膨胀值测量仪(尺寸单位:mm)
1-底座;2-模子座;3-测弹性标尺;4-立柱;5-测膨胀值标尺;6-悬臂;7-悬丝

(3)雷氏夹膨胀值测定仪:如试图 3-3 所示,标尺最小刻度 0.5mm。

(4)湿气养护箱:应能使温度控制在 20±1℃,相对湿度大于 90%。

(5)玻璃板、抹刀、直尺等。

(6)其他仪器设备与测定标准稠度用水量试验相同。

3. 试验步骤

(1)标准法

①每个试样需要两个试件,每个雷氏夹需配备质量约 75~80g 的玻璃板两块。凡与水泥净浆接触的玻璃板和雷氏夹表面都要稍稍涂上一层油。

②以标准稠度用水量加水,按水泥净浆的拌制方法制备标准稠度净浆。

③将预先准备好的雷氏夹放在已稍擦油的玻璃板上,并立即将已制好的标准稠度净浆装满雷氏夹。装模时一只手轻轻扶持雷氏夹,另一只手用宽约 10mm 的小刀插捣数次然后抹平,盖上稍涂油的玻璃板,接着立刻将雷氏夹移至湿汽养护箱内养护 24±2h。

④调整好沸煮箱内的水位,使之在整个沸煮过程中都能没过试件,不需中途添补试验用水,同时保证在 30±5min 内水能沸腾。

⑤脱去玻璃板取下试件,先测量试件指针尖端间的距离 A,精确到 0.5mm,接着将试件放入水中箅板上,指针朝上,试件之间互不交叉,然后在 30±5min 内加热至水沸腾,并恒沸 3h±5min。

⑥沸煮结束后,立即放掉箱中的热水,打开箱盖,待箱体冷却至室温,取出试件进行判别。

(2)代用法

①每个样品需准备两块约 100mm×100mm 的玻璃板。凡与水泥净浆接触的玻璃板都要稍稍涂上一层隔离剂。

②将制好的净浆取出一部分分成两等份,使之呈球形,放在预先准备好的玻璃板上,轻轻振动玻璃板并用湿布擦净的小刀由边缘向中央抹动,做成直径 70~80mm、中心厚约 10mm、边缘渐薄、表面光滑的试饼,接着将试饼放入湿汽箱中养护 24±2h。

③调整好沸煮箱内的水位,使之在整个沸煮过程中都能没过试件,不需中途添补试验用水,同时保证水在 30±5min 内能沸腾。

④脱去玻璃板取下试件,先检查试饼是否完整(如已开裂、翘曲,要检查原因,确定无外因时,该试饼已属不合格品,不必沸煮),在试饼无缺陷的情况下将试饼放在沸煮箱的水中箅板上,然后在 30±5min 内加热至水沸腾,并恒沸 3h+5min。

⑤沸煮结束后,立即放掉箱中的热水,打开箱盖,待箱体冷却至室温,取出试件进行判别。

4. 结果判别

当用雷氏法测定时,测量试件指针尖端间的距离 C,精确至 0.5mm,当两个试件沸煮后增加距离(C-A)的平均值不大于 5.0mm 时,即认为该水泥安定性合格;当两个试件的(C-A)值相差超过 4.0mm 时,应用同一样品立即重做一次试验。再如此,则认为该水泥为安定性不合格。

若为试饼法，目测试饼未发现裂缝，用钢直尺检查也没有弯曲（使钢直尺和试饼底部紧靠，以两者间不透光为不弯曲）的试饼为安定性合格；反之为不合格。当两个试饼判别结果有矛盾时，该水泥的安定性为不合格。

5. 记录格式示例（见试表 2-1）

试验四、沥青混合料浸水马歇尔试验

1. 目的与适用范围

（1）本方法适用于马歇尔稳定度试验和浸水马歇尔稳定度试验，以进行沥青混合料的配合比设计或沥青路面施工质量检验。浸水马歇尔稳定度试验（根据需要，也可进行真空饱水马歇尔试验）供检验沥青混合料受水损害时抵抗剥落的能力时使用，通过测试其水稳定性检验配合比设计的可行性。

（2）本方法适用于标准马歇尔试件圆柱体和大型马歇尔试件圆柱体。

2. 仪具与材料

与标准马歇尔试验相同，详见本教材第五章相关内容 。

3. 试验步骤

（1）浸水马歇尔试验方法与标准马歇尔试验方法的不同之处在于，试件在已达规定温度恒温水槽中的保温时间为 48h，其余均与标准马歇尔试验方法相同。

（2）真空饱水马歇尔试验方法

试件先放入真空干燥器中，关闭进水胶管，开动真空泵，使干燥器的真空度达到 98. 3kPa（730mmHg）以上，维持 15min，然后打开进水胶管，靠负压进入冷水流使试件全部浸入水中，浸水 15min 后恢复常压，取出试件再放入已达规定温度的恒温水槽中保温 48h，其余均与标准马歇尔试验方法相同。

4. 计算

（1）试件的浸水残留稳定度

$$MS_0 = \frac{MS_1}{MS} \times 100 \quad （试 4-1）$$

式中：MS_0——试件的浸水残留稳定度，%；

MS_1——试件浸水 48h 后的稳定度，kN；

MS——试件的稳定度，kN。

（2）试件的真空饱水残留稳定度

$$MS'_0 = \frac{MS_2}{MS} \times 100 \quad （试 4-2）$$

式中：MS'_0——试件的真空饱水残留稳定度，%；

MS_2——试件真空饱水后浸水 48h 后的稳定度，kN。

5. 报告

当一组测定值中某个测定值与平均值之差大于标准差的 k 倍时，该测定值应予舍弃，并以其余测定值的平均值作为试验结果。当试件数目 n 为 3、4、5、6 个时，k 值分别为 1. 15、1. 46、1. 67、1. 82。

试验五、沥青混合料劈裂试验

1. 目的与适用范围

(1)本方法适用于测定沥青混合料在规定温度和加载速率时劈裂破坏或处于弹性阶段时的力学性质,亦可供沥青路面结构设计选择沥青混合料力学设计参数及评价沥青混合料低温抗裂性能时使用。试验温度与加载速率可由当地气候条件根据试验目的或有关规定选用,但试验温度不得高于30℃,如无特殊规定,宜采用试验温度15±0.5℃,加载速率为50mm/min。当用于评价沥青混合料低温抗裂性能时,宜采用试验温度-10±0.5℃及加载速率1mm/min。

(2)本方法测定时采用沥青混合料的泊松比μ值如试表5-1所示,其他试验温度的μ值由内插法决定。本方法也可由试验实测的垂直变形及水平变形计算实际的μ值,但计算的μ值必须在0.2~0.5范围内。

劈裂试验使用的泊松比μ　　试表5-1

试验温度(℃)	≤10	15	20	25	30
泊松比μ值	0.25	0.30	0.35	0.40	0.45

(3)本方法采用的圆柱体试件应符合下列要求:

①最大粒径不超过26.5mm(圆孔筛30mm)时,用马歇尔标准击实法成型的直径为ϕ101.6±0.25mm试件,高为63.5±1.3mm。

②从轮碾机成型的板块试件或从道路现场钻取直径ϕ100±2mm或ϕ150±2.5mm,高为40±5mm的圆柱体试件。

2. 仪具与材料

(1)试验机:能保持规定的加载速率及试验温度的材料试验机,当采用50mm/min的加载速率时,也可采用具有相当传感器的自动马歇尔试验仪代替。但均必须配置有荷载及试件变形的测定记录装置。荷载由传感器测定,应满足最大测定荷载不超过其量程80%且不小于其量程的20%的要求,一般宜采用40kN或60kN传感器,测定精密度为10N。

(2)位移传感器可采用LVDT或电测百分表:水平变形宜用非接触式位移传感器测定,其量程应大于预计最大变形的1.2倍,通常不小于5mm,测定垂直变形精密度不低于0.01mm,测定水平变形的精密度不低于0.005mm。

(3)数据采集系统或X-Y记录仪:能自动采集传感器及位移计的电测信号,在数据采集系统中储存或在X-Y记录仪上绘制荷载与跨中挠度曲线。

(4)恒温水槽或冰箱、烘箱:用于试件保温,温度范围能满足试验要求,控温程度±0.5℃。当试验温度低于0℃时,恒温水槽可采用1:1的甲醇水溶液或防冻液作冷媒介质。恒温水槽中的液体应能循环回流。

(5)压条:如试图5-1所示,上下各一根,试件直径为100±2mm或101.6±0.25mm时,压条宽度为12.7mm,内侧曲率半径50.8mm,试件直径为150±2.5mm时,压条宽度为19mm,内侧曲率半径75mm,压条两端均应磨圆。

(6)劈裂试验夹具:下压条固定在夹具上,上压条可上下自由活动。

(7)其他:卡尺、天平、记录纸、胶皮手套等。

3. 方法与步骤

(1)准备工作

①根据标准击实法制作沥青混合料圆柱体试件,测定试件的直径及高度,准确至 0.1mm,在试件两侧通过圆心画上对称的十字标汇;测定试件的密度、空隙率等各项物理指标。

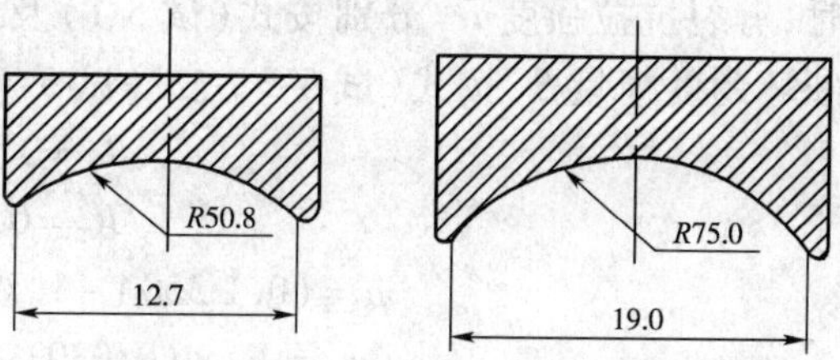

试图 5-1 压条形状(尺寸单位:mm)

②使恒温水槽达到预定的试验温度 ±0.5℃。将试件浸入恒温水槽的水或冷媒中,不少于 1.5h。当为恒温空气浴时不少于 6h,直至试件内部温度达到要求的试验温度 ±0.5℃为止,保温时试件之间的距离不少于 10mm。

③将试验机环境保温箱达到要求的试验温度,当加载速率等于或大于 50mm/min 时,也可不用环境保温箱。

(2)试验步骤

①从恒温水槽中取出试件。迅速置于试验台的夹具中安放稳定,其上下均安放有圆弧形压条,与侧面的十字画线对准,上下压条应居中、平行。

②迅速安装试件变形测定装置,水平变形测定装置应对准水平轴线并位于中央位置,垂直变形的支座与下支座固定,上端支于上支座上。

③将记录仪与荷载及位移传感器连接,选择好适宜的量程开关及记录速度,当以压力机压头的位移作为垂直变形时,宜采用 50mm/min 加载,记录仪走纸速度根据温度高低可采用 500 ~ 5000mm/min。

④开动试验机,使压头与上下压条接触,荷载不超过 30N,迅速调整好数据采集系统或 X-Y 记录仪到零点位置。

⑤开动数据采集系统或记录仪,同时启动试验机,以规定的加载速率向试件加载劈裂至破坏,记录仪记录荷载及水平变形(或垂直位移)。当试验机无环境保温箱时,自恒温槽中取出试件至试验结束的时间应不超过 45s。记录的荷载—变形曲线如试图 5-2 所示。

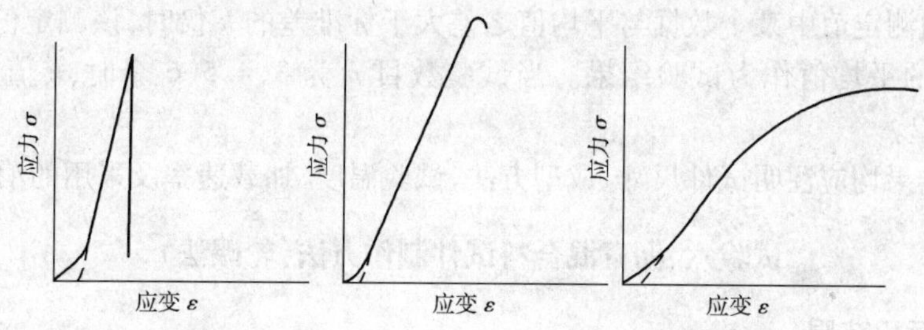

试图 5-2 劈裂试验的荷载—变形(水平或垂直变形)曲线

4. 计算

(1)将试图 5-2 中的荷载一变形曲线的直线段按图示方法延长与横坐标相交作为曲线的原点,由图中量取峰值时的最大荷载 P_T 及最大变形(X 或 Y_T)。当试件直径为 100 ±2.0mm、压条宽度为 12.7mm 及试件直径为 150.0 ±2.5mm、压条宽度为19.0mm

时，劈裂抗拉强度 R_T 分别按式（试 5-1）及式（试 5-2）计算，泊松比 μ、破坏拉伸应变 ε_T 及破坏劲度模量 S_T 按式（试 5-3）、式（试 5-4）、式（试 5-5）计算。

$$R_T = 0.006287P_T/h \quad (试 5\text{-}1)$$

$$R_T = 0.00425P_T/h \quad (试 5\text{-}2)$$

$$\mu = (0.1350A - 1.7940)/(-0.5A - 0.0314) \quad (试 5\text{-}3)$$

$$\varepsilon_T = X_T \times (0.0307 + 0.0936\mu)/(1.35 + 5\mu) \quad (试 5\text{-}4)$$

$$S_T = P_T \times (0.27 + 1.0\mu)/(h \times X_T) \quad (试 5\text{-}5)$$

式中：R_T——劈裂抗拉强度，MPa；

ε_T——破坏拉伸应变；

S_T——破坏劲度模量，MPa；

μ——泊松比；

P_T——试验荷载的最大值，N；

h——试件高度，mm；

A——试件垂直变形与水平变形的比值，$A = Y_T/X_T$；

Y_T——试件相应于最大破坏荷载时的垂直方向总变形，mm；

X_T——按试图 52 的方法量取的相应于最大破坏荷载时的水平方向总变形，mm。当试验仅测定垂直方向变形 Y_T 或由实测的 Y_T、X_T 计算的 μ 值大于 0.5 或小于 0.2 时，水平变形（X_T）可由表 1 规定的泊松比（μ）按附式（试 5-6）求算。

$$X_T = Y_T \times (0.135 + 0.5\mu)/(1.794 - 0.0314\mu) \quad (试 5\text{-}6)$$

（2）需要计算加载过程中任一加载时刻的应力、应变、劲度模量的方法同上，只需读取该时刻的荷载及变形代替上式的最大荷载及破坏变形即可。

（3）当记录的荷载—变形曲线在小变形区有一定的直线段时，可以试验的最大荷载 P_T 的 0.1～0.4 范围内的直线段部分的斜率计算弹性阶段的劲度模量，或以此范围内各测点的应力 σ，应变 ε 数据计算的 $S=\sigma/\varepsilon$ 的平均值作为劲度模量，并以此作为路面设计用的力学参数。σ、ε 及 S 的计算方法同 R_T、ε_T、S_T 的计算方法。

5. 报告

（1）当一组测定值中某个数据与平均值之差大于标准差的 k 倍时，该测定值应予舍弃，并以其余测定值的平均值作为试验结果。当试验数目 n 为 3、4、5、6 个时，k 值分别为 1.15、1.46、1.67、1.82。

（2）试验结果均应注明试件尺寸、成型方法、试验温度、加载速率及采用的泊松比 μ 值。

试验六、沥青混合料试件制作方法（轮碾法）

1. 目的与适用范围

（1）本方法规定了在试验室用轮碾法制作沥青混合料试件的方法，以供进行沥青混合料物理力学性质试验时使用。

（2）轮碾法适用于 300mm×300mm×50mm（或 40mm）或 300mm×300mm×100mm 板块状试件的成型，由此板块状试件用切割机切制成棱柱体试件，或在试验室用芯样钻机钻取试样，成型试件的密度应符合马歇尔标准击实试样密度 100±1% 的要求。

(3)沥青混合料试件制作时的试件尺寸应符合如下要求:对轮碾板块试件,碾压层厚度不小于公称最大集料粒径的 1 ~ 1.5 倍,对切制棱柱体试件,长度不小于公称最大集料粒径的 4 倍,宽度或厚度不小于公称最大集料粒径的 1 ~ 1.5 倍,对轮碾成型板厚 50mm 的试件,矿料规格及试件数量应符合沥青混合料试件制作方法(击实法)中的规定,但当试件厚度等于或大于 100mm 时,亦可用直接法制作试件。

2. 仪具与材料

(1)轮碾成型机:轮碾成型机的式样如试图 6-1 所示,它具有与钢筒式压路机相似的圆弧形碾压轮,轮宽 300mm,压实线荷载为 300N/cm,碾压行程等于试件长度,经碾压后的板块状试件可达到马歇尔试验标准击实密度的 100 ± 1%。当无轮碾成型机时,可用手动碾代替,手动碾轮宽与试件同宽,备有 10kg 砝码 5 个,以调整载重(手动碾成型的试件厚度不大于 50mm)。在施工现场也可有采用压路机代替。

(2)试验室用沥青混合料拌和机:能保证拌和温度并充分拌和均匀,可控制拌和时间,宜采用容量大于 30L 的大型沥青混合料拌和机,也可采用容量大于 10L 的小型拌和机。

(3)试模:由高碳钢或工具钢制成,试模尺寸应保证成型后符合要求试件尺寸的规定。试验室制作车辙试验板块状试件的标准如试图 6-2,内部平面尺寸为 300mm × 300mm,高 50mm (40mm)或 100mm。

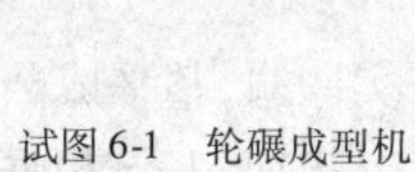

试图 6-1　轮碾成型机

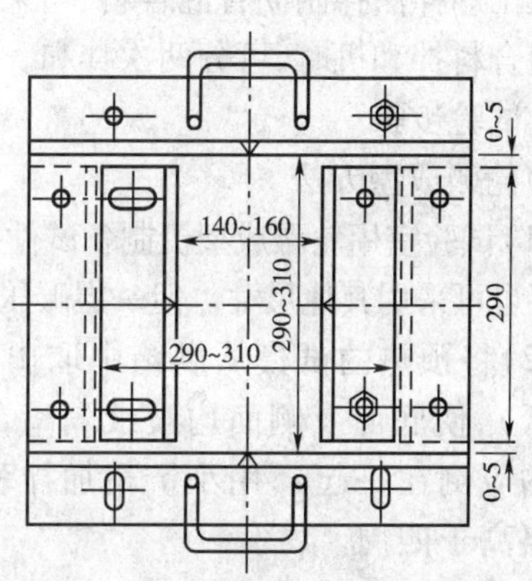

试图 6-2　车辙试验试模

(4)手动碾压成型车辙试件试模框架:硬木或钢板制,内部尺寸 300mm × 300mm × 50mm,平面能与试模边缘齐平。

(5)切割机:试验室用金刚石锯片锯石机(单锯片或双锯片切割机)或现场用路面切割机,有淋水冷却装置,其切割厚度不小于试件厚度。

(6)钻孔取芯机:用电力或汽油机、柴油机驱动,有淋水冷却装置。金刚石钻头的直径根据试件的直径选择(通常为 100mm,根据需要也可为 150mm)。钻孔深度不小于试件厚度,钻头转速不小于 1 000r/min。

(7)烘箱:大、中型各一台,装有温度调节器。

(8)台秤、天平或电子秤:称量5kg以上的,感量不大于1g;称量5kg以下时,用于称量矿料的感量不大于0.5g,用于称量沥青的感量不大于0.1g。

(9)沥青运动黏度测定设备:布洛克菲尔德黏度计、毛细管黏度计或赛波特黏度计。

(10)小型击实锤:钢制端部断面80mm×80mm,厚10mm,带手柄,总质量0.5kg左右。

(11)温度计:分度为1℃。宜采用有金属插杆的热电偶沥青温度计,金属插杆的长度不小于300mm,量程0~300℃,数字显示或度盘指针的分度0.1℃,且有留置读数功能。

(12)干冰:固体CO_2。

(13)其他:电炉或煤气炉、沥青熔化锅、拌和铲、标准筛、滤纸、胶布、卡尺、秒表、粉笔、垫木、棉纱等。

3.准备工作

(1)决定制作沥青混合料试件的拌和与压实温度。常温沥青混合料的拌和及压实在常温下进行。

(2)在拌和厂或施工现场采集沥青混合料试样。如混合料温度符合要求,可直接用于成型。在试验室人工配制沥青混合料时,准备矿料及沥青,加热备用,常温沥青混合料的矿料不加热。

(3)将金属试模及小型击实锤等置100℃左右烘箱中加热1h备用。常温沥青混合料用试模不加热。

(4)拌制沥青混合料,混合料及各种材料数量由1块试件的体积按马歇尔标准击实密度乘以1.03的系数求算。对试验室试验研究、配合比设计检验及采用机械拌和施工的工程,不得用人工炒拌法拌制沥青混合料,当采用大容量沥青混合料拌和机时宜全量一次拌和,当采用小型混合料拌和机时,可分两次拌和。

4.试验步骤

1)轮碾成型方法

(1)试验室用轮碾成型机制备试件,试件尺寸通常为300mm×300mm×50mm(或40mm)。根据需要也可采用其他尺寸。但一层碾压的厚度不得超过100mm。

(2)将预热的试模从烘箱中取出,装上试模框架,在试模中铺一张裁好的普通纸(可用报纸),使底面及侧面均被纸隔离,将拌和好的全部沥青混合料(注意不得散失,分两次拌和的应倒在一起),用小铲稍加拌和后均匀地沿试模由边至中按顺序转圈装入试模,中部要略高于四周。

(3)取下试模框架,用预热的小型击实锤由边至中转圈夯实一遍,整平成凸圆弧形。

(4)插入温度计,待混合料稍冷至规定的压实温度(为使冷却均匀,试模底下可用垫木支起)时,在表面铺一张裁好的普通纸。

(5)当用轮碾机碾压时,宜先将碾压轮预热至100℃左右(如不加热,应铺牛皮纸)。然后,将盛有沥青混合料的试模置于轮碾机的平台上,轻轻放下碾压轮,调整总荷载为9kN(线荷载300N/cm)。

(6)启动轮碾机,先在一个方向碾压2个往返(4次),卸荷,再抬起碾压轮,将试件调转方向,再加相同荷载碾压至马歇尔标准密实度100±直1%为止。试件正式压实前,应经试压,决定碾压次数,一般12个往返(24次)左右可达要求。如试件厚度为100mm时,宜按先轻后重的原则分两层碾压。

(7)当用手动碾碾压时,先用空碾碾压,然后逐渐增加砝码荷载,直至将5个砝码全部加上,进行压实,至马歇尔标准密度100±1%为止。碾压方法及次数应由试压决定,并压至无轮迹为止。

(8)压实成型后,揭去表面的纸,用粉笔在试件表面标明碾压方向。

(9)盛有压实试件的试模,置室温下冷却,至少12h后方可脱模。

2)在工地制备试件

(1)采取代表性的沥青混合料样品,数量需多于3个试件的需要量。

(2)按试验室方法称取一个试样混合料数量装入符合要求尺寸的试模中,用小锤均匀击实。试模应不妨碍碾压成型。

(3)碾压成型:在工地上,可用小型振动压路机或其他适宜的压路机碾压,在规定的压实温度下,每一遍碾压3~4s,约25次往返,使沥青混合料压实密度达到马歇尔标准密度100±1%。也可采用手动碾压实成型。注意碾压过程不得将试模撑开,影响试件尺寸。

(4)如将工地取样的沥青混合料送往试验室成型时,混合料必须放在保温桶内,不使温度下降,且在抵达试验室后立即成型,如温度低于要求可适当加热至压实温度后,用轮碾成型机成型。如系完全冷却后经二次加热重塑成型的试件,必须在试验报告上注明。

3)用切割机切制棱柱体试件

试验室用切割机切制棱柱体试件的步骤如下:

(1)按试验要求的试件尺寸,在轮碾成型的板块状试件表面规划切割试件的数目,但边缘20mm部分不得使用。

(2)切割顺序如试图6-3所示,首先在与轮碾法成型垂直的方向,沿*AA*切割第1刀作为基准面,再在垂直的*BB*方向切割第2刀,精确量取试件长度后切割*CC*,使*AA*及*CC*切下的部分大致相等。使用金刚石锯片切割时,一定要开放冷却水。

(3)仔细量取试件切割位置,按试图6-3顺碾压方向(*BB*方向)切割试件,使试件宽度符合要求。锯下的试件应按顺序放在平玻璃板上排列整齐,然后再切割试件的底面及表面。将切割好的试件立即编号,供弯曲试验用的试件应用胶布贴上标记,保持轮碾机成型时的上下位置,直至弯曲试验时上下方向始终保持不变,试件的尺寸应符合各项试验的规格要求。

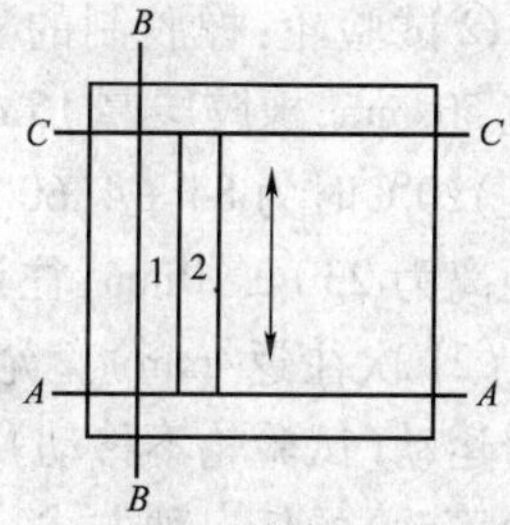

试图6-3 切割棱柱体试件的顺序

(4)将完全切割好的试件放在玻璃板上,试件之间留有10mm以上的间隙,试件下垫一层滤纸,并经常挪动位置,使其完全风干。如急需使用,可用电风扇或冷风机吹干,每隔1~2h挪动试件一次,使试件加速风干,风干时间宜不小于24h。在风干过程中,试件的上下方向及排序不能搞错。

4)用钻芯法钻取圆柱体试件

在试验室用芯样钻机从板块状试件钻取圆柱体试件的步骤如下:

(1)将轮碾成型机成型的板块状试件脱模,成型的试件厚度应不小圆柱体试件的厚度。

(2)在试件上方作出取样位置标记,板块状试件边缘部分的20mm内不得使用。根据需要,可选用直径100mm或150mm的金刚石钻头。

(3)将板块状试件置于钻机平台上固定,钻头对准取样位置。

(4)在钻孔位置堆放干冰,使试件迅速冷却。一边开动钻一边添加干冰.冷却钻头和试件。如没有干冰时,可开放冷却水,开动钻机,均匀地钻透试块。为保护钻头,在试块下可垫上木板等。

(5)提起钻机,取出试件。

(6)按上述方法将试件吹干备用。

(7)根据需要,可再用切割机切去钻芯试件的一端或两端,达到要求的高度,但必须保证端面与试件轴线垂直且保持上下平行。

试验七、沥青混合料车辙试验

1. 目的与适用范围

(1)本方法适用于测定沥青混合料的高温抗车辙能力,供沥青混合料配合比设计的高温稳定性检验使用。

(2)车辙试验的试验温度与轮压可根据有关规定和需要选用,非经注明,试验温度为60℃,轮压为0.7MPa。根据需要,如在寒冷地区也可采用45℃,在高温条件下采用70℃等,但应在报告中注明。计算动稳定度的时间原则上为试验开始后45~60min之间。

(3)本方法适用于轮碾成型机碾压成型的长300mm、宽300mm、厚50mm的板块状试件,也适用于现场切割制作长300mm、宽150mm、厚50mm板块状试件。根据需要,试件的厚度也可采用40mm。

2. 仪具与材料

(1)车辙试验机:示意图如试图7-1,主要由下列部分组成:

①试件台:可牢固地安装两种宽度(300mm及150mm)的规定尺寸试件的试模。

②试验轮:橡胶制的实心轮胎,外径 ϕ200mm,轮宽50 mm,橡胶层厚15mm。橡胶硬度(国际标准硬度)20℃时为84±4,60℃时为78±2。试验轮行走距离为230±10mm,往返碾压速度为42±1次/min(21次往返/min)。允许采用曲柄连杆驱动试验台运动(试验轮不移动)或链驱动试验轮运动(试验台不动)的任一种方式。

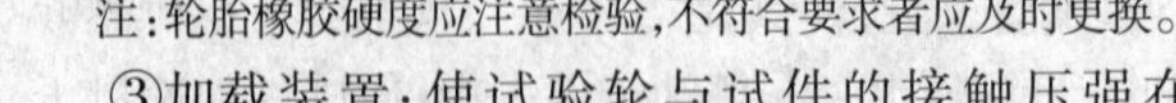
注:轮胎橡胶硬度应注意检验,不符合要求者应及时更换。

试图7-1 车辙试验机

③加载装置:使试验轮与试件的接触压强在60℃时为0.7±0.05MPa,施加的总荷重为78kg左右,根据需要可以调整。

④试模:钢板制成,由底板及侧板组成,试模内侧尺寸长为300mm,宽为300mm,厚为50mm(试验室制作),亦可固定150mm宽的现场切制试件。

⑤变形测量装置:自动检测车辙变形并记录曲线的装置,通常用LVDT、电测百分表或非接触位移计。

⑥温度检测装置:自动检测并记录试件表面及恒温室内温度的温度传感器、温度计,精密度0.5℃。

(2)恒温室:车辙试验机必须整机安放在恒温室内,装有加热器、气流循环装置及装有自动温度控制设备,能保持恒温室温度60±1℃(试件内部温度60±0.5℃),根据需要亦可为其他需要的温度。用于保温试件并进行试验。温度应能自动连续记录。

(3)台秤:称量15kg,感量不大于5g。

3. 方法与步骤

1)准备工作

(1)试验轮接地压强测定:测定在60℃时进行,在试验台上放置一块50mm厚的钢板,其上铺一张毫米方格纸,上铺一张新的复写纸,以规定的700N荷载后试验轮静压复写纸,即可在方格纸上得出轮压面积,并由此求得接地压强。当压强不符合0.7±0.05MPa,荷载应予适当调整。

(2)用轮碾成型法制作车辙试验试块。在试验室或工地制备成型的车辙试件,其标准尺寸为300mm×300mm×50mm。也可从路面切割得到300mm×150mm×50mm的试件。

当直接在拌和厂取拌和好的沥青混合料样品制作试件检验生产配合比设计或混合料生产质量时,必须将混合料装入保温桶中,在温度下降至成型温度之前迅速送达试验室制作试件,如果温度稍有不足,可放在烘箱中稍事加热(时间不超过30min)后使用。也可直接在现场用手动碾或压路机碾压成型试件,但不得将混合料放冷却后二次加热重塑制作试件。重塑制件的试验结果仅供参考,不得用于评定配合比设计检验是否合格使用。

(3)如需要,将试件脱模按规定的方法测定密度及空隙率等各项物理指标。如经水浸,应用电扇将其吹干,然后再装回原试模中。

(4)试件成型后,连同试模一起在常温条件下放置的时间不得少于12h。对聚合物改性沥青混合料,放置的时间以48h为宜,使聚合物改性沥青充分固化后方可进行车辙试验,但室温放置时间也不得长于一周。

注:为使试件与试模紧密接触应记住四边的方向位置不变。

2)试验步骤

(1)将试件连同试模一起,置于已达到试验温度60±1℃的恒温室中,保温不少于5h,也不得多于24h。在试件的试验轮不行走的部位上,粘贴一个热电隅温度计(也可在试件制作时预先将热电隅导线埋入试件一角),控制试件温度稳定在60±0.5℃。

(2)将试件连同试模移置于轮辙试验机的试验台上。试验轮在试件的中央部位,其行走方向须与试件碾压或行车方向一致。开动车辙变形自动记录仪,然后启动试验机,使试验轮往返行走,时间约1h,或最大变形达到25mm时为止。试验时,记录仪自动记录变形曲线(如试图7-2)及试件温度。

注:对300mm宽且试验时变形较小的试件,也可对一块试件在两侧1/3的位置上进行两次试验取平均值。

4. 计算

(1)从试图7-2上读取45min(t_1)及60min(t_2)时的车辙变形d_1及d_2,准确至0.01mm。

当变形过大,在未到60min变形已达25mm时,则以达到25mm(d_2)时的时间为t_2,将其前15min为t_1,此时的变形量为d_1。

(2)沥青混合料试件的动稳定度按式(试 7-1)计算。

$$DS=\frac{(t_2-t_1)\times N}{d_2-d_1}\times C_1\times C_2 \qquad (试 7\text{-}1)$$

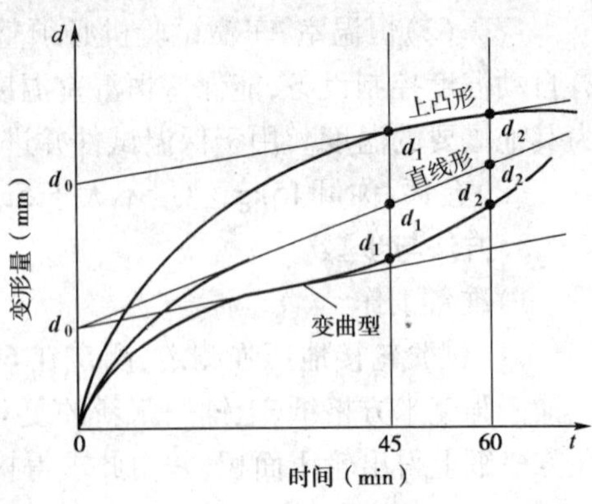

试图 7-2　车辙试验自动记录的变形曲线

式中:DS——沥青混合料的动稳定度,次/mm;

d_1——对应于时间 t_1 的变形量,mm;

d_2——对应于时间 t_2 的变形量,mm;

C_1——试验机类型修正系数,曲柄连杆驱动试件的变速行走方式为 1.0,链驱动试验轮的等速方式为 1.5;

C_2——试件系数,试验室制备的宽 300mm 的试件为 1.0,从路面切割的宽 150mm 试件为 0.8;

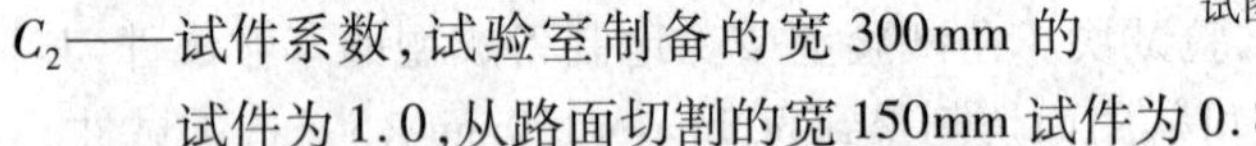

N——试验轮往返碾压速度,通常为 42 次/min。

5. 报告

(1)同一沥青混合料或同一路段的路面,至少平行试验 3 个试件,当 3 个试件动稳定度变异系数小于 20% 时,取其平均值作为试验结果。变异系数大于 20% 时应分析原因,并追加试验。如计算动稳定度值大于 6 000 次/mm 时,记作:> 6 000 次/mm。

(2)试验报告应注明试验温度、试验轮接地压强、试件密度、空隙率及试件制作方法等。

(3)精密度或允许差:重复性试验动稳定度变异系数允许差为 20%。

6. 试验记录

试验记录如试表 7-1 所示。

沥青混合料车辙试验　　试表 7-1

承包单位		取样地点		级配类型		试验日期	
试验温度		取样名称		沥青种类标号		试　验	
公路等级		试验单位				审　核	
试验次数	对应于时间 t_1 的变形量 d_1 (mm)	对应于时间 t_2 的变形量 d_2 (mm)	仪器类型修正系数 C_1	仪器类型修正系数 C_2	往返车轮碾压速度(次/min)	沥青混合料试件的动稳定度(次/mm)	
						单值	平均值
1							
2							
3							
试件尺寸		标准差(次/mm)		偏差系数 Cv(%)		备注	

试验八、沥青混合料中沥青含量试验(离心分离法)

1. 目的与适用范围

(1)本方法采用离心分离法测定黏稠石油沥青拌制的沥青混合料中沥青含量(或油石比)。

(2)本方法适用于热拌热铺沥青混合料路面施工时的沥青用量检测,以评定拌和厂产品质量。此法也适用于旧路调查时检测沥青混合料的沥青用量,用此法抽提的沥青溶液可用于回收沥青,以评定沥青的老化性质。

2. 仪具与材料

(1)离心抽提仪:如试图 8-1 所示,由试样容器及转速不小于 3 000r/min 的离心分离器组成,分离器备有滤液出口。容器盖与容器之间用耐油的圆环形滤纸密封。滤液通过滤纸排出后从出口流出收入回收瓶中,仪器必须安放稳固并有排风装置。

(2)圆环形滤纸。

(3)回收瓶:容量 1 700mL 以上。

(4)压力过滤装置。

(5)天平:感量不大于 0.01g、1mg 的天平各一台。

(6)量筒:最小分度 1 mL。

(7)电烘箱:装有温度自动调节器。

(8)三氯乙烯:工业用。

(9)碳酸铵饱和溶液:供燃烧法测定滤纸中的矿粉含量用。

(10)其他:小铲,金属盘,大烧杯等。

试图 8-1 离心抽提仪

3. 准备工作

(1)按沥青混合料取样方法,在拌和厂从运料卡车采取沥青混合料试样,放在金属盘中适当拌和,待温度稍下降后至 100℃以下时,用大烧杯取混合料试样质量 1 000g ~ 1 500g 左右(m)(粗粒式沥青混合料用高限,细粒式用低限,中粒式用中限),准确至 0.1g。

(2)如果试样是路上用钻机法或切割法取得,应用电风扇吹风使其完全干燥,置微波炉或烘箱中适当加热后成松散状态取样,但不得用锤击以防集料破碎。

4. 试验步骤

(1)向装有试样的烧杯中注入三氯乙烯溶剂,将其浸没,浸泡 30min,用玻璃棒适当搅动混合料,使沥青充分溶解。

注:也可直接在离心分离器中浸泡。

(2)将混合料及溶液倒入离心分离器,用少量溶剂将烧杯及玻璃棒上的黏附物全部洗入分离容器中。

(3)称取洁净的圆环形滤纸质量,准确至 0.01g。注意,滤纸不宜多次反复使用,有破损者不能使用,有石粉黏附时应用毛刷清除干净。

(4)将滤纸垫在分离器边缘上,加盖紧固,在分离器出口处放上回收瓶,上口应注意密封,防止流出液成雾状散失。

(5)开动离心机,转速逐渐增至 3 000r/min,沥青溶液通过排出口注入回收瓶中,待流出停止后停机。

(6)从上盖的孔中加入新溶剂,数量大体相同,稍停 3 ~ 5min 后,重复上述操作,如此数次直至流出的抽提液成清澈的淡黄色为止。

(7)卸下上盖,取下圆环形滤纸,在通风橱或室内空气中蒸发干燥,然后放入 105 ± 5℃的烘箱中干燥,称取质量,其增重部分(m_2)为矿粉的一部分。

(8)将容器中的集料仔细取出，在通风橱或室内空气中蒸发后放入105±5℃烘箱中烘干(一般需4h)，然后放入大干燥器中冷却至室温，称取集料质量(m_1)。

(9)用压力过滤器过滤回收瓶中的沥青溶液，由滤纸的增重m_3得出泄漏入滤液中矿粉，如无压力过滤器时，也可用燃烧法测定。

(10)用燃烧法测定抽提液中矿粉质量的步骤如下：

①将回收瓶中的抽提液倒入量筒中，准确定量至mL(V_a)。

②充分搅匀抽提液，取出10mL(V_b)放入坩埚中，在热浴上适当加热使溶液试样发成暗黑色后，置高温炉(500～600℃)中烧成残渣，取出坩埚冷却。

③向坩埚中按每1g残渣5mL的用量比例，注入碳酸铵饱和溶液。静置1h，放入105±5℃烘箱中干燥。

④取出放在干燥器中冷却，称取残渣质量(m_4)，准确至1mg。

5. 计算

(1)沥青混合料中矿料的总质量按式(试8-1)计算。

$$m_a = m_1 + m_2 + m_3 \tag{试8-1}$$

式中：m_a——沥青混合料中矿料部分的总质量，g；

m_1——容器中留下的集料干燥质量，g；

m_2——圆环形滤纸在试验前后的增重，g；

m_3——泄漏入抽提液中的矿粉质量，g。用燃烧法时可按式(试8-2)计算。

$$m_3 = m_4 \times \frac{V_a}{V_b} \tag{试8-2}$$

式中：V_a——抽提液的总量，mL；

V_b——取出的燃烧干燥的抽提液数量，mL；

m_4——坩埚中燃烧干燥的残渣质量，g。

(2)沥青混合料中的沥青含量按式(试8-3)计算，油石比按式(试8-4)计算。

$$P_b = \frac{m - m_a}{m} \tag{试8-3}$$

$$P_a = \frac{m - m_a}{m_a} \tag{试8-4}$$

式中：m——沥青混合料的总质量，g；

P_b——沥青混合料中的沥青含量，%；

P_a——沥青混合料中的油石比，%。

6. 报告

同一沥青混合料试样至少平行试验两次，取平均值作为试验结果。两次试验结果的差值应小于0.3%，当大于0.3%但小于0.5%时，应补充平行试验一次，以3次试验的平均值作为试验结果，3次试验的最大值与最小值之差不得大于0.5%。

7. 试验记录

试验记录如试表 8-1 所示。

沥青混合料沥青含量试验记录表 试表 8-1

承包单位			试验单位			试验日期	
试样编号			设计沥青用量			试　验	
结构层次			取样地点			审　核	
抽提次数	混合料试件质量(g)	滤网滤质合重(g)	混合料及质合重(g)	抽提后矿料滤质合重(g)	干矿料重(g)	沥青质量(g)	沥青用量(%)
1							
2							

平均沥青用量(%)													
孔径(mm)													
筛余质量(g)													
分计筛余(%)													
累计筛余(%)													
通过量(%)													
规范(%)													
备 注													

试验九、金属冷弯试验

1. 目的与适用范围

本方法用以检验金属承受规定歪曲程度的弯曲变形性能，并显示其缺陷。但不适用于金属管材和金属焊接接头的弯曲试验。

2. 试验准备

(1)试验使用圆形、方形、矩形或多边形横截面的试样。样坯的切取位置和方向应按照相关产品标准的要求进行。试样应通过机加工去除由于剪切或火焰切割等影响了材料性能的部分。

(2)试样表面不得有划痕和损伤。方形、矩形或多边形横截面试样的棱边应倒圆，倒圆半径不超过试样厚度的 1/10。棱边倒圆时不应形成影响试验结果的横向毛刺、伤痕或划痕。

(3)试样宽度应按相关产品标准的要求。如未具体规定，应按以下要求：

①当产品宽度不大于 20mm 时，试样宽度为原产品宽度；

②当产品宽度大于 20mm，厚度小于 3mm 时试样宽度为 20 ± 5mm；厚度不小于 3mm 时，试样宽度在 20 ~ 50mm 之间。

(4)试样厚度或直径应按相关产品标准的要求，如未具体规定，应按以下要求：

①对于板材、带材和型材，产品厚度不大于 25mm 时，试样厚度应为原产品的厚度；产品厚度大于 25mm 时，试样厚度可以机加工减薄至不小于 25mm，应保留一侧原表面。

②弯曲试验时试样保留的原表面应位于受拉变形一侧。

(5)直径或多边形横截面内切圆直径不大于 50mm 的产品，其试样横截面应为产品的横截面。钢筋类产品均以其全截面进行试验。

(6)试样长度应根据试样厚度和所使用的试验设备确定。采用试图 9-1 和试图 9-4 的方法,可以按照式(试 9-1)确定:

$$L = 0.5\pi(d + a) + 140 \quad (试 9\text{-}1)$$

式中:L——试样长度,mm;

π——圆周率,取 3.1 ;

d——弯曲压头或弯心直径,mm;

a——试样厚度(或直径)或多边形横截面内切圆直径,mm。

3. 仪器设备

应在配备下列弯曲装置之一的试验机或压力机上完成试验。

(1)支辊式弯曲装置(见试图 9-1):支辊应具有足够的硬度,支辊间距离应按式(试 9-2)确定:

$$L = (d + 3a) \pm 0.5a \quad (试 9\text{-}2)$$

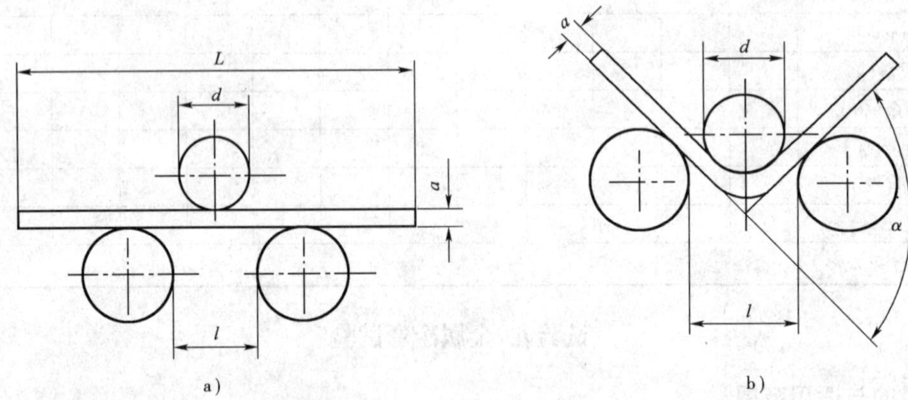

试图 9-1　支辊式弯曲装置

(2)V 形模具式弯曲装置:模具的 V 形槽其角度应为 180° − α(见试图 9-2),弯曲压头的圆角半径为 $d/2$。其中 α 为弯曲角度(°)。

(3)虎钳式弯曲装置:装置由虎钳配备足够硬度的弯心组成(见试图 9-3),可以配置加力杠杆。

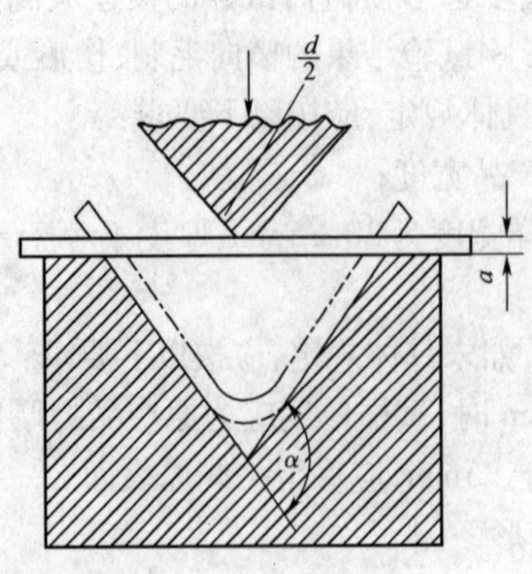

试图 9-2　V 形模具式弯曲装置

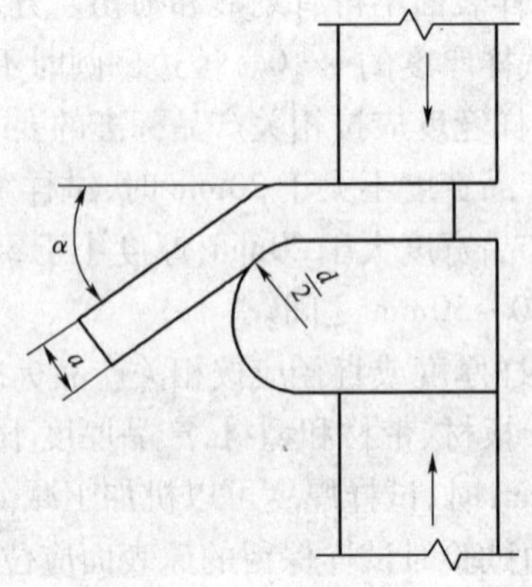

试图 9-3　虎钳式弯曲装置

(4)翻板式弯曲装置:翻板带有楔形滑块,滑块应具有足够的硬度。翻板固定在耳轴上,试验时能绕耳轴轴线转动。耳轴连接弯曲角度指示器,指示弯曲角度(见试图 9-4)。翻板间距离按式(试 9-3)确定:

$$L=(d+2a)+e \qquad (试9\text{-}3)$$

式中:e 可取值 2~6。

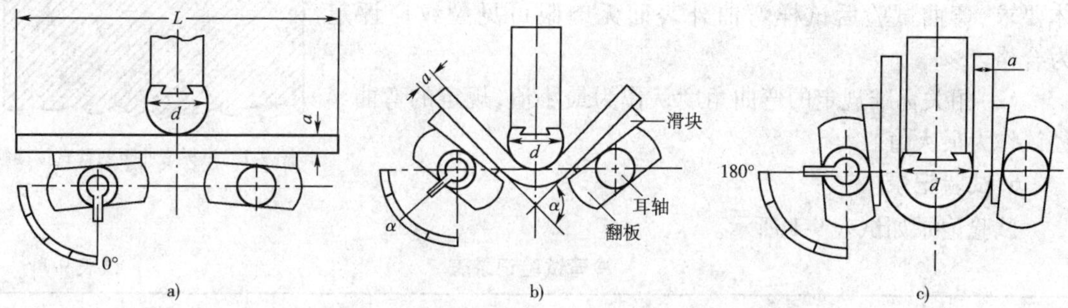

试图 9-4 翻板式弯曲装置

4. 试验步骤

(1)试验一般在 10~35℃的室温范围内进行。对温度严格的试验,试验温度应为 23±5℃。

(2)试样弯曲至规定弯曲角度的试验,应将试样放于两支辊或 V 形模具或两水平翻板上,试样轴线应与弯曲压头轴线垂直,弯曲压头在两支座之间的中点处对试样连续施加力使其弯曲,直至达到规定的弯曲角度。如不能直接达到规定的弯曲角度,应将试样置于两平行压板之间(见试图 9-5),连续施加力压其两端使进一步弯曲,直至达到规定的弯曲角度。

(3)试样弯曲 180°角至两臂相距为规定距离且相互平行的试验,如采用试图 9-1 的方法时,应首先对试样进行初步弯曲(弯曲角度尽可能大),然后将试样置于两平行压板之间(见试图 9-5)连续施加力压其两端使进一步弯曲,直至两臂平行(见试图 9-6)。试验时可以加或不加垫块。采用试图 9-4 的方法时,在不改变作用力方向的条件,弯曲直至达到 180°角。

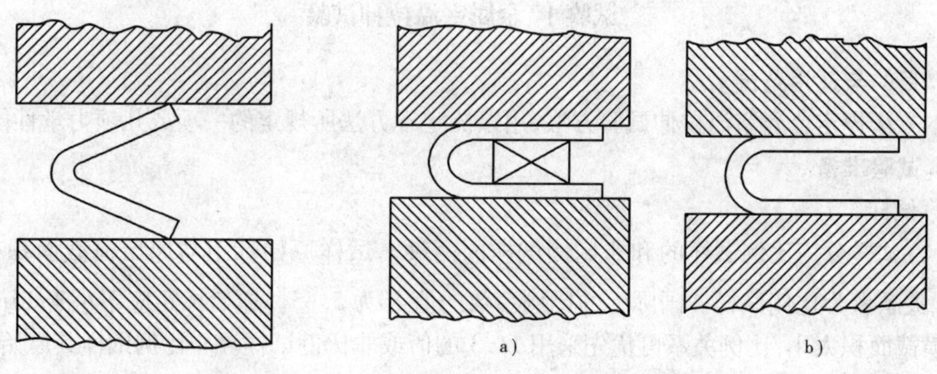

试图 9-5 试样置于两平行压板之间

试图 9-6 试样弯曲至两臂平行

(4)试样弯曲至两臂直接接触的试验,应将试样进行初步弯曲(弯曲角度应尽可能大),然后将其置于两平行压板之间(见试图 9-5),连续施加力压其两端使进一步弯曲,直至两臂直接接触(见试图 9-7)。

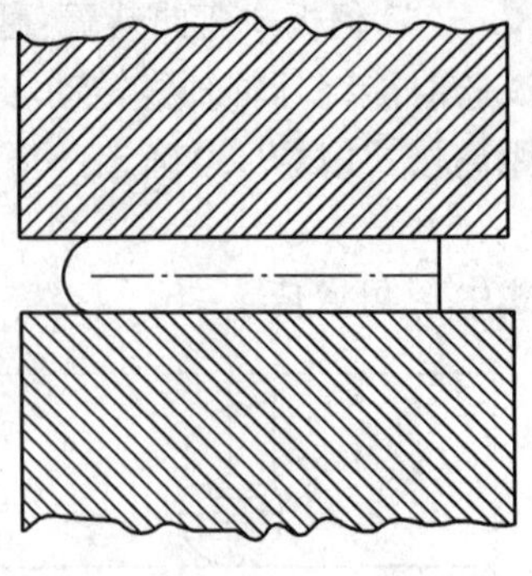

试图 9-7　试样弯曲至两臂直接接触

(5)可以采用试图 9-3 所示的方法进行弯曲试验。试样一端固定，绕弯心进行弯曲，直至达到规定的弯曲角度。

(6)弯曲试验时，应缓慢施加弯曲力。

5. 结果整理

(1)按相关标准的要求评定弯曲试验结果。如未规定具体要求，弯曲试验后试样弯曲外表面无肉眼可见裂纹应评定为合格。

(2)相关标准规定的弯曲角度认作为最小值，规定的弯曲半径认作为最大值。

6. 试验记录

试验记录如试表 9-1 所示。

冷弯试验记录表　　试表 9-1

承包单位			取样地点		公路等级		试验日期	
试样编号			试样名称		试验单位		试验	
初拟用途			材料产地				审核	
试样编号	试样尺寸(mm)		弯心直径 d(mm)		弯曲角度 a(°)	结果评定		
	直径	长度						
备注								

试验十、金属室温拉伸试验

1. 目的与适用范围

本方法规定金属室温拉伸试验方法，用以测定本方法所规定的一项或几项力学性能。

2. 试验准备

1)试样

(1)试样分为比例试样的和非比例试样的两种。试样原始标距与原始横截面积有 $L_0 = K\sqrt{S_0}$关系者为比例试样。国际上的比例系数的值 K 为 5.65。原始标距应不小于 15mm。当试样横截面积太小，比例关系可优先采用 11.3 的值或非比例试样。非比例试样其原始标距与其原始截面积无关。

比例试样见试图 10-1。试样横截面可以为圆形、矩形、多边形，环形，特殊情况下可以为其他形状。

(2)样坯截取的部位、数量以及试样的纵轴方向(沿材料的纵向、横向、放射方向或切线方向)按有关标准、技术条件或双方协议之规定执行。由金属材料和制品中截取样坯

时，一般应在切削机床上进行，必要时允许用烧割、冷剪或其他方法截取；必要时对样坯及不加工试样允许校直或校平，但在操作中必须保证不显著影响金属的性能。

2）原始横截面积(S_0)的测定

圆形、板状试样及整拉圆线、圆管试样的截面尺寸（直径、厚度及宽度）应在其标距长度的两端及中间予以测量。圆截面直径应在每处两个相互垂直的方向上各测一次，取其算术平均值，选用三处截面积中的最小者，计算原始横截面积，并至少保留4位有效数字。

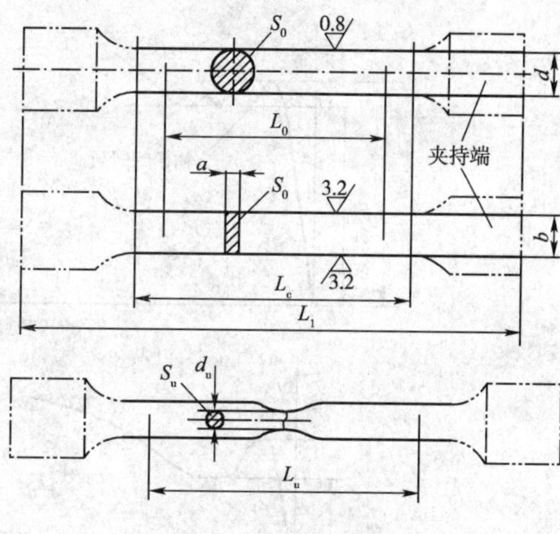

试图10-1 比例试样

3）原始标距(L_0)的标记

应用小标记、细滑线或细墨线标记原始标距，但不得用引起过早断裂的缺口作标记。对于比例试样，应将原始标距的计算值修约至最接近5mm的倍数，中间数值向较大一方修约。原始标距的标记应准确到±1%。如平行长度(L_c)比原始标距长许多，例如不经机加工的试样，可以标记一系列套叠的原始标距，有时可以在试样表面画一条平行于试样纵轴的线，并在此线上标记原始标距。

3. 仪器设备

（1）各种类型拉力试验机均可使用。试验机应按照相应的标准进行检验，并应为1级或优于1级准确度。

（2）各种类型的引伸计均可用以测定试样的伸长。测定上屈服强度、下屈服强度、规定非比例延伸强度等的验证试验，应使用不劣于1级准确度的引伸计；测定抗拉强度、断后伸长率等其他具有较大延伸率的材料拉伸性能时，应使用不劣于2级准确度的引伸计。

4. 试验步骤

1）上屈服强度(R_{eH})和下屈服强度(R_{eL})的测定

（1）上屈服强度是试样发生屈服力首次下降前的最高应力；下屈服强度是在屈服期间，不计初始瞬时效应时的最低应力。呈现明显屈服（不连续屈服）现象的金属材料，相关产品标准应规定测定上屈服强度或下屈服强度或两者都测定。按照定义，采用下列方法测定上屈服强度和下屈服强度。

（2）图解方法：试验时记录应力—位移曲线。从曲线图读取力首次下降前的最大力和不计初始瞬时效应时屈服阶段中的最小力或屈服平台的恒定力。将其分别除以试样原始横截面积(S_0)得到上屈服强度和下屈服强度（见试图10-2）。仲裁试验采用图解法。

（3）指针方法：试验时，读取测力度盘指针首次回转前指示的最大力和不计初始瞬时效应时屈服阶段中指示的最小力或首次停止转动指示的恒定力，将其分别除以试样原始横截面积(S_0)，得到上屈服强度和下屈服强度。

（4）可以使用自动装置（例如微处理机等）或自动测试系统测定上屈服强度和下屈服强度，可以不绘制拉伸曲线图。

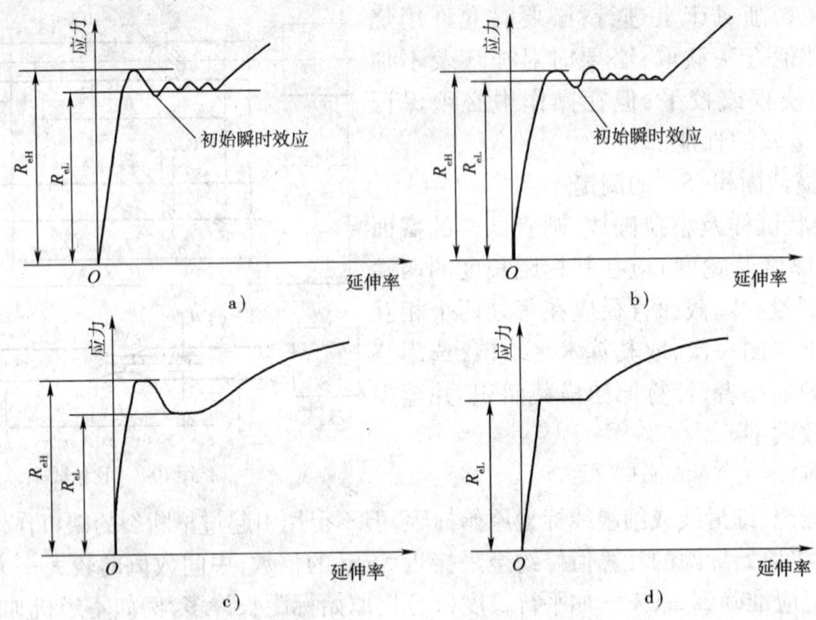

试图 10-2　不同类型曲线的上屈服强度和下屈服强度

2)抗拉强度(R_m)的测定

(1)抗拉强度是相应最大力(F_m)的应力。按照定义和采用图解方法或指针方法测定。

(2)对于呈现明显屈服(不连续屈服)现象的金属材料,从记录的力—延伸或力—位移曲线图,或从测力度盘读取过了屈服阶段之后的最大力(见试图 10-3);对于无明显屈服(连续屈服)现象的金属材料,从记录的力—延伸或力—位移曲线图,或从测力度盘读取试验过程中的最大力。最大力除以试样原始横截面积(S_0)得到抗拉强度。

(3)可以使用自动装置(例如微处理机等)或自动测试系统测定抗拉强度,可以不绘制拉伸曲线图。

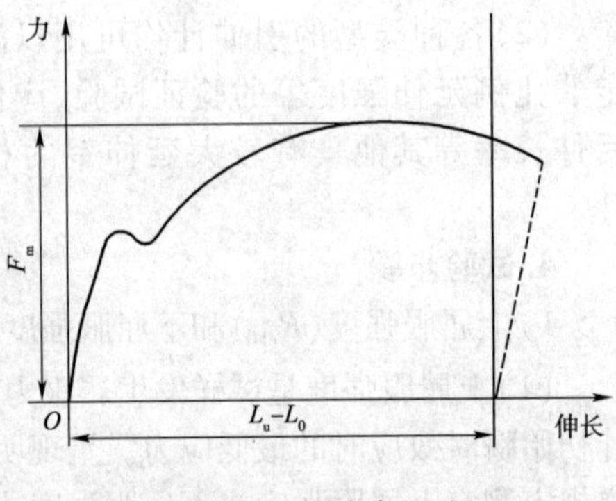

试图 10-3　最大力(F_m)

3)断后伸长率(A)的测定

(1)断后伸长率(A)是指断后标距的残余伸长(L_u-L_0)与原始标距(L_0)之比的百分率。按照定义测定断后伸长率。为了测定断后伸长率,应将试样断裂的部分仔细地配接在一起使其轴线处于同一直线上,并采取特别措施确保试样断裂部分适当接触后测量试样断后标距。这对小横截面试样和低伸长率试样尤为重要。应使用分辨力优于 0.1mm 的量具或测量装置测定断后标距(L_u),准确到 ±0.25mm。如规定的最小断后伸长率小于 5%,建议采用特殊方法进行测定。原则上,只有断裂处与最接近的标距标记的距离不小于原始标距的 1/3 情况方为有效。但断后伸长率大于或等于规定值,不管断裂位置处于何处测量均为有效。

(2)能用引伸计测定断裂延伸的试验机,引伸计标距(L_e)应等于试样原始标距(L_0),无需标出试样原始标距的标记。以断裂时的总延伸作为伸长测量时,为了得到断后伸长率,应从总延伸中扣除弹性延伸部分。原则上,断裂发生在引伸计标距以内方为有效,但断后伸长率等于或大于规定值,不管断裂位置处于何处测量均为有效。

注:如产品标准规定用一固定标距测定断后伸长率,引伸计标距应等于这一标距。

4)断面收缩率(Z)的测定

(1)断面收缩率(Z)是断裂后试样横截面积的最大缩减量($S_0 - S_u$)与原始横截面积(S_0)之比的百分率。按照定义测定断面收缩率。断裂后最小横截面积的测定应准确到 ±2%。

(2)测量时,如需要将试样断裂部分仔细地配接在一起,使其轴线处于同一直线。对于圆形横截面试样,在缩颈最小处相互垂直方向测量直径,取其算术平均值计算最小横截面积;对于矩形横截面试样,测量缩颈处的最大宽度和最小厚度(见试图 10-4),两者之乘积为断后最小横截面积。

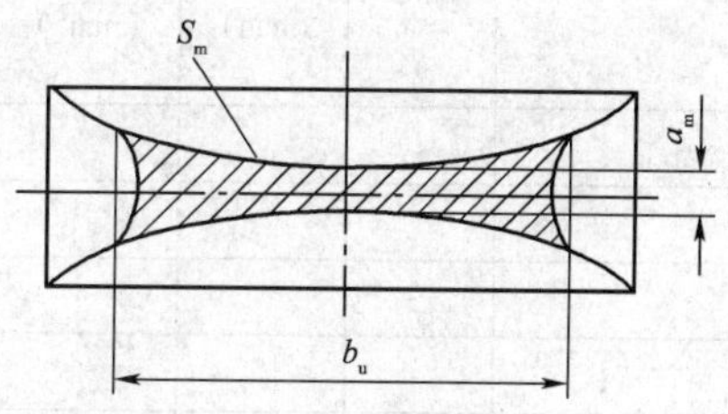

试图 10-4　矩形横截面试样缩颈处最大宽度和最小厚度

原始横截面积(S_0)与断后最小横截面积(S_u)之差除以原始横截面积的百分率得到断面收缩率。

(3)薄板和薄带试样、管材全截面试样、圆管纵向弧形试样和其他复杂横截面试样及直径小于 3mm 试样,一般不测定断面收缩率。如要求应双方商定测定方法,断后最小横截面积的测定准确度亦符合(1)的要求。

5)性能测定结果数值的修约

试验测定的性能结果数值应按照相关产品标准的要求进行修约。如未规定具体要求,应按照试表 10-1 的要求进行修约。

性能结果数值的修约间隔　　试表 10-1

性　能	范　围	修约间隔
R_{eH}, R_{eL}	≤200 N/mm²	1 N/mm²
	200 ~ 1 000 N/mm²	5 N/mm²
	>1 000 N/mm²	10 N/mm²
A		0.5%
Z		0.5%

5. 结果整理

(1)试验出现下列情况之一其试验结果无效,应重做同样数量试样的试验。

①试样断在标距外或断在机械刻划的标距上,而且断后伸长率小于规定最小值;

②试验期间设备发生故障,影响了试验结果。

(2)试验后试样出现两个或两个以上的缩颈以及显示出肉眼可见的冶金缺陷(例如分层、气泡、夹渣、缩孔等),应在试验记录和报告中注明。

6. 试验记录

试验记录表如试表 10-2 所示。

钢筋室温拉伸试验记录表 试表 10-2

承包单位			分项工程		试验单位			试　验		
试样编号			材料产地		钢筋批次			审　核		
初拟用途			钢筋品种		公路等级			试验日期		
试样名称	试验编号	试件尺寸			拉伸荷载(kN)		强度		伸长率(%)	
		直径(mm)	截面积(mm^2)	标距(mm)	屈服	极限	屈服点	拉伸强度	断后标距(mm)	伸长率
备注										

试验十一、半刚性基层材料振动法试件成型方法和抗冻性试验方法

1. 半刚性基层材料振动法试件成型方法

1)目的和适用范围

本试验方法适用于采用振动压实方法成型无机结合料稳定粒料的各种试件,其中包括用于测试无侧限抗压强度、间接抗拉强度和抗压回弹模量的圆柱体试件和用于温缩系数、干缩系数、抗折强度以及抗折回弹模量测试的梁式试件。

圆柱体试件尺寸:直径 150mm,高 150mm;梁式试件尺寸:长 400mm,宽 100mm,高 100mm。

2)仪器设备

(1)振动压实成型机(试图 11-1)静压力、激振力和频率可调(与振动法确定压实标准所用设备相同)。配有 ϕ150mm 的圆形压头和 100mm × 400mm 长方形压头。

(2)圆柱体试件模具。

钢模:内径 152mm,高 170mm,壁厚 10mm;

钢模套环:内径 152mm,高 50mm,壁厚 10mm;

筒内垫块:直径 151mm,厚 20mm;

钢模底板:直径 300mm,厚 10mm。

以上各部件可用螺栓固定成一体。

(3)梁式试件模具。

钢侧板:长450mm,宽180mm,厚150mm;

钢垫块:长400mm,宽100mm,厚25mm。

以上各部件可用螺栓固定成一体。

(4)台秤:量程15kg,感量5g;电子秤:量程3kg,感量0.01g。

(5)孔筛:孔径37.5mm、31.5mm、26.5mm、19mm、9.5mm、4.75mm、2.36mm、0.6mm以及0.075mm的标准筛各一个。

(6)量筒:50mL、100mL和500mL的量筒各一个。

(7)直刮刀:长200~250mm,宽30mm,厚3mm,一侧开口的直刮刀,用以刮平和修饰粒料大试件的表面。

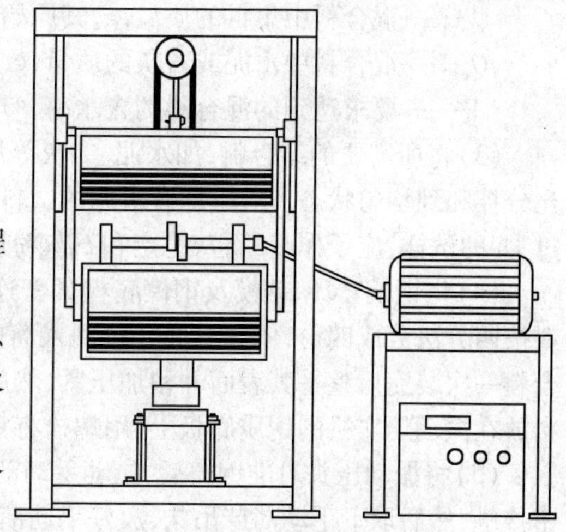

试图11-1 振动压实成型机示意图

(8)拌和工具:约400mm×600mm×70mm的长方形金属盘、拌和用平头小铲等。

(9)脱模器。

(10)用于固紧试模螺栓的扳手、钳子,用于调节偏心块夹角的小榔头等。

3)试料准备

在预定做试验的前一天,取有代表性的试料测定其风干含水量。对于细粒料,试料应不少于100g;对于中粒料,试料应不少于1 000g;对于粗粒料的各种集料,试料应不少于2 000g。同时测定石灰和水泥的含水量。

按照压实标准试验确定的最大干密度、设计的集料级配以及试件的体积计算各种集料的重量并配料,配料的份数由测试的试验要求而定。

对于无侧限抗压强度、间接抗拉强度、抗压回弹模量试验每种配合比需要13个试件,对于温缩系数、干缩系数、抗折强度、抗折回弹模量测试的梁式试件每种配合比需要6个试件。

4)试件制作步骤

(1)调节振动成型机的振动参数,对无机结合料稳定粒料一般选用静压力1 900N、激振力6 800~6 900N、振动频率为28~30Hz的振实条件。根据需要成型试件的形状分别安装圆形压头或长方形压头,然后仔细地确定出混合料振动压实并需要达到的规定尺寸,据此调节振动压实机振动器上标尺应达到的位置。

(2)取1份试料平铺于金属盘内,按事先通过压实标准试验确定的最佳含水量计算得的每份试料的应加水量将水均匀地喷洒在试料上,用小铲将试料充分拌和到均匀状态。

应加水量可按(试11-1)计算:

$$Q_w=\left(\frac{Q_n}{1+0.01W_n}+\frac{Q_c}{1+0.01W_c}\right)\times 0.01W-\frac{Q_n}{1+0.01W_n}\times 0.01W_n-\frac{Q_c}{1+0.01W_c}\times 0.01W_c \tag{试11-1}$$

式中:Q_w——混合料中应加的水量,g;

Q_n——混合料中集料的质量,g,其原始含水率为 W_n,即风干含水率,%;

Q_c——混合料中水泥或石灰的质量,g,其原始含水率为 W_c,%;

W——要求达到的混合料的含水率,%。

(3)将所需要的结合料,如水泥、二灰等加到浸润后的试料中,并用小铲、泥刀或其他工具充分拌和到均匀状态。对于加有水泥的试料,应在拌和后1h内完成下述振实试验,拌和后超过1h的试样,应予作废(石灰稳定和石灰粉煤灰稳定除外)。

(4)将钢模套环、钢模及钢模底板紧密连接,然后将其放在坚实地面上,将拌和好的混合料按四分法分成四份,依次将混合料倒入筒内,一边倒一边用直径2cm左右的木棒插捣。混合料一次装完后整平其表面并稍加压紧,然后覆盖一片事先剪好的塑料纸。将钢模连同混合料放在振动压实机的钢质底板上,用螺栓将钢模底板与振动压实机底板固定在一起。

(5)将振动压头对准钢模后,拉动手动葫芦放下振动器,使振动压头与钢模内的混合料紧密接触,然后取下手动葫芦吊钩,放好手动葫芦拉链。检查振动压实成型机上的螺栓及相关连接处,确定没有任何物品放在振动压实成型机上。

(6)启动振动压实成型机开关,开始振动压实。仔细观察振实压实成型机上振动器标尺的位置变化,达到预定的标尺位置后立即关闭,同时记下振动压实时间。

(7)用手动葫芦拉起振动压头。松开钢模底板的螺栓,将钢模连同经过振实后的混合料一起卸下,松开螺栓后取下钢模套环,此时振动压实后的混合料顶面应与钢模的上边缘齐平。

(8)托住钢模底部的垫块,小心将钢模与其中的混合料一起放到合适地方,根据混合料的类型静置一段时间后用脱模器将振实以后的混合料推出钢模。对于梁式试件,需要松开螺栓后,小心地将侧板取掉,但试件仍要放在钢垫板上不能移动,等混合料具有初步强度后方可移动。

(9)试件脱模或可以搬动后应马上用塑料薄膜包裹并放入养生室中进行养生,养生条件与规范中静压法相同。

5)注意事项及相关说明

(1)对于水泥稳定类材料,从加水拌和到进行压实试验间隔的时间愈长,水泥的水化作用和结硬程度就愈大。因此要求以水泥为结合料的试验拌和后要在1h内完成压实试验。

(2)由于振动容易对仪器造成损伤,在振动压实前需仔细检查仪器螺栓的紧固程度,操作时一定要遵守操作规程,不可疏忽大意。振动压实过程较短,应认真观察振动器压头是否达到跳起的状态,不要使振动压实成型机长时间在回弹跳起状态运行。

(3)对于振动压实后的混合料来说,为了防止变形或松散,圆柱体试件不宜立即脱模。振实后混合料脱模的时间应根据混合料的结构类型而定:悬浮密实类结构混合料:2~3h;骨架密实类结构混合料:5~6h;骨架空隙类结构混合料:10~12h。与圆柱体试件相比,梁式试件刚成型后更易受损,所以对于梁式试件而言,振动压实并拆除侧板后,试件仍需放置在钢垫板上,最好24h以后再移动。如确需临时移动,应托住钢垫板小心移动。

(4)在混合料装模并将其表面大致整平后应铺上塑料纸,然后进行振动压实。这样做主要是防止混合料中的细料浆粘在振动压头上,振动压头上黏附细料后不但对振动有影响,而且在振动完后提起振动压头时容易造成试件表面不平整。

(5)混合料拌和后装料时应严格按四分法进行,对于半刚性基层混合料而言,离析对室内试验的结果有很大影响。

2. 半刚性基层材料抗冻性试验方法

1）目的和适用范围

本试验方法适用于二灰稳定类、水泥稳定类等半刚性材料抗冻性试验。

半刚性基层材料的抗冻性，是以规定龄期（28d 或 180d）的半刚性基层材料在经过数个冻融循环后的饱水无侧限抗压强度与冻前饱水无侧限抗压强度之比值来评价。

试件采用直径为 150mm 的圆柱体，高度与直径之比为 1∶1。

2）仪器设备

（1）路用材料强度试验仪或规格不小于 200kN 的压力机。

（2）试模：试模直径 × 高为 150mm × 150mm。

（3）天平：感量 0.01g。

（4）脱模器。

（5）恒温（20 ± 2℃）保湿（97%）养生箱。

（6）恒温冰箱：能保持温度为 −18℃。当缺乏专用的恒温冰箱时，可采用家用电冰箱的冷冻室代替，控制准确度为 ±1℃。

（7）台秤：称量 15kg，感量 5g。

（8）水槽：深度大于试件高度 50mm。

（9）其他仪器：量筒、拌和工具、漏斗、大小铝盒、烘箱等。

3）准备工作

（1）试料的准备。试料的准备按现行《公路工程无机结合料稳定材料试验规程》（JTJ 057—94）中的 T 0805-94 第 4.0.3 条进行。

（2）试件制备。

①无机结合料稳定材料的最大干密度和最佳含水量按照击实试验方法确定，或者按振动压实试验方法确定。静压法成型试件压实度取 98%。

②每组试件个数为 2 × 9 个。

（3）试件养生。养生温度取 20 ± 2℃；冻融 5 次循环的试件养生期为 28d，冻融 10 次循环的试件养生期为 180d。

4）试验步骤

（1）养生龄期结束前一天，将试件在室温下饱水 24h。

（2）将饱水后的试件从水中取出，拭干表面的水分、称重。用游标卡尺量试件的高度 h_1，准确到 0.1mm。

（3）把试件分成两组，每组 9 个试件。第一组试件放到路面材料强度试验仪的升降台上（台上先放一个扁球座），进行抗压试验。试验过程中，应使试件的形变等速增加，并保持速率约为 1mm/min。记录试件破坏时的最大压力 P（N）。

（4）将第二组试件放入恒温冰箱（或家用冰箱的冷冻室），冷冻温度为 −18 ± 1℃，保持冰冻 16 ± 1h。

（5）将第二组经过冰冻的试件取出，称重，用游标卡尺量试件的高度 h_2，准确到 0.1mm，然后放入室温为 20℃的水槽中融化，保持 8 ± 1h。

（6）将第二组经过冻融循环的试件从水槽中取出，用软物吸去试件表面自由水，并称试件的质量，然后放入冰箱中，重复第一个冻融循环的过程。

(7)根据试验要求，分别冻融5个或10个循环。对最后一个冻融循环的试件，从冰箱中取出，放入水槽中饱水24h，饱水结束后从水中取出，拭去表面的自由水，然后称重，量高。

(8)把经过冻融循环的试件放到路面材料试验仪的升降台上，进行抗压试验。试验过程中，应使试件的形变等速增加，并保持速率约为1mm/min。记录破坏时的最大压力P(N)。

5)计算

(1)试件的无侧限抗压强度按式(试11-2)计算。

$$R_C(R_{DC}) = P/A = 0.000057P \quad \text{(试11-2)}$$

式中：R_C，R_{DC}——试件冻融前、后的饱水无侧限抗压强度，MPa；

P——试件破坏时的最大压力，N；

A——试件的截面积，mm^2。

(2)试验的允许误差

试件的试验偏差系数Cv(%)应不大于20%。

(3)半刚性基层材料冻融残留抗压强度比的计算

$$BDR = (R_{DC}/R_C) \times 100\% \quad \text{(试11-3)}$$

式中：BDR——半刚性基层材料冻融残留强度比，%。

R_C、R_{DC}意义同式(试11-2)。

试验十二、土的含水率测定方法(烘干法)

1. 目的和适用范围

本试验方法适用于测定黏质土、粉质土、砂类土、砂砾石、有机质土和冻土类的含水率。

2. 仪器设备

(1)烘箱：可采用电热烘箱或温度能保持105～110℃的其他能源烘箱。

(2)天平：称量200g，感量0.01g；称量1 000g；感量0.1g

(3)其他：干燥器、称量盒(为简化计算手续，可将盒质量定期(3～6个月)调整为恒质量值)等。

3. 试验步骤

(1)取具有代表性试样，细粒土15～30g，砂类土、有机土为50g，砂砾石为1～2kg，放入称量盒内，立即盖好盒盖，称质量。称量时，可在天平一端放上与该称量盒等质量的砝码，移动天平砝码，平衡后称量结果即为湿土质量。

(2)揭开盒盖，将试样和盒放入烘箱内，在温度105～110℃恒温下烘干。烘干时间对细粒土不得少于8h，对砂类土不得少于6h。对含有机质超过5%的土，应将温度控制在60～70℃的恒温下烘干。

(3)将烘干后的试样和盒取出，放入干燥器内冷却(一般只需0.5～1h即可)。冷却后盖好盒盖，称质量，准确至0.01g。

注：①对于大多数土，通常烘干16～24就足够。但是，某些土或试样数量过多或试样很潮湿，可能需要烘更长的时间。烘干的时间也与烘箱内试样的总质量、烘箱的尺寸其通风系统的效率有关。

②如铅盒的盖密封，而且试样在称量前放置时间较短，可以不需要在干燥器中冷却。

4. 结果整理

(1)按式(试 12-1)计算含水率：

$$w = \frac{m - m_s}{m_s} \times 100 \qquad (试\ 12\text{-}1)$$

式中：w——含水率，%；

m——湿土质量，g；

m_s——干土质量，g。

计算至 0.1%。

(2)本试验记录格式如试表 12-1。

含水量试验记录(烘干法)　　　　试表 12-1

工程编号________　　试验者________

土样说明________　　计算者________

试验日期________　　校核者________

盒号				
盒质量(g)	(1)			
盒＋湿土质量(g)	(2)			
盒＋干土质量(g)	(3)			
水分质量(g)	(4) = (2) − (3)			
干土质量(g)	(5) = (3) − (1)			
含水量(%)	(6) = (4)/(5)			
平均含水量(%)	(7)			

(3)精密度和允许差。本试验需进行二次平行测定，取其算术平均值，允许平行差值应符合试表 12-2 的规定。

含水量测定的允许平行差值　　　　试表 12-2

含水量(%)	允许平行差值(%)
5 以下	0.3
40 以下	≤1
40 以上	≤2
对层状和网状构造的冻土	<3

(4)报告。

①土的鉴别分类和代号。

②土的含水率 w 值。

附录二

《道路材料技术》课程教学大纲

(90 学时)

一、课 程 描 述

《道路材料技术》是道路桥梁工程技术专业的一门必修课。

本课程主要讲授道路、桥梁建设所用材料性能、组成结构、技术标准、检验方法及复合材料配合比设计的内容。进行材料选择与判断,及性能评定方面的技能训练。要求学生会进行材料性能评定,能操作相关仪器设备。

二、课程教学目标

学生学完本课程之后能够:

(1)识别天然砂、石料、土、石灰、水泥、钢材、水泥混凝土、稳定土、沥青和沥青混合料的技术性质和技术标准,进行各项材料试验、数据处理及资料的分析整理,能操作使用和校核常规试验仪器设备;

(2)分析影响建筑材料技术性能的因素,判断其影响程度,能科学、合理、经济地选用各种建筑材料;

(3)能根据工程要求进行水泥混凝土、沥青混合料、稳定材料和建筑砂浆配合比计算,判断其可行性和可靠性。

三、单元(章)教学目标

学生学完本课程之后能够:

1.总　论

(1)描述各种道路建筑材料的种类、分类、组成及用途;

(2)描述我国对材料品质的要求及检验的规定、规范种类。

2.矿质混合料

(1)叙述天然石料、粗、细集料、矿质混合料的技术性能与检验;

(2)叙述影响砂、石料技术性质的因素和影响程度;

(3)会计算级配参数、细度模数,绘制筛分曲线;运用级配理论进行矿质混合料的组成设计,并能根据工程具体情况进行调整校核;

(4)熟练操作细集料筛分试验、粗集料及集料混合料的筛分试验、细集料表观密度试验(容量瓶法)、细集料堆集密度及紧装密度试验;能够进行粗集料压碎值试验、粗集料磨耗试验。

3. 水泥混凝土与建筑砂浆

(1)描述水泥混凝土的定义、组成和常用水泥混凝土的分类;描述建筑砂浆的种类、组成和应用,测定其技术性质;

(2)描述各类硅酸盐水泥的技术性质、特性和工程应用,其适用范围的异同及合理选择水泥;

(3)描述影响水泥性能的因素及影响程度;

(4)描述矿质集料、水和钢筋的技术性质与检验;

(5)叙述普通水泥混凝土的技术要求和技术标准,评定水泥混凝土强度等级,进行普通水泥混凝土质量控制;

(6)描述影响水泥混凝土的技术性质(和易性、强度、变形性能和耐久性)的因素和影响程度;

(7)描述建筑砂浆的技术性质并评定其性能;

(8)会计算普通水泥混凝土和建筑砂浆的配合比;

(9)熟练操作水泥混凝土用粗集料针片状颗粒含量试验(规准仪法)、水泥细度试验、水泥标准稠度用水量试验、水泥胶砂强度试验(ISO 法)、水泥混凝土拌和物的拌制和工作性试验、水泥混凝土的强度试验、砂浆的强度试验;能够进行砂浆拌和物的拌制、砂浆稠度试验、砂浆的分层度试验。

4. 无机结合料稳定材料

(1)描述无机结合料稳定材料的定义、分类、特点和用途;

(2)叙述石灰与工业废渣的技术性质与检验;

(3)描述影响石灰性能的因素,理解石灰在工程中的应用及贮存方法;

(4)描述其他组成材料的技术性质与检验;

(5)叙述无机结合料稳定材料的技术性质并评定其性能;

(6)会计算无机稳定材料的配合比;

(7)熟练操作含水量试验、击实试验、密度试验、界限含水量试验、无侧限抗压强度试验;能够进行石灰 CaO 含量测定试验、水泥或石灰剂量测定实验。

5. 沥青混合料

(1)描述沥青混合料的定义、分类、特点及用途;

(2)叙述石油沥青的技术性质与检验;

(3)描述其他品种沥青的技术性质与检验;

(4)描述沥青混合料的其他组成材料的技术性质与检验;

(5)叙述热拌沥青混合料的组成结构、强度理论;

(6)描述影响强度的因素及影响程度;

(7)叙述沥青混合料的技术性质并评定其性能;

(8)会计算热拌沥青混合料的配合比;

(9)描述其他沥青混合料的技术性质;

(10)熟练操作沥青路面用粗集料针片状颗粒含量试验(游标卡尺法)、沥青针入度试验、沥青延度试验、沥青软化点试验;能够进行沥青混合料试件制作方法、沥青混合料马歇尔稳定度试验。

四、学时分配参考表

教学时数分配参考表

序号	标题	教学时数			
		小计	讲授	实训	机动
1	总论	8	8		
2	矿质混合料	14	6	8	
3	水泥混凝土与建筑砂浆	20	10	10	
4	无机结合料稳定材料	20	8	12	
5	沥青混合料	18	10	8	
6	机动	10			10
合计		90	42	38	10

五、课堂技能教学时数参考表

课堂技能教学时数分配参考表

序号	技能训练项目	课时数
第二单元	细集料筛分试验	2
	粗集料及集料混合料的筛分试验	
	细集料表观密度试验(容量瓶法)	2
	细集料堆积密度及紧装密度试验	
	粗集料压碎值试验	2
	粗集料磨耗试验	2
第三单元	水泥混凝土用粗集料针片状颗粒含量试验(规准仪法)	2
	水泥细度试验	
	水泥标准稠度用水量试验	2
	水泥胶砂强度试验(ISO 法)	2
	水泥混凝土工作性试验	2
	水泥混凝土的强度试验	1
	砂浆的抗压强度试验	
	砂浆拌和物的拌制	2
	砂浆稠度试验	
	砂浆的分层度试验	
第四单元	石灰 CaO 含量测定试验	2
	含水量试验	2
	击实试验	
	密度试验	1
	界限含水量试验	2
	无侧限抗压强度试验	2
	水泥或石灰剂量测定方法	2
第五单元	沥青针入度试验	2
	沥青延度试验	2
	沥青软化点试验	
	沥青混合料试件制作方法(击实法)	2
	沥青路面用粗集料针片状颗粒含量试验(游标卡尺法)	2
	沥青混合料马歇尔稳定度试验	

六、学习参考书

[1] 严家伋.道路建筑材料(第三版)[M].北京:人民交通出版社,2000.
[2] 张登良.沥青与沥青混合料[M].北京:人民交通出版社,1993.
[3] 李立寒,张南鹭.道路建筑材料[M].北京:人民交通出版社,2003.
[4] 杨云芳.公路建筑材料[M].北京:人民交通出版社,1998.
[5] 陈昌焕.公路建筑材料[M] 北京:人民交通出版社,1986.
[6] 许家保.公路建筑材料[M].广州:华南工学院出版社,1986.
[7] 黄晓明.沥青与沥青混合料[M].南京:东南大学出版社,2002.

七、考核办法

闭卷考试,以百分计。

八、执行大纲说明

(1)本课程主要介绍公路与桥梁工程用土和稳定土的工程性质、公路与桥梁工程用建筑材料的技术性质与组成设计、主要技术性质指标的常规试验方法和技术要求,是理论与实践紧密结合的课程。学习时要注意应用能力的培养。

(2)本课程涉及了较多的规范、试验规程,现行规范、试验规程是材料检测的指导性文件,应该熟悉应用它,并跟踪它的变化。

(3)在教学过程中,应重视和利用多媒体教学手段。

参考文献

[1] 严家伋.道路建筑材料.北京:人民交通出版社,2000.
[2] 张登良.沥青与沥青混合料.北京:人民交通出版社,1993.
[3] 李立寒,张南鹭.道路建筑材料.北京:人民交通出版社,2003.
[4] 杨云芳.公路建筑材料.北京:人民交通出版社,1998.
[5] 陈昌焕.公路建筑材料. 北京:人民交通出版社,1986.
[6] 许家保.公路建筑材料.广州:华南工学院出版社,1986.
[7] 黄晓明.沥青与沥青混合料.南京:东南大学出版社,2002.
[8] 郑健龙,张起森.半刚性基层沥青路面.北京:人民交通出版社,1991.
[9] 同济大学.半刚性基层沥青路面. 北京:人民交通出版社,1991.
[10] 沙庆林.高等级道路半刚性路面.北京:中国建筑出版社,1993.
[11] 常魁和,高群.公路沥青路面养护新技术.北京:人民交通出版社,2001.
[12] 虎增福.乳化沥青及稀浆封层技术.北京:人民交通出版社,2001.
[13] 张登良.沥青路面.:人民交通出版社,1998.
[14] 沈金安.改性沥青与SMA路面.北京:人民交通出版社,1999.
[15] 申爱琴.水泥与水泥混凝土.北京:人民交通出版社,2000.
[16] 吕伟民,孙大权.沥青混合料设计手册.北京:人民交通出版社,2007.
[17] 中华人民共和国行业标准.公路工程沥青及沥青混合料试验规程(JTJ 052—2000).北京:人民交通出版社.2000.
[18] 中华人民共和国行业标准.公路沥青路面施工技术规范(JTG F40—2004).北京:人民交通出版社.2004.
[19] 中华人民共和国行业标准.公路工程集料试验规程(JTG E42—2005). 北京:人民交通出版社,2005.
[20] 中华人民共和国行业标准.公路工程无机结合料稳定材料试验规程(JTJ 057—94).人民交通出版社,1994.
[21] 中华人民共和国行业标准.公路工程水泥及水泥混凝土试验规程(JTG E30—2005).人民交通出版社,2005.
[22] 中华人民共和国行业标准.公路路面基层施工技术规范(JTJ 034—2000).人民交通出版社,2000.

[23] 中华人民共和国行业标准. 公路水泥混凝土路面施工技术规范(JTG F30—2003). 北京:人民交通出版社. 2003.

[24] 中华人民共和国行业标准. 公路工程岩石试验规程(JTG E41—2005). 北京:人民交通出版社. 2005.

[25] 中华人民共和国行业标准. 公路土工试验规程(JTG E40—2007). 人民交通出版社,1993.

[26] 建筑用钢筋标准与规范汇编编写组编. 建筑用钢筋标准与规范汇编[M]. 北京:中国标准出版社,2004.

[27] 中华人民共和国行业标准. 公路沥青路面设计规范(JTG D50—2006). 北京:人民交通出版社. 2006.